Deutsche Literaturgeschichte
Band 12

Heinz Forster und Paul Riegel

Die Gegenwart 1968–1990

Deutscher Taschenbuch Verlag

Deutsche Literaturgeschichte

In Vorbereitung:

Originalausgabe
Februar 1998
2. Auflage September 1999
© 1998 Deutscher Taschenbuch Verlag GmbH & Co. KG, München
Umschlagkonzept: Balk & Brumshagen
Umschlagbild: ›Verlorene Mitte‹ (1985) von Wolfgang Mattheuer
(© VG Bild-Kunst, Bonn 1997)
Gesamtherstellung: C. H. Beck'sche Buchdruckerei, Nördlingen
Gedruckt auf säurefreiem, chlorfrei gebleichtem Papier
Printed in Germany · ISBN 3-423-03352-5

Die zur zeitlichen Abgrenzung des Bandes gewählten Jahreszahlen, 1968 und 1989/90, orientieren sich an der politischen Geschichte Deutschlands: 1968 wurde in Westdeutschland das von der Kriegs- und Elterngeneration Wiederaufgebaute und Geschaffene einer unerbittlichen »Fundamentalkritik« (Hagen Schulze) unterzogen. Die Jungen kritisierten die Restauration in der Adenauer-Zeit und die mangelnde Aufarbeitung der nationalsozialistischen Vergangenheit, die auf materielle Werte ausgerichtete Gesellschaft und die generelle Ächtung des »linken« Denkens. Nach der Revolte von 1968 war vieles nicht mehr wie vorher; bisher anerkannte Werte und Konventionen wurden kritisch hinterfragt und nicht mehr fraglos übernommen. Die Jahre 1989 und 1990 brachten den Zusammenbruch der Sowjetunion und die Auflösung ihres Satellitenblocks; dabei ging nach vierzig Jahren Eigenständigkeit auch die DDR unter. Die ehemaligen DDR-Bewohner erwarteten Demokratie, Freiheit und eine möglichst rasche Angleichung an den westlichen Lebensstandard, ohne sich jedoch unter dem Zeichen nationaler Einheit in jeder Hinsicht mit den Deutschen der alten Bundesrepublik und deren Staat identifizieren zu wollen.

Auf dem Gebiet der Literatur traten in den siebziger und achtziger Jahren profilierte und etablierte Autoren der Bundesrepublik mit den Werken ihrer zweiten Schaffensperiode hervor, so zum Beispiel Heinrich Böll, Uwe Johnson, Günter Grass und Martin Walser. Die Bücher, die diese Autoren bekannt gemacht hatten, handelten häufig von seelisch geschädigten Menschen, denen es schwerfiel, im Nachkriegsdeutschland ein neues Leben aufzubauen.

Solche Einzelschicksale werden in ihren Werken aus den Jahren 1968 bis 1989 häufig als Teile eines Panoramas gesehen, zu dem auch regionale Besonderheiten und unterschiedliche Generationserfahrungen gehören. Nicht von ungefähr und nicht ohne Berechtigung spricht man vom Mecklenburg des Uwe Johnson und von Heinrich Bölls Köln als von literarischen Landschaften.

Christa Wolf beginnt ihre 1982 in Frankfurt am Main gehaltenen Poetik-Vorlesungen mit einem Geständnis: »... ich sage Ihnen gleich: Eine Poetik kann ich Ihnen nicht bieten [...], den wütenden Wunsch, mich mit der Poetik oder dem Vorbild eines großen Schreibers auseinanderzusetzen, habe ich nie verspürt.« Wie Christa Wolf erging es in jenen Jahren offenbar auch anderen Schriftstellern. Man war nicht mehr bereit, Konventionen anzuerkennen, die Verpflichtungen auferlegten. Viele von sich überzeugte Schriftsteller – nicht zu Unrecht oft

Einzelgänger genannt – wollten Autoren sein und bleiben, also Verfasser von Werken, die die Züge ihrer Persönlichkeit trugen und die sie als Identifikationsangebote für zeitgenössische Leser verstanden. Die »Einzelgänger«-Literatur macht eine Kategorisierung besonders schwer; es gab kaum verbindliche Vereinbarungen. Um die Erfahrungen der Autoren in ihrer Zeit und ihre Urteile aus den fiktionalen Texten herauszulesen und zu erschließen, müssen literaturspezifische Verschlüsselungen durchschaut und Zusammenhänge erkannt werden. Die angebotenen Textproben und Interpretationen wollen dabei behilflich sein.

Am wenigsten hätten diese Autoren wohl gegen eine Zuordnung zur »Moderne« einzuwenden gehabt. Dieser Begriff hat eine andere Bedeutung erhalten als das etwas abgedroschene Adjektiv »modern«. Mit der »Moderne« ist immer auch die Überwindung »vormoderner« Verhältnisse gemeint, in denen man mit der Ungewißheit der Natur zu rechnen hatte, sich von religiösen und moralischen Autoritäten und Normen abhängig wußte und in eine gesellschaftliche Ordnung eingefügt war, die von staatlichen Organen gewahrt und kontrolliert wurde. All diese Bindungen lockerten sich in der Moderne – einem keineswegs ganz eindeutig umrissenen Zeitraum; der einzelne wurde mehr und mehr Teil einer Masse, konnte aber durch technisches Können, wissenschaftliche Leistungen und künstlerisches Schaffen auch aus ihr hervortreten. Mit den vielen Möglichkeiten seiner Existenz war er mehr denn je auf sich selbst gestellt. Obwohl die Einfluß- und Entfaltungsräume häufig eher begrenzt blieben, bestanden zugleich jedoch mehr Chancen, von Gruppen oder wiederum von einzelnen anerkannt zu werden.

Es mag an einer gewissen Theoriescheu liegen, daß die aus den USA und Frankreich stammenden Gedanken der sogenannten Postmoderne an den deutschen Universitäten nur langsam Eingang fanden und auch für viele Schriftsteller lange Zeit eher irrelevant blieben.

Die Postmoderne ist ein zentraler Begriff der Kulturtheorie, der seit den sechziger Jahren gebräuchlich ist. Er wird vor allem für die Bereiche Architektur, bildende Kunst, Musik und Literatur verwendet und bezeichnet dort künstlerische Verfahrensweisen wie den oft spielerischen Rückgriff auf ältere Stoffe, Stilmittel und Formen, das bewußte Verwischen der Grenzen zur Massenkultur und die Ablehnung der zentralen Forderung der Moderne nach einer stetigen Erneuerung der Formen (Innovationsforderung). Einige literarische Werke des im vorliegenden Band behandelten Zeitraums könnten durchaus als postmodern bezeichnet werden. Ihre Autoren versuchten das »Wieder- und Weitererzählen« (Renate Lachmann) von bereits Vorhandenem und ließen sich auf konstruktive Spiele an Texten ein. Bald dienten sie zum Beweis, daß sich die deutsche Literatur der weit streuenden internationalen Strömung der Postmoderne nicht verweigert habe.

Das Theater kämpfte im vorliegenden Zeitraum um seine Existenz: Zugkräftige Autoren und Stücke waren rar geworden. Auch sollte auf der Schaubühne nicht mehr in erster Linie belehrt, demonstriert und angeklagt werden; man wollte vor allem wieder Theater spielen, altes und neues.

Das wichtigste und folgenreichste Ereignis für die Literatur der ehemaligen DDR war die Ausweisung des Liedermachers und Lyrikers Wolf Biermann im November 1976. Die Reaktion von prominenten Künstlern, eine Petition an die Adresse der Regierung, die als Gruppenprotest auslegt wurde, war nach Günter de Bruyn sowohl eine »Solidarisierungsgeste« als auch der Versuch, Mitbestimmung in allen die Literatur betreffenden Fragen zu erreichen. Die Ausweisung Biermanns bewog einige der namhaftesten Autoren, die DDR endgültig zu verlassen.

Der bald nach der Vereinigung ausgebrochene sogenannte deutsch-deutsche Literaturstreit hatte zum einen die Besonderheiten der »Literatur der alten Bundesrepublik« zum Inhalt, zum anderen die ethische und künstlerische Bewertung der DDR-Literatur. Das Trennende trat auch hier stärker hervor als das Verbindende; gemeinsame Zukunftsinitiativen wurden nicht erwogen.

INHALT

DIE GEGENWART

I. EINFÜHRUNG

II. DIE ERZÄHLENDE DICHTUNG

III. Die Dramatische Dichtung

IV. Die Lyrische Dichtung

Anhang

DIE GEGENWART

1.1 Realitäten und Wunder: Die politische Situation

Als am 21. August 1969 ein amerikanischer Astronaut auf dem Mond landete, war dies das erste Mal, daß ein Mensch einen anderen Himmelskörper betrat. Obwohl Neil Armstrong erklärte, sein kleiner Schritt sei für die Menschheit ein gewaltiger Sprung, sah man in dem erfolgreichen Weltraumunternehmen nicht so sehr einen Triumph des wissenschaftlichen Zeitalters, sondern vor allem den Sieg der Amerikaner im Wettbewerb um die Vorherrschaft in diesem Raum über ihre sowjetischen Rivalen. Man bestaunte sensationelle Bilder von Männern in Raumanzügen und von der Mondoberfläche; ein wirklich »weltbewegendes« Ereignis wurde die Mondlandung jedoch nicht.

Von größerem Einfluß auf das Schicksal der Deutschen war die Ablösung der Großen Koalition von 1966 durch eine sozialliberale Regierung unter Willy Brandt im Herbst 1969. Diesem Ereignis vorausgegangen war die Wahl des Sozialdemokraten Gustav Heinemann zum Bundespräsidenten, die durch Zutun einer neuen Führung in der FDP – Walter Scheel und Hans-Dietrich Genscher bestimmten den Kurs – möglich geworden war.

Der neue Bundeskanzler Willy Brandt fand Anhänger unter denen, die sich die Bundesrepublik als einen Staat wünschten, in dem Freiheit und soziale Gerechtigkeit höher geachtet wurden als wirtschaftliche Erfolge und Gewinne. Sie begrüßten das Programm, das Brandt in seiner Regierungserklärung verkündete:

Wir wollen eine Gesellschaft, die mehr Freiheit bietet und mehr Mitverantwortung fordert [...] Wir suchen keine Bewunderer; wir brauchen Menschen, die kritisch mitdenken, mitentscheiden und mitverantworten. [...] Wir sind keine Erwählten; wir sind Gewählte. Deshalb suchen wir das Gespräch mit allen, die sich um diese Demokratie mühen. [...] Wir stehen nicht am Ende unserer Demokratie, wir fangen erst richtig an.

Vor allem die Jüngeren waren von solchem Optimismus angetan; ihnen imponierte der Mann aus einfachen Verhältnissen, der in der Emigration zum Widerstand gegen die Nazis bereit gewesen war und sich in Berlin als Regierender Bürgermeister und vorbehaltloser demokratischer Politiker bewährt hatte.

Die Neuerungen der »Ära Brandt« begannen sich zunächst in der

Außenpolitik abzuzeichnen. Die Atom- und Supermacht Sowjetunion wollte ein Jahr nach dem Einmarsch russischer Truppen in die tschechoslowakische Volksrepublik ihre Beziehungen zum Westen langfristig anders gestalten. Richard Nixon, Präsident der durch den Vietnamkrieg angeschlagenen USA, würde sich, so vermuteten die Russen, solchen Absichten nicht verschließen. Bald wurde deutlich, daß auch die Bundesrepublik in die Bemühungen um Entspannung einbezogen werden wollte: Sie war bereit, die »Nachkriegsrealitäten« in Europa anzuerkennen. Von vornherein wurde die Bereitschaft bekundet, bei einer grundsätzlichen Einigung Sonderverträge mit den Ostblockstaaten Polen, der Tschechoslowakei und der DDR abzuschließen, die den Interessen dieser Staaten entgegenkamen und der Herstellung möglichst normaler Beziehungen dienen sollten. Wichtige Punkte der Ostverträge von 1972 waren die Anerkennung bestehender Grenzen und der Verzicht auf Gebietsforderungen.

Nach zähen und von Mißtrauen belasteten Verhandlungen kam 1972 der sogenannte Grundlagenvertrag mit der DDR zustande, der die Anerkennung ihrer staatlichen Existenz durch die Bundesrepublik enthielt. Erst auf dieser Basis normalisierter Beziehungen konnte mit der DDR-Regierung als Ansprechpartner in vielen Angelegenheiten gerechnet werden. Beide Staaten erkannten einander als gleichberechtigt an, sie beantragten Mitgliedschaft bei den Vereinten Nationen und tauschten »ständige Vertreter« aus. Die Zusicherung von Gewaltverzicht und die Anerkennung der polnischen Westgrenze konnten Befürchtungen zerstreuen, die eine ehrliche Entspannungspolitik von deutscher Seite nicht wahrhaben wollten.

Im selben Jahr war München Austragungsort der Sommerolympiade; die Olympischen Spiele sollten zur Versöhnung und Verständigung der Völker beitragen. Die Aussichten für ein gutes Gelingen schienen gegeben; die optimistischen Veranstalter gingen so weit, der Polizei äußerste Zurückhaltung zu empfehlen; die Polizeiuniformen sollten das farbenfrohe Bild nicht trüben und unliebsame Erinnerungen wecken. Die Spiele endeten jedoch blutig: arabische Terroristen überfielen die israelische Mannschaft; Haß und Feindschaft waren in Terror umgeschlagen.

Würde in die Bundesrepublik die Unruhe der sechziger Jahre zurückkehren? Die sogenannte APO (Außerparlamentarische Opposition) war als Oppositionsblock und Kampfeinheit in verschiedene radikale Gruppierungen zerfallen, die immer noch die »Veränderung der Gesellschaft« auf ihre meist roten Fahnen schrieben. Sie wollten den nach ihrer Überzeugung erneut erstarkten Kapitalismus und den von den »Bank- und Industriebossen« abhängigen »Polizeistaat« Bundesrepublik bekämpfen; ihre weiteren Ziele blieben verschwommen.

Deutsche Terroristen schreckten die Bevölkerung auf, als der Generalbundesanwalt, ein Bankdirektor und ein Berliner Gerichtspräsident Ziele und Opfer von Mordanschlägen wurden. Ein »Kommando« entführte im September 1977 den Arbeitgeberpräsidenten Hanns Martin Schleyer. Nachdem auch zum arabischen Terrorismus Kontakte geknüpft worden waren, entführten palästinensische Terroristen im Oktober desselben Jahres die Lufthansa-Maschine »Landshut«. Gegen die 82 Geiseln sollten bereits inhaftierte deutsche Terroristen der »ersten Generation« freigepreßt werden. Der Versuch scheiterte jedoch, und vier deutsche »Top-Terroristen« töteten sich in ihren Zellen im Gefängnis Stammheim.

»Deutschland im Herbst« (gemeint war der Herbst des Jahres 1977) wurde zu einem düsteren Schlagwort, mit dem die Linke symbolisch ihre ohnmächtige Wut zum Ausdruck brachte. Ihre Sprecher beklagten, daß der Staat seine Macht mißbrauche. Die meisten Bundesbürger billigten jedoch hartes Durchgreifen.

Im ganzen gesehen bestanden die alten Gegensätze zwischen »Rechts« und »Links« fort. Die meisten jungen Antiautoritären, die allmählich auch in die Jahre kamen, ließen sich nie völlig »bekehren«. Der Glanz, den der »Hoffnungsträger« Willy Brandt ausgestrahlt hatte, verblaßte rasch. Vor allem den umstrittenen sogenannten »Radikalenerlaß« nahm man ihm übel. Durch ihn sollten Mitglieder und Anhänger linker Gruppen den geplanten »Marsch durch die Institutionen« erst gar nicht antreten können. Wer Beamter im öffentlichen Dienst werden wollte, sollte die Gewähr bieten, daß er zur »demokratischen Grundordnung« stand. Vielerorts wurden nicht immer klar und eindeutig definierte Prüfverfahren eingeleitet.

Ein weiterer Streitpunkt war der Kniefall Willy Brandts in Warschau, mit dem dieser die Opfer des polnischen Widerstandes symbolisch ehrte und der dem Kanzler der Bundesrepublik Anerkennung und Ansehen in aller Welt verschaffte. Brandt hatte damals zu seiner Rechtfertigung gesagt: »Unter der Last der jüngsten deutschen Geschichte tat ich, was Menschen tun, wenn die Worte versagen.« Nicht alle seine Landsleute waren jedoch einverstanden. Seine Gegner dachten beispielsweise an die vielen Deutschen, die auf der Flucht und bei der Vertreibung aus ihrer Heimat umkamen. Der Vorwurf, daß die »Vertreibungsverbrechen« von Politikern der westdeutschen Linken heruntergespielt und tabuisiert würden, wollte nicht verstummen. Dennoch kommt der »Ära Brandt« in der deutschen Nachkriegsgeschichte eine besondere Bedeutung zu. Während Konrad Adenauer in seiner langen Regierungszeit vor allem den Westen und das atlantische Bündnis im Blick gehabt und zusammen mit Charles de Gaulle die Aussöhnung mit Frankreich auf den Weg gebracht hatte, gelang es Willy Brandt, im Umgang mit den osteuropäischen Staaten, die oft allzu pauschal als »Satelliten Moskaus« abgestempelt waren, und auch mit sowjetischen Politikern den guten Willen zur Verständigung glaubhaft zu machen.

Als 1974 in der Umgebung Willy Brandts ein Spion enttarnt wurde, trat er von seinem Amt als Bundeskanzler zurück. Willy Brandt hat viel gewagt und oft gewonnen. Er hatte Freunde in allen Schichten des Volkes, die ihm nicht untreu wurden.

Nachfolger Brandts wurde der selbstbewußte Finanzminister Helmut Schmidt, der zu den Menschen in seiner engeren und weiteren Umgebung ein eher kühles Verhältnis unterhielt. Er traute sich aufgrund seiner Fähigkeiten und seiner Erfahrung zu, das Land kompetent zu regieren, doch war er auch besorgt, weil in der Bundesrepublik so viele Institutionen und Interessengruppen »mitmischten«. Alle wollten ihre Rechte und Besitzstände gewahrt wissen. Der neue Kanzler fühlte sich manchmal nur als »leitender Angestellter der Bundesrepublik«, der seiner Ansicht nach eigentlich mit zu wenig Macht ausgestattet war. Helmut Schmidt erkannte sehr wohl, daß sich in den letzten Jahren auf vielen Gebieten konflikträchtige Entwicklungen vollzogen hatten, die mehr Aufmerksamkeit verlangten, als ihnen bisher zuteil geworden war. Die Verantwortlichen ließen sich durch Anzeichen einer Rezession mehr beunruhigen als durch Meldungen, daß gegen die Anlage neuer Atomkraftwerke und gegen die Nutzung von Atomkraft protestiert wurde. Für Schmidt galten noch die Kategorien, in denen die Befürworter der »alten« Industriegesellschaft dachten: sichere Arbeitsplätze in ausreichender Zahl mit der Vollbeschäftigung als letztem und oberstem Ziel aller Maßnahmen, zusammengefaßt unter dem Stichwort »Wohlfahrtsstaat«.

Doch die Bundesrepublik hatte auch eine Reihe wirtschaftlicher Herausforderungen zu bestehen. So ging das Jahr 1973 als Jahr des »Ölschocks« in die Geschichte ein; etwas dramatisch wurde von dem »Schicksalsjahr der Weltwirtschaft« gesprochen. Die ölexportierenden arabischen Staaten erhöhten den Rohpreis um 70 Prozent und drosselten die Ausfuhr in die westlichen Industrieländer, weil sie sich gegenüber den gegen Israel kämpfenden arabischen Ländern gefällig erweisen wollten. Man erwartete nach der Verteuerung und Verknappung schlimme Folgen für die Energieversorgung, den Verkehr und die Autoindustrie. Schließlich arbeiteten in der Bundesrepublik 13 Prozent aller Arbeitnehmer im Automobilsektor. Zudem waren inflationäre Tendenzen nicht zu übersehen: Die Teuerungsrate lag bei 6,7 Prozent, und die Nachrichten meldeten einen weiteren Preisanstieg auf dem Weltrohstoffmarkt.

In der Bundesrepublik reagierte man auf die neue Lage zwar mit Sonntagsfahrverboten und Geschwindigkeitsbegrenzungen; das Gros der Bevölkerung blieb jedoch gelassen, ein ernsthaftes Krisenbewußtsein kam kaum auf. Schließlich konnte sich der deutsche Arbeitnehmer trotz eines sinkenden Geldwerts, hoher Steuern und Soziallasten mit seinem Einkommen dreimal soviel kaufen wie noch zwanzig Jahre zuvor.

Auch die weltpolitische Lage verhieß nichts Gutes. Nach der Entspannung am Anfang der siebziger Jahre hatte man wieder Grund zu Befürchtungen. Die Weltmächte rüsteten trotz der Gefahr, einen Atomkrieg heraufzubeschwören, weiter auf. Besonders der sogenannte NATO-Doppelbeschluß vom Dezember 1979 beunruhigte viele Deutsche: Um das Rüstungsgleichgewicht zu wahren oder wiederherzustellen, hatte die NATO beschlossen, amerikanische Mittelstreckenraketen mit Atomsprengköpfen in Westeuropa und auf dem Gebiet der Bundesrepublik zu stationieren; andererseits wurde der Sowjetunion vorgeschlagen, sich an Abrüstungsverhandlungen zu beteiligen. Kanzler Schmidt stellte sich mit seiner Amtsgewalt und seinem Prestige hinter den Doppelbeschluß.

In der Bundesrepublik regte sich bald auch Widerstand gegen die Raketenstationierung. Der bereits schwerkranke Heinrich Böll ließ sich zu einem Raketendepot im schwäbischen Mutlangen fahren und saß dort im Mantel, mit Baskenmütze und Stock unter den Protestierenden. Mit seinem Sitzstreik wollte er noch einmal beweisen, daß er in seinem lebenslangen Kampf gegen Militär, Aufrüstung und Krieg nicht resigniert hatte.

In den frühen achtziger Jahren wurde in der Bundesrepublik viel demonstriert, gegen böse Absichten und für hehre Ziele. Auch im politischen Alltag der Bundesrepublik wurde die gewohnte Routine unterbrochen. Eine neue Partei, »Die Grünen«, etablierte sich und übersprang in den Ländern und im Bund rasch die Fünf-Prozent-Hürde. Ihre Abgeordneten erregten Aufsehen und nicht selten auch bei den übrigen Politikern Ärger, weil sie sich nicht an die anerkannten Konventionen hielten. Bereits 1979 hatten sich ökologiebewußte Bürger und aktive Umweltschutzgruppen zu dieser Partei neuen Typs vereinigt. Die Grünen wollten zunächst Versäumnisse korrigieren und den schlimmsten Mißständen abhelfen; auf lange Sicht sollten Staat und Gesellschaft so umgebaut werden, daß sie ökologischen Bedürfnissen gerecht werden konnten. Richten wollte man sich nach den Forderungen des Philosophen Hans Jonas: »Das Dringlichste ist die Notwendigkeit einer Ethik der Erhaltung und Abwendung, nicht des Fortschritts und der Perfektion.«

Die Grünen nahmen sich nichts weniger vor als den Verzicht auf die Nutzung der Atomkraft, den Verzicht auf Rüstung und Wehrpflichtarmee und den Abbau rohstoffaufwendiger industrieller Produktion. Sie bekannten sich zur Basisdemokratie: Die Partei sollte an Abstimmungsmehrheiten in vielen Gremien gebunden sein, in den

Versammlungen war Redefreiheit für alle garantiert, und die Gewählten sollten ihr Amt nur begrenzte Zeit innehaben. Da mochten 1980 noch nicht viele zustimmen und mitziehen. Dennoch: Die Grünen waren in der Parteienlandschaft nicht mehr zu übersehen oder zu verdrängen. In der sozial-liberalen Koalition, die die Bundesrepublik nun schon seit 1969 regierte, war man sich in vielen wichtigen Fragen der Politik uneins. Die FDP suchte erkennbar nach einem anderen Bündnis, das den Interessen der Wirtschaft mehr entgegenkam. Helmut Schmidt konnte sich noch behaupten, weil der außerhalb Bayerns wenig beliebte Franz Josef Strauß, der Kanzlerkandidat der CDU/CSU bei den Wahlen von 1980, Besorgnis und Unruhe aufkommen ließ. 1982 aber bahnte sich endgültig der als »Wende« bezeichnete Wechsel an. Bei den Wahlen am 6. März 1983 erhielt die CDU/CSU unter Helmut Kohl 48,8 Prozent der Stimmen; erstmals zogen mit 5,6 Prozent auch die Grünen ins Parlament ein.

Die neue Regierung Kohl/Genscher setzte in der Politik der Bundesrepublik zunächst kaum neue Akzente. Die Wirtschaft sollte »frei von unnötigen Belastungen, Verunsicherungen und Auflagen durch den Staat planen und arbeiten können«, und da die »Wende« mit einer guten Konjunktur zusammenfiel, konnte die Regierung bald gewisse wirtschaftliche Erfolge verbuchen.

Helmut Kohl, der neue Bundeskanzler, brauchte um die Mitte der achtziger Jahre viel Kraft, um sich in Partei und Bund gegen seinen Rivalen, den starken und kaum berechenbaren Franz Josef Strauß, durchzusetzen. Dieser, so erfuhr die Öffentlichkeit im Juni 1985, verhandle mit hohen DDR-Politikern bzw. deren Beauftragten sowie mit großen westdeutschen Banken über einen Milliardenkredit an die DDR. Die ausgehandelten Summen sollten der durch mehrfachen Kurswechsel, viele Pläne und durch Neuverschuldung des Staats stark strapazierten DDR-Wirtschaft zugute kommen. Es ist letztlich nicht sicher, ob Strauß einen Prestigeerfolg erzielen wollte oder ob er der sogenannten Modernisierungstheorie anhing, in die viele Wissenschaftler und Politiker ihre Hoffnungen setzten. Nach dieser Theorie war die DDR auf dem Weg zur Industriegesellschaft und würde sich durch den unaufhaltsamen wirtschaftlich-technischen Fortschritt zwangsläufig auch demokratisieren müssen. Stabil war das deutsch-deutsche Verhältnis auch in jener Zeit nicht zu nennen; Optimismus einerseits und Enttäuschung über die sehr straff gehandhabten Freiheitsbeschränkungen für die DDR-Bevölkerung andererseits wechselten sich ab. Die Machthaber konnten ihr totalitäres System durch allzu großzügig gewährte »menschliche Erleichterungen« nur gefährden. Um jegliche mögliche Opposition zu verhindern, wurde die Überwachung zunehmend auch auf die private, persönlich-intime Sphäre ausgedehnt. 1987 reiste Erich Honecker zu einem Staatsbesuch in die Bundesrepublik. Er war zufrieden, daß »zum ersten Mal die Staatshymne der DDR in Bonn erklang« und daß »der Staatsflagge der DDR die ihr zukommende Ehre erwiesen wurde«.

Als im März 1985 Michail Gorbatschow zum Generalsekretär der kommunistischen Partei der Sowjetunion gewählt wurde, ahnte noch niemand, daß die unter seiner Führung rasch verbreiteten Parolen wie Glasnost (Öffnung) und Perestroika (wirtschaftliche und soziale Umgestaltung) und ein Bündel hastig angefangener Reformen nicht genügen würden, um das System zu verändern, und daß die staatliche sozialistische Planwirtschaft in wenigen Wochen zusammenbrechen könnte. Die politischen Konsequenzen waren völlig unabsehbar. Keiner hätte Gorbatschow die Popularität vorausgesagt, die er als »Gorbi« fünf Jahre später erlangen sollte. Im Herbst 1989 war Gorbatschow nach Ost-Berlin eingeladen worden, um an den Feiern zum 50. Jahrestag der Gründung der DDR teilzunehmen. Der russische »Genosse« und »Bruder« warnte Honecker: »Wenn wir zurückbleiben, bestraft uns das Leben sofort.«

Seine Prophezeiung hatte schon begonnen, sich zu bewahrheiten: Im Sommer 1989 hatten zahlreiche DDR-Bürger den Urlaub in »Bruderländern« wie Ungarn zur Ausreise in die Bundesrepublik genutzt. Es beschleunigte den Zusammenbruch der DDR, daß Honecker und seine SED-Führungsmannschaft sich auf ihre Ostblock-Verbündeten nicht mehr verlassen konnten: In Prag, Budapest und Warschau stürmten Ausreisewillige auf das asylverheißende Territorium der bundesrepublikanischen Botschaften und warteten darauf, daß etwas in Gang kam. In der DDR trieben im Herbst 1989 die Unruhe und der Unmut über die Tyrannei, die man jahrzehntelang hingenommen hatte, viele in die Kirchen und dann auf die Straßen der Städte. Umzüge und Versammlungen bildeten sich wie von selbst. Bei den »Montagsdemonstrationen« bewiesen die DDR-Bürger mit dem Ruf »Wir sind das Volk« sich selbst und den im Lande Mächtigen ihre Stärke. Sie dachten noch nicht an eine Vereinigung mit Westdeutschland, ihnen ging es um eine wahrhaft demokratische Republik.

In Bonn war die Regierung Kohl zu Initiativen zunächst nicht bereit; man wollte wohl nichts leichtfertig aufs Spiel setzen und suchte sich durch Rückfragen bei den westlichen Verbündeten abzusichern. Dann verhandelte die Regierung der Bundesrepublik mit umgänglicheren DDR-Funktionären über eine Konföderation, also eine lose Form der Verbindung für die beiden Staaten. Für die Flüchtlinge war, so gut es ging, gesorgt; daß noch weitere Zehntausende kommen wollten, vernahm man in Bonn nicht gern.

In Leipzig war bei den Umzügen statt der Parole »Wir sind das Volk« inzwischen »Wir sind *ein* Volk« zu hören. »Die Menschen in der DDR müssen die Drängenden sein«, befand Kanzler Kohl. Sie schienen zur DM zu drängen, Plakate mit der Aufschrift: »Kommt die D-Mark, bleiben wir – kommt sie nicht, geh'n wir zu ihr!« ließen erkennen, wie stark die Zugkraft der Wunschwährung war. Da ein Nebeneinander der beiden deutschen Währungssysteme auf die Dauer nicht haltbar erschien, war das Angebot der Bundesregierung, die Währungen 1:1 umzutauschen, von entscheidender Bedeutung. Kohl dachte vor allem an Wähler und Wählerstimmen und tat alles, um zum Kanzler der Einheit zu werden, hinter dem auch die Deutschen im Osten Deutschlands stehen würden. Die weltgeschichtlichen Entscheidungen trafen dann die Großmächte, die führenden Politiker, die Regierungen und die Wähler innerhalb der bereits abgesteckten Grenzen einer vergrößerten Bundesrepublik Deutschland.

Von Anfang an jedoch wurde eine Reihe von Fehleinschätzungen getroffen, die die Vereinigung belasteten. Man glaubte, entgegen mancher warnenden Stimme, es bedürfe in der Bundesrepublik Deutschland, dem Wohlstands- und Kreditgeberland, keiner besonderen Anstrengungen, um die Wirtschaft der ehemaligen DDR zu sanieren und wettbewerbsfähig zu machen. Man überschätzte auch die Kraft und den Einfluß der gemeinsamen Sprach- und Kulturtradition, wenn man hoffte, ein nicht näher bestimmtes »Deutschlandgefühl« werde rasch zusammenwachsen lassen, was zusammengehöre. Schließlich unterblieb der nachdrückliche Appell an alle Bundesbürger, für das große gemeinsame Projekt eines vereinten Deutschlands zusammenzustehen und Opfer zu bringen.

Am 3. Oktober 1990, dem Tag der deutschen Einheit, erschien noch vieles möglich; in beiden Teilen Deutschlands bestand Hoffnung auf eine gedeihliche Zukunft. Als der in und von der DDR übel behandelte Schriftsteller Reiner Kunze gefragt wurde, was er vom Tag der Einheit halte, antwortete er, es gelte, sich nach dem 3. Oktober 1990 auf einen solchen Tag vorzubereiten. Er sollte recht behalten.

1.2 Die abermals veränderten Deutschen

Der Publizist Johannes Gross trifft in seinem 1995 veröffentlichten Deutschlandbuch die überraschende Feststellung, die »alte Bundesrepublik« sei als Staat nicht mehr gewesen als ein »herrschaftsarmer Verwaltungsapparat«. Wie läßt sich diese zunächst verblüffende Bezeichnung, die Gross dem Juristen Forsthoff entlehnt hat, verstehen und begründen?

Die neue Demokratie hatte sich vorgenommen, mit ihren Bürgern anders umzugehen, als es der preußisch-deutschen »Tradition« entsprach. Der Staat »nahm sich zurück«, wie Gross es formuliert, und wollte nicht durch barsche oder übertriebene bürokratische Herrschaftsausübung schlechte Erinnerungen wachrufen. Die Bürger waren zufrieden, wenn die Bundesrepublik Deutschland ohne Skandale und grobe Mißgriffe funktionierte und sie in ihrem Privatleben so wenig wie möglich behelligte.

Für die Bundesbürger war Normalität zu einem wertvollen Gut geworden: Man wollte in Frieden leben, an einem sicheren Arbeitsplatz möglichst gut verdienen und für sein Geld ohne Einschränkung alles kaufen können, was man brauchte und wonach einem der Sinn stand. Die anfangs bescheidenen Ansprüche steigerten sich im Lauf der Jahre.

Ludwig Erhard, der erste Wirtschaftsminister der jungen Republik, war Vorkämpfer einer sozialen Marktwirtschaft. Bei freiem Wettbewerb auf den Märkten sollten die Bürger doch von Staats wegen gegen Risiken wie Krankheit und Arbeitslosigkeit geschützt sein. Die sozial Schwachen hatten Anspruch auf Unterstützung. Dieses Ideal eines Sozialstaats galt in der Bundesrepublik als vorbildlich verwirklicht.

Dennoch waren Konflikte nicht ausgeschlossen, die sich zwischen der industriellen Leistungsfähigkeit auf der einen Seite und dem Sozialstaat und seiner Moral auf der anderen Seite ergaben. Bei der industriellen Leistungsfähigkeit ging es um die technologische Entwicklung, die nur vorangetrieben werden konnte, wenn die Bundesrepublik zu einem perfekten Industriestandort ausgebaut wurde. Dafür war ein sorgfältiger Umgang mit den vorhandenen Mitteln und Kräften erforderlich. Die betroffenen Branchen verstanden darunter die Rationalisierung der Produktion und einen dadurch bedingten bedarfsgesteuerten Personalabbau. Die Moral des Sozialstaats jedoch forderte die Erhaltung der Arbeitsplätze, um den sozialen Frieden nicht zu gefährden, sowie die Schaffung und Pflege gemeinnütziger Einrichtungen, die den Bürgern zugute kamen.

Was aber durfte als »gemeinnützig« gelten? Verdiente zum Beispiel der Ausbau des Straßennetzes, von Planern und Behörden eifrig betrieben, noch diese Bezeichnung? Es kam schon vor, daß sich Bürgerinitiativen dagegen zur Wehr setzten, wenn in ihrer Nähe zum Zweck der Begradigung einer Straße Bäume gefällt wurden und die Landschaft durch die Anlage breiter Autobahnstreifen ein anderes Aussehen erhielt.

Der Schriftsteller Dieter Wellershoff kommt in seinem Buch ›Angesichts der Gegenwart‹ von 1993 zu der Erkenntnis, es sei schwierig geworden, »anschaulich zu zeigen, [...] wie weitreichend individuelle und allgemeine Interessen miteinander verflochten sind«. Er macht dennoch den Versuch und zeichnet das Bild, das die Bundesrepublik von ihren Straßen aus bot:

Wer will schon in der Bundesrepublik Ferien machen, in diesem von der Industrie zerstörten, von Autobahnen zerschnittenen Land mit seinen verbauten, formlos auseinanderlaufenden Städten und seinen von Supermärkten, Freizeitzentren und neuen Wohnblocks umstellten und durchwachsenen Dörfern. Das eigene Land ist Arbeitsstätte, allenfalls Naherholungsgebiet, ausgestattet mit Safariparks, Skiliften und Ausflugslokalen. Auf chemisch gereinigten Feldern, die übergangslos an die asphaltierten Wege grenzen, blüht keine Blume und fliegt kein Schmetterling. Die einst vielgerühmten Wälder sind öde Holzplantagen, Monokulturen von Fichten. Die Fichte ist zum typischen Baum dieses Landes geworden, das keine Geschichte und keine Geduld hat. [...] Sie ist der Baum der ökonomischen Zwecklandschaft, die sich bis in den letzten Winkel ausbreitet, ein flurbereinigtes, drainiertes, verkehrstechnisch durchgerastertes, total kontrolliertes Land. Hier und da ahnt man noch seine einst vielseitige Schönheit. Aber überall sind schon Bagger, Walzen und Kräne in Sicht, die eine neue Straße, ein Auslieferungslager, eine weitere Industrieansiedlung vorbereiten. Die Autogesellschaft hat sich dieses Land erschlossen [...].

Zur »Autogesellschaft« waren die meisten zu zählen. Wer machte sich nun des Gruppenegoismus schuldig, die Minderheit der Bürgerinitiativen oder die Mehrheit der Autofahrer, die auf gute und sichere Straßen Wert legten?

Wie war es insgesamt in den guten Jahren der »alten Bundesrepublik« mit Moral und Gesinnung bestellt? Keine Statistik gibt darauf eine genaue Antwort; vielleicht wollte man es auch gar nicht so genau wissen.

In der fast schon legendären Regierungserklärung vom 28. Oktober 1969, in der Bundeskanzler Willy Brandt den Vorsatz proklamierte, mehr Demokratie zu wagen, hatte es an einer Stelle geheißen: »Wir haben so wenig Bedarf an blinder Zustimmung, wie unser Volk Bedarf hat an gespreizter Würde und hoheitsvoller Distanz.«

Schon in den siebziger Jahren schien die antiautoritäre »Achtundsechziger«-Bewegung eines ihrer Ziele erreicht zu haben. Das »Machtgefälle« verringerte sich: Zwischen Eltern und Kindern, Lehrern und Schülern, Vorgesetzten und Mitarbeitern machte sich ein neuer Umgangston bemerkbar. Dem Generationskonflikt folgte ein Generationenkompromiß: Eltern und Lehrer sind nicht mehr unbezweifelbare Autoritäten; die Jungen suchen sich ihren Platz selbständig in Gruppen von Gleichaltrigen und empfangen zunehmend von diesen ihre Lebensorientierung.

Zusammen mit den Achtundsechzigern oder kurz danach machten auch die Frauen ihre Rechte geltend; die Feministinnen sorgten dafür, daß ihr Protestieren nach und neben vielerlei anderem Protest nicht überhört wurde. Sie griffen die männliche Vorherrschaft in Familie und Öffentlichkeit an und wandten sich gegen den unerträglichen Traditionalismus, der die Rolle der Frau unverändert fortbestehen ließ. Der Feminismus kritisierte, daß die »männliche Kultur« völlig ungerechtfertigt den Katalog menschlicher Eigenschaften zweiteilte: »Die Charaktere der Geschlechter werden von der patriarchalischen Kultur nicht nur als Wert-Gefälle, sondern außerdem diametral entgegengesetzt gedacht. [...] Was weiblich gedacht wird (z.B. Gefühl, Passivität, Natur), gilt gegenüber dem männlich Spezifizierten (Verstand, Aktivität, Geist) als minderwertig. Umgekehrt wird Verstand, weit höher bewertet, dem Männlichen zugeordnet.« Der Artikel von Gisela Breitling, aus dem das Zitat stammt, heißt nicht ganz zufällig ›Geschlechtsapartheid‹. Solche Erkenntnisse und Argumente sind seither immer wieder vorgetragen, mit Beispielen untermauert und in Forderungen umgemünzt worden, noch immer aber ist die Gleichberechtigung der Frau keineswegs zur Zufriedenheit durchgeführt. Heute sind die rüden Töne der Anfangsjahre seltener zu vernehmen, denn man wurde sich allenthalben der Schwierigkeiten bewußt. Es ist ja nicht damit getan, den Frauen bei der Bildung und der Ausübung bürgerlicher Rechte Gleichberechtigung zu gewähren, denn trotz vergleichbarer Bildungsvoraussetzungen gelingt nur sehr wenigen Frauen der Aufstieg in höhere Positionen.

Noch immer ist das Bild der Frau in der Gesellschaft stark von herkömmlichen Rollenklischees geprägt. Das Rollenbild beeinflußt nach wie vor die Vorstellung vom Weiblichen. Die von vielen Frauen angestrebte Tätigkeit an praktisch zwei Arbeitsplätzen (im Beruf und bei der Versorgung von Familie und Haushalt) bringt eine schwer erträgliche Doppelbelastung mit sich, solange Männer nicht auf ihre gewohnte Rolle verzichten wollen. Wünschenswert wäre eine Aufweichung der Geschlechterrollen und eine möglichst gerechte Verteilung der Arbeitsbereiche unabhängig vom Geschlecht. Bezeichnenderweise ist man heute von der Frauenforschung der siebziger Jahre hin zur sogenannten Gender-Forschung gelangt, in der man die Geschlechterrollen von Mann und Frau diskutiert und daraufhin untersucht, ob sie nicht zum großen Teil auf Merkmalen beruhen, die erst die Gesellschaft ihnen zugeschrieben hat.

Nachdem die Bundesrepublik in aller Welt als Wohlstandsland mit starker Währung bekannt geworden war, wurde sie auch rasch ein Zielland von Zuwanderern. Anders als die Gastarbeiter, die in den sechziger Jahren nach Westdeutschland gekommen waren, um hier zu arbeiten und nach einer kürzeren oder längeren Zeitspanne wieder in ihre Heimatländer zurückzukehren, hofften die Zuwanderer auf ein Bleiberecht. Über Quoten und Obergrenzen sowie über das Asylrecht kam es immer wieder zu hitzigen Debatten, während für eine Eingliederung der Zuwanderer wenig getan wurde. Deutsche und Einwanderer standen sich häufig fremd und mißtrauisch gegenüber.

Die Gesellschaft der Bundesrepublik bot am Ende des dritten Jahrzehnts ihres Bestehens kein einheitliches Bild. Unbestreitbar war, daß die meisten ihrer Bewohner zu einem Wohlstand gelangt waren, der die Jahre vorher noch unerreichbar schien. Ein Teil der Bundesbürger wollte das Seinige in erster Linie zusammenhalten, sparte bei mäßigen Zinsen in Sparbüchern und bewegte sich am liebsten unter seinesgleichen im eigenen, engen Lebenskreis. Solche Bundesbürger waren auch gegenüber fremder Mentalität und Lebensart wenig aufgeschlossen. Diese Gruppe hatte der ›Spiegel‹-Journalist Jürgen Lodemann vor Augen, als er 1981 schrieb, sie lebten »ohne Konsens über die Vergangenheit [...] abgekapselt in Szenen, Cliquen, Stämmen, Banden, Gruppen« dahin und seien sich selbst genug. Anderen Westdeutschen war ebenfalls daran gelegen, an den in guten Jahren angenommenen Gewohnheiten festzuhalten; sie wollten aber auch möglichst risikofrei Neues kennenlernen und waren daher fasziniert von dem nahezu unbeschränkten »Erlebnismarkt«. Aus diesen Westdeutschen rekrutierte sich die »Erlebnisgesellschaft«, die der Soziologe Gerhard Schulze in einem vielbeachteten Buch analysiert hat. Er liefert einen schlagenden Beweis für die Kombination verschiedenster »Genußwerte« mit einer Anzeige, die wie folgt für ein Musik-Festival warb: »Drei Übernachtungen, zwei Candlelight-dinners mit schleswig-holsteinischem Essen und zwei hervorragende Konzerte.«

Was den anderen deutschen Staat, die DDR, und seine Gesellschaft betraf, so hatten sich die Westdeutschen an den Status quo gewöhnt und rechneten damit, daß er von langer Dauer sein werde; man überließ die Angelegenheiten ohne starke innere Anteilnahme den staatlichen Instanzen. Es wäre falsch, von Apathie zu sprechen, denn es gab zahlreiche Privatkontakte. Die vormals häufig gebrauchte und leicht überstrapazierte Wendung »unsere Brüder und Schwestern im Osten« aber verschwand aus dem Sprachgebrauch oder wurde nur noch ironisch zitiert. Im allgemeinen wußte man von »denen drüben« wenig. Natürlich war bekannt, daß die DDR-Bewohner auf Rechte und Annehmlichkeiten verzichten mußten, die man in der Bundesrepublik wie selbstverständlich genoß; einen Grund zur Entrüstung sah man darin deswegen allerdings nicht mehr. Die meisten Westdeutschen bezogen ihre Kenntnis von den umwälzenden Ereignissen der »Wende« 1989/90 über den Fernsehschirm; Deutschland-Ost war trotz der aktuellen Ereignisse in den Reiseprospekten der »Erlebnisgesellschaft« verhältnismäßig selten vertreten, das Bedürfnis nach Begegnung hielt sich in Grenzen. Die Menschen aus

West und Ost, bald teils spaßhaft, teils abfällig als »Wessis« und »Ossis« bezeichnet, kamen sich kaum näher; zu unterschiedlich waren Entwicklung und Leben in den beiden Teilen Deutschlands gewesen.

In der ehemaligen DDR konnten die Bürger seit der Errichtung der Mauer und der hermetischen Schließung der Westgrenze nur schwer vorhersehen, welchen Gebrauch Staat und Partei von ihrer praktisch unbegrenzten Macht machen würden. Fast alle Ostdeutschen waren sich im klaren, daß sie sich endgültig auf eine Existenz in ihrem Land einrichten und dort mit leichter oder schwerer erträglichen Kompromissen leben mußten. Sie konnten sich auf keine Rechte berufen, kaum einer konnte sich je ganz frei und sicher fühlen. Zuletzt standen 84000 hauptamtliche Mitarbeiter und 184000 inoffizielle Informanten im Dienst des Ministeriums für Staatssicherheit.

Die Folge war der Rückzug in soziale Milieus, in denen man Wärme und Verständnis, Stütze und Hilfe erwarten konnte und die das Selbstwertgefühl bestätigten. Außer der Familie und einem sehr vertrauten Freundes- und Bekanntenkreis bot sich solche Entschädigung häufig in der Arbeitsstätte, wo in der Gemeinschaft mit anderen auch ein gleichmäßig-spannungsloses Leben erträglich war. Das war besonders den Frauen in der DDR wichtig, die in größerer Zahl als in der Bundesrepublik erwerbstätig waren. Ein gutes Betriebsklima hielt manche bei der Stange und ließ Wünsche nach einem anderen Leben nicht überhandnehmen.

In den »ruhigen« siebziger Jahren bildete sich aus, was man später DDR-Mentalität nannte. Diese Mentalität gedieh am besten in sogenannten »Nischen«, in denen man sich allein oder in der Gruppe mit Dingen beschäftigen konnte, die Freude machten, den Zeitaufwand lohnten und vielleicht noch Erfolgserlebnisse verhießen. In einem Rückblick versuchte der Publizist Martin Ahrends, der selbst lange Zeit in der DDR gelebt hatte, in einem 1989 – bereits zehn Tage nach Aufhebung der Grenze – geschriebenen Artikel, diese Mentalität den Lesern der westdeutschen Wochenzeitung ›Die Zeit‹ verständlich zu machen. Er gab dem Artikel den Untertitel »Die Freiheit des Ostens«. Worin bestand nun diese Freiheit?

Die Freiheit des Ostens ist die Freiheit des Dilettantentums. Der eine bastelt sein Lebtag an einem Renault Dauphine von 1958 herum, sein Grundstück zieren nicht weniger als sechs ausgeschlachtete Karossen dieses Typs; wenn das Auto einmal fährt, dann ist es ein Vergnügen, darin zu sitzen, es ist so ein charmantes weibliches, so ein französisches Auto, und dieser Charme ist so unbezahlbar wie Frankreich unerreichbar ist. Ein anderer ist Hausmeister an einer Schule, verdient sein Geld aber vor allem mit seinem Hobby; er kauft im ahnungslosen Thüringen alte Bauernschränke und -truhen auf, möbelt sie auf und verkauft sie an die Berliner Neureichen. [...] Das Berufsleben füllt sie nicht aus, absorbiert sie auch nicht in dem Maße, wie es ihren Bruder (West) absorbiert.

Wenn man glauben darf, was der Schriftsteller Stefan Heym in seinem Tagebuch ›Der Winter unseres Mißvergnügens‹ über die Monate nach der Ausweisung Wolf Biermanns im November 1976 schreibt, hatten auch Literaten und Künstler ihre »Nischen« bitter nötig. Sie kamen beispielsweise in Berliner Privatwohnungen zusammen und lernten sich als Leute kennen, die ein niveauvolles Gespräch schätzten und alles DDR-Offizielle skeptisch und kritisch beobachteten. Sie bewirteten einander mit kulinarischen Delikatessen, tauschten beim Essen und Trinken Neuigkeiten aus und hörten gern zu, wenn ein Manfred Krug seine Späße machte oder einer erzählte, wie er denen von der Partei ein Schnippchen geschlagen hatte. Dabei wollten sie aber, solange es ging, in der DDR bleiben. Daß in solchen Nischen genug Bevormundete, aber doch auch Privilegierte unter sich waren, sollte nicht übersehen werden. Für die große Zahl war auf die Dauer das Eingesperrtsein im eigenen Land und die Beschränkung von Urlaubsreisen auf die Territorien der Ostblockstaaten schwer zu ertragen, denn die »große weite Welt« blieb dem durchschnittlichen DDR-Bürger verschlossen. Die den meisten DDR-Bürgern auf dem Bildschirm zugänglichen und ungern versäumten Westprogramme erregten verständlicherweise einen gewissen Neid.

In den achtziger Jahren existierte im Osten eine oppositionelle Bürgerbewegung, die meist noch unter dem Schutz der evangelischen Kirche stand, der einzigen gesellschaftlichen Kraft, die nicht in den Staat eingegliedert war. 1988 lösten sich die Bürgerrechtler aus dieser Abhängigkeit: Gruppen wie das »Neue Forum« formulierten Programme, die den Dialog forderten, ohne zielgerichteten politischen Protest vorzubringen. Agenten der Stasi beschatteten Teilnehmer dieser Gruppen, enthielten sich jedoch des gewalttätigen Eingreifens. Auch die SED reagierte gegen Laue und Störrische zunehmend lahm. Zeichen der Schwäche, wie man sie vorher nicht gekannt hatte, mehrten sich. Als am 9. November 1989 das in Ostberlin tagende, verwirrte Zentralkomitee der SED verkünden ließ, daß ein ungehinderter Übergang nach Westberlin möglich sei, war der Fall der Mauer nur noch eine Frage der Zeit.

Wenn deutsche Politiker in den folgenden Jahren den Bewohnern der alten Bundesländer gegenüber äußerten, die Ostdeutschen hätten ihnen manches voraus, dachten sie vielleicht auch daran, daß das November-Wunder eigentlich von den Menschen »drüben« vorbereitet und vollbracht worden ist. Sie scheinen allemal die Politischeren gewesen zu sein.

Der französische Historiker und Sozialphilosoph Michel Foucault leitete in den sechziger Jahren mit wegweisenden Thesen und Ideen eine neue Epoche des Denkens ein. »Was ist die Philosophie heute, wenn nicht die kritische Arbeit des Denkens an sich selber?« schrieb er 1984. »Es gibt im Leben Augenblicke, da die Frage, ob man anders denken, als man denkt, und anders wahrnehmen kann, als man sieht, zum Weiterschauen und Weiterdenken unentbehrlich ist.«

Foucault forderte ein Umdenken in bezug auf die großen Ordnungssysteme unserer geistigen Welt und die Rolle des Subjekts in Geschichte und Gegenwart. Foucault kritisierte die seiner Ansicht nach zu starke Sonder- oder Vorzugsstellung des Subjekts; das Ich sollte nicht mehr »mit großem Anfangsbuchstaben geschrieben« werden. Anstelle des Subjekts betonte er Ungleichheiten, »Differenzen«, das »Andere«.

Diese Thesen Foucaults prägten auch die Denkrichtung, die in den sechziger und siebziger Jahren unter der Bezeichnung »Postmoderne« von sich reden machte und die den Texten Foucaults viel verdankt. Foucault hat sich auch speziell mit Literatur befaßt; sein Vortrag »Was ist ein Autor?« vom 22. Februar 1969 ist berühmt geworden. Seine Kritik am Subjektbegriff äußert sich hier in einer kritischen Analyse des Autorbegriffs, dessen Konstruktcharakter er herausstellt.

An den Anfang seiner Ausführungen stellt er ein Beckett-Zitat: »Wen kümmert's, wer spricht, hat jemand gesagt, wen kümmert's, wer spricht.« Nicht der Autor als reale Person steht im Mittelpunkt des Interesses, sondern die sprachliche Äußerung als solche. Die Sprache als Literatur erfindet keine neuen Zeichen, sondern bedient sich des Zeichensystems der Alltagssprache. Nach dem Zeichenverständnis der Postmoderne verweisen die Zeichen nicht in erster Linie auf etwas von ihnen Bezeichnetes in Natur oder Gegenstandswelt, sondern vor allem auf andere Zeichen. Ebenso verweist Literatur immer zugleich auf andere Literatur (dies ist die Hauptthese der sogenannten Intertextualität). Der westdeutsche Schriftsteller Hanns-Josef Ortheil, der sich intensiv mit der Postmoderne beschäftigt hat, leitet aus diesen Voraussetzungen eine Definition ab: »Die postmoderne Literatur verfügt [...] über Modelle, die in Spiele höherer Ordnungen überführt werden können. [...] Statt [den Leser] mit Theorien und Welterklärungen zu befriedigen, erzählt sie ununterbrochen Spielvorschläge, die variiert, abgebrochen, aber auch erweitert werden können.« Knapp und bildhaft könnte man auch sagen:

Postmoderne Literatur ist ein Spiel mit Münzen verschiedener Herkunft, zu dem ein Autor kundige Leser einlädt.

Man kann auch an das Schachspiel denken: In ihm sind Gestalten aus den Machtsphären der Wirklichkeit zu Spielfiguren geworden, die sich nur auf festgelegten Bahnen so bewegen dürfen, wie es die Spielregeln vorschreiben oder erlauben. Dichtungen, Figuren und Formen, wohlgeordnet versammelt im Arsenal der Weltliteratur, werden in neuen Konstellationen zu Zeichen, die der kundige Leser sogleich erkennt. Er wird ihre Verwendung in anderen Systemen – Ortheil spricht von »höheren Ordnungen« – zu deuten wissen und dabei vielleicht Spielregeln auf die Spur kommen, die der Autor aufgestellt hat.

Bei den Diskussionen über Postmoderne in Kunst und Literatur hat sich immer wieder ein italienischer Wissenschaftler und Schriftsteller zu Wort gemeldet, der durch seine Beiträge eine Art Fachautorität geworden ist: Umberto Eco. Er ist Professor für Semiotik an der Universität Bologna und hat zahlreiche Bücher zu verschiedensten philosophischen, historischen und literaturtheoretischen Themen verfaßt.

Die Semiotik, eine verhältnismäßig junge Disziplin, ist die Wissenschaft von den Zeichen, den natürlichen und den künstlichen. Sie untersucht, wie verschiedene Zeichensysteme beschaffen sind und was sie zu leisten vermögen.

Im Jahr 1980 überraschte Umberto Eco die Leser in aller Welt mit dem Roman ›Der Name der Rose‹, der bis in die Mitte der neunziger Jahre in über 15 Millionen Exemplaren verkauft wurde und inzwischen auch verfilmt ist. Der Roman ist kein gewöhnliches Stück Literatur. Eco hat in ihm die Kenntnisse verarbeitet, die er sich in seinen vielen Forschungsgebieten angeeignet hat. Kein Wunder also, daß von Anfang an die Semiotik eine wichtige Rolle spielt.

Die Hauptfigur des Romans, ein Franziskanermönch des Mittelalters namens William von Baskerville, ist ein Meister im Deuten von Zeichen und verblüfft seine Umgebung, besonders seinen Schüler und Begleiter Adson, einen halbwüchsigen Benediktinernovizen, durch seine außerordentlichen Fähigkeiten. Auf dem Weg zu einem Kloster schließt er aus Hufspuren im Schnee und einzelnen Mähnenhaaren in einem Gestrüpp – natürlichen Zeichen – darauf, daß ein edles Pferd entlaufen sein muß. Im Kloster angekommen, kann er den erstaunten Mönchen den Weg zum entlaufenen Pferd zeigen und es außerdem in vielen Einzelheiten beschreiben. Dabei hilft ihm die Erkenntnis, daß Zeichen häufig auf andere Zeichen verweisen. William weiß, daß die Mönche gehorsam ihren geistlichen Autoritäten folgen. Ihr Blick auf ein edles Pferd orientiert sich an einer Beschreibung des Kirchengelehrten Isidor von Sevilla, der das vollendete

Pferd dargestellt hat; danach wird die Wirklichkeit bemessen und bewertet. Und so kann Williams Beschreibung des Pferdes, das er in Wirklichkeit gar nicht gesehen hat, mit der der Mönche übereinstimmen und diese sehr verblüffen. Eco hat ein Spiel mit Zeichen, dem auch zeitgenössische Semiotiker etwas abgewinnen könnten, ins Mittelalter zurückverlegt. –

Ein weiteres Spiel, ein »Spiel mit Modellen«, zu dem Eco die Leser seines Romans einlädt, sei hier kurz erwähnt. Der Autor variiert bekannte Werke der Weltliteratur und deren Motive, indem er sie neu erzählt. »Nichts in dem Buch ist von mir, es besteht nur aus bereits geschriebenen Texten«, hat der Autor nicht ohne Stolz behauptet. Mit großem Geschick und dem stilistischen Feingefühl des Kenners und schreibsicheren Bearbeiters sind mittelalterliche Quellen an passenden Stellen eingefügt. Mit ebenso sicherem Griff holt sich Eco aus dem Reservoir der Literatur, was er braucht, um das Geschehen in seinem postmodernen Roman zu variieren und, wie Ortheil schreibt, zu »erweitern«. So ist im ersten Teil kaum die Parallele zwischen Arthur Conan Doyles berühmtem Detektiv Sherlock Holmes und seinem Assistenten Doktor Watson einerseits und dem Paar William von Baskerville und Adson zu übersehen. ›The Hound of the Baskervilles‹ ist zudem der Name einer der bekanntesten Kriminalerzählungen Arthur Conan Doyles.

Erzähler des Romans ›Der Name der Rose‹ ist ausschließlich Adson. Als uralter Mönch im Kloster Melk an der Donau begibt er sich – ähnlich wie Marcel in Prousts großem Romanzyklus – auf die »Suche nach der verlorenen Zeit«, indem er Erlebnisse und Erfahrungen niederschreibt, die ihm als neugierigem und unreifem Jüngling zuteil geworden sind.

Durch solche »Parallelschaltungen« kommen sich literarische Zeichengebilde, die einander fern und fremd sind, plötzlich näher, sobald sie nach dem Willen des Autors Eco an dem raffiniert inszenierten Spiel mit Zeichen teilnehmen.

Es waren freilich esoterische Spiele unter Kennern, zu denen hier eingeladen wurde. ›Der Name der Rose‹ ließ sich auch »nur« als spannender Roman lesen; dafür liefern wohl die hohen Auflagen- und Verkaufsziffern den handfesten Beweis. Bei der Verfilmung konnte man ebenfalls auf die Attraktion von Spannung und Sensationen zählen.

Deutschen Schriftstellern der achtziger Jahre mußten Ecos literarische Erfolge wie Wunder vorkommen. Ob sie ihn nun einen Scharlatan hießen oder – insgeheim – bewunderten: Keiner von ihnen hätte sich selbst ähnliches zugetraut. Freilich: Sie schrieben unter anderen Bedingungen. Davon muß die Rede sein, wenn man ihnen und der Literatur, die sie hervorbrachten, gerecht werden will.

Deutschsprachige Autoren, die man mit dem Begriff der Postmoderne in Verbindung gebracht hat, sind unter anderen Patrick Süskind, Christoph Ransmayr, Wolfgang Hildesheimer und Botho Strauß. In einem späteren Abschnitt sollen zwei Romane von Süskind und Ransmayr sowie je ein Text von Hildesheimer, Strauß und Hans Magnus Enzensberger unter der Fragestellung einer möglichen Zuordnung zu Konzepten postmodernen Schreibens untersucht werden.

1.4 Bedingungen des Schreibens: Der dünner werdende Faden der Literatur

Das kulturelle Leben in der Bundesrepublik stand zunächst im Zeichen einer Restauration. Restauriert, das heißt in ihre frühere privilegierte Stellung wiedereingesetzt, wurde die überlieferte humanistische Kultur, die mit einigen für würdig befundenen Werken der Moderne angereichert worden war.

Die Spaltung der Kultur in eine »ernste Kultur« und eine Unterhaltungskultur, an der sich die »breite« Masse erfreute, wurde in der zweiten Hälfte der sechziger Jahre von Linksintellektuellen und Studenten kritisiert. Sie warfen den Teilhabern an der elitären Kultur vor, daß ihr zur Schau getragenes Kulturbewußtsein im Grunde nur die Privilegien des »Bildungsbürgertums« erhalten und die materiellen Interessen verbergen sollte. Die in der Studentenbewegung aus verschiedenen Quellen bezogenen theoretischen Überlegungen zu einer »Kulturrevolution« wurden jedoch kaum irgendwo konsequent in die Praxis umgesetzt.

Zu Beginn der siebziger Jahre machte sich eine veränderte Bewußtseins- und Stimmungslage bemerkbar. Michael Rutschky hat in seiner wichtigen Studie ›Erfahrungshunger‹ von 1980 nach einer sorgfältig und einfühlsam vorgenommenen Befragung belegt, daß besonders die Jüngeren ihre Schwierigkeiten nicht mehr einer als verdorben entlarvten oder diffamierten »Gesellschaft« aufbürden wollten. Ihr Ziel war die Selbstverwirklichung und eine Profilierung des Ich (»Neue Subjektivität«). Selbstverwirklichung wurde selten in der Isolation gesucht; lieber war man dabei mit Gleichaltrigen zusammen.

In den siebziger Jahren bildete sich ein Milieu heraus, das von den meisten, die dazugehörten, hoch eingestuft und gern als »Szene« bezeichnet wurde. Auch wenn die lauten Proteste verhallt waren, wollte man nach wie vor anders sein und handeln, als es den Konventionen entsprach. Man gab sich wechselweise anspruchsvoll (teure Markenkleidung) und anspruchslos (improvisierte Wohnungseinrichtungen). Berufliche Karrieren wurden nicht mit letzter Energie angestrebt; jede Art von Fixierung war schwer vereinbar mit der Beweglichkeit, die man sich gern erhalten wollte.

In jene Jahre fiel die Entfaltung einer neuen Musikkultur: In der »Szene« wurden Pop- und Rockmusik gehört; die Angehörigen der »Szene« kannten die Namen und besonderen Qualitäten »ihrer« Gruppen und Solisten. Live-Auftritte wurden ebenso geschätzt und kompetent beurteilt wie Plattenaufnahmen; wer etwas von der bevorzugten Musikrichtung verstand, war um Gesprächsstoff nie verlegen.

Die Literatur dagegen traf selten den Nerv dieser Generation, sie gewann kaum neue Leserschichten hinzu. Den »Kennern und Liebhabern«, den Lesern aus Gewohnheit, blieb es überlassen, mit Neuerscheinungen zurechtzukommen und in ihnen den roten Faden der binnenliterarischen Entwicklung zu entdecken.

Bemerkenswert ist, daß zusätzlich zu den Bestsellerlisten für fiktionale Literatur nun auch regelmäßig entsprechende Listen für Sachbücher erschienen. Fachwissen aus vielen Gebieten, die bisher den Wissenschaftlern vorbehalten waren, und Tätigkeiten, die in Berufen erlernt werden mußten, wurden entsprechend aufbereitet und einer breiten Leserschaft von Laien zugänglich gemacht.

Der Motorisierung war im Wohlstandsland Bundesrepublik rasch die Ausstattung der Haushalte mit Fernsehgeräten gefolgt. Mit der schnellen Verbreitung feierte das neue Medium sogleich frühe Triumphe. Kino und Literatur konnten der Konkurrenz nicht standhalten. Natürlich faszinierte gerade in den ersten Jahren das reichhaltige Angebot und die Mischung von Information und Unterhaltung.

Erstaunlich war, daß dreißig bis vierzig Millionen Zuschauer über Monate und Jahre hinweg Serien von Sendungen sahen, bei denen jede ähnlich gestaltet war. Hans Joachim Kuhlenkampffs Quiz-Wettstreit ›Einer wird gewinnen‹ zog an jedem Sendetermin Millionen von Zuschauern vor die Bildschirme; regionale und soziale Unterschiede wurden dabei buchstäblich »spielend« überbrückt. Versuchsweise hat man das Publikum dieser Sendung aufgeschlüsselt. Man fand vor dem Fernseher »den holsteinischen Großbauern, den Hamburger Hafenarbeiter, die Studentin in Münster, den Arbeitslosen aus Dortmund, den Banker in Frankfurt, den Weinstubenbesitzer in Freiburg, die Hausfrau in Stuttgart und den bayerischen Priester«. Es waren Zuschauer aus einer »in sich hochdifferenten Öffentlichkeit«. Sogenannte »Straßenfeger« waren die Übertragungen wichtiger Fußballspiele und die bei bekannten Drehbuchautoren in Auftrag gegebenen Krimis in mehreren Folgen, bei denen Vermutungen über den Fortgang zum Tagesgespräch wurden. Beliebt waren auch Familienserien und personalisierte Zeitgeschichte in Form von Familiengeschichten, wie etwa Eberhard Fechners berühmte Verfilmung von Walter Kempowskis Roman ›Tadellöser und Wolff‹. Fechner war überzeugt, daß sein Fernsehfilm das vielgelesene Buch an Wirkung gewaltig übertraf. Die Einschaltquoten schienen ihm recht zu geben.

Trotz des Zerfalls der Medienöffentlichkeit in Fangruppen und »Clans« und trotz der Vermehrung der Alternativprogramme durch das Aufkommen der Privatsender ist vor allem zwei Sendungstypen die Publikumsgunst erhalten geblieben: der Spielshow und den diversen Krimiserien. Das Rezept der Sendungsmacher bei der Spielshow ist vom Konzept her verhältnismäßig einfach: Unterhaltung wird immer wieder aufs neue mit Spannung verbunden und darüber hinaus die Schaulust durch verschiedenartige Vorführungen befriedigt. Die Krimiserien können sich ihre hohen Einschaltquoten erhalten – im Gegensatz zu den Magazinen, die Mißstände aufdecken und vor Gefahren warnen wollen und damit leicht die abendliche Ruhe und Behaglichkeit stören. Im Fernsehkrimi dagegen wird für die Dauer der Sendung der Normalzustand eines spannungslosen Alltagslebens suspendiert. Eine Welt, die man einigermaßen zu kennen glaubt, gerät für eine kurze Dauer in ein beunruhigendes Zwielicht – und das löst bei den Zuschauern einen angenehmen Nervenkitzel aus.

Schauspieler von vorher eher durchschnittlicher Qualität wurden durch Fernsehkrimis zu populären Stars. Die Art, wie sie Verbrechen aufdeckten und mit ihren Kollegen und Untergebenen umgingen, machte aus ihnen ideale Vaterfiguren des sich demokratisch fühlenden Nachkriegsdeutschland.

Es war den Produzenten recht, daß in einer Serie, die in viele Teile der Welt exportiert wurde, ihr Oberinspektor Derrick nicht nur ein untadeliger Beamter in einer deutschen Behördenhierarchie war, sondern auch ein guter Mensch ohne Vorurteile, der für hohe humane Werte eintrat.

Erst 1981 erschien mit Kommissar Schimanski im proletarischen Hafenviertel von Duisburg ein neuer Typ von weniger seriösem Aussehen und Verhalten, der rasch andere Zuschauerkreise gewann.

Immer mehr Zeitgenossen empfanden die Normalität, in der sie sich eingerichtet hatten, dann und wann als langweilig, auf die Dauer auch als belastend. Zu vieles wurde als selbstverständlich angesehen, war unverzichtbarer Teil des gewohnten Lebens und Konsums geworden. Auch wenn viele es sich nicht bewußt machten und eingestanden, so erging es ihnen ähnlich wie der Hauptfigur in Botho Strauß’ früher Erzählung ›Die Widmung‹ aus dem Jahr 1977:

Es ist ihm, als sei er überhaupt nicht vom Fleck gekommen. [...] Von Bewußtseinsbeginn bis auf den heutigen Tag ein und derselbe starrausdauernde Zustand, ein Zustand mit Wachstum, Komfort und Reform, aber ohne politische Kraft, ohne Kämpfe, ohne Ruptur. Dreißig Jahre ausgewogene Gegenwart.

Das Fernsehen bot hier die tägliche Möglichkeit zur Flucht oder eine willkommene Ablenkung. Machte auch die Literatur entsprechende Angebote?

Der Kritiker Reinhard Baumgart, der 1980 die Autorenlesungen beim Wettbewerb um den Ingeborg-Bachmann-Preis besuchte, hörte dort lediglich »Verhaltensbilder der Melancholie und Depression [...], kleinformatige, graue, genaue Abbilder unserer Gegenwart« und machte aus seinem Mißfallen kein Hehl.

Auch für die »Abbilder unserer Gegenwart« fühlte sich das Fernsehen zuständig; Fernsehjournalisten schrieben die Texte, und mit den Mitteln des Mediums, der oft raffinierten Kombination von Bild, Ton und begleitendem Text, wurden Themen dargeboten, die bisher der »realistischen« Literatur vorbehalten waren.

Leser und Literaturfreunde wanderten damals in Scharen in neu entdeckte »Literaturkontinente« aus, zum Beispiel in die lateinamerikanische Literatur, lasen die Bücher des Kolumbianers Gabriel García Márquez, des Peruaners Mario Vargas Llosa und der Chilenin Isabel Allende. In einer Lateinamerikanischen Literaturgeschichte aus der Mitte der neunziger Jahre ist zu lesen, daß besonders García Márquez es verstanden habe, »die Besonderheit ganz Lateinamerikas einem breiten außeramerikanischen Leserkreis auf ausgesprochen kulinarische Weise nahezubringen«.

Isabel Allende gewann begeisterte Leser, indem sie die Chronik einer Familie und eines Landes in Form von Tagebuchnotizen erzählte.

Phantastisches und Märchenhaftes für alle Altersgruppen bescherte die Welt der Fantasy-Bücher. Die Leser wurden entführt in ein düsteres Literaturland mit Heide, Fels, Moor und Meer, mit Schlössern und Burgen, die fast immer in Nebel oder Finsternis gehüllt waren. In undurchdringlichen Wäldern und unheimlichen Moorgewässern lauerten Ungeheuer, Clans trugen heftige Fehden aus, und anmutige Prinzessinnen warteten in feuchten Verliesen auf ihre Befreiung.

Die Lesewelten, deren Bücher auf den Buchmessen, in den Taschenbuchregalen der Buchhandlungen und an den Buchständen von Bahnhöfen, Flugplätzen und Supermärkten nebeneinander ausgebreitet lagen, trafen sich nur selten in den Köpfen. So gab es auch bei den Büchern, ausgedrückt mit einem Schlagwort des Philosophen Jürgen Habermas (1985), eine »neue Unübersichtlichkeit«. Viele, die

sich im Zeitalter des anhaltenden Pluralismus einer bestimmten Le-
sewelt verschrieben hatten, kümmerten sich kaum noch um die anderen. Und nur eine unter diesen anderen war die von vielen als
schwierig eingeschätzte »anspruchsvolle« moderne deutsche Literatur. Von ihren Verfassern und Vertreibern, aber auch von ihren treuen
Lesern und Liebhabern wurde sie jedoch nach wie vor sehr ernst genommen.

II. Die Erzählende Dichtung

2.1 Erzählte Panoramen

Im literaturwissenschaftlichen Diskurs ist häufig die Rede vom *Milieu*. Der Begriff bezeichnet den Raum, der die Menschen zu dem macht, was sie sind, der zugleich aber selbst von der Lokalität und seinen Bewohnern geprägt ist, von ihren Tätigkeiten etwa und von der Art, wie Menschen verschiedenen Alters zusammenleben.

Panorama ist zunächst ein Fachbegriff der Malerei. Er bezeichnet Landschaften, die naturhaft geblieben sind oder Züge menschlicher Kultur aufweisen. Allerdings sind auf einem gemalten Panorama Bewegung und Leben »angehalten«; eine lebendige Welt wird in der Kunst festgehalten. Im erzählten Panorama ist das Milieu geweitet, Regionales und Gesellschaftliches wird hinzugefügt, zu ihm gehören einzelne und Gruppen. Im erzählten Panorama begegnen sich Menschen, deren Schicksale von den Zeitläuften bestimmt oder beeinflußt worden sind. Das Spezifische des historischen Moments, das Öffentlich-Gesellschaftliche und das Persönlich-Private sind hier gleichberechtigt. Ein erzähltes Panorama wie Uwe Johnsons Mecklenburg ist kein Abbild des realen Mecklenburg, sondern eine Neubildung, die von verschiedenen erzählerischen Zentren her geschaffen wird. Das Lebensschicksal der weiblichen Hauptfigur verlangt vom Autor, dieses Panorama zu erzählen und außerdem noch ein Panorama New Yorks zu entwerfen. Beide Panoramen werden Bestandteile von Lebensläufen und wirken in vielen Lebensäußerungen mit.

Auch bei Heinrich Böll ist das erzählte Panorama viel mehr als Kulisse und Horizont. Köln und sein Umland, die rheinischen Verhältnisse machen die Mentalität der Charaktere erst glaubhaft. Von den vier in diesem Kapitel behandelten Schriftstellern hat wohl nur Uwe Johnson seine Schreibaufgabe mit der festen Absicht begonnen, erzählerische Panoramen zu entwerfen, in denen Land und Landschaft und deren Sprache festgehalten sind. Die Verhältnisse werden als Ergebnis eines geschichtlichen Prozesses geschildert: Der Leser erlebt, wie Menschen in dieses Panorama hineinwachsen, bis sie schließlich selbst ein Teil von ihm geworden sind.

Bei den hier besprochenen Romanen Martin Walsers und Walter Kempowskis scheint es sich zunächst um das Porträt eines einzelnen bzw. einer Familie zu handeln. Erst später wird dem Leser von Kempowskis ›Tadellöser und Wolff‹ bewußt, daß man die dargestellte Familie auch im Viertel und in der Stadt kennt und beim Namen nennt, daß sie seit Generationen in der Stadt und in ortstypischen Gewerben verwurzelt ist. Und in Martin Walsers ›Seelenarbeit‹ stellt sich heraus, daß auf den Höfen und in den nahen Dörfern überall Verwandte aus einer weitverzweigten Sippe sitzen, daß also auch hier ein Gesamtpanorama entworfen wird.

In den beiden Romanen ist es so, als träten die Erzähler, ein halbwüchsiger Junge und ein schwäbischer Privatchauffeur, unmittelbar aus einem Panorama hervor, das wir dann mit ihren Augen immer besser kennenlernen.

Der Nobelpreisträger Heinrich Böll erschafft sich für sein rheinisches Panorama der sechziger und siebziger Jahre eine Vermittlerfigur nach seinem Geschmack. Er nennt sie schlicht »Verfasser«, abgekürzt »Verf.«. Dieser Verfasser läßt gern andere reden und erzählen. Aus ihren Mitteilungen erwächst rasch eine für das Panorama spezifische Atmosphäre. Das Kapitel über die erzählten Panoramen wird mit einer kurzen Präsentation von Jurek Beckers Roman ›Jakob der Lügner‹ abgeschlossen, der in gewisser Weise aus dem Rahmen fällt: Die erzählte Handlung spielt während des Zweiten Weltkriegs, und zwar in einer Kleinstadt im östlichen Mitteleuropa, genauer: im jüdischen Ghetto dieser Stadt. Es mag ungewöhnlich erscheinen, hier von einem Panorama zu sprechen, denn es ist zugegebenermaßen ein Panorama oder besser eine Erzählwelt, die durch Stacheldraht eingegrenzt und abgesperrt ist. Nichtsdestotrotz wird sie in ihrer Mischung von Grausamkeit und vergeblicher Hoffnung auf Befreiung umfassend und häufig ironisch geschildert.

Uwe Johnson
Jahrestage

In einer ›Begleitumstände‹ betitelten und später publizierten Vorlesungsreihe hat Uwe Johnson über die Entstehung einiger seiner Werke berichtet. Als er auf den Roman ›Jahrestage‹ zu sprechen kam, mutete er seinen Zuhörern bzw. Lesern etwas zu, das ihnen merkwürdig oder sogar unzulässig erscheinen mochte. Während eines Aufenthalts in New York – er war gerade dabei, ein Lesebuch mit deutscher Gegenwartsprosa zusammenzustellen – habe er eine junge Frau gesehen, die er sogleich Mrs. Cresspahl genannt habe. Sie erhielt also den Namen der weiblichen Hauptfigur seines ersten Romans ›Mutmassungen über Jakob‹ (1959). Johnson beteuerte, er habe Mrs. Cresspahl leibhaftig vor sich gesehen und beschrieb sie so:

Sie war zu erkennen an der Kopfhaltung, an der lockeren, acht- und wachsamen Art, in der sie den rechten Arm pendeln ließ, in der Hand eine komplexe schwarze Börse (im Notfall zum Zurückschlagen geeignet), verriegelt im Griff der Finger, von denen die ersten zwei die Bügel einer Sonnenbrille wippen ließen.

Solche Mischungen von Fiktion und Wirklichkeit hat es bei Uwe Johnson auch vorher schon gegeben. Die Ursache für sein Interesse an der Frau in der Wirklichkeit Manhattans ist in der fiktionalen Welt zu suchen, die sich Johnson geschaffen hat. In ihr prägen Städte und Landschaften Mecklenburgs und Ereignisse der frühen DDR-Jahre die Lebensschicksale von Figuren, die sich in dieser literarischen Region bewegen. Gesine Cresspahl ist eine solche Figur. Mit ihr, schreibt Johnson, sei es zu einer seltsamen Abmachung gekommen: Die junge Frau aus Deutschland sollte an ihrem neuen Wohnort New York tagebuchähnliche Aufzeichnungen niederschreiben, die der Schriftsteller weiter bearbeiten wollte. So hatte Johnson »unverhofft und ungeplant« ein Buch gefunden, das er schreiben wollte; es sollte Gesine Cresspahls Buch werden, »sie mußte nur noch einverstanden sein«. Hinter dem Ganzen steht sicherlich ein starkes Identifikationsbedürfnis; Johnson wollte eine Zeitlang praktisch mit seiner literarischen Figur verschmelzen.

Nach Zwischenstationen in Frankfurt und Düsseldorf lebt Gesine mit ihrer Tochter Marie seit 1961 in New York; Maries Vater ist der in der DDR unter mysteriösen Umständen ums Leben gekommene Reichsbahn-Dispatcher Jakob Abs. Die jetzt vierunddreißigjährige Mrs. Cresspahl ist Angestellte in einer großen Bank, sie ist hauptsächlich mit fremdsprachlicher Korrespondenz und mit Dolmetschen beauftragt. Was Gesine in New York erlebt, »sollte die eine Seite ihres Buches werden«, das den Titel ›Jahrestage‹ erhalten würde. »Die andere Schublade des Titels«, schreibt der Autor, »sollte enthalten, was sich an Tagen nährte aus der Vorgeschichte ihrer Person«. Ihr bisheriges Leben und eine besondere psychische Disposition werden dafür verantwortlich gemacht, daß sie kaum Vorfreude auf die Zukunft empfindet, dafür um so öfter in die Vergangenheit zurückkehrt.

Johnson hatte also die Grobstruktur seines Romans, der in vier Bänden (1970, 1971, 1973 und 1984) erschien, schon im Kopf; der Titel würde für beide Zeiträume passen, es war ohne Bedeutung, ob es sich um Jahre oder um ein Jahr handelte. 365 Tage New York in den Jahren 1967 und 1968; das sollte die Auseinandersetzungen um den Krieg in Vietnam und die Bürgerrechtsbewegung einschließen; spektakuläre Ereignisse fielen in diesen Zeitraum. Auf der »europäischen Ebene« waren darzustellen die Lebenswelt von Gesines Eltern in Mecklenburg in den letzten Jahren der Weimarer Republik und im nationalsozialistischen Dritten Reich, danach Gesines Erfahrungen im russisch besetzten Ostdeutschland und der frühen DDR.

Es wäre ja durchaus legitim gewesen, wenn der in der DDR aufgewachsene und 1959 in die Bundesrepublik übergesiedelte Romancier Johnson, fast gleichen Alters mit seiner Figur Gesine Cresspahl, Erlebnisse und Generationserfahrungen aus seiner eigenen Lebensgeschichte in das der jungen Frau gewissermaßen stillschweigend integriert hätte. Aber Johnson spielt noch einmal mit Fiktion und Wirklichkeit – und zwar diesmal mitten im Roman. Er dreht die in den ›Begleiterscheinungen‹ geschilderte New Yorker Szene um: Die Romanfigur Gesine, die politisch sehr interessiert ist, besucht eine Veranstaltung des Jewish American Congress, bei der der deutsche Schriftsteller Uwe Johnson als Redner auftreten soll. Dieser hat nicht seinen besten Tag; er spürt, daß ihm Mißtrauen und Feindseligkeit entgegenschlagen. Es kommt darüber zu einem Gespräch mit Mrs. Cresspahl, in dem der Schriftsteller die Frage stellt: »Wer erzählt hier eigentlich, Gesine?« Gesines oft zitierte Antwort lautet: »Wir beide. Das hörst du doch, Johnson!«

Uwe Johnson hat so auch berichtigt, was ein Rezensent im ›Spiegel‹ über ihn geschrieben hatte: »Uwe Johnson spielt ein bißchen Versteck und nennt sich Gesine Cresspahl, erzählt aber von durchaus eigenen Jahrestagen.« So leicht macht es sich der »Genosse Schriftsteller« nicht.

Für die epische Technik notierte er sich ein relativ einfaches Rezept, das ihm erlaubte, sich frei zu entfalten und zu bewegen: »Unschematisch abwechselnd mit Kapiteln für das jeweils heutige New York, sollte die Erzählung aus einem Bewusstsein zumindest des Jahres 1920 voranschreiten bis zu dem gegenwärtigen Jahr und Tag in New York, so daß hier einmal einer Katze gelingen sollte, den eigenen Schwanz zu fangen.«

Im folgenden werden eine Erzähleinheit, die in New York spielt, und ein Mecklenburg-Kapitel einander gegenübergestellt und genauer betrachtet.

25. August, 1967 Freitag

Seit gestern abend fiel Regen in die Stadt, dämpfte das Trampeln der Wagen auf der Schnellstraße am Hudson zu flachem Rauschen. Morgens ist sie aufgewacht vom Schlürfen der Autoreifen auf dem triefenden Damm unterm Fenster. Das Regenlicht hat Dämmerung zwischen die Bürokästen an der Dritten Avenue gehängt. Die kleinen Läden im Fuß der Hochhäuser schicken geringes, dörfliches Licht in die Nässe. Als sie die Neonbatterie in der Decke ihres Arbeitsraums einschaltete, malte das vom Dunklen zusammengedrückte Licht einen Blick lang Wohnlichkeit in die kantige Zelle. An diesem Tag soll das Kind aus dem Ferienlager zurückkommen.

Abends sind die Stirnen der Bank, wenig oberhalb ihres Stockwerks, mit Nebel verhängt. Von der Straße gesehen blinken die Fenster der Direktion wässerig, untergehende Schiffe.

Auf das Kind wartet sie am Abend im Imbiß-Saal des Busbahnhofs an der George Washington-Brücke, rauchend, in fauler Unterhaltung mit der Serviererin, die Zeitung unterm Ellenbogen. Die Zeitung liegt im selben Knick, in dem sie das Papier unterm Regendach des Kiosks herausgefischt hat, aufgespart für die Stunde Wartens. Sie erlaubt sich, nicht auf der ersten Seite anzufangen, sondern aus dem Inhaltsverzeichnis Meldungen auszusuchen.

Ein Bundesgericht hat Anklage erhoben gegen fünfundzwanzig Personen wegen der 407 000 Dollar in Reiseschecks, die im vorigen Sommer vom Flughafen J. F. Kennedy verschwunden sind. Sie haben den Mann, der die Schecks zum Viertel ihres Wertes weiterverkaufte, auch den, der sie für die Hälfte absetzte, und die Einwechsler, aber sie haben nicht den, der sie tatsächlich vom Gepäckkarren geschubst hat; der ihnen vermutlich Bescheid gegeben hat, ist am 11. Juli erschossen in einem Graben bei Monticello gefunden worden. Die Mafia telefoniert.

Das Kind hat ihr eine Postkarte mit der Zeit der Ankunft geschickt, es ist eine Fotografie, auf der sie zu sehen ist mit anderen Kindern in einem Ruderboot. Marie hat ein Bein im Wasser hängen, und um das Schienbein hat sie einen breiten, schwärzlichen Verband. Sie blickt angstlos, still zwischen den Grimassen der anderen. Sie ist mit dem Schienbein gegen die Bindung des Wasserskis geknallt. Sie mißt vier Fuß zehn Zoll. Ihre Schrift hat die Bogen und Schleifen der amerikanischen Vorlage. Beim Malnehmen schreibt sie den Multiplikator unter, nicht neben den Multiplikanden. Sie denkt in Fahrenheitgraden, in Gallonen, in Meilen. Ihr Englisch ist dem Gesines überlegen in der Artikulation, der Satzmelodie, dem Akzent. Deutsch ist für sie eine fremde Sprache, die sie aus Höflichkeit gegen die Mutter benutzt, in flachem Ton, mit amerikanisch gebildeten Vokalen, oft verlegen um ein Wort. Wenn sie achtlos Englisch spricht, versteht Gesine sie nicht immer. Wenn sie fünfzehn ist, will sie sich taufen lassen, und sie hat die Nonnen in der Privatschule am oberen Riverside Drive dazu gebracht, sie M'ri zu nennen statt Mary. Allerdings sollte sie von dieser Schule verwiesen werden, weil sie die Plakette GEHT RAUS AUS VIETNAM nicht im Unterricht abnehmen wollte. Sie steigt aus der blauen Schuluniform mit dem Wappen auf dem Herzen, sobald sie nach Hause kommt; sie hat eine Vorliebe für enge Hosen aus weißem Popelin, deren Saum sie mit einem Schälmesser abtrennt, und für Turnschuhe. Sie hat kaum eine Freundschaft aus den sechs hiesigen Jahren aufgegeben, sie spricht noch von Edmondo aus dem spanischen Harlem, der seine Gefühle schon im Kindergarten bloß mit Schlägen ausdrücken konnte und 1963 fürs Leben in eine Klinik kam. In vielen Wohnungen entlang des Riverside Drive und der West End Avenue ist sie über Nacht geblieben. Sie ist begehrt als Aufpasserin für kleine Kinder, sie ist aber streng gegen kleine Kinder, bisweilen derb. Sie hat das Ubahnsystem Manhattans im Kopf, sie könnte als Auskunftperson gehen. Was sie in ihrem Zimmer auf der Maschine schreibt, bewahrt sie auf in einer Mappe, die sie mit unfälschbaren Schleifen zubindet. Sie geht heimlich an den Kasten mit Gesines Fotografien, sie hat sich von ihrem Taschengeld ein Bild kopieren lassen, auf dem Jakob und Jöche zu sehen sind, vor der Lokomotivführerschule in Güstrow. Sie hat ihre Freunde in Düsseldorf vergessen. Westberlin kennt sie aus der Zeitung. Viele Geschäfte auf dem Broadway sind ihr tributpflichtig, Maxies mit Pfirsichen, Schustek mit Scheibenwurst, der Schnapsladen mit Kaugummi. Sie wippt in den Knien, wenn sie sich versprochen hat und gesagt, daß Neger eben Neger sind, sie wippt in den Knien und bewegt die aufgestellten Handflächen wie schiebend gegen Gesine und sagt: O. K.! O. K.!

Auf der zweiten Seite der Zeitung ist ein Bild, das einen amerikanischen Piloten zeigt, der auf einer Karte erklärt, wo er zwei nordvietnamesische Piloten abgeschossen hat; man sieht ihn im Profil, seine Lippen von den Zähnen gezogen, er scheint schlapp und befriedigt zu lächeln. Die amtlichen Toten der Amerikaner stehen heute auf der zwölften Seite, sieben Zeilen ohne Zusammenhang mit den Nachrichten darüber. »Ein Mann aus Long Island unter den Toten« sagt die Überschrift. In der Meldung sind es dann achtundzwanzig.

Marie sagt:

– Meine Zöpfe sind nicht deine Zöpfe, und ich schneide sie ab, wann ich will.

– Mein Großvater war wohlhabend.

– Mrs. Kellogg rasiert sich.

– Ich kann Blut sehen. Ich will Ärztin werden.

– Meine Mutter denkt, daß die Neger gleiche Rechte haben, und da hört sie auf zu denken.

– Neger haben auch einen anderen Körperbau als wir.

– Präsident Johnson ist in der Hand des Pentagons.

– James Fenimore Cooper ist der Größte.

– Mein Vater war Delegierter bei der Internationalen Fahrplankonferenz in Lissabon. Er vertrat die Deutsche Demokratische Republik.

– Düsseldorf-Lohausen ist eine Drehscheibe des internationalen Luftverkehrs.

– Meine Freunde in England schreiben mir zwölfmal im Jahr.

– Meine Mutter ist im Bankfach.

– Meine Mutter ist aus einer Kleinstadt an der Baltischen See, man muß sie das nicht fühlen lassen.

– Meine Mutter hat die schönsten Beine auf dem ganzen Fünferbus, oberhalb der 72. Straße.

– Väter haben so einen verhungernden Blick.

– Bring our boys home!

– Schwester Magdalena ist eine Sau.

– John Vliet Lindsay ist der Größte.

– Meine Mutter fliegt immer mit mir in derselben Maschine, damit wir zusammen sterben.

– Wenn John Kennedy lebte, wäre alles besser.

– Heirate doch, aber ich will keinen Vater.

– Ich kann Spanisch besser als meine Mutter.

– Nach zwei Jahren wollte meine Mutter zurück nach Deutschland, und ich habe gesagt: Wir bleiben.

Unter den nationalen Nachrichten verweist die New York Times nun noch auf den Tod eines Großindustriellen, der 1895 als Laufjunge mit anderthalb Dollar pro Woche angefangen hat und mit einem Vermögen von zweieinhalb Milliarden Dollar starb, und die Zeitung widmet seinem Andenken über zweihundert Zeilen.

(Band 1, 25. August, 1967)

Johnson schreibt aus der Sicht eines erlebenden Subjekts, das heißt, es erzählen »wir beide«, der »Genosse Schriftsteller« und die »erfundene Person«. Das Atmosphärische jenes Augusttages ist scharf erfaßt: ein Stück New York im Spätsommerregen. »Die Zeitung« ist die ›New York Times‹, aus der sich die Angestellte Cresspahl über das Tagesgeschehen in der Millionenstadt und in aller Welt informiert. Gesine, »die Deutsche«, die in dem brodelnden Schmelztiegel der Rassen, Völker und Schicksale auch nach Jahren noch nicht eingewurzelt ist, glaubt, der renommierten Zeitung Orientierung und Durchblick zu verdanken. Und so gibt es in der Dreizimmerwohnung am Riverside Drive im Westen Manhattans neben Mutter und Tochter noch einen dritten Bewohner, die ›New York Times‹, die sich Gesine vorstellt wie »eine Tante aus vornehmer Familie«:

Sie brüllt nicht, sie hält Vortrag.
Auf fünfzehn mal dreiundzwanzig Zoll, acht Spalten, bietet sie über zwanzig Geschichten zur freien Auswahl.
Sie nennt einen Angeklagten noch nicht schuldig. Von den täglichen zwei Morden in der Stadt erwähnt sie nur die lehrreichen.
Sie nennt den Präsidenten nicht bei seinem Vornamen, allenfalls das Opfer eines Mordes.
Sie erwähnt Hörensagen als Hörensagen.
Sie läßt noch zu Wort kommen, wen sie verachtet.
Sie spricht mit den Sportlern in der Sprache der Sportler.
Noch auf die Veränderung der Natur weist sie hin.
Sie hilft den Armen durch milde Spenden, und sie untersucht die Armut nach der Wissenschaft.
Sie schilt das unverhältnismäßige Urteil.
Sie hat wenigstens Mitleid.
Sie ist unparteiisch gegen alle Arten der Religion.
Sie bewahrt die Reinheit der Sprache, noch in den Anzeigen ihrer Kunden verbessert sie.
Sie bietet dem Leser höchstens zwei Seiten Reklame ohne eine Nachricht an (außer am Sonntag).
Sie flucht nicht, noch daß sie den Namen Gottes fälschlich gebraucht.
Sie gesteht gelegentlich Irrtümer ein.
Sie kann sich mäßigen und einen Mörder einen umstrittenen Charakter nennen, vom Brigadengeneral aufwärts.
Sie hat die guten Formen mit dem Löffel gegessen. Warum sollten wir ihr nicht vertrauen?

(Band 1, 31. August, 1967)

Daß Gesine Cresspahl diese Tugenden der »Tante« so schätzt, läßt Rückschlüsse auf ihre Person zu. Sie, das Opfer zweier deutscher Diktaturen, war mit ihrem Kind auf der Suche nach einer »moralischen Schweiz«, einem Land, in dem es gerecht zuging, in dem alle Menschen Gutes voneinander hielten und freundlich miteinander umgingen. Sie muß bezweifeln, ob die USA ein solches Land sind, und die zehnjährige Tochter Marie ist noch erheblich skeptischer.

Dieses New-York-Kapitel enthält ein Porträt der »Amerikanerin« Marie aus der Perspektive ihrer Mutter, die sie manchmal spöttischliebevoll so tituliert. Marie ist in New York aufgewachsen und erlebt die Stadt wie ein amerikanisches Kind. Der eigenwillige und selbstbewußte Teenager kennt sich aus und nimmt, im Gegensatz zur Mutter, offen Partei gegen den Krieg in Vietnam. Bei aller Neigung zu Übertreibung und Flunkerei bestätigt sich das Bild, das sich die Mutter von ihr macht.

Marie ist alt und wach genug, um sich dafür zu interessieren, wie ihre Mutter zu dem Menschen wurde, den sie so gut zu kennen glaubt. Gesine soll ihr deshalb von ihren Jugendjahren und der Verwandtschaft in Deutschland erzählen. Dafür wird die »andere Seite« des Buches gebraucht. Dieses Zurückgehen in die Vergangenheit und das Beschwören des »Bewußtseins« der zwanziger und dreißiger Jahre ist für Gesine und den »Genossen Schriftsteller« kein leichtes Stück Arbeit. Als Gesine mit Mr. Shuldiner, einem Steuerfachmann ihrer Firma und zugleich einem ihrer Verehrer, beim Lunch in einem Lokal sitzt, denkt sie darüber nach, wie das Gedächtnis die Vergangenheit aufbewahrt und zutage fördert:

Mrs. Cresspahl ist nicht stolz auf ihr Gedächtnis. Mr. Shuldiner ist verblüfft über ihre Berufung auf das Gesetz über Cash and Carry von 1937, das den U.S.A. die Lieferung von Waffen an kriegführende Nationen freigab; Mr. Shuldiner besteht nicht darauf, sie beim Vornamen zu nennen, er stellt ihr nicht seine Schwierigkeiten dar sondern die der internationalen Politik. Sie hatte nach dem Jahr 1937 gesucht und wieder nichts bekommen als ein statisches, isoliertes Bruchstück, wie es ihr der Speicher des Gedächtnisses willkürlich aussucht, aufbewahrt in unkontrollierbarer Menge, nur mitunter empfindlich gegen Befehl und Absicht:

1937 ließ Stalin einen großen Teil seines Generalstabs hinrichten,

1937 hatte Hitler seine Kriegspläne fertig ausgearbeitet,

von Pete Seeger muß man mindestens eine Schallplatte kaufen, weil die Fernsehanstalten ihn für ein antimilitaristisches Lied auf die schwarze Liste gesetzt haben,

(meint Marie),

die heutige Ausgabe der New York Times ist die 40039.,

seit vorgestern steht auf einem Reklameplakat im Ubahnhof 96. Straße/Broadway handschriftlich: Fickt die Juden:

das Gedächtnis hat ihr geholfen durch Schulprüfungen, Tests, Verhöre, es bringt sie durch die tägliche Arbeit, es wird von einem Mann für ein Schmuckstück angesehen; ihr kam es an auf eine Funktion des Gedächtnisses, die Erinnerung, nicht auf den Speicher, auf die Wiedergabe, auf das Zurückgehen in die Vergangenheit, die Wiederholung des Gewesenen: darinnen noch einmal zu sein, dort noch einmal einzutreten. Das gibt es nicht.

Daß das Gedächtnis das Vergangene doch fassen könnte in die Formen, mit denen wir die Wirklichkeit einteilen! Aber der vielbödige Raster aus Erdzeit und Kausalität und Chronologie und Logik, zum Denken benutzt, wird nicht bedient vom Hirn, wo es des Gewesenen gedenkt. (Die Begriffe des Denkens gelten nicht einmal an seinem Ort; damit sollen wir ein Leben führen.) Das Depot des Gedächtnisses ist gerade auf Reproduktion nicht angelegt. Eben dem Abruf eines Vorgangs widersetzt es sich. Auf Anstoß, auf bloß partielle Kongruenz, aus dem blauen Absurden liefert es freiwillig Fakten, Zahlen, Fremdsprache, abgetrennte Gesten; halte ihm hin einen teerigen, fauligen, dennoch windfrischen Geruch, den Nebenhauch aus Gustafssons berühmtem Fischsalat, und bitte um Inhalt für die Leere, die einmal Wirklichkeit, Lebensgefühl, Handlung war; es wird die Ausfüllung verweigern. Die Blockade läßt Fetzen, Splitter, Scherben, Späne durchsickern, damit sie das ausgeraubte und raumlose Bild sinnlos überstreuen, die Spur der gesuchten Szene zertreten, so daß wir blind sind mit offenen Augen. Das Stück Vergangenheit, Eigentum durch Anwesenheit, bleibt versteckt in einem Geheimnis, verschlossen gegen Ali Babas Parole, abweisend, unnahbar, stumm und verlockend wie eine mächtige graue Katze hinter Fensterscheiben, sehr tief von unten gesehen wie mit Kinderaugen.

Dor kann se ruich sittn gån.

Mr. Shuldiner hat sich unterbrochen in seiner Darlegung der neuesten Verstöße gegen das Völkerrecht, als Mrs. Cresspahl ihre Handtasche aufnahm, die Hand im Rücken des fetten schwarzen Beutels wie im Nacken einer Katze, sich die Tasche über die Hand setzte und dazu etwas aussprach in einem deutschen Dialekt. Er läßt es sich erklären, unbeleidigt, vorgebeugt wie ein aufmerksamer Zuhörer:

Das sagte mein Vater, als ich Angst hatte vor einer Katze unter dem Tisch. Sie legte sich über das Leder seiner Holzpantoffeln zum Schlafen. Das muß auch 1937 gewesen sein. An dem Tag war ich in die Regentonne gefallen.

Und Ihre Mutter, Ihre Mutter stand dabei? sagt Mr. Shuldiner eifrig.

Lisbeth ick schlå di dot.

Meine Mutter stand nicht dabei. Entschuldigen Sie. Es war ein Tagtraum, Mr. Shuldiner.

(Band 1, 8. September, 1967)

Über das Jahr 1937 ist Gesines Geschichtsbuchwissen verfügbar, es verbindet sich, ohne sogleich ersichtlichen Zusammenhang, mit dem vor kurzem in New York Wahrgenommenen; aber was ist aus dem Leben der Vierjährigen im mecklenburgischen Jerichow in Erinnerung geblieben? »Fetzen, Splitter« sind die Äußerungen des Vaters »in einem deutschen Dialekt«, dem Niederdeutschen, die in einem zusammenhängenden »Stück Vergangenheit« mehr Sinn machen würden; aus dem zweiten, der Mutter drohenden Satz spricht die Liebe des Vaters zu seinem Kind. Uwe Johnson hat solche »abgetrennten

Gesten« im Original konserviert; sie wirken dann oft wie einge-
streute, fremdsprachliche Brocken, die vorgreifen, Leitmotivfunktion
besitzen oder auch, recht verstanden, Kurzkommentare darstellen.

Im folgenden Zitat wird Jerichow vorgestellt. Langsam kommt der
Vater ins Bild, allerdings anders als in den erinnerten Fragmenten:

Jerichow zu Anfang der dreißiger Jahre war eine der kleinsten Städte in
Mecklenburg-Schwerin, ein Marktort mit zweitausendeinhundertundfünfzig
Einwohnern, einwärts der Ostsee zwischen Lübeck und Wismar gelegen, ein
Nest aus niedrigen Ziegelbauten entlang einer Straße aus Kopfsteinen, ausge-
spannt zwischen einem zweistöckigen Rathaus mit falschen Klassikrillen und
einer Kirche aus der romanischen Zeit, deren Turm mit einer Bischofsmütze
verglichen wird; lang und spitz läuft er zu, und wie die Mütze eines Bischofs
hat er Schildgiebel an allen vier Stirnen. Um den Marktplatz im Norden, zur
See hin, standen ein Hotel, die Bürgermeisterei, eine Bank, die Raiffeisenkas-
se, Wollenbergs Eisenwarenlager, Papenbrocks Haus und Handlung, die alte
Stadt, hier gingen Nebenstraßen ab, Kattrepel, Kurze Straße, die Bäck,
Schulstraße, Bahnhofstraße. Am südlichen Ende, um Kirche und Friedhof
herum, war die erste Stadt gewesen, fünf Gänge zwischen Fachwerkhäusern,
bis sie abbrannte, 1732, erst im neunzehnten Jahrhundert wieder zugestellt
mit gedrungenen Backsteinhäusern, Schulter an Schulter unter sparsamen
Dächern, da steht heute das Postamt, das Konsumkaufhaus, die Ziegelei
hinter dem Friedhof, die Ziegeleivilla. Um die Stadt herum waren viel Scheunen übrig, die Nebenstraßen waren bald Feldwege, und neben Schaufenstern
in der Hauptstraße standen hölzerne Hoftore. Da, auf hundertzwanzig
Hektar, wohnten Ackerbürger, Kaufleute, Handwerker. Cresspahl kam von
Süden, auf der Gneezer Chaussee, und fuhr über die Hauptstraße am
Marktplatz vorbei heraus aus Jerichow, denn er fing nun an, die Stadt zu erwarten. Da war die Stadt zu Ende, bis zur See lagen Felder.

Jerichow war keine Stadt. Es hatte ein Stadtrecht von 1240, es hatte einen
Gemeinderat, es bezog Elektrizität vom Kraftwerk Herrenwyk, es hatte ein
Telefonnetz mit Selbstanschluß, einen Bahnhof, aber Jerichow gehörte der
Ritterschaft, deren Güter es umgaben. Das war nicht mit dem Brand gekommen. Die Ritterschaft hatte den Bauern, die das Land urbar gemacht
hatten, ihre Höfe genommen, ihre Felder den eigenen zugeschlagen, sie leib-
eigen gemacht, und das schwächliche, über die Ohren verschuldete Fürsten-
haus hatte ihnen das Recht dazu im grundgesetzlichen Erbvergleich von 1755
bestätigt. Von den Dörfern, die Jerichow stark gemacht hatten, gab es noch
drei, winzige, ärmliche Siedlungen. In diesem Winkel regierte der Adel, Arbeitgeber, Bürgermeister, Gerichtsherr über seine Tagelöhner, als Raubritter
berühmt geworden, als Unternehmer wohlhabend. Jerichow war wiederum
nicht weit von dem Rodedorf, als das es angefangen hatte. Von der Schiffahrt
war es ausgeschlossen durch die großen Häfen, seine Entfernung vom Meer.
Wo ein Hafen für Jerichow hätte sein können, saß das Fischerdorf Rande,
schon am Anfang des Jahrhunderts reich genug für Grand Hotels, Erbgroßherzog, Stadt Hamburg. Jerichow war eine Station geblieben auf dem Weg
nach Rande, früher die Diligencen wie jetzt die Omnibusse gaben die zahl-
kräftigen Badegäste nicht ab. Der Handel kam nicht über die schmalen

Chausseen, die großen Straßen zogen tief im Süden an ihm vorbei. Der Ritterschaft war Jerichow so recht, als ein Kontor, ein Lagerplatz, ein Handelsort, eine Verladestelle für den Weizen und die Zuckerrüben. Die Ritterschaft brauchte keine Stadt. Jerichow bekam seine Bahnlinie nach Gneez, zur Hauptstrecke zwischen Hamburg und Stettin, weil die Ritterschaft das Transportmittel brauchte. Jerichow war zu arm, sich eine Kanalisation zu bauen; die Ritterschaft brauchte sie nicht. Es gab kein Kino in Jerichow; die Ritterschaft war nicht für die Erfindung. Jerichows Industrie, die Ziegelei, war ritterschaftlich. Ihnen gehörte die Bank, die meisten der Häuser, der Lübecker Hof. Der Lübecker Hof hatte eine Klärgrube. Die Ritterschaft kaufte in Jerichow Ersatzteile für ihre Maschinen, sie benutzte die Verwaltung, die Polizei, die Rechtsanwälte, Papenbrocks Speicher, aber ihre großen Geschäfte machte sie in Lübeck ab, ihre Kinder schickte sie auf Internate in Preußen, den Gottesdienst hielten sie in ihren eigenen Kapellen und begraben ließen sie sich hinter ihren Schlössern. In der Erntezeit, wenn der Weg nach Ratzeburg oder Schwerin zu weit war, fuhren die Herren abends zum Lübecker Hof und spielten Karten an ihrem eigenen Tisch, gewichtige, leutselige, dröhnende Männer, die sich in ihrem Plattdeutsch suhlten. Cresspahl bei seinem Bier hielten sie, wegen des großstädtischen Kennzeichens an seinem Auto, für einen Handelsreisenden.

Seine Hauptstraße, die schmale Schneise aus der Rodezeit, nannte Jerichow die Stadtstraße.

Cresspahl erkundigte sich beim Frühstück nach dem Wetter. Er ging in die kleinen Läden, kaufte Schreibpapier oder Hemden von der besseren Sorte und fragte nebenbei. Er stand eine Weile auf dem Weg hinter dem Hof von Heinz Zoll, der hier die besseren Tischlerarbeiten machte, und besah sich das Holzlager im offenen Schuppen. Er fing an, sein Bier im Krug zu trinken, bei Peter Wulff. Peter Wulff war in seinem Alter, weniger prall damals, ein nicht beflissener, maulfauler Wirt, der Cresspahls geduldiges Warten beobachtete wie der ihn. Cresspahl schrieb eine offene Postkarte nach Richmond und gab sie dem Hoteldiener zum Einwerfen. Er besuchte den Rechtsanwalt Jansen. Er ging nach Rande und aß im Hotel Stadt Hamburg zu Abend. Er las alle Anzeigen im Gneezer Tageblatt auf der Seite für Jerichow und Umgebung. Er ging nicht langsamer, wenn er an Papenbrocks Einfahrt vorbeikam, aber seine Gänge brachten ihn da vorbei, und er wußte nach einer Weile, daß der junge Mann, der im Hof beim Sackabladen die Aufsicht führte, Horst Papenbrock war, der Erbe, damals 31 Jahre. Zwischen fliehendem Kinn und fliehender Stirn war Horsts Gesicht so spitz wie ein Fisch. Cresspahl sah den alten Papenbrock durchs offene Fenster am Schreibtisch, schwitzend über seinem behaglichen zarten Bauch, so heftig nickend vor Höflichkeit, als dienerte er im Sitzen. Offenbar handelte er mit der vornehmen Kundschaft nicht gern, aber das dauerte nicht lange, Papenbrock, der so knausrig war, daß er sich einen Personenwagen nicht leistete und die Familie im Lieferauto zum Kaffeetrinken nach Travemünde fuhr. Meine Mutter sah Cresspahl nicht. Er sah meine Großmutter in der Bäckerei verkaufen helfen, eine ergebene flinke Alte mit einer etwas süßlichen Redeweise, besonders zu Kindern. Hier grüßte Cresspahl im Vorbeigehen, durch die offene Tür.

(Band 1, 28. August, 1967)

Im Jerichow-Strang des Romans sind Familien- und Zeitgeschichte eng verflochten, »die Geschichte war in der Familie«, sagte Gesine einmal. Der Kunsttischler Heinrich Cresspahl, Gesines Vater, kommt 1931 zum erstenmal nach Jerichow; er hat sich in den Kopf gesetzt, um ein Mädchen zu werben, dem er in einem Ostseebad begegnet ist. Sieht man das Jerichow von damals mit den Augen des jungen Mannes auf Freiersfüßen, so ist es ein kleines Städtchen, das man im Nu durchmessen hat. Heinrich Cresspahl ist in Jerichow noch ein Fremder, seine Tochter lernt die Stadt erst in späteren Jahren aus der Sicht des Kindes und jungen Mädchens kennen. Johnson möchte dem Leser aber mehr über Jerichow mitteilen, als die beiden Cresspahls es vermögen. Deshalb wird in nahezu makellosem Stadtführer-Deutsch über die Geschichte der Stadt berichtet; wichtig ist Uwe Johnson, wie Jerichows Entwicklung von den im Land mächtigen und maßgeblichen Kräften beeinflußt worden ist. Zu solchen Brechungen der Erzählhaltung kommt es im Roman immer wieder; Johnsons Texte brauchen aufmerksame, kombinationsfreudige Leser. Lisbeth Papenbrock, Cresspahls Auserwählte, ist die Tochter eines wohlhabenden Mannes. Ihm gehören Häuser, Immobilien und ein Betrieb; er ist deutsch-national gesinnt und herrscht als Patriarch über seine Familie. Sein ältester Sohn ist in Südamerika verschollen; Lisbeths ältere Schwester ist mit einem Tunichtgut verheiratet, der es offenbar auf Versicherungsbetrug anlegt. Der junge Sohn Horst trägt das Braunhemd der SA, er hält es mit den Nazis und hofft auf baldige Machtübernahme seines Führers Hitler. Gesine fragt sich noch lange nach dem Tod ihres Vaters: »Was wollte Cresspahl in einer solchen Familie?«

Cresspahl kommt aus England, wo er eine gutgehende Kunsttischlerwerkstatt gepachtet hat. Er hat, wie seine Tochter Gesine zu wissen glaubt, »seins aus dem ersten Krieg gelernt«; er haßt den Krieg und fühlt sich der Gesinnung deutscher Sozialdemokraten verbunden; mit den Genossen in Jerichow steht er bald auf vertrautem Fuß.

Lisbeth, die nach der Heirat mit Cresspahl zusammen mit ihm nach England geht, kann in der Fremde nicht heimisch werden. Sie hat sich die Ehe mit dem wortkargen Cresspahl, der vor ihr sein Innerstes verschließt, wohl auch anders vorgestellt. Vor der Geburt ihres ersten Kindes – es soll Gesine heißen – zieht es Lisbeth zurück nach Jerichow, sie will das Kind in ihrem Elternhaus zur Welt bringen.

Marie kann für das Verhalten des Großvaters kein Verständnis aufbringen. »Und hatte ein Kind, eine Gesine, und ließ sie da sitzen, wo er die Bomben erwartete, oft finde ich schrecklich, wie du glauben kannst, daß alle diese Leute dich gemacht haben, daß du heute bist wie du bist, weil sie waren wie sie waren.« Die deutschen Vorfahren mißfallen Marie, und gelegentlich ist ihr auch ihre Mutter, die keine von ihnen sein will, aber ihr Erbe in Maries New York nie ganz verleugnen kann, nicht sympathisch.

Wie aber waren sie, »alle diese Leute« in Jerichow, kurz vor Gesines Geburt, um die Jahreswende 1932/33? Jerichow ist Deutschland im Kleinformat. Die Sozialdemokraten und die Kommunisten waren lange Zeit zerstritten; jetzt tun sie sich wieder zusammen und wollen gemeinsam den Nazis standhalten.

Der Anlaß dieses politischen Kampfes in Jerichow waren die Zigaretten einer dresdner Firma, Marke »Trommler«. Die Fabrik war mit den Nazis im Geschäft und legte jeder Packung das Bildnis eines nationalsozialistischen Politikers bei. Böhnhase, Tabakwarenhändler in der Stadtstraße schräg gegenüber Papenbrocks Speicher, hatte die in gefälligen Stapeln an seinem Flammenspender liegen. Die Kommunisten hatten nun eine sozialdemokratische Vermittlung für die Marken ihrer eigenen Manufaktur in Berlin erbeten, ohne Erfolg. Einer war darauf gekommen, Böhnhase in Person zu fragen. Böhnhase wollte die Sorte »Kollektive« nicht nehmen, weil er den Namen nicht verstand. Aber von »Rote Sorte« hatte er Probelieferungen bestellt, und Böhnhase war D. N. V. P., der ließ sich von Sozialdemokraten nichts sagen. Die »Rote Sorte« war beliebt geworden bei Landarbeitern und Bauern, wegen des Anklangs an Kartoffeln und Rüben.

Es waren auch nicht die Sozialdemokraten gewesen, die das Denkmal für die Toten des ersten Weltkriegs befreit hatten von dem angeberischen Gedenkkranz, den Hitlers S.A. da hingelegt hatte. Darüber wurden die Reden im Lübecker Hof geführt. – Es ist mir nicht bekannt, daß diese Rotzbengel S.A. Blutzoll im Kriege entrichteten: sollte Gutspächter Kleinschulte ausgerufen haben, vielleicht im Suff und zu später Stunde, aber doch unter Beifall, in Anwesenheit eines jungen von Plessen. Dann hatte er das Gerippe des Kranzes auf seinem Misthaufen ausgestellt. Horst Papenbrock konnte das nicht begreifen, da Kleinschulte früher Bargeld gespendet hatte an die Nazipartei. Kleinschulte, Herr über achtzig Hektar an der Ostsee, kniff neuerdings ein Auge zu, wenn er in seinem Kutschwagen an dem jungen Papenbrock vorbeifuhr, so daß er noch verschlafener und tückischer aussah als sonst, und das nüchtern.

(Band 1, 11. Oktober, 1967)

Was Johnson in allen Kleinigkeiten so unaufgeregt-nüchtern darstellt, nimmt sich fast wie das Geschehen einer Kleinstadtkomödie aus; daß sich aber Aggressionslust und Haßgefühle ungehemmt austoben dürfen, läßt Schlimmes erwarten. Die Provinz ist alles andere als eine heile Welt.

Was aber gleich nach dem 30. Januar 1933 in Deutschland geschah, hat der Autor mit bitterer Ironie aufgelistet und kommentiert.

Cresspahl konnte acht Monate von außen zusehen, wie die Nazis ihren Staat einrichteten. Er muß es wahrgenommen haben. Seit er in den Städten war, hatte er die Zeitungen gelesen, wenn auch mehr auf die bäuerliche Weise: erst nach der Arbeit, nur wenn zuverlässig keine nützliche Beschäftigung anlag, langsam, nahezu wie eine Erholung und mit festwurzligem Mißtrauen, das den Befund über Wahrheit der Nachrichten den eigenen Augen vorbehielt. Aber er hatte ja gesehen, was die Meldungen aus Deutschland ihm fortsetzten.

Was er vom März verpaßt hatte, lieferten die londoner Blätter ihm gehörig nach. Am 21. März verordnete der deutsche Reichspräsident Straffreiheit für Verbrechen der Nazis. Am gleichen Tage verordnete er die Todesstrafe für Mißbrauch von Uniform oder Abzeichen der hitlerschen Privatarmee, und setzte Sondergerichte ein. Nun hatte Hindenburg genug unterzeichnet, nun konnte Hitler die tatsächliche Staatsmacht angehen. Denn der Staat der Nazis war noch nicht fertig, als Hitler am 30. Januar 1933 zum Reichskanzler ernannt wurde; das glaubten bloß seine Anhänger. Andere wollen den Anfang auf die Märzwahlen legen; da hatte Hitler aber nur 43,9% der Stimmen bekommen, weniger als die Hälfte. Wir legen die Einführung der perfekten Diktatur auf den 24. März. An diesem Tag nahm der deutsche Reichstag, soweit er nicht in Haft war, das »Gesetz zur Behebung der Not von Volk und Reich« an, ein Gesetz, mit dem das Parlament auf seine Rechte verzichtete und sie der neuen Regierung übertrug. Von nun an konnte Hitler nach Belieben seine Einfälle mit Rechtskraft versehen, und er begann also gleich im März mit der Auflösung der Länder und wollte ab sofort Hinrichtungen möglichst mit dem Strick vollstreckt wissen und brachte es bis zum Oktober 1939 auf 4500 von seinen Gesetzen und benutzte den Reichstag lediglich als Gesangverein, den teuersten der Welt, mit einem Repertoire von insgesamt zwei Liedern, das eine die Nationalhymne von damals und das andere einem Funktionär der S.A. gewidmet, der daran starb, daß er einem Zuhälter die Hure weggenommen hatte, also sein Leben für Deutschland ließ. Dies waren die Angebote, die die deutsche Reichsregierung Herrn Heinrich Cresspahl, Richmond/England, für den Fall seiner Rückkehr noch nachträglich unterbreitete im März 1933.

(Band 1, 24. November, 1967)

Kurz nach Gesines Geburt kehrt Heinrich Cresspahl aus England nach Jerichow zurück und richtet in dem Haus, der das alte Papenbrock seiner Enkelin überschrieben hat, eine Werkstatt ein. Nicht viel später sind an Gesines Mutter Lisbeth rätselhafte Zustände von Gefühlsverwirrung zu bemerken. Lisbeth, von ihrer frömmelnden Mutter in der Furcht vor Gott und vor ihrem Vater erzogen, entdeckt durch die Erforschung ihres Gewissens, die sie auf eigene Faust betreibt, ein größeres Maß an Schuld, als sie auszuhalten vermag. Da sie niemanden hat, dem sie ihre Seelennot anvertrauen kann, will sie mit ihrem zweiten Kind, das sie nicht austragen kann, aus dem Leben scheiden. Die Qualen der bedauernswerten Frau, die durch eine Operation in letzter Minute gerettet wird, haben verschiedene Ursachen: Sie liegen in ihr selbst, in ihrer Erziehung – und im Zeitgeschehen. Hitler ist an der Macht; keiner redet mehr davon, auf welchen Wegen und mit welchen Mitteln er sich durchgesetzt hat.

Der Stadtarzt wird unfreiwillig Lisbeths Beichtvater, und Gesine spürt und weiß, daß sie wohl mehr mütterliches Erbe in sich trägt, als ihr lieb ist. Ob ihre Tochter Marie es versteht oder nicht, Gesine selbst legt sich Rechenschaft darüber ab, warum sie die Mutter so früh verlor.

Meine Mutter hatte gehofft, mit dem zweiten Kind auch das eigene Leben zu verlieren, um zu entkommen aus der Schuld.

Sie wußte, auf dieser Fahrt durch den Schnee und während der Operation, viele Arten von Schuld, und manche gehörten ihr gar nicht, und gehörten doch zu den ihren.

Ihre Schuld war, daß sie 1931 meinem Vater nach England mitging; im heimlichen Wissen, daß sie mit ihm wohl leben wollte, jedoch nicht in der Fremde. Meines Vaters Schuld war freilich, daß er ihr getraut hatte. So viel Vertrauen könne ein Mensch nicht tragen.

Sie hatte vor dieser Schuld fliehen wollen und ging zur Geburt des Kindes zurück nach Mecklenburg. Vor einer Schuld aber dürfe ein Christ nicht fliehen, und es war Cresspahls Schuld, daß er dies zugelassen habe.

Ihre Schuld hatte dann viel Verwandtschaft bekommen. Sie war nicht nur zurückgegangen zu der vielfältigen Schuld ihres Vaters, der verarmten Leuten Darlehen gab und als Rückzahlung ihre Häuser forderte, so daß sie nun bei ihm angestellt waren. (Damit könnte sie Tischlermeister Zoll meinen, den Papenbrock »ausgekauft« hatte; wen aber noch?) Sie hatte dann bleiben wollen in einem Land, dessen neue Regierung die Kirche bedrängte, bei einer Familie, der man weiterhin Verdienst an der neuen Herrschaft nachsagen konnte und dem eigenen Bruder einen Totschlag an Voss in Rande. Cresspahls Schuld war wiederum, daß er solche Vergrößerung ihrer Schuld nicht aufgehalten hatte. Er hatte ihr mit der Übersiedlung nachgegeben; es soll aber der Mann entscheiden. Wie die Bibel sagt. Er hatte entschieden, zu Unrecht, wie sie wollte.

Cresspahls Schuld war, daß ihm die ihre noch nicht genug war. Er wollte eine Teilhabe daran in die Welt setzen nicht nur für dies eine Kind Gesine, sondern für noch drei. Wie sie ihm versprochen hatte. Aber sagt nicht das Neue Testament, daß man einem schwachen Schuldner nachlassen soll? Cresspahls Schuld war nunmehr, daß er ihr das Versprechen nicht erließ; gewiß die ihre, daß sie ihr Bedürfnis danach nicht ausdrücken konnte. Aber er machte ihr die Schuld fühlbar, indem er die Abende verbrachte bei Schreibarbeit und Zeichnerei bei Richtenberger Kümmel, bis er das Versprechen vergessen konnte.

Ihre Schuld war, daß sie nicht mit ihm lebte, wie sie vor der Kirche auf sich genommen hatte, mit der Hand auf der Bibel. Aber sagte die Bibel nicht auch: die Männer sollen »kreuzigen ihr Fleisch samt den Lüsten und Begierden«? Galater 5, 24. Cresspahls Schuld war, daß er ihr das nicht würde abnehmen wollen; und ihre blieb, daß sie an den Worten der Heiligen Schrift zweifelte.

Um so viel Schuld nicht zu behalten, und nicht zu vermehren, hatte sie eine der größten begehen wollen: zwar ein ungeborenes Kind vor Schuld bewahren, aber das eigene Leben weggeben. Zwar lasse Gott mit sich nicht handeln. Eine Art Bezahlung hätte es dennoch dargestellt. Auch für die Schuld von Cresspahl.

Die im Grunde die ihre blieb; denn sie hatte sich nicht retten lassen wollen. Sie war ihrem Mann nicht gehorsam gewesen. Wenn er noch Anfang 1935 von dem neuen Krieg der Deutschen hatte weggehen wollen; warum hatte sie es nicht als einen Befehl genommen.

Aus Schwäche, demgemäß aus Schuld.

(Band 2, 25. Dezember, 1967)

Am 9. November 1938 wird auch in Jerichow gegen die einzige übriggebliebene jüdische Familie ein Pogrom veranstaltet, dabei wird ein jüdisches Mädchen, ein »Judenbalg«, mehr aus Versehen, aber eben doch leichtfertig erschossen. Drei Tage später stirbt Lisbeth Cresspahl, nachdem sie den verantwortlichen Nazibonzen öffentlich geohrfeigt hat. Danach legt sie im Hause Feuer und geht freiwillig aus dem Leben, wie es in der von ihrem Mann formulierten Traueranzeige heißt.

Nach dem Tod der Mutter lebt Gesine bei ihrem Vater, der nicht wieder heiratet. Heinrich Cresspahls Charakter bleibt im Zwielicht: In den dreißiger Jahren erhält er beim Aufbau von Kasernen und militärischen Anlagen Aufträge und ist so an der Vorbereitung des Zweiten Weltkriegs beteiligt, andererseits gibt es Anzeichen dafür, daß er Kontakt mit dem britischen Geheimdienst unterhält.

Nach Kriegsende kommen erst die Engländer, später die sowjetrussische Armee als Besatzungsmächte nach Jerichow. Cresspahl wird als Bürgermeister eingesetzt; er bemüht sich darum, daß seinen deutschen Landsleuten ein möglichst geringer Schaden erwächst, und riskiert dabei häufig Kopf und Kragen. Zwischen der Drohung des russischen Stadtkommandanten, den Bürgermeister wegen Widersetzlichkeit an die Wand stellen zu lassen, und der Versöhnung beim nächsten ausgedehnten Wodkagelage liegen oft nur wenige Stunden. In dieser Zeit verschlägt es Frau Abs, die mit ihrem Sohn Jakob aus Pommern geflohen ist, in Cresspahls Haus; bald führt sie dem Bürgermeister den Haushalt und vertritt an Gesine Mutterstelle.

Hier nutzt Johnson die Gelegenheit, ein Motiv aus seinem ersten Roman ›Mutmassungen über Jakob‹ in ein verzweigteres, umfangreicheres Werkgefüge einzubauen. Das Verhältnis Gesine-Jakob steht in den ›Mutmassungen‹ gewissermaßen fertig da, in den ›Jahrestagen‹ wird die Liebesgeschichte der beiden jungen Menschen nachgeholt und zugleich ihre Verwurzelung in den Erfahrungen der frühen Nachkriegszeit und in den »Mecklenburger Jahren« verständlich und nachfühlbar gemacht.

Der dritte Band der ›Jahrestage‹, der rechtzeitig in der vom Autor geplanten und angekündigten Abfolge erschien, unterscheidet sich in Anlage und Aufbau kaum von den vorausgehenden Bänden; nur die Zeit schreitet voran: Der Band spielt im New York der sechziger und im Jerichow der vierziger und fünfziger Jahre. Die beiden Stränge werden streckenweise enger verflochten, es werden Bezüge hergestellt oder nachdrücklich hervorgehoben.

Auf den ersten Seiten des Bandes lesen wir unter dem Datum »20. April 1968«: »Zwei Stimmen über dem Wasser, in der verhangenen Stille, eine ein elfjähriger Sopran, schartig an den Rändern, die andere ein Alt von fünfunddreißig Jahren, kugelig, nicht sehr geräumig.«

Johnson gestaltet die Szene so, daß der Unterschied zwischen Mutter und Tochter deutlich herausgestellt und in Erinnerung gerufen wird. Die beiden schwimmen in einem See irgendwo in der Umgebung New Yorks, und Gesine denkt zurück an die deutschen Gewässer und »Badeanstalten«, in denen sie als Kind geschwommen ist; von Marie wird gesagt: »Die Ostsee läßt das Kind nicht gelten.« Die Gegenwart, New York und die USA, zählt für Marie viel mehr als Erinnerungen an Gewässer mit unaussprechlichen deutschen Namen. »Und so schwamm ich bis hierher den ganzen weiten Weg von Mecklenburg«, bemerkt Gesine symbolträchtig. Marie, die die »Sprache ihres Landes« dem »unbequemen Deutsch« auch im Umgang mit der Mutter vorzieht, sieht es anders, gewissermaßen sportlich-burschikos: »And so you made your nineteenth lake in your life.« Was ein solches Ereignis im Leben der Mutter bedeutet, kann sie nicht voll oder gar nicht ermessen.

Trotz ihrer zum Teil ablehnenden Haltung bekundet Marie ein Interesse für deutsche Schicksale, deutsche Geschichte und für Weggefährten der Mutter von damals. Marie fragt und faßt nach; Gesine erzählt und vergewissert sich stets, wieviel die Elfjährige mitbekommen und verstanden hat. Das ist für Mutter und Tochter meist ein reizvolles, aber ernsthaft betriebenes und diffiziles Spiel.

Gesine erzählt, wie Cresspahl, der zuerst mit den Engländern, danach mit den Russen zusammenarbeiten mußte, von einigen Jerichowern dafür mit Verachtung gestraft und später sogar denunziert wurde und für Jahre in einem sowjetischen Straflager verschwand. Das Kind Gesine hatte teil an diesem Schicksal, denn auch sie bekam Verachtung zu spüren. »Sie sahen mich nicht«, so drückt es die erwachsene Gesine aus. Marie bemüht sich, die Erfahrung der Mutter zu begreifen, überträgt die Situation jedoch sofort in die ihr vertraute amerikanische Szenerie – zu schnell, wie die Mutter meint.

– Jetzt soll ich an Francine denken, an ein schwarzes Kind in einer weiß-
häutigen Schule. [...]
  – Vergleich es nicht. Das Kind das ich war –
  – Schon gut, Gesine. I dig you. Du wolltest mir was erzählen, nicht aber
etwas beibringen. Und doch denk ich mir was.
  – Nicht den Vergleich.
  – Aber was ich will.
  – Was du willst, Marie.

(Band 2, 24. April, 1968)

Gesine Cresspahl will ihrer Marie nicht nur Mutter, sondern auch
Schwester und Freundin sein; sie ist mit ihrer Tochter »Partnerin auf
Gedeih und Verdruß«, wie der Erzähler einmal bemerkt. Immer
häufiger wird sie aber mit der heranwachsenden Tochter »uneins«,
was ihr Kummer und Sorge bereitet. Sie hat wegen des Kindes nicht
wieder geheiratet, obwohl ein Mann, der ihnen beiden gleicherma-
ßen sympathisch ist, beharrlich um Gesine wirbt. Es ist Dietrich
Erichson, D. E. genannt, eine Jugendbekanntschaft aus frühen
Mecklenburger Tagen. Er ist amerikanischer Staatsbürger geworden
und hat als Physikprofessor und Radarberater in Diensten der US-
Streitkräfte Karriere gemacht. Mit Gesine redet er am liebsten
Mecklenburger Platt.
  D. E. spielt eine wichtige Rolle in Maries »Medienerziehung«. Die
Hauptinformationsquelle von Gesine ist noch immer die ›New York
Times‹. Ihre Abhängigkeit, ja Hörigkeit, zeigt sich darin, daß sie
Fakten und Artikel auswählt und wiedergibt, niemals jedoch Stel-
lung bezieht oder gar Kritik an der Zeitung äußert. Bei allem Willen
zur Selbständigkeit: Gesine braucht eine Meinungsautorität und hat
sie in der ›New York Times‹ gefunden.
  Marie verfällt – wenn auch nur für kurze Zeit – einem anderen
Medium, dem Fernsehen. Die Mutter befürchtet, daß Marie, eine
glühende Verehrerin des Senators und Präsidentschaftskandidaten
Robert F. Kennedy, viele Stunden vor dem Bildschirm verbringen
wird, nachdem auch dieser Politiker einem Attentat zum Opfer gefallen ist.
  Bis kurz vor dem Kennedy-Mord wurde in der Wohnung der
Cresspahls kein Fernseher geduldet. Nun kommt auf Betreiben Maries ein Leihfernseher ins Haus, dessen Gebühren und Raten Marie
von ihrem Taschengeld zahlt.
  Marie will sich die Überführung ihres Idols aus Kalifornien nach
New York ansehen und hat sich dazu D. E. eingeladen. Die Mutter
ist von der Trauer am Fernsehapparat ausgeschlossen. Sie hofft, daß
D. E. Marie wieder von ihrer Fernsehbesessenheit abbringt, weiß sie
doch, daß der pädagogische Einfluß des Freundes viel größer ist als
der ihrige.

Ein Tag vor dem Fernsehen. Jedoch werden wir ihn nicht ohne Aufsicht verbringen. Als Mrs. Cresspahl anrief bei D. E., mußte Frau Erichson ihn schon
vom Auto holen, denn er war bereit zur Abfahrt, auf Maries telefonische
Bitte nämlich. Auch das Kind will einen Schiedsrichter.

Hol sie mir zurück, D. E.
Zu dir?
Weg von den Kennedys.
Hat sie solche besessene Freude am Kummer nicht von dir?
Wenn das von mir ist, nimm es ihr weg. Hol sie da raus.
Freie Hand?
Hol sie dir, D. E.

Gegen halb neun hat er seine langen Knochen eingerichtet bei uns, auf einem
der Stühle von der Heilsarmee, mit dem Rücken gegen den auch unten
leuchtenden Park, gefeit gegen den Verdacht mangelhafter Aufmerksamkeit.
Neben sich hat er einen Blechtopf mit acht Unzen Tabak, drei Pfeifen, allerhand Besteck, nun bestellt er einen Liter Tee; er rüstet sich für ein langwieri-
ges Unternehmen. Angezogen ist er eher für das Wochenende im Garten, zu
dem er uns nach New Jersey einlud, bis hin zu den Tennisschuhen; mit seiner
Miene von verschlafenem Ernst erreicht er verläßlich die Nachahmung eines
Professors, dem noch ein lästiger Prüfungstermin nicht zuviel wird. Die
Sprache ist Amerikanisch.
    Mit seinen Vorbereitungen kriegt er Marie befangen; seine Rolle nötigt ihr
die des Veranstalters auf. Sie rückt das Gerät vor ihm hin und her, mit Entschuldigungen wegen des verzerrten Bildes; er nickt ernst. Er mag die Lehr-
befugnis besitzen für Physik und Chemie; an der Technik eines solchen Apparats weiß er nichts zu verbessern. – Die Röhre ist übermüdet: stellt er fest,
ganz strafender Sachverstand, so daß Marie nickt, kleinlaut. Sie ist nicht imstande, ihm Mutwillen nachzuweisen; dennoch verrutscht ihr das fromme
Gefühl. Sie sitzt nun neben ihm, er könnte sie tröstend berühren im Nacken,
am Arm, ihm ist es erlaubt; streng hält er an sich, mit Respekt vor ihrer
Trauer, und macht ihr die Manier verdächtig, indem er sie darstellt. Sie hat es
nicht anders erwartet, als daß er schweigen wird zu den Vorführungen, bald
kann sie es nicht aushalten.
    Gegen neun zieht sie Luft durch die Zähne, wie gegen plötzlichen
Schmerz, denn auf der Scheibe erscheint ein kratziges, verschobenes Bild, in
seine eigenen Schatten zerschnitten; es zeigt die Witwe vom Tage, im Moment des Bekreuzigens. Das Gesicht kommt hell und klar heraus in der ver-
hexten Umgebung. D. E. blickt erstaunt auf Marie und erklärt nachlässig: Der
Raster, du verstehst. Sie nickt, harmlos und gelehrig. Der Raster. Aha.
    Mrs. Cresspahl wäre längst ausgebrochen, zwar gegen ihren Vorsatz, doch
auf einen Gewinnpunkt bedacht: Dieser dein Robert Kennedy, der hat das
Telefon von Martin Luther King abhören lassen, so ein Justizminister war
das, daß du es weißt –! Nunmehr ist sie verhindert, weiterhin pädagogische
Fehler zu begehen, sie hat obendrein Unterhaltung mit Seitenblicken auf das
steife Paar vor der Bilderkiste. Sie vergißt sich in plötzlicher Fröhlichkeit, sie
lächelt, mag das nun Dankbarkeit sein oder Übermut. Sie bekommt einen

unwilligen Seitenblick von D.E., als sei da nichts zum Lachen, und ver-
zieht sich gehorsam mit dem Radio in jenes eine Zimmer, dessen Tür fest zu
schließen ist.

WQXR, die Stimme der New York Times, sendet über 96.3 Megahertz,
nun wird sie der gebildeten Gesellschaft einmal zeigen, wie eine Große Alte
Dame von Welt sich benimmt beim Tode eines ermordeten Widersachers.
Heiter und solide beschreibt sie ein Bankgeschäft, ein namentlich angesehe-
nes, und empfiehlt dessen Dienste dem Publikum. Nicht nur verdient die
würdige Tante Times sich ein wenig Nadelgeld mit Werbung für Fremde,
auch die eigenen Verdienste rückt sie in den Äther, mit Hinweisen auf
tiefschürfende Berichte, die sie morgen verkaufen will. Es ist zuverlässig ihr
Kanal, sie nennt sich bei Namen, sie ist es selbst. Nicht das Schwarze unterm
Nagel will die Times dem abgeschafften Feinde gönnen an Teilnahme und
Beileid, unbeirrt ehrt sie den Dollar, ihr schenkt auch keiner was.

Im anderen Zimmer lädt D.E. das Kind immer noch nicht ein zum Besuch
eines Leichenschauhauses von New York, wo auch Tote liegen mit spitzer
Nase aufwärts, ebenso katholisch, dennoch ohne Aussicht auf ein Begräbnis
in der schicksten Kathedrale an der Fünften Avenue; er hat aber schon ein
Spiel mit Marie. Jeder der beiden Teilnehmer darf sich einen Punkt anrech-
nen, wenn er eher als der andere die Bewandtnisse der Würdenträger erkennt, die vor ihren Augen durch die Kontrolle in die Kathedrale geleitet
werden. Gleich lagen sie bei dem Generalsekretär der Vereinten Nationen
und dem Präsidenten der Automobilarbeitergewerkschaft, dem Präsidenten
des Landes und dem ehemaligen Chef der C.I.A.; zu ihren Gunsten rechnet
Marie fast alle anderen, von dem Dichter Robert Lowell bis zu Senator Eu-
gene McCarthy; nur bei Laureen Bacall will D.E. schneller gewesen sein; ihr
fällt nichts auf. Danach beginnen sie die Farben der Prozession zu raten, die
der Apparat nicht hergibt, und ahnen das Weiß der Seminaristen, vertun sich
beim Braun der Mönche, dem Olivenen an den Militärgeistlichen, dem Pur-
pur der Monsignori, dem Violett der Bischöfe, einigen sich auf das Schar-
lachrot der Kardinäle; inzwischen, schlicht in der Vorstellung eines bunten
Bildes, hat Marie auch einen Blick gewonnen für die Feinheiten der Inszenierung. D.E. darf die eine Bedeutung von Service mit der anderen vergleichen;
auch sie läßt sich ein auf eine Berechnung der Kosten.

In den Scherz folgt sie ihm noch nicht, aber beide blicken einander gelegentlich an wie früher, anschlägig, heimlich verständigt, so wenn dem überlebenden Bruder Kennedy die Stimme bricht gegen Ende seiner Gedenkensre-
de. Zwar will sie den weinerlichen Ton noch respektieren, D.E. fängt ihren
aufkommenden Verdacht ab mit einem Kommentar zu dem Motto des Toten:

»Manche sehen die Dinge wie sie sind, und sagen: Warum muß das so
sein?

Ich träume von Dingen, die gab es noch nie, und ich sage: Warum kann
das nicht sein?«

Hat er ihr einmal die Herkunft des tränenvollen Zitats von G.B. Shaw
nachgewiesen, samt Historie des Fabianismus, darf er hinzufügen: Die nehmen auch beim Borgen vom Besten.

Danach sieht sie mißtrauischer auf die acht Halbwaisen, die Brot und Wein
in goldenen Gefäßen zum Hochaltar tragen; sie mag auch nicht das auf den

Sarg gesprenkelte Wasser verteidigen, das Gottes reinigende Gnade vom Himmel herabrufen soll, nicht das Schwenken von Weihrauch, der die Gebete der Gläubigen zu Gott erheben soll. Das hat sie zu oft gegen ihren Willen aufsagen müssen in der Schule. Allmählich erkennt sie die Vorgänge in der Kathedrale als private Veranstaltung, die ihr den Toten wegnimmt [...] Bald streitet sie mit D. E. über die Lage toter Katholiken am Altar, die Füße zum Altar und den Kopf unter den Sternen der Flagge weist sie ihm nach, so daß am Ende sie ausrufen muß: Die tragen ihn ja mit dem Kopf nach unten aus der Kathedrale!

Sie gesteht vorerst nur D. E. den Spaß zu, den er hat mit dem Benehmen der anderen Mrs. Kennedy, der Witwe des Präsidenten, steif und still steht sie fast vier Minuten auf der obersten Treppenstufe, as sühst mi woll, mag doch die Wagenkolonne unheilbar in die Verspätung geraten, sie will ihren Anteil am öffentlichen Aufsehen, und Marie sagt schließlich doch, halb geniert, halb ärgerlich: Das möcht ihr so passen. Sie lädt doch geradezu ein zum Schießen!

Ihr Vorrat an Andacht hat die eingeblendete Meldung aus London schlecht überstanden. Daß auf dem Flughafen Heathrow ein Mann festgenommen wurde, der des Mordes an Martin Luther King verdächtig ist, daß sie ihn gefaßt haben nach so langer Zeit, zwar endlich, aber an keinem anderen Morgen als diesem, gerade heute, eben recht zur Koppelung an das Spektakel von ihres Senators Beerdigung – es paßt zu gut, zu ausgerechnet, es kommt ihr vor wie ein Trick von Erwachsenen, die Kinder für noch dümmer halten. Die Maßarbeit stört sie, und wenn sie nicht gerade an der Wahrheit der Nachricht zweifelt, so scheint sie ihr doch beschädigt durch die Placierung. – Wir sollen abgelenkt werden! sagt sie wütend; abgelenkt ist sie.

Auch sie ist unbedenklich ungerecht und beschimpft die Präsidentenwitwe Kennedy für ihr Verlangen nach noch einem Schuß und vermehrtem Ruhm; längst hat der amtierende Präsident Johnson den Weg von der Kathedrale in New York bis nach Washington zurückgelegt, der Zug mit dem Sarg ihres Senators steht immer noch im Pennsylvania-Bahnhof. Die Sprecher im Bild sind so verlegen, daß sie anspielen auf den Zug, der den ermordeten Abe Lincoln beförderte, sie erzählen aus der Geschichte des Bahnhofs, einer kommt auf die Umbenennung Idlewilds zu sprechen.

[...] Ihr toter Kennedy ist nicht zu trennen von der Inszenierung seiner letzten Reise, die Familie vertritt ihn, so wäre es ihm recht gewesen. – Nein: sagt Marie. Sie würde gegen den Namen Kennedy-Bahnhof votieren.

Ihre Hartnäckigkeit hält sich noch eine Weile, ausgeschaltet wird der Apparat nicht; die Aufregung hat sie verloren. Der Vorgang ist ihr absehbar geworden. Noch oft wird sie die Aussichtsplattform des letzten Wagens sehen und den Sarg, der da auf sechs Stühlen liegt, noch oft wird die Kamera aus dem Hubschrauber ihr die beiden Züge zeigen, nur das Amerikanische an dem Schauspiel steht ihr noch bevor. Es sind drei Züge, der erste zum Abfangen von Sprengstoff (ein Reporter berichtigt seinen Versprecher »dummy train« eilfertig in den offiziellen Ausdruck »pilot train«), der dritte eine Einheit mit zwei Dieselmaschinen, für Reparaturen und die Folgen eines neuen Attentats.

Die unaufdringliche Lektion, die D.E. für Marie »inszeniert« hat, tut ihre Wirkung. Noch während sie das Medienspektakel gebannt verfolgt, durchschaut sie die Inszenierung in ihrer ganzen Fragwürdigkeit. Das »Amerikanische«, in das Marie »gefallen ist«, wird in ein ironisches Licht getaucht. Und der »Genosse Schriftsteller« hat augenzwinkernd seine Freude daran, wenn zwei Mecklenburger in New York auf ihre Art zusammenfinden; wenn sie »Platt snaken«, verfliegen alle Bedenken und Sorgen.

Es ist die Ansteckung durch die öffentliche Hysterie.
Du bist nicht angesteckt, Gesine. Du bist nicht hysterisch.
Weil ich den dritten Tag uneins bin mit dem eigenen Kind.
Du kriegst sie zurück, Gesine.
Weil sie die Rührseligkeit von mir haben könnte.
Weißt du's denn nicht? Du bist nicht rührselig. Sie ist ein wenig ins Amerikanische gefallen.
Ich erzieh das Kind nicht richtig.
Jakob wär es so recht. Wie mir.
Du dürftest es jetzt sagen, D.E., wenn nicht aus Mitleid.
Glöw mi man so.
Glöw'ck di so.

(Band 3, 8. Juni, 1968)

Die beiden Cresspahls und D.E., der gerade seine Bewährungsprobe als Erzieher so glänzend bestanden hat, können sich ein Leben zu dritt durchaus vorstellen. Da zerstört ein Schicksalsschlag die Idylle: Gesine erfährt, daß D.E. bei einem Flugzeugabsturz in Finnland ums Leben gekommen ist. Sie begibt sich nach einem dringlichen Anruf in die Kanzlei des Rechtsanwalts Josephberg, der es versteht, die schmerzliche Botschaft seiner Klientin so schonend wie möglich beizubringen.

Geht es Ihnen gut, Frau Cresspahl?
– Vielen Dank, Herr Josephberg.
– Herz, Kreislauf?
– Daß Sie sich nun auch noch aufs Medizinische werfen, Herr Doktor. Ja. Arbeitsmüde, vielleicht.
– Ich bitte Sie zu verzeihen, daß ich heute zu Ihnen in einem anderen Tone zu sprechen habe als dem, der mir in unseren Tischgesprächen lieb geworden ist.
– Bringen wir es hinter uns, Herr Doktor. Werde ich von jemandem verklagt?
– Es ist eine schlimmere Nachricht, Frau Cresspahl. Verzeihen Sie einem alten Manne, wenn er über Ihr Leben ausspricht, was er meint gesehen zu haben.
– Ich bitte.
– Es ist die schlimmste Nachricht seit dem Ableben Ihres Herrn Vaters.

– Ich bitte!

– Laut letztwilliger Verfügung von Herrn Dr. Dietrich Erichson ist Ihnen als erster Person Mitteilung zu machen für den Fall, daß er sterben sollte.

– Er ist tot.

– Verstorben bei einem Absturz in der Nähe des Platzes Vantaa in Finnland. Samstag. Acht Uhr morgens.

– Was war das für eine Maschine.

– Eine Cessna.

– Für die hat er einen Flugschein!

– Die finnische wie die amerikanische Polizei haben seine Identität zweifelsfrei festgestellt.

– Bei so etwas verbrennt man.

– Ja. Nach einem medizinischen Gutachten kann Herr Erichson noch fünf Minuten nach dem Aufprall gelebt haben. Ohne sich seiner Lage bewußt zu sein.

– Mit vollem Bewußtsein zerbrochen und brennend!

– Ja. Verzeihen Sie, Frau Cresspahl.

– So etwas hätte in der New York *Times* gestanden.

– Die Regierung, bei der der Tote angestellt war, drückte ein Verlangen aus, die Nachricht zu unterdrücken.

– Wie identifiziert man einen verbrannten Menschen.

– An den Zähnen.

– Warum denn keine Kugel in die Brust? Eine Injektion? Ein Stich mit dem Messer!

– Offenbar war dem Verstorbenen aufgegeben, seinen dentalen Zustand greifbar zu hinterlegen.

– Warum erfahre ich das erst heute.

– Weil die amerikanische Untersuchungskommission von Washington nach Helsinki fliegen mußte.

– Zehn Stunden!

– Weil es den Herren beliebt hat, den Todesfall erst heute frei zu geben.

– Ein Foto!

– Es gibt keine Aufnahmen vom Ort des Unglücks.

– Es gibt offizielle Aufnahmen, gemacht von einer Kommission.

– Wenn Sie mich formell beauftragen, werde ich das zuständige Amt …

– Ich glaube es jetzt.

– Sie sind die Erbin von Herrn Erichson, Frau Cresspahl. Seine Mutter hat ein Wohnrecht bis zu ihrem Ableben. Außer Grundbesitz und Barvermögen sind einige Copyrights –

– Nein.

– Wenn Sie es wünschen, werde ich die Verständigung von Frau Erichson übernehmen.

– Nein.

– Ich drücke Ihnen mein Beileid aus, Frau Cresspahl. Seien Sie versichert, daß ich in den kommenden Wochen an Ihrer Seite –

– Könnten Sie Frau Gottlieb bitten, mich an mein Büro zu begleiten? Ohne ihr zu sagen, was … Sie mir mitgeteilt haben?

(Band 4, 6. August, 1968, VI)

Über das schreckliche Geschehen breitet die förmlich-freundliche Umgänglichkeit und Sprechweise des Anwalts einen Schleier. Zugleich wird aus dem Tod eines Menschen ein Dienstunfall, der nach Vorschriften und Anweisungen routinemäßig behandelt wird. Die US-Regierung und D.E. waren zu bestimmten Bedingungen miteinander ins Geschäft bekommen: D.E. hat seine Fähigkeiten, sein Können verkauft; für den Preis konnte er für eine Weile abwechselnd ein amerikanisches und ein mecklenburgisches Leben führen, wie es ihm gerade gefiel. Der Preis schloß ein, daß er im »Dienst« zu Schaden kommen konnte, womit D.E. einverstanden war. Gesines Landsmann und Jugendbekannter war zu einem Realisten amerikanischen Zuschnitts geworden; er hatte es längst aufgegeben, in seinem Emigrationsland eine »moralische Schweiz« zu finden, eine Hoffnung, die Gesine noch immer hegte.

Gegen Ende des dritten Bandes läßt sich Johnson auf ein Gedankenspiel ein, das zu Beginn der achtziger Jahre als kühn gelten mußte. Er stellt sich vor, was aus dem armseligen DDR-Städtchen hätte werden können, »wenn Jerichow zum Westen gekommen wäre«. Johnson projiziert in die Stadt, in der auch im realexistierenden Sozialismus vieles beim alten geblieben ist, ein Denkbild, das der wirtschaftlichen und zivilisatorischen Entwicklung in Westdeutschland nachgestaltet ist. Auch in Jerichow hätte man rationalisiert und modernisiert, neue Gewohnheiten hätten Eingang gefunden und sich etabliert.

Wenn Jerichow zum Westen gekommen wäre:
Die Stadtstraße wäre ein Kanal zu ebener Erde, asphaltiert, eingefaßt von Kristallglas und Chrom. Auch in den ärmsten Häusern wären die Kreuzstökke ausgebrochen, ersetzt durch Schaufenster oder durch doppelglasig versiegelte Apparate, zweiseitig schwenkbar. Zwei Fahrschulen, ein Reisebüro, eine Filiale der Dresdner Bank. Elektrische Rasenmäher, Haushaltsgerät aus Plastik, Taschenradios, Fernseher. Methfessel jun. hätte den Verkaufsraum der Fleischerei voll verkachelt. In der Einfahrt der Sportwagen des Gesellen, mit Überrollbügel.

Zwar, bei Wollenberg könnte man immer noch Dochte und Zylinder für Petroleumlampen kaufen, Zentrifugenfilter, Kutschpeitschen, Achsenfett und jene Kette, auf die die Kuh tritt, so daß sie nicht davonlaufen kann, wenn die Bauern im Gran Turismo-Wagen zum Melken angefahren kommen.

Und beim Kauf würde gehandelt, das wäre geblieben.

Jerichow würde zum Zonengrenzgebiet Lübeck gehören. Abgeordnete im Kieler Landtag. Schimpfen auf Kiel. Der überlebende Adel kandidiert für die C.D.U.

Zu den »guten Familien« neu gerechnet: Garagenbesitzer, Getränkelieferanten, Bundeswehroffiziere, Kreisbauräte [...] Urlaub in Dänemark, Fernsehen aus Hamburg, Unterhaltungsmusik und Funkbilder aus Niedersachsen, Funkhaus Hannover. [...]

Jerichow hätte fünf Ansichtenkarten anzubieten statt früher zwei. Zusätzlich: Den rotziegeligen Anbau des Rathauses (hamburger Stil). Den Neubau des »Schwanennestes« (ehemals Försterkrug). Das Mahnmal der »deutschen Teilung« (oder für die Kriegsgefangenen) auf dem Bahnhofsvorplatz.

Eine kleine Stadt in Schleswig-Holstein. Vielleicht würden die Höfe inzwischen nach Tonnen gerechnet, nach halben Hektar. Von Jerichow über Rande nach Travemünde ginge eine Küstenstraße mit Platz für drei Autos nebeneinander. [...]

Rande wäre gewachsen, und Jerichow hätte wenig abbekommen. Das Strandgebiet von Rande wäre auf einen Kilometer Tiefe bebaut mit Wochenendhäusern, Stockwerkeigentum, Villen. Kurkonzert im Pavillon vor dem Hotel Erbgroßherzog. Das hieße womöglich Baltic. Sogar in Rande gäbe es Waren und Unterhaltungen, die in Jerichow fehlen. Rande hätte ein Kurmittelhaus, ein temperiertes Meerwasser-Schwimmbad, ein moderneres Kino als das im jerichower Schützenhof, und viele Geschäfte wären auch im Winter geöffnet. Die Straßen von Rande wären zweimal, dreimal durchgebaut. Auf den Richtungsschildern vor und hinter Gneez stünde Rande öfter als Jerichow. [...]

Manchmal, und öfter, benähmen sich die Jerichower als wären sie Klützer. Sperren die Stadtstraße für ausgewachsene drei Tage, nur um Stromkabel auszuwechseln. Sollen die Touristen, die bloß an die See wollen, doch einen Umweg fahren! Der Bagger, der die Gräben aushebt, ist das neueste Muster, und sein Führer kann damit so kantengenau arbeiten wie früher Heine Klaproth beim Arbeitsdienst. [...] Das geschickte, orange gespritzte Ungeheuer wäre allerdings bei einer lübecker Firma gemietet.

[...] Die Fremde, die in der Apotheke nach der chemischen Reinigung fragt, würde nicht nur an das Haus »gegenüber der Shell-Tankstelle« verwiesen; sie bekäme auch gleich ein mündliches Gutachten über Dauer und Güte der Behandlung. Das wäre geblieben. [...]

Freunde in Wismar mußten über 65 sein, um Leute in Jerichow zu besuchen. In Bad Kleinen umsteigen in den Interzonenzug nach Hamburg über Schönberg und Lübeck. Wären einander recht fremd geworden.

Wenn Jerichow zum Westen gekommen wäre.

(Band 3, 29. Mai, 1968)

Man kann Johnsons »Doppelpanorama« heute als originellen literarischen Versuch zur Ungleichzeitigkeit wirtschaftlicher und gesellschaftlicher Entwicklung im Nachkriegsdeutschland lesen; es läßt sich aber auch als Vision interpretieren: Vieles, was er »hinein«- und voraussieht, könnte nach der Wende von 1989/90 rasch Wirklichkeit geworden sein.

Am Ende des dritten Bandes seiner ›Jahrestage‹ kündigt Autor Johnson an: »Der nächste und letzte Teil dieses Buches beginnt mit dem Kapitel für den 20. April 1968«. Der letzte Eintrag war für den 20. August vorgesehen.

Erst für diesen vierten Band trifft der Untertitel des Gesamtromans »Aus dem Leben von Gesine Cresspahl« recht eigentlich zu. Gesine steht im Mittelpunkt, einmal als junges Mädchen in der DDR, später, schon in New York, als Ausführende eines Auftrags ihrer Firma, der ihrem Leben nochmals eine Wende und den von ihr bisher so schmerzlich vermißten Sinn geben könnte.

In ihren Mädchenjahren erlebt Gesine die Einführung einer sozialistischen Ordnung von oben: »Fast mit einem Mal ist sie selbst dabei, spürt die Tücken von Wahrheit und Wirklichkeit am eigenen Leib.« Diese Tücken begegnen ihr zuerst »im sowjetischen Mecklenburg« der späten vierziger Jahre. Gesine fährt seit 1948 täglich zur Schule in die Kreisstadt Gneez. Als Oberschülerin lernt sie nicht nur, was Fächer und Lehrer zu bieten haben; die Schule wird für sie auch zum Austragungsort eines Konflikts mit den kommunistischen Machthabern.

Mit ihren 17 Jahren hat das aufgeschlossene Mädchen zunächst keine Scheu, bei den vom Staat gewünschten Aktivitäten mitzumachen; sie wird in ihrer Klasse Zweite Vorsitzende der Freien Deutschen Jugend (FDJ). Eine Delegation der Schule soll am Pfingsttreffen dieser Organisation in Berlin teilnehmen, Gesine fährt aber nicht mit in die Hauptstadt.

Nach der Rückkehr der Teilnehmer vom Pfingsttreffen kleben an einigen Wänden von Gesines Oberschule Flugblätter, auf denen Jugendliche zu sehen sind, die im Blauhemd der FDJ hinter Stacheldraht gefangensitzen. Gesine gerät in Verdacht, an der Klebeaktion beteiligt gewesen zu sein und wird im Direktorat der Schule von Beamten des Staatssicherheitsdienstes verhört. Das nächste Mal greift die Stasi härter zu: Ein Mitschüler hat Flugblätter gedruckt, auf denen mit den wichtigsten Daten und Fakten Fälle von Willkürjustiz aufgeführt sind. Ein Eifersüchtiger aus der Klasse gibt fälschlicherweise an, daß auch vier Mädchen in die Angelegenheit verwickelt seien. Die Verhaftung läßt nicht lange auf sich warten, Gesine und die drei anderen werden ins Kreispolizeiamt gebracht. Das scharfe Verhör öffnet ihr, deren Vater gleichfalls ein Opfer der Rechtsunsicherheit geworden war, die Augen. In Johnsons Exposé für seinen Verleger heißt es über die weitere Entwicklung lapidar: »Gesine Cresspahl geht später weg aus einem Staat der Arbeiter und Bauern, bloß weil Bauern und Arbeiter Aufstand machten gegen solchen Staat.«

Uwe Johnson schreibt in den ›Begleitumständen‹ über den Unterschied zwischen Gesine und sich selbst: »Verhalten zum Aufstand am 17./18. Juni 1953: Gesine Cresspahl floh panisch vor einer aufgedeckten Heimlichkeit des realen Sozialismus. Dem Verfasser hatte solch Mut zum Sprung ins Leere gefehlt.« Gesine flieht nach Westberlin, gelangt von dort nach Westdeutschland, wird aber nirgends ansässig; die weiteren Stationen ihrer Flucht sind Frankfurt, Düsseldorf und schließlich New York.

Im New-York-Teil des Romans wird des öfteren darauf hingewiesen, daß die Angestellte Cresspahl sich des Vertrauens und Wohlwollens ihres Chefs, des mächtigen und einflußreichen Bankiers de Rosny erfreut. Es stellt sich heraus, daß sie für einen besonderen Auftrag ausersehen ist. Im Frühjahr 1968 scheint sich in dem kommunistischen Ostblockstaat Tschechoslowakei ein Wandel anzubahnen: Die Männer des »Prager Frühlings«, an ihrer Spitze Alexander Dubček, glauben das bisherige Regime moskauhöriger Hardliner ablösen zu können, um einen Sozialismus mit menschlichem Antlitz zu verwirklichen. Um solche Bestrebungen zu fördern und zu unterstützen, will de Rosnys Bank einen großen Kredit zur Verfügung stellen. Gesine soll in Prag Gespräche führen und das Nötige vorbereiten. Natürlich stecken hinter einem solchen Projekt, wie D. E. sicher zu wissen glaubte, auch kapitalistische Spekulationen. Gesine, die optimistischer und nicht von vornherein desillusioniert ist, erwartet sich mehr: Obwohl sie in den ersten zehn Jahren SED-Herrschaft in der DDR durch den dortigen gewachsenen Sozialismus enttäuscht worden ist, trägt sie, wie auch der »Genosse Schriftsteller«, das Bild einer besseren sozialistischen Gesellschaft im Kopf und im Herzen. Was Gesine am 7. Februar 1968 für ihre Tochter niederschreibt, soll diese erst lesen, wenn sie einige Jahre älter ist. Die Mutter redet Marie auf deutsch, englisch und tschechisch an:

Liebe Marie, dear Mary, dorogaja Marija –
    Ich habe etwas, das will ich dir noch acht Jahre verschweigen. [...] es könnte ja ein Sozialismus anfangen, mit einer in Kraft gesetzten Verfassung, mit der Freiheit zu reden, zu reisen, über die Verwendung der Produktionsmittel zu bestimmen, auch für den Einzelnen.
    Es fehlt noch etwas. Nein, es ist nicht beantwortet: wurde der Tote getötet, und wenn ja, von wem, in wessen Auftrag, warum und wozu?
    Dorogaja Marija, es könnte dennoch ein Anfang sein. Für den würde ich arbeiten, aus freien Stücken. Ich sitze hier allein am Tisch mit deinen Bildern aus der Times, allein mit der Lampe und deinem Schlafatem, der lauter ist als meine Feder, und allein mit einem albernen Vertrauen auf dieses Jahr. Dies habe ich dir aufgeschrieben, damit du spät genug verstehst, was ich vielleicht in diesem Jahr anfangen werde, 35 Jahre alt, du liebe Zeit, ein letztes Mal. Damit du nicht raten mußt, wie ich.
    Sincerely yours.

                                                        (Band 2, 7. Februar, 1968)

Am 19. August 1968 ist es dann soweit: Gesine und Marie sind auf dem Flug nach Prag. In Kopenhagen legen sie eine Zwischenstation ein, denn Gesine möchte die Ostsee wiedersehen. Dies ist ihr auf ostdeutschem Boden nicht mehr erlaubt, seit sie sich 1953 der Republikflucht schuldig gemacht hat. Gesine und Marie treffen in einem kleinen dänischen Badehotel Gesines alten Englischlehrer Dr. Kliefoth, der in Mecklenburg zurückgeblieben war. Man hat dem Zweiundachtzigjährigen eine zeitlich begrenzte Ausreise gestattet; er wird für die beiden Cresspahls Zeuge für das, was seit Gesines Weggang »daheim« geschehen ist.

Die drei gehören drei Generationen an und kommen aus verschiedenen Teilen der Welt. In ihrer Begegnung werden im vierten Band die New-York-Handlung und die Jerichow-Handlung zusammengeführt, ebenso Gegenwart und Vergangenheit. Alles läßt sich harmonisch und hoffnungsvoll an: Kliefoth spricht mit der »Amerikanerin« Englisch, das Kind bekennt sich zur Mutter und die Mutter zum Kind.

Heute abend rufen wir an aus Prag.
– Will you take good care of my friend who is your mother and Mrs. Cresspahl?
– Ich versprech es, Herr Kliefoth. Meine Mutter und ich, wir sind befreundet.
Beim Gehen an der See gerieten wir ins Wasser. Rasselnde Kiesel um die Knöchel. Wir hielten einander an den Händen: ein Kind; ein Mann unterwegs an den Ort wo die Toten sind; und sie, das Kind das ich war.

(Ende von Band 4)

Aber: Von einem dem Leser bekannten historischen Datum fällt ein Schatten über die helle, verheißungsvolle Szene; Mutter und Tochter Cresspahl werden nicht, wie versprochen, aus Prag anrufen. Am 20. August sind die Truppen des Warschauer Pakts in die tschechoslowakische Hauptstadt eingerückt, um dem »Prager Frühling« ein Ende zu machen. Das weitere Schicksal der Gesine Cresspahl, die aus ihrem Leben erzählte und aus deren Leben erzählt wurde, ist von nun an ungewiß.

Als zehn Jahre nach der Publikation des dritten Bandes schließlich der vierte Band der ›Jahrestage‹ erschien, begriff das Gros der Rezensenten die vier Bände – 1891 Seiten – als eine Einheit; man stimmte darin überein, daß dem Roman als Kunstwerk ebensoviel Bedeutung zukomme wie als Geschichtsschreibung. Hans Mayer, der Uwe Johnson schon in den fünfziger Jahren an der Universität Leipzig »entdeckt« und seinen Weg als Schriftsteller mit kritischer Anteilnahme begleitet hatte, schreibt rückblickend 1989:

Was nun im dritten und vierten Band der »Jahrestage« geschildert wird, läßt sich an Genauigkeit, Härte und mitschwingender Emotion mit keiner anderen Schilderung dieser schlimmsten deutschen Misere zwischen 1944 und

1946 vergleichen. Mit keinem Geschichtsbericht, keiner Dokumentensammlung. Alle damals und seither geschriebenen subjektiven Erlebnisberichte wirken daneben weinerlich und ungenau. Alles war viel schlimmer, wie Johnson nicht »meint«, sondern erzählt.

Erzählen – das ist für Johnson Handwerk; Form- und Stilprobleme haben ihn weniger bekümmert als viele seiner Schriftstellerkollegen. Mit sicherem Griff bedient er sich aus der »Instrument- und Methodenkiste« (Reinhard Baumgart), die Meister des traditionellen und modernen Erzählens wie Balzac und Fontane, Alfred Döblin und William Faulkner gefüllt haben. Sein »anderes Ich«, Gesine Cresspahl, fängt mit dem Erzählen an, als sie »beginnt sich zu fragen, was war eigentlich bis jetzt: Woher komme ich und was hat mich zu dem gemacht, was ich bin«. Sie erhält den Erzählauftrag von den Toten, damit Erlebtes und Erlittenes nicht untergehe, und sie erzählt für Marie, »das Kind das ich war«. Sie überreicht Dr. Kliefoth in Dänemark ein Manuskript, die ›Jahrestage‹: »Wie es uns ergeht, haben wir aufgeschrieben bis zu unserer Arbeit in Prag, 1875 Seiten.«

In seinem Nachruf auf den 1985 verstorbenen Uwe Johnson würdigte Joachim Kaiser ihn als »Beschwörer seines verlorenen Deutschland«.

Heinrich Böll
Gruppenbild mit Dame

Zu Anfang der siebziger Jahre wartete die große Lesergemeinde Heinrich Bölls mit Spannung und Vorfreude auf das nächste Buch »ihres« Autors. Der Roman ›Gruppenbild mit Dame‹ (1971) brachte jedoch auch für Böll-Leser manche Überraschung. Der Autor führt hier eine neue Erzählergestalt ein: den »Verf.« (Verfasser), der wohl am ehesten eine Mischung von Detektiv und Journalist darstellt. Er selbst bezeichnet sich einmal als »Rechercheur«, der sich die Aufgabe gestellt hat, »eine schweigsame und verschwiegene, stolze, reuelose Person wie Leni Gruyten-Pfeiffer ins rechte Licht zu rücken«.

»Ins rechte Licht rücken« – das ist nicht gerade eine präzise und unmißverständliche Definition. Der Autor hätte auch schreiben können, Leni Gruyten-Pfeiffer sei eine außergewöhnliche Frau, die es wert sei, daß man sich ihretwegen einer mühevollen Aufgabe unterziehe. Zur Richtigstellung der eher unfreundlichen Eingangscharakteristik zieht der Verfasser und Rechercheur Erkundigungen ein, stellt Verhöre an, sammelt einschlägige gedruckte oder geschriebene Materialien sowie Fotos; er vergleicht, wägt ab, prüft die Vertrauenswürdigkeit der Zeugen und Zeugnisse, erläutert, zieht Schlüsse, kommentiert: Das alles nennt er »Wahrheitsfindung betreiben«. Böll bedient sich also der Methoden der dokumentarischen Literatur und fertigt sozusagen eine literarische Fallstudie an. Von Interesse ist vor allem die Frage: Wie ist Leni Gruyten so geworden, wie sie sich gibt und darstellt – hier und heute in ihrer rheinischen Heimat und in der Stadt Köln? Dort muß auch der Erzähler bei seinem Unternehmen immer wieder Nachforschungen anstellen.

Schon auf der ersten Seite erfährt der Leser einiges über die Dame: 1922 geboren, wäre sie 1970 achtundvierzig; sie ist etwa gleichaltrig mit dem »Verf.« und nur wenige Jahre jünger als der Autor Heinrich Böll; alle gehören der gleichen Generation an.

Wie nimmt sich Frau Gruyten – nur so will Leni genannt werden – im Köln der späten sechziger Jahre aus? Was sich mit ihrem Namen verbindet, was man an ihr bemerkenswert findet, ihr nachsagt, ist schon ungewöhnlich zu nennen: »Ein Müllarbeiter, der Mülltonnen rollt, hebt, auskippt, in Liebe verbunden mit einer Frau, die um drei Männer trauert, Kafka gelesen hat, Hölderlin auswendig kennt, Geliebte, vollendete und werdende Mutter ist [...]?« (10. Kapitel) Es ist noch viel an dieser Frau zu enträtseln.

Und was ist über Köln und das Rheinland in jenen Jahren zu sagen? So turbulent, wie es manchmal den Anschein hat, ist die Zeit gar nicht; man lebt auskömmlich oder erfreut sich eines achtbaren Wohlstands. Immobilien steigen im Wert, längst hat man sich an fremdländische Arbeiter gewöhnt, die in immer größerer Zahl in Westdeutschland leben und die niedrigen und schmutzigen Arbeiten verrichten.

Auch Leni Gruyten-Pfeiffer wird mit diesen Zeiterscheinungen konfrontiert und ist derzeit in keiner beneidenswerten Lage. Wie es dazu gekommen ist, erzählt der Roman oder besser gesagt die »Zeugen« oder Auskunftspersonen, die Leni meist schon sehr lange kennen. Es macht den besonderen Reiz des Romans aus, daß diese Gewährsleute ganz verschiedener Herkunft sind; es sind Frauen und Männer aus vielerlei Ländern, Gesellschaftsschichten und Milieus mit jeweils eigenen Geschichten, die oft genug auch zum Romanstoff taugen würden.

Da ist etwa Scholsdorff, ein promovierter Slawist und hervorragender Kenner der russischen Literatur des 19. Jahrhunderts. Während des Krieges ist er nicht Soldat, sondern arbeitet im Steueramt einer kleinen Stadt. Dort fällt ihm eines Tages auf, daß in den Lohnlisten einer Baufirma Namen von Figuren aus der russischen Literatur auftauchen; es sind »tote Seelen«, die nicht in Wirklichkeit existieren, der Firma aber Geld einbringen. Scholsdorff deckt den Betrug auf, an dem auch der Bauunternehmer Gruyten, Lenis Vater,

beteiligt ist. Nach dem Krieg kann Scholsdorff wieder in seinem ursprünglichen Beruf tätig sein und sich seinen russischen Studien
widmen.

Ein zweiter Akademiker ist der Musikkritiker Schirtenstein, der
schon früh Lenis musikalische Begabung erkennt und ihre musikalische Entwicklung teilnahmsvoll verfolgt. Während der Kriegszeit ist
er in russischer Gefangenschaft und muß dort zu seinem Leidwesen
zur Unterhaltung russischer Offiziere auf dem Klavier viele, viele
Male »Lili Marleen« spielen; der Tatsache, daß er dies kann und tut,
verdankt er sein Überleben.

Eine Zeugin von anderem Schrot und Korn ist Marja van Doorn,
Dienstmädchen bei Leni Gruytens Eltern. Sie stammt vom Lande, ist
arbeitsam, lebenstüchtig und schlau – und als Rheinländerin mittei-
lungsfreudig und nicht auf den Mund gefallen. Sie stellt dadurch eine
wichtige Quelle für Lenis Kindheit dar.

Was erfährt der Verfasser von seinen Zeugen über den Menschen
Leni Gruyten? Leni ist als junges Mädchen Schülerin in einem klö-
sterlichen Internat. Sie begegnet dort Schwester Rahel, einer studier-
ten Biologin, die aber im Mädchenheim des Konvents nur die Funktion einer »Flurschwester« ausüben darf. Erst später wird deutlicher,
daß Schwester Rahel Jüdin ist; man gewährt ihr Unterschlupf, behandelt sie aber alles andere als gut. Die Schwester wird Lenis Bera-
terin und Freundin. Sie bestärkt das Mädchen in einer Haltung, zu
der sie gefühlsmäßig neigt: Sie will in sich das Natürliche entdecken
und es keineswegs verleugnen, auch wenn es sich als sinnliches Bedürfnis äußert.

Entscheidend für Lenis Lebensbahn wurde Schwester Rahel, die (1936!)
nicht zum Unterricht zugelassen war, nur die als sehr niedrig angesehenen
Dienste einer, wie die Mädchen es nannten, Flurschwester ausübte, sich ungefähr im sozialen Status einer nicht einmal gehobenen Putzfrau befand. Ihr
oblag es, die Mädchen rechtzeitig zu wecken, ihr morgendliches Reini-
gungsritual zu überwachen, ihnen – was zu tun die Biologieschwester sich
standhaft weigerte – zu erklären, was da mit und an ihnen geschah, wenn es
ihnen plötzlich nach Art der Frauen erging; außerdem hatte sie eine Pflicht,
die von allen anderen Schwestern als ekelhaft, als unzumutbar empfunden,
von Schwester Rahel aber geradezu mit Begeisterung, mit liebevoller Aufmerksamkeit ausgeübt wurde: die Begutachtung der jugendlichen Verdauung
in fester wie in flüssiger Form. Die Mädchen waren verpflichtet, ihre Ver-
dauungsprodukte nicht ins Unsichtbare hinein abzuziehen, bevor Rahel sie
begutachtet hatte. Sie tat das bei den vierzehnjährigen Mädchen, die ihrer
Obhut unterstanden, mit einer ruhigen diagnostischen Sicherheit, die die
Mädchen verblüffte. Muß hier darauf hingewiesen werden, daß Leni, deren
Interesse für ihre Verdauung bis dato nicht befriedigt worden war, eine geradezu begeisterte Adeptin von Rahel wurde? In den meisten Fällen genügte
Rahel ein Blick, und sie wußte die physische und psychische Kondition der

Betroffenen exakt anzugeben, und da sie sogar schulische Leistungen aus den Exkrementen voraussagte, wurde sie vor Klassenarbeiten geradezu umlagert und hatte von Jahrgang zu Jahrgang (von 1933 ab) den Spitznamen Haruspica geerbt, den eine ihrer früheren Schülerinnen, die sich später als Journalistin versuchte, ihr angehängt hatte. Es wurde vermutet (eine Vermutung, die Leni, die später die Vertraute von Rahel wurde, bestätigte), daß sie Buch führte, mit exakten Details. Ihren Spitznamen nahm sie wie eine Liebkosung, die ihr zustand, hin.

(2. Kapitel)

Leni ist keine gute Schülerin; als noch schlimmer wird aber erachtet, daß sie »unkirchlich dahinlebt«. Manchmal erfindet sie zu den gesungenen Liedern selbst Texte, die Anstößiges und Sündiges bedenkenlos mischen. Schon früh wird Leni von Männern begehrt, viele werben um ihre Gunst. Lenis Erfahrungen sind jedoch enttäuschend oder gar peinlich. Sie bedauert nicht, daß eine frühe Ehe mit dem Berufsunteroffizier Alois Pfeiffer nur wenige Tage dauert; Pfeiffer muß im Krieg an die Front und fällt in den ersten Wochen des Rußlandfeldzuges. Er hinterläßt Leni außer schlechten Erinnerungen nur eine kleine Witwenrente und seinen Namen.

Die Position und das Vermögen ihres Vaters gestatten es Leni, in den ersten Kriegsjahren ein flottes, abwechslungsreiches Leben zu führen. 1943 wird sie zur Arbeit in einer Friedshofsgärtnerei dienstverpflichtet. Dort findet sie ihre große Liebe, den russischen Kriegsgefangenen Boris. Sie zeigt ihre Zuneigung, als sie ihm, ohne sich um die Nazis im Betrieb zu kümmern, eine Tasse Kaffee bringt. Der Besitzer der Gärtnerei, Pelzer, der selbst ein Auge auf Leni geworfen hatte, berichtet dem »Verf.«:

»[...] damals rochen Sie doch sofort, welcher Kaffee auch nur ne Spur echten enthielt – und da war Lenis Kaffeekanne eben die, die am schönsten roch – nun, gut. Was glauben Sie, was da alles an Neid, Mißgunst, Eifersucht, ja an Haß und Rachegedanken fällig war, wenn schon nur um Viertel nach 9 die Kaffeepötte verteilt wurden? Und meinen Sie, Anfang 44 hätte die Polizei oder die Partei es sich noch leisten können, jeden einzelnen wegen – was weiß ich, wie das hieß, ›Verstoß gegen die Kriegswirtschaft‹ – zu verhören und anklagen zu können? Die waren doch froh, wenn die Leute, egal woher, ihr bißchen Kaffee bekamen. Nun gut – und was tut unsere Leni am ersten Tag, wo der Russe bei uns auftaucht? Sie schenkt dem Russen eine Tasse von ihrem Kaffee ein – 1 : 3 müssen Sie wissen, während der Kremp seine flaue Plempe schlürfte –, schenkt dem Russen aus ihrer Kanne Kaffee in ihre Tasse ein und bringt sie ihm rüber an den Tisch, wo er in den ersten Tagen mit Kremp zusammen im Kranzkörperkommando arbeitete. Das war für die Leni eine Selbstverständlichkeit, jemand, der weder ne Tasse noch Kaffee hatte, eine Tasse Kaffee anzubieten – aber glauben Sie, die hat geahnt, wie *politisch* das war. Ich habe gesehen, daß sogar die Ilse Kremer blaß wurde –

die wußte nämlich, wie politisch das war: einem Russen eine Tasse 1 : 3-Kaffee bringen, der mit seinem Duft alle anderen Plempegemische sowieso totschlug. Was tut der Kremp? Der sitzt meistens da, hat seine Beinprothese bei der Arbeit abgeschnallt, weil sie ihm noch nicht richtig saß, er nimmt also die abgeschnallte Prothese von dem Haken an der Wand – was meinen Sie, wie hübsch das aussah, immer so ein künstliches Bein da an der Wand – und schlägt dem völlig verwirrten Russen die Tasse aus der Hand. Was folgt: tödliches Schweigen nennt man das, glaube ich, aber auch dieses sogenannte tödliche Schweigen – so nennt mans in der Literatur, in den Büchern, die ich jetzt manchmal lese – hatte noch Variationen: zustimmend tödlich wars bei der Schelf und der Wanft, neutral tödlich bei der Heuter und der Zeven, sympathisch tödlich bei der Hölthohne und der Ilse. Nun, *erschrocken,* das kann ich Ihnen sagen, waren wir alle, bis auf den ollen Grundtsch, der neben mir in der Bürotür lehnte und einfach lachte. Der hatte gut lachen, der galt als unzurechnungsfähig und hatte nicht viel zu befürchten, obwohl ers faust-, was sage ich, doppelfaustdick hinter den Ohren hatte. Was ich getan habe? Ich habe von der Bürotür aus vor Nervosität in die Werkstatt gespuckt – und wenns das gibt, und wenn es mir gelungen ist, das auszudrücken, dann wars eine total ironische Spucke, die weit näher bei Kremp als bei Leni landete. Mein Gott, wie kann man politisch wichtige Details erklären: daß meine Spucke näher bei Kremp als bei Leni landete, und wie wollen Sie beweisen, daß die Spucke ironisch gemeint war? Immer noch tödliches Schweigen, und was tut Leni, während na sagen wir ne Art atemlose und angstvolle Spannung herrscht? Was tut sie? Sie hebt die Tasse auf, die wegen der herumliegenden Torfmullreste weich gefallen und nicht kaputtgegangen war, sie hebt sie auf, geht zum Wasserhahn, spült sie sorgfältig – es war schon provozierend, wie sorgfältig sie das tat –, und ich glaube, von diesem Augenblick an, tat sies absichtlich provozierend. Mein Gott, Sie wissen doch, daß man so ne Tasse rasch mal ausspülen kann, meinetwegen auch gründlich, aber sie spülte sie, als wärs ein heiliger Kelch – dann tat sie, was vollkommen überflüssig war –, trocknete die Tasse auch noch sorgfältig mit einem sauberen Taschentuch ab, ging zu ihrer Kaffekanne, schüttete die zweite Tasse, die drin war – es waren so Zwei-Tassen-Kännchen, wissen Sie –, ein und bringt sie seelenruhig dem Russen, ohne den Kremp auch nur anzusehen. Nicht stumm tat sies. Nein, sagte auch noch: ›Bitte sehr.‹ Jetzt kams auf den Russen an. Der wußte wohl, wie politisch die ganze Situation war – ein nervöser, übersensibler Junge, das sage ich Ihnen, von einem Feingefühl, da hätte sich mancher ne Scheibe abschneiden können, blaß, mit seiner komischen Armeebrille und seinem hellblonden, ein bißchen krausen blassen Haar, sah ja fast wien Engelchen aus der Junge –, was tut er, was tat er? Immer noch tödliches Schweigen, und jedermann spürt, daß hier Entscheidendes passiert. Leni hat das Ihre getan – was tut er? Nun, er nimmt den Kaffee, sagt laut und deutlich, in einem makellosen Deutsch: ›Danke, mein Fräulein‹ – und fängt an, ihn zu trinken. Schweißtropfen auf seiner Stirn, und Sie müssen sich vorstellen, der hatte wahrscheinlich schon ein paar Jahre keinen Tropfen Bohnenkaffee oder Tee bekommen – es wirkte auf ihn wie ne Spritze auf nen ausgemergelten Körper. Nun, zum Glück war damit das entsetzlich tödliche Schweigen zu Ende – die Hölthohne seufzt erleichtert auf, der Kremp knurrt irgendwas von ›Bolschewiken – Kriegerwitwe – Kaffee für Bolschewiken‹, der Grundtsch lacht zum zweitenmal, ich spucke zum zweitenmal, so unkontrolliert, daß ich fast Kremps Prothese getroffen hätte – und das wär ja ein Sakrileg gewesen. Die Schelf und die Wanft schnaufen empört, die anderen erleichtert. Und nun war Leni ja ohne Kaffee – und was tut meine Ilse, die Kremer? Nimmt von ihrem Kaffee, gießt der Leni ein und bringt ihn ihr, spricht sogar deutlich dabei und sagt: ›Du kannst doch dein Brot nicht trocken runterwürgen‹ – und der Kaffee von der Ilse war auch nicht ohne. Die hatte nämlich nen Bruder, der war ein ganz schöner Nazi und irgendwas Hohes in Antwerpen und der hat ihr immer Rohkaffee mitgebracht – nun ja. Das wars. Das war Lenis Entscheidungsschlacht.«

(6. Kapitel)

Die ebenfalls befragte Arbeitskollegin Frau Hölthohne stellt den unerhörten Vorfall anders dar:

Die Hölthohne: »Nun, mir lief es eiskalt über den Rücken, ich hatte regelrecht eine Art Schüttelfrost, kann ich Ihnen versichern, und ich fragte mich, wie später noch so oft: Weiß Leni denn, was sie da tut? Ich habe sie bewundert, ihren Mut und die Selbstverständlichkeit und die verdammte Ruhe, mit der sie während dieses tödlichen Schweigens die Tasse spülte, abtrocknete und so weiter, es war eine – ich würde sagen kaltblütige – Herzlichkeit und Menschlichkeit darin, verdammt noch mal – nun, die Dauer: Ich sage Ihnen, es war eine Ewigkeit – ganz gleich, obs drei oder fünf Minuten oder nur achtzig Sekunden waren. Eine Ewigkeit und zum ersten Mal habe ich was wie Sympathie für Pelzer empfunden, der ganz offensichtlich auf Lenis Seite war und gegen Kremp – und die Spuckerei wirkte ja ziemlich vulgär, war aber in diesem Augenblick das einzig mögliche Ausdrucksmittel – und es war deutlich, was er damit ausdrückte: am liebsten hätte er wohl dem Kremp ins Gesicht gespuckt, aber das konnte er ja nicht.«

Grundtsch: »Am liebsten hätte ich laut gejubelt: das Mädchen hatte Mut. Verflucht, sie schlug gleich am Anfang die Entscheidungsschlacht – wahrscheinlich ohne es zu wissen –, und doch muß sie es geahnt haben: sie kannte den Jungen ja gerade erst eineinhalb Stunden, die er ja hilflos beim Kranzkörperkommando verbrachte – und niemand, selbst die Schnüffeltante Wanft, hätte ihr unterstellen können, sie habe was mit ihm. Wenn Sie mich fragen und mir erlauben, es militärisch auszudrücken, Leni schaffte sich ein enormes Schußfeld, bevors überhaupt was zu Schießen gab. Niemand konnte das, was sie tat, anders auslegen: als reine naive Menschlichkeit, und die war zwar Untermenschen gegenüber verboten, und doch, wissen Sie: das sah ja sogar ein Kerl wie der Kremp, daß Boris ein Mensch *war*: er hatte ja Nase und zwei Beine und sogar ne Brille auf der Nase, und er war sensibler als die ganze Mischpoke da zusammen. Der Boris wurde einfach durch Lenis mutige Tat zum Menschen erklärt – und damit hatte es sich, trotz all der miesen Dinge, die da noch kommen sollten. Wie lange das gedauert hat: ach, es kam mir wie mindestens fünf Minuten vor.«

(6. Kapitel)

Leni, die nur während der schweren Luftangriffe mit Boris zusammensein kann, bringt in den letzten Kriegstagen einen Jungen zur Welt. Leni, Boris, der Säugling und einige Frauen überleben unter »katakombenartigen Umständen« in einem ausgebauten leeren Grabgewölbe; eine Zeugin fühlt sich an die »heilige Familie« erinnert.

Die Leni hätte ja gern ihren Boris geheiratet und er sie auch, aber das ging doch nicht, weil Boris gar keine Papiere hatte; [...] er blieb ja auch meistens im Haus, und Sie hätten sehen sollen, wie die beiden mit ihrem Söhnchen da hausten: wie die Heilige Familie. Er war doch nicht davon abzubringen, daß man eine Frau drei Monate nach der Entbindung nicht anfassen darf und auch vom sechsten Monat an nicht – die haben doch ein halbes Jahr wie Maria und Joseph miteinander gelebt und natürlich hin und wieder mal nen Kuß, aber sonst nichts wie das Kind! Gehätschelt, verwöhnt und beide haben sie ihm Lieder vorgesungen, und sind dann aber ein bißchen zu früh, schon im Juni 45, abends am Rhein spazierengegangen, bis zur Sperrstunde natürlich. Wir alle haben sie gewarnt, alle, Hubert und ich und Margret, aber die waren nicht zu halten: jeden Abend am Rhein. Das war ja auch herrlich, da sind Hubert und ich oft mitgegangen, und wir haben alle dagesessen und was gespürt, was wir doch eigentlich seit zwölf Jahren nicht mehr kannten: Frieden.

(8. Kapitel)

Doch die drei trifft ein schweres Schicksal. Boris, der ein deutsches Soldbuch bei sich trägt, wird am Rhein von einer amerikanischen Patrouille aufgegriffen und als deutscher Soldat und Kriegsgefangener nach Frankreich ausgeliefert, wo er bei einem Unfall in einem lothringischen Bergwerk ums Leben kommt. Um ihn trauert Leni von den drei Männern in ihrem Leben am meisten.

Lenis Vater hat von seinem Vermögen praktisch nichts in die Nachkriegszeit hinübergerettet, aber Leni ist noch Besitzerin eines Altbauhauses in gewinnversprechender Lage. Im Gegensatz zum alten Gruyten hat Hoyser, sein ehemaliger Oberbuchhalter, mit seinem Pfund gewuchert. Dank einer »genialen Vermögensverwaltung« hat er Grundstücke und Häuser erworben; seine Enkel sind »Baulenkungsmanager« und Wettbüro-Inhaber. Alle drei vertreten auf verschiedene Weise den Typ des unsympathischen Wirtschaftswunderdeutschen. Der alte Hoyser gibt sich, ohne Umstände zu machen, dem »Verf.« als Kapital- und Immobilienhai zu erkennen.

»[...] und nun kommen Sie einmal her und schauen Sie zum Fenster raus.« Hier benutzte er seinen Krückstock ungeniert als Enterhaken, griff damit in die nur lose zugeknöpfte Jacke des Verf., der ohnehin ständig um seine lose sitzenden Knöpfe bangt, und zog ihn nicht ohne Brutalität und – wie gerechterweise gesagt werden muß – nicht ohne daß seine Enkel den Kopf geschüttelt hätten, kurzerhand zu sich herüber, so daß der Verf. auch die umliegenden Gebäude, die acht-, sieben-, sechsstöckig und das zwölfstöckige Gebäude herum gestaffelt waren, betrachten mußte. »Wissen Sie«, dies mit gefährlich leiser Stimme, »wissen Sie, wie der Stadtteil heißt?« Kopfschütteln des Verf., der die topographischen Veränderungen nicht alle so genau wahrnimmt. »Dieser Stadtteil heißt Hoyseringen – und er steht auf dem Grundstück, das man siebzig Jahre einfach hat brachliegen lassen, bevor mans gnädig diesem jungen Herrn dort« (Krückstock auf Kurt geschwenkt, Stimme jetzt höhnisch) »in die Wiege legte, ich, ich, ich habe dafür gesorgt, daß es nicht in seiner Wiege liegen blieb, gemäß dem Spruch, der schon unseren Vätern verkündet worden ist: ›Macht euch die Erde untertan‹.«

(9. Kapitel)

Die Enkel empfangen ihn in schicken Büros und versuchen ihm klarzumachen, warum es für »Tante Lenis Emittierung« keinen Aufschub geben darf, sie verhalte sich in brüskierender Weise nicht »wirtschaftskorrekt«.

Es muß hier wieder zusammengefaßt werden, was da alles ausgepackt wurde von »Tante Lenis Schlamperei«, Tante Lenis unrealistischer Verhaltensweise«, Tante Lenis Erziehungsfehlern, Tante Lenis Gesellschaft – »und damit Sie nicht meinen, wir wären prüde, rückständig oder nicht fortschrittlich, es geht hier nicht um Liebhaber, nicht einmal um Türken, Italiener oder Griechen – es geht darum, daß das Grundstück um nahezu 65% unterrentabel ist; allein der Verkaufserlös könnte, geschickt angelegt, eine jährliche Rendite von vierzig- bis fünfzigtausend Mark ergeben, wahrscheinlich mehr, aber wir wollen hier fairerweise mit der unteren Grenze argumentieren – und was bringt das Haus? Zieht man Reparaturen ab, zieht man Verwaltungskosten ab und die Folgen der asozialen Belegschaft im Erdgeschoß, wo Tante Leni wohnt und bessere Mieter geradezu abschreckt – womit sie den Mietpreis verdirbt –, was bringt das Haus? Keine fünfzehn, knapp dreizehn, vierzehn.« So Werner Hoyser.

Und fortfahrend Kurt Hoyser (Zusammenfassung, durch die Notizen des Verf. verifizierbar), es gehe nicht gegen ausländische Arbeiter, man hege keine Rassenvorurteile, nur müsse man konsequent sein, und wenn Tante Leni sich bereit erkläre, marktgerechte Mieten zu *nehmen,* ließe sich sogar darüber reden, ob man nicht das ganze Haus für ausländische Arbeiter freigebe, es bettenweise, zimmerweise vermiete, Tante Leni zur Verwalterin bestimme und ihr sogar freie Wohnung und eine monatliche Bargeldentschädigung gewähre; doch sie nehme ja – was nun tatsächlich Wahnsinn sei und sogar Erkenntnissen der sozialistischen ökonomischen Lehre widerspreche –, sie nehme ja als Miete genausoviel, wie sie selbst zahle […]. Und was das Faß zum Überlaufen bringe, sei die Tatsache, daß sie Leermiete für möblierte Wohnungen berechne; das sei nun nicht etwa etwas so Harmloses wie ein anarchistisch-kommunistisches Experiment, das sei Marktzersetzung; man könne aus der Wohnung, ohne allzu unfair zu sein, gut und gerne pro Zimmer mit Bad- und Küchenbenutzung 300 bis 400 Mark herausschlagen.

[…] in einem weiteren Punkt verhalte sich Tante Leni nicht wirtschaftskorrekt, sie sei vollkommen gesund und noch für etwa siebzehn Jahre arbeitsfähig, habe aber auf törichte Einflüsterungen ihres verworrenen Sohnes ihre Arbeit aufgegeben, um die drei portugiesischen Kinder zu betreuen, denen sie vorsänge, Deutsch beibringe, die sie an ihrem »Malgeschmiere« mitwirken lasse, die sie – das sei aktenkundig – allzu häufig der Erfüllung der Schulpflicht entziehe, wie sie es auch schon bei ihrem Sohn getan habe. Es liege eben eine ganze »Latte« von Verfehlungen vor, und es sei nun einmal so, jemand, der mit dem Gesetz in Konflikt gerate, werde von der Umwelt als obskur empfunden, und es sei ebenfalls nun einmal so, daß Müllabfuhr und Straßenreinigung als die niedrigsten Beschäftigungen angesehen würden und damit die gesellschaftliche Attraktion des Hauses und mit jener die Mietpreise sänken.

Das alles wurde in ruhigem Ton, mit vernünftiger Argumentation vorgetragen, wirkte einleuchtend.

(9. Kapitel)

Hier ist der Roman ein Stück weit Wirtschaftswunder- und Kapitalismussatire geworden. Für die Hoysers ist es schlimm genug, daß »Tante Leni« Ausländer in ihre Wohnung aufgenommen und sich mit ihnen intim eingelassen hat, schlimmer noch ist ihre Verschrobenheit in finanziellen Angelegenheiten. Das Herz des »Verfassers« schlägt für Leni und ihre unterprivilegierten Schützlinge; er bewundert die Gesinnung der Frau, die sich durch Vorwürfe und Proteste nicht beirren läßt. Der »Verf.« heißt es deshalb auch mit einem ermutigenden Lächeln gut, daß sich Lenis Freunde zu einem »Helft-Leni-Komitee« zusammentun. Er drückt auch dann noch ein Auge zu, als man plant, daß die bei der Kölner Straßenreinigung beschäftigten Gastarbeiter mit ihren schweren Fahrzeugen für einige Zeit den Verkehr blockieren sollen.

In Schirtensteins Wohnung ging es zu, wie es in einigen Nebenräumen des Smolny in St. Petersburg im Oktober 1917 zugegangen sein mag. In den verschiedenen Zimmern tagten verschiedene Komitees. Frau Hölthohne, Lotte Hoyser und Dr. Scholsdorff bildeten das sogenannte Finanzkomitee, das sich mit den Ausmaßen von Lenis Finanzmisere, mit Pfändungsprotokollen, Räumungsklagen etc. zu beschäftigen hatte. Unter Mitwirkung der Helzens, des Türken Mehmet und des Portugiesen Pinto war es gelungen, in den Besitz von Briefen etc. zu kommen, die Leni verwerflicherweise ungeöffnet in ihrer Nachttischschublade, später, als diese keinen Raum mehr bot, in der unteren Abteilung des Nachttisches versteckt hatte. Pelzer war diesem Dreierkomitee als eine Art Generalstabschef beigegeben. Schirtenstein hatte sich [...] mit dem Gegenstand »gesellschaftlicher Ablauf« zu befassen. Die Versorgung hatte M. v. D. übernommen, die belegte Brote, Kartoffelsalat, Eier und Tee bereitzustellen hatte. Wie so viele Samowar-Laien war sie der Ansicht, der Tee würde im Samowar gekocht, sie wurde von Bogakov mit den Funktionen eines Samowars vertraut gemacht, ein riesiger Apparat, den Schirtenstein, wie er bekanntgab, von einem unbekannten Geber ins Haus geschickt bekommen hatte, mit dem maschinengeschriebenen Zettel: »Für

das vieltausendfache Spielen von Lili Marleen. Einer, den Sie kennen.«
M. v. D., wie alle Hausfrauen ihrer Altersklasse, teeunerfahren, mußte fast
mit Gewalt gezwungen werden, die von ihr vorgesehene Menge mindestens
zu vervierfachen.

[...]

Während das Finanzkomitee noch keine Klarheit erlangt hatte, war das
Komitee für den gesellschaftlichen Ablauf zu der Erkenntnis gelangt, daß die
brutalen Maßnahmen morgens gegen siebeneinhalb anlaufen, um die gleiche
Zeit aber die Büros, in denen man möglicherweise diesen Ablauf stoppen
könne, erst geöffnet wurden; daß es – Schirtenstein hatte mit verschiedenen
An-, sogar Staatsanwälten, in dieser Sache vergebliche Telefonate geführt –
unmöglich sei, noch während der Nacht Stoppmaßnahmen zu erwirken. So
ergab sich das Problem des Zeitgewinns, die fast unlösbare Frage: wie konnte
man die Zwangsräumung der Wohnung bis etwa neuneinhalb Uhr hinauszö-
gern? Pelzer stellte für einige Zeit seine Kenntnisse und Beziehungen der
Kommission für den gesellschaftlichen Ablauf zur Verfügung, telefonierte
mit einigen Spediteuren, Vollzugsbeamten, die er aus seiner Karnevalsgesell-
schaft »Immerjröne Strüssjer« kannte, und da er auch, wie sich jetzt erst herausstellte, Mitglied eines Männer-Gesangsvereins war, »in dem es von Juristen und so wimmelt«, fand er immerhin heraus, daß ein legales Stoppen fast
unmöglich war.

(10. Kapitel)

Alle Generationen und viele Nationen sind im Komitee vertreten.
Alle bleiben jedoch ganz sie selbst, so die Rheinländer Pelzer und
Marja van Doorn: Pelzer will seine Verbindungen zu Sangesbrüdern
und Karnevalsjecken nützen, und Marja, die ihr Leben lang Kaffee
gekocht und getrunken hat, bleibt der Samowar fremd. Die Karam-
bolage ist eigentlich Selbsthilfe mit illegalen Mittel, es ist aber auch
etwas von einem Streich dabei. »Chaos ist machbar, Herr Nachbar«,
hieß ein flotter Spruch der Achtundsechziger.

Außer den »realistischen« Handlungsschichten und Darstellungs-
techniken gibt es im ›Gruppenbild mit Dame‹ auch noch eine
Schicht, die aus den Quellen einer religiösen Vorstellungswelt, aus
Legenden- und Wundergeschichten gespeist wird. Ein Wunder geht
von den sterblichen Überresten der Fast-Märtyrerin Schwester Rahel
aus, deren frühen Tod man im Konvent eher mit Erleichterung zur
Kenntnis genommen hat. Nun wachsen aus ihrem Grab zu unge-
wöhnlicher Jahreszeit herrliche rote Rosen. Der »Verf.« erfährt im
Ordensgeneralamt von einer attraktiven und sehr gebildeten Nonne,
was man von seiten der Kirche in der Sache unternommen hat:

Aus dem flaschengrünen Karton nahm sie seufzend Papier um Papier heraus,
kleine Packen, mit Büroklammern oder Gummi zusammengehalten, fünf,
sechs, zehn, achtzehn – insgesamt sechsundzwanzig: »Für jedes Jahr ein Bericht und immer derselbe: Rosen, die im Dezember plötzlich aus der Erde
schießen. Rosen, die erst dann verblühen, wenn die Rosen normalerweise

anfangen zu blühen! Wir haben zu den verzweifeltsten, Ihnen möglicherweise makaber vorkommenden Mitteln gegriffen, wir haben sie exhumiert, ihre – nun Überbleibsel, die durchaus in einem Verfallsstadium waren, das ihrem Todesalter entspricht, in andere Friedhöfe des Klosters verlegt, wir haben, nachdem auch da die schrecklichen Rosen erblühten, wieder exhumiert, zurückverlegt, noch einmal exhumiert, wir haben sie kremieren lassen, die Urne in die Kapelle gestellt, so nun wirklich keine Spur von Muttererde in ihrer Nähe war: Rosen! Sie quollen aus der Urne, überwucherten die Kapelle; zurück mit ihrer Asche in die Erde – und wieder: Rosen. Ich bin sicher, würden wir die Urne vom Flugzeug abwerfen lassen, aus dem Ozean, aus der Wüste würden Rosen wachsen! Das ist unser Problem.

(9. Kapitel)

Wenn hier recht weltläufige Mittel eingesetzt werden, um die »Überbleibsel« einer Frau loszuwerden, die Scherereien bereitet hat, so übt Böll hier nicht Pauschalkritik am Vatikan und an Praktiken seiner Dienststelle und liefert auch keinen Beitrag zur Kriminalgeschichte des Christentums. Der Autor hat einfach Spaß am spielerischen Umgang mit unterschiedlich realistischen Erzählschichten; auch im ›Gruppenbild mit Dame‹ schafft er sich den Rahmen und die Möglichkeiten dafür. Bei der Einführung der jeweiligen Zeugen folgt Böll einem einfachen Rezept: Die Personen »werden an geeigneter Stelle vorgestellt und in ihrem Ambiente geschildert«, danach äußern sie sich über Lenis Verhalten in bestimmten Situationen. Die Vorstellung des alten Friedhofsgärtners Grundtsch, der mit Leni zusammen in der Pelzerschen Friedhofsgärtnerei arbeitete, eignet sich als Beispiel für das Böllsche Verfahren.

Albert Grundtsch, jetzt achtzig, lebt immer noch in »seinem Gehäuse verkrochen, praktisch auf dem Friedhof« (G. über G.), in einem zweieinhalb Zimmer großen steinernen (Backstein-)Schuppen, von dem aus er seine beiden Treibhäuser bequem betreten kann. Grundtsch hat nicht wie Pelzer von der Friedhofserweiterung profitiert (auch nicht profitieren wollen, wie hinzugefügt werden muß) und verteidigt »den Morgen Treibhäuser, den ich ihm seinerzeit dummerweise geschenkt habe« (Pelzer), verbissen. »Es ist praktisch so, daß das Garten- und Friedhofsamt erleichtert aufatmen wird, wenn er ab-, wenn er die Kurve – na, wenn er das Zeitliche segnet, drücken wir so aus.«

Inmitten des Friedhofs, der nicht nur die einigen Hektar der Gärtnerei Pelzer, auch andere Gärtnereien und Steinmetzwerkstätten längst geschluckt hat, führt Grundtsch ein fast autarkes Leben: ohnehin im Genuß einer Invalidenrente (»Ich hab doch für ihn weitergeklebt.« P.), wohnt er mietfrei, züchtet seinen Tabak und sein Gemüse selbst, und da er Vegetarier ist, hat er nur geringe Versorgungsprobleme; Kleiderprobleme hat er kaum – immer noch trägt er eine Hose des alten Gruyten, die jener sich 1937 schneidern ließ und die Leni Grundtsch 1944 schenkte. Er hat sich (Selbstzitat) ganz aufs »Saisontopfgeschäft« verlegt (Hortensien zum Weißen Sonntag, Alpenveilchen und Vergißmeinnicht zum Muttertag, Weihnachten kleine Topftannen, mit Schleifen und Kerzen garniert für die Gräber – »was die alles auf ihre Gräber schleifen – nicht zu fassen«).

[...]

Auf Leni angesprochen, wurde er fast verlegen. »Ja, natürlich die Pfeiffer – mich derer erinnern! Als wenn ich die vergessen könnte! Die Leni. Natürlich waren alle Männer hinter ihr her, irgendwie alle, auch das schlaue Walterchen (womit der inzwischen siebzigjährige Pelzer gemeint ist. Der Verf.), aber getraut hat sich keiner recht. Die war unnahbar, nicht auf ne zimperliche Tour, das muß ich sagen, und ich als der Älteste – ich war damals schon Mitte fuffzig – hab mir erst gar nicht Chancen ausgerechnet, von den anderen hats wohl nur der Kremp versucht, den wir den ›miesen fiesen Heribert‹ nannten, und den hat sie auf ne kühle schnippische Art so endgültig abfahren lassen, daß ers dran gab. Wie weit es das Walterchen mit ihr probiert hat, weiß ich nicht – aber bestimmt hat er nichts bei ihr erreicht, und sonst waren ja nur Frauen da, kriegsbedingt, versteht sich, und die Frauen waren ziemlich gleichmäßig geteilt für und gegen – nicht sie, sondern diesen Russen, von dem sich dann später herausstellte, daß er der Erwählte ihres Herzens war. Wenn Sie sich vorstellen, daß die ganze Geschichte fast eineinhalb Jahre gedauert hat – und keiner, nicht einer von uns was Ernsthaftes bemerkt hat: die sind geschickt und vorsichtig gewesen. Nun, es stand ja auch was auf dem Spiel: zwei Hälse, bestimmt einer und ein halber. Verflucht, es läuft mir nachträglich noch eiskalt den Rücken runter bis in den Arsch, wenn ich dran denke, was das Mädchen riskiert hat. Fachlich? Wie sie fachlich war? Nun, ich bin vielleicht voreingenommen, weil ich sie gern hatte, richtig gern, manchmal wie man ne Tochter gern hat, die man nie gehabt hat oder – immerhin war ich dreiunddreißig Jahre älter als sie – wie ne Geliebte, die man nie kriegt. Na, sie war einfach eine Naturbegabung – damit ist alles gesagt. Wir hatten nur zwei gelernte Gärtner da, wenn Sie den Walter mitrechnen drei, aber der hatte nur seine Bücher und seine Kasse im Kopf. Zwei also: die Hölthohne, das war mehr so ne jugendbewegte intellektuelle Gärtnerin, die hatte das Lyzeum absolviert, studiert und dann die Gärtnerei angefangen, romantische Person, von wegen Erde und Handarbeit – und so – aber gekonnt hat sie was, dann ich. Alle anderen waren ja ungelernt, die Heuter, der Kremp, die Schelf, die Kremer, Wanft und Zeven – lauter Weiber, nicht mehr ganz so knusprig, jedenfalls keine, die man spontan mal gern zwischen Torfmull und Tüllmaterial aufs Kreuz hätte legen mögen.

(5. Kapitel)

Böll verwendet hier eine zwanglose, kaum angehobene lokal-regionale Umgangssprache, in der sich Auskunftsperson und Autor wohl fühlen. Die Äußerung über Leni wirkt natürlich, und es paßt zu Grundtsch, daß ihm die erotischen Reize der Frauen besonders in Erinnerung geblieben sind.

Anders dagegen ist der Stil, in dem der »Verf.«, ein Intellektueller, seine Gutachten und Zwischentexte schreibt. Lenis Person wird dann auf höherer, gewissermaßen wissenschaftlicher Ebene zu klären versucht; Böll handhabt aber auch diesen Stil gekonnt.

Ein Beispiel für den Stil des »Verf.« bietet die folgende Textstelle, in der er den Augenblick, als Leni es wagt, dem Kriegsgefangenen Boris Kaffee zu bringen, in ihre Biographie einordnet und dadurch gewaltig aufwertet.

Da nun der Verf., der hier ausnahmsweise noch einmal unmittelbar eingreifen muß, diesen Vorgang als Lenis Geburt oder Wiedergeburt bezeichnen möchte, als ein sozusagen zentrales Erlebnis, ihm über Leni nicht viel mehr Material vorliegt als solches, das höchstens folgende Zusammenfassung erlaubt: vielleicht ein wenig beschränkt, Mischung aus romantisch, sinnlich und materialistisch, ein bißchen Kleistlektüre, Klavierspiel, eine dilettantische, wenn auch tiefgreifende oder -sitzende Kenntnis gewisser Sekretionsvorgänge; [...] zu drei Vierteln Waisenkind (Mutter tot, Vater im Gefängnis); mag man sie als halb- oder gar kraß ungebildet halten – so erklärt doch keiner diese fraglichen Eigenschaften und nicht deren Komposition, die Selbstverständlichkeit ihres Handelns in jenem Augenblick, den wir gemeinsam die »Stunde der Tasse Kaffee« nennen wollen.

(6. Kapitel)

Im ›Gruppenbild mit Dame‹ verarbeitet Böll auch »Fertigteile« aus fremdem Sprachmaterial; der »fiktionale Dokumentarroman« weist also in bestimmten Kapiteln auch collageartige Züge auf. Solche Stücke übernehmen dann in der Romanhandlung eine bestimmte Funktion, werden gewissermaßen Handlungselemente. Böll wäre nicht Böll, wenn er mit Blick auf die dargestellte Epoche nicht das Militär als menschenverachtende Gleichschaltungsmaschinerie anklagen würde. Dies geschieht zum Beispiel durch eingeblendete Textstücke aus dem »Reibert«, einem weitverbreiteten Handbuch für den »Dienstunterricht im Heer«:

Brief 2: vom 14. Januar 1940. »Zum *Waschen* wird der Oberkörper entblößt. Der Soldat wäscht sich mit kaltem Wasser. Der Verbrauch an Seife ist ein Maßstab der Reinlichkeit. Täglich sind zu waschen: Hände (wiederholt!), Gesicht, Hals, Ohren, Brust und Achselhöhlen. Die Fingernägel werden mit einem Nagelreiniger (nicht Messer) gereinigt. Das Haar ist möglichst kurz zu tragen. Es wird zum Scheitel gekämmt. Pudelköpfe sind unsoldatisch (siehe auch Bild). (Das Bild lag dem Brief nicht bei, Anmerk. des Verf.). Wenn nötig, hat sich der Soldat täglich zu rasieren. Frisch rasiert hat er zu erscheinen: Zum Wachdienst, zu Besichtigungen, zum Melden bei Vorgesetzten und zu besonderen Gelegenheiten.
Nach jedem Waschen ist *sofort* abzutrocknen (Haut reiben, bis sie rot wird), da man sich sonst erkältet und bei kalter Luft die Haut aufspringt. Gesichts- und Handtücher sind getrennt zu halten.«

(2. Kapitel)

Der Textauszug ist Ausdruck eines ohnmächtigen Protests. Lenis hochbegabter Bruder Heinrich hat ihn anstelle eines Berichts über seine ersten Wochen als Rekrut nach Hause geschickt. Böll ironisiert »dokumentarisch« den Anspruch des Militärs, junge Männer zu Sauberkeit und Körperpflege anzuhalten und so einen Beitrag zur kulturellen Erziehung zu leisten.

Noch mehrmals sind authentische Dokumente mit einer Personenhandlung verknüpft, so mit der des »Sowjetmenschen« Boris; sein Schicksal wird mit amtlichen Erfahrungsberichten über die Behandlung russischer Kriegsgefangener konfrontiert.

Am Ende der Betrachtung von Bölls Roman ›Gruppenbild mit Dame‹ stellen sich einige Fragen.

Zweifellos hatte Böll auch hier aus dem vollen geschöpft und in einem Zeitroman sein vielseitiges Können und Wissen unter Beweis gestellt. Hat Böll damit jedoch ein Beispiel für einen neuen deutschen Roman vorgestellt und das Strukturmodell gleich mitgeliefert? Oder hat er nicht eher mit bekannten Verfahrensweisen der dokumentarischen Literatur gespielt?

Vielleicht darf man heute antworten? Böll hat *für sich* eine neue Form erschlossen, die vieles von dem, was er dem Publikum sagen wollte, in sich aufnehmen konnte, wenn auch nicht immer ohne Gewichtsverlust. Ein Modell für »den« neuen deutschen Roman jedoch hat Böll nicht liefern wollen.

Bemerkenswert ist, daß in diesem Buch eine Frau als Hauptfigur fungiert, wie es übrigens auch in weiteren Werken Bölls der Fall sein sollte. Da ihm eine vollständige Einfühlung in die weibliche Psyche nicht möglich erschien, macht er die Frau gern zu einem Rätsel; die Romanfiguren, die sich ihr näher fühlen, vorwiegend andere Frauen, übernehmen die Funktion von Gewährspersonen, die über sie berichten und den Autor in seinen Zuschreibungen bestätigen.

Heinrich Böll
Die verlorene Ehre der Katharina Blum

In der ersten Hälfte der siebziger Jahre wurde die Bundesrepublik von einem Terrorismus in Bann gehalten, der sich vorgenommen hatte, das »System« des Staats und der Gesellschaft zu bekämpfen und womöglich zu beseitigen. Die Terroristen erkannten das Recht und die Gesetze dieses Staats und dieser Gesellschaft nicht an. Die Bürger, deren Leben weithin und weiterhin normal verlief, wurden durch Meldungen über die Aktionen radikaler und militanter Gruppen aufgeschreckt. Zwei der bekanntesten Terroristen waren der Kaufhausbrandstifter Andreas Baader und die ehemalige Journalistin Ulrike Meinhof.

Am 23. Dezember 1971 war in der ›Bild‹-Zeitung unter der Schlagzeile »Baader-Meinhof-Gruppe mordet weiter« ein Bericht über einen Banküberfall in Kaiserslautern zu lesen; nach Aussage der Polizei gab es jedoch über die Täter nur Vermutungen. Sogleich meldete sich Heinrich Böll zu Wort; angesichts dieser Erkenntnislage wollte er es nicht hinnehmen, daß man Baader, Meinhof und ihre Genossen wie überführte Täter behandelte. Er gab zu bedenken, daß sich die großspurigen »Kriegserklärungen« dieser Leute aus ihrer Situation erklärten: »Es ist eine Kriegserklärung von verzweifelten Theoretikern, von inzwischen Verfolgten und Denunzierten, die sich in die Enge begeben haben, in die Enge getrieben worden sind, und deren Theorien weitaus gewalttätiger klingen, als ihre Praxis ist.«

Böll setzte sich auch hier für Verfolgte und Gejagte, gleich welcher Gesinnung, ein und wollte sie gegen die Mächtigeren, Stärkeren in Schutz nehmen. In einem Artikel richtete er Fragen an die Gesellschaft, die ihm sehr übelgenommen wurden. Eine solche Frage lautete: »Wollen Sie, daß ihre freiheitlich demokratische Grundordnung gnadenloser ist als irgendein historischer Feudalismus, in dem es wenigstens Freistätten gab, auch für Mörder, und erst recht für Räuber?« Der Aufsatz von 1972 war überschrieben: ›Will Ulrike Gnade oder freies Geleit?‹, und Böll empfahl das letztere. Das war für viele eine unerträgliche Zumutung, und der Schriftsteller und Nobelpreisträger wurde daher in jenen Wochen immer wieder massiv angegriffen. Man nannte ihn einen »Salon-Anarchisten« und warf ihm vor, Rechtsbrechern und Banditen den Rücken zu stärken. In der Illustrierten ›Quick‹ konnte man lesen, die »Bölls seien gefährlicher als Baader-Meinhof«, und der ›Welt‹-Journalist Matthias Walden hielt Böll vor, er »düng[e] den Boden, von dem Gewalt gedeih[e]«.

Gefahr schien im Verzug. Böll wurde zu einem Sympathisanten und Parteigänger der Terroristen abgestempelt, dem Schlimmes zuzutrauen sei. Mehrfach behelligte die Polizei Böll und seine Familie; man hielt ihn für fähig, Waffen oder Terroristen versteckt zu halten.

Heinrich Bölls Erfahrungen aus jener Zeit haben in eine Erzählung Eingang gefunden, die im Sommer 1974 zuerst im ›Spiegel‹ erschien: ›Die verlorene Ehre der Katharina Blum oder: Wie Gewalt entsteht und wohin sie führen kann!‹

Es geht in ihr um einen Mord, wenn auch nur um einen im Reiche der Fiktion. Was sich im Zusammenhang damit in den letzten Tagen des Karnevals 1974 in Köln und Umgebung an Sensationellem und Merkwürdigem zugetragen hat, faßt ein Bericht auf den ersten Seiten so zusammen:

Die Tatsachen, die man vielleicht zunächst einmal darbieten sollte, sind brutal: am Mittwoch, dem 20. 2. 1974, am Vorabend von Weiberfastnacht, verläßt in einer Stadt eine junge Frau von siebenundzwanzig Jahren abends gegen 18.45 Uhr ihre Wohnung, um an einem privaten Tanzvergnügen teilzunehmen.

Vier Tage später, nach einer [...] dramatischen Entwicklung, am Sonntagabend um fast die gleiche Zeit – genauer gesagt gegen 19.04 –, klingelt sie an der Wohnungstür des Kriminaloberkommissars Walter Moeding [...] und gibt dem erschrockenen Moeding zu Protokoll, sie habe mittags gegen 12.15 Uhr in ihrer Wohnung den Journalisten Werner Tötges erschossen, er möge veranlassen, daß ihre Wohnungstür aufgebrochen und er dort »abgeholt« werde; sie selbst habe sich zwischen 12.15 und 19.00 Uhr in der Stadt herumgetrieben, um Reue zu finden, habe aber keine Reue gefunden; sie bitte außerdem um ihre Verhaftung, sie möchte gern dort sein, wo auch ihr »lieber Ludwig« sei.

(3. Abschnitt)

Bald erfährt die Täterin Katharina Blum, daß der »liebe Ludwig«, in den sie sich bei dem Tanzvergnügen verliebt hat, von der Polizei mit der Terroristenszene in Verbindung gebracht wird. Für die Behörden ist »Ludwig Götten ein lange gesuchter Bandit [...] ›des Bankraubes fast überführt und des Mordes und anderer Verbrechen verdächtig‹«. Auch wenn sich Katharina Blum der Polizei freiwillig gestellt hat, wird doch zum Zweck der genauen Untersuchung des Verbrechens ein umfangreicher Polizei- und Justizapparat tätig. Ihm gehört auch der Staatsanwalt Peter Hach an, über den gleich auf den ersten Seiten wenig Schmeichelhaftes enthüllt wird.

Hach ist ein Freund von Katharinas Strafverteidiger Dr. Blorna und bekannt mit einem am Fall Tötges-Blum interessierten Privatmann, dem fiktiven Erzähler und Berichterstatter. Hach verrät Dienstgeheimnisse, indem er den beiden durch eigene Notizen ergänzte Informationen aus den Akten zukommen läßt und sie so über den Stand der Ermittlungen auf dem laufenden hält.

Der »junge[n] Frau von siebenundzwanzig Jahren« hätte man eine solche Mordtat eigentlich nicht zugetraut. Katharina Blum stammt aus einem ärmlichen und zerrütteten Elternhaus im ländlichen Rheinland. Sie verläßt ihre heimatliche Umgebung, arbeitet sich durch Talent, Fleiß und Sparsamkeit nach oben und erwirbt das staatliche Diplom einer Wirtschafterin. Später kann sie sich eine Eigentumswohnung und ein eigenes Auto leisten.

Während sie mit ihren Arbeitgebern auch persönlich gut zurechtkommt, ist ihr der Beamte, der mit der Aufklärung ihres Falles beauftragt ist, der Kriminalhauptkommissar Beizmenne, wenig sympathisch.

In den folgenden Textstellen werden weitere »Unkorrektheiten« des nicht eben gut beleumdeten Staatsanwalts Hach erwähnt. (Zur Erläuterung: »Die Woltersheim« ist Katharinas Tante, in deren Wohnung das »private Tanzvergnügen« stattgefunden hat.)

Man sollte hier nicht vergessen, dem Staatsanwalt Peter Hach Dankbarkeit zu zollen, denn ihm einzig und allein verdankt man die an justizinternen Klatsch grenzende Mitteilung, daß Kriminalkommissar Erwin Beizmenne von dem Augenblick an, da die Blum mit Götten die Wohnung der Woltersheim verließ, die Telefone der Woltersheim und der Blum abhören ließ. Das geschah auf eine Weise, die man vielleicht der Mitteilung für wert halten mag. Beizmenne rief in solchen Fällen den dafür zuständigen Vorgesetzten an und sagte zu diesem: »Ich brauche mal wieder meine Zäpfchen. Diesmal zwei.«

Offenbar hat Götten von Katharinas Wohnung aus nicht telefoniert. Jedenfalls wußte Hach nichts davon. Sicher ist, daß die Wohnung von Katharina streng überwacht wurde, und als bis 10.30 Uhr am Donnerstagmorgen weder telefoniert worden war, noch Götten die Wohnung verlassen hatte, drang man, da Beizmenne die Geduld und auch die Nerven zu verlieren begann, mit acht schwerbewaffneten Polizeibeamten in die Wohnung ein, stürmte sie regelrecht unter strengsten Vorsichtsmaßregeln, durchsuchte sie, fand aber Götten nicht mehr, lediglich die »äußerst entspannt, fast glücklich wirkende« Katharina, die an ihrer Küchenanrichte stand, wo sie aus einem großen Becher Kaffee trank und in eine mit Butter und Honig bestrichene Scheibe Weißbrot biß. Sie machte sich insofern verdächtig, als sie nicht überrascht, sondern gelassen, »wenn nicht triumphierend« wirkte. Sie trug einen Bademantel aus grüner Baumwolle, der mit Margueriten bestickt war, war darunter unbekleidet, und als sie von Kommissar Beizmenne (»ziemlich barsch«, wie sie später erzählte) gefragt wurde, wo Götten geblieben sei, sagte sie, sie wisse nicht, wann Ludwig die Wohnung verlassen habe. Sie sei gegen 9.30 Uhr wach geworden, und da sei er schon weg gewesen. »Ohne Abschied?« »Ja.«

An dieser Stelle sollte man etwas über eine höchst umstrittene Frage von Beizmenne erfahren, die Hach einmal zum besten gab, widerrief, dann noch einmal erzählte und zum zweitenmal widerrief. Blorna hält diese Frage für wichtig, weil er glaubt, daß, wenn sie wirklich gestellt worden sei, hier und nirgendwo anders der Beginn von Katharinas Verbitterung, Beschämung und Wut gelegen haben könnte. Da Blorna und seine Frau Katharina Blum als in sexuellen Dingen äußerst empfindlich, fast prüde schildern, muß die *Möglichkeit,* Beizmenne könnte – ebenfalls in höchster Wut über den entschwundenen Götten, den er sicher zu haben glaubte – die umstrittene Frage gestellt haben, hier erwogen werden. Beizmenne *soll* die aufreizend gelassen an ihrer Anrichte lehnende Katharina nämlich gefragt haben: »Hat er dich denn gefickt«, woraufhin Katharina sowohl rot geworden sein wie in stolzem Triumph gesagt haben soll: »Nein, ich würde es nicht so nennen.«
Man kann getrost annehmen, daß *wenn* Beizmenne diese Frage gestellt hat, von diesem Augenblick an keinerlei Vertrauen mehr zwischen ihm und Katharina entstehen konnte. Die Tatsache, daß es tatsächlich nicht zu einem Vertrauensverhältnis zwischen den beiden kam – obwohl Beizmenne, der als »gar nicht so übel« gilt, es nachweislich versuchte –, sollte aber nicht als endgültiger Beweis dafür angesehen werden, daß er die ominöse Frage wirklich gestellt hat. Hach jedenfalls, der bei der Haussuchung zugegen war, gilt unter

81

Bekannten und Freunden als »Sexklemmer«, und es wäre durchaus möglich, daß ihm selbst ein so grober Gedanke gekommen ist, als er die äußerst attraktive Blum da so nachlässig an ihrer Anrichte lehnen sah, und daß er diese Frage gern gestellt oder die so grob definierte Tätigkeit gern mit ihr ausgeübt hätte.

(10.–12. Abschnitt)

Zeigt schon hier der »echte Böll« seine Krallen? Mag das Sprachspiel mit den »Zäpfchen«, die einen hoheitlichen Akt fast gemütlich verbrämen, noch als derber Humor durchgehen; Beizmennes Du-Anrede und seine Frage an Katharina Blum, sollte sie so gestellt worden sein, stellen eine Beleidigung dar, die für den Kommissar unangenehme Folgen haben könnte. Die Anspielung auf Hachs sexuelle Phantasie läßt auch den Vertreter der Justiz in einem schlechten Licht erscheinen.

Der Autor Böll teilte die »sprachliche Sensibilität« seiner Katharina Blum. Er fühlte eine starke Abneigung gegen Behörden, Paragraphen und den peniblen Umgang mit Verfehlungen; er haßte Eingriffe in das Privatleben durch auffordernde Bescheide wie zum Beispiel Einberufungen, wie er einst das Militär gehaßt hatte. So geht eine gewisse Kritik und Anklage staatlicher Stellen und ihrer Maßnahmen der Polemik gegen die ZEITUNG voran, die Böll zu seinem Hauptthema erkoren hatte. Kaum haben die Ermittlungen begonnen, wird Katharina Blum zum Ziel und Opfer einer Verleumdungs- und Hetzkampagne, die von dem Boulevardblatt DIE ZEITUNG inszeniert wird. Im Vorwort bemerkt Böll dazu: »Sollten sich bei der Schilderung gewisser journalistischer Praktiken Ähnlichkeiten mit den Praktiken der ›Bild‹-Zeitung ergeben haben, so sind diese Ähnlichkeiten weder beabsichtigt noch zufällig, sondern unvermeidlich.«

Die bisher nicht straffällig gewordene Katharina Blum wird durch knallig aufgemachte Schlagzeilen beleidigt; interviewten Gewährspersonen wird das Wort im Mund umgedreht, die Wahrheit wird manipuliert und grob entstellt. Auf dem Höhepunkt der Kampagne wird Katharina Blums todkranke Mutter Opfer der rüden Methoden der ZEITUNG-Journalisten. Und so macht sich der später erschossene Tötges an die alte Frau heran:

Tötges hatte schon am Donnerstag in Gemmelsbroich nach der Adresse von Frau Blum geforscht, diese auch erfahren, aber vergebens versucht, zu ihr ins Krankenhaus vorzudringen. Er war vom Pförtner, von der Stationsschwester Edelgard und vom leitenden Arzt Dr. Heinen drauf aufmerksam gemacht worden, daß Frau Blum nach einer schweren, aber erfolgreichen Krebsoperation sehr ruhebedürftig sei; daß ihre Genesung geradezu davon abhängig sei, daß sie keinerlei Aufregungen ausgesetzt werde und ein Interview nicht in Frage käme. Den Hinweis, Frau Blum sei durch die Verbindung ihrer

Tochter zu Götten ebenfalls »Person der Zeitgeschichte«, konterte der Arzt mit dem Hinweis, auch Personen der Zeitgeschichte seien für ihn zunächst Patienten. Nun hatte Tötges während dieser Gespräche festgestellt, daß im Hause Anstreicher wirkten, und sich später Kollegen gegenüber geradezu damit gebrüstet, daß es ihm durch Anwendung des »simpelsten aller Tricks, nämlich des Handwerkertricks« – indem er sich einen Kittel, einen Farbtopf und einen Pinsel besorgte –, gelungen sei, am Freitagmorgen dennoch zu Frau Blum vorzudringen, denn nichts sei so ergiebig wie Mütter, auch kranke; er habe Frau Blum mit den Fakten konfrontiert, sei nicht ganz sicher, ob sie das alles kapiert habe, denn Götten sei ihr offenbar kein Begriff gewesen, und sie habe gesagt: »Warum mußte das so enden, warum mußte das so kommen?«, woraus er in der ZEITUNG machte: »So mußte es ja kommen, so mußte es ja enden.« Die kleine Veränderung der Aussage von Frau Blum erklärte er damit, daß er als Reporter drauf eingestellt und gewohnt sei, »einfachen Menschen Artikulationshilfe zu geben.«

(42. Abschnitt)

Die ZEITUNG, die ihre Leser täglich mit Crime- und Sexgeschichten beliefert, beteiligt ebendiese Leser und damit praktisch die ebenso feige wie skrupellose Gesellschaft an der Hetzjagd. Zudringliche greifen zur Waffe des Brief- und Telefonterrors.

Es mag doch vielleicht aufschlußreich sein, daß Katharina Blum nach der abschließenden Vernehmung am Freitagnachmittag Else Woltersheim und Konrad Beiters bat, sie doch zunächst in ihre Wohnung zu fahren und – bitte, bitte – mit hinaufzugehen. Sie gab an, daß sie Angst habe, es sei ihr nämlich in jener Donnerstagnacht, kurz nachdem sie mit Götten telefoniert habe [...] etwas ganz und gar Scheußliches passiert. Kurz nachdem sie mit Götten telefoniert, den Hörer gerade aufgelegt habe, habe wieder das Telefon geklingelt, sie habe, in der »wilden Hoffnung«, es sei wieder Götten, sofort den Hörer abgenommen, aber es sei nicht Götten am Apparat gewesen, sondern eine »fürchterlich leise« Männerstimme habe ihr »fast flüsternd« lauter »gemeine Sachen« gesagt, schlimme Dinge, und das schlimmste sei, der Kerl habe sich als Hausbewohner ausgegeben und gesagt, warum sie, wenn sie so auf Zärtlichkeiten aus sei, so weit hergeholte Kontakte suche, er sei bereit und auch in der Lage, ihr jede, aber auch jede Art von Zärtlichkeit zu bieten. Ja, es sei dieser Anruf der Grund gewesen, warum sie noch in der Nacht zu Else gekommen sei. Sie habe Angst, sogar Angst vor dem Telefon, und da Götten ihre, sie aber nicht Göttens Telefonnummer habe, hoffe sie immer noch auf einen Anruf, fürchte aber gleichzeitig das Telefon.

Nun, es soll hier nicht vorenthalten werden, daß der Blum weitere Schrecken bevorstanden. Zunächst einmal: ihr Briefkasten, der bisher in ihrem Leben eine sehr geringe Rolle gespielt, in den sie meistens nur, »weil man's eben tut«, aber ohne Erfolg hineingeschaut hatte. An diesem Freitagmorgen quoll er regelrecht über, und keineswegs zu Katharinas Freude. Denn obwohl Else W. und Beiters alles taten, um Briefe, Drucksachen abzufangen, ließ sie sich nicht beirren, schaute, wohl in der Hoffnung auf ein Lebenszeichen von ihrem lieben Ludwig, alle Postsachen – insgesamt etwa zwanzig –

durch, offenbar ohne etwas von Ludwig zu finden, und stopfte den Kram in ihre Handtasche. Schon die Fahrt im Aufzug war eine Qual, da zwei Mitbewohner ebenfalls hochfuhren. Ein (es muß gesagt werden, obwohl es unglaubwürdig klingt) als Scheich verkleideter Herr, der sich in offensichtlicher Distanzierungsqual in die Ecke drückte, zum Glück aber schon im vierten Stock ausstieg, und eine (es klingt verrückt, aber was wahr ist, ist wahr) als Andalusierin verkleidete Dame, die, durch eine Gesichtsmaske gedeckt, keineswegs von Katharina abrückte, sondern direkt neben ihr stehenblieb und sie aus »frechen, harten, braunen Augen« dreist und neugierig musterte. Sie fuhr über den achten Stock hinaus.

Zur Warnung: es kommt noch schlimmer. Endlich in ihrer Wohnung, bei deren Betreten sich Katharina regelrecht an Beiters und Frau W. anklammerte, klingelte das Telefon, und hier war Frau W. schneller als Katharina, sie rannte los, nahm den Hörer ab, man sah ihren entsetzten Gesichtsausdruck, sah sie bleich werden, hörte sie »Sie verdammte Sau, Sie verdammte feige Sau« murmeln, und klugerweise legte sie den Hörer nicht wieder auf, sondern neben die Gabel.

Vergeblich versuchten Frau W. und Beiters gemeinsam, Katharina ihre Post zu entreißen, sie hielt den Packen Briefe und Drucksachen fest umklammert, zusammen mit den beiden Ausgaben der ZEITUNG, die sie ebenfalls ihrer Tasche entnommen hatte, und bestand darauf, die Briefschaften zu öffnen. Es war nichts zu machen. Sie las das alles!

Es war nicht alles anonym. Ein nicht anonymer Brief – der umfangreichste – kam von einem Unternehmen, das sich *Intim-Versandhaus* nannte und ihr alle möglichen Sex-Artikel anbot. Das war für Katharinas Gemüt schon ziemlich starker Tobak, schlimmer noch, daß jemand handschriftlich dazugeschrieben hatte: »*Das* sind die wahren Zärtlichkeiten.«

Um es kurz, oder noch besser: statistisch zu machen: von den weiteren achtzehn Briefschaften waren sieben anonyme Postkarten, handschriftlich mit »derben« sexuellen Offerten, die alle irgendwie das Wort »Kommunistensau« verwendet hatten

vier weitere anonyme Postkarten enthielten politische Beschimpfungen ohne sexuelle Offerten. Es ging von »roter Wühlmaus« bis »Kreml-Tante«

fünf Briefe enthielten Ausschnitte aus der ZEITUNG, die zum größeren Teil, etwa drei bis vier – mit roter Tinte am Rand kommentiert waren, u.a. folgenden Inhalts: »Was Stalin nicht geschafft hat, Du wirst es auch nicht schaffen«

zwei Briefe enthielten religiöse Ermahnungen in beiden Fällen auf beigelegte Traktate geschrieben »Du mußt wieder beten lernen, armes, verlorenes Kind« und »knie nieder und bekenne, Gott hat dich noch nicht aufgegeben«.

Und erst in diesem Augenblick entdeckte Else W. einen unter die Tür geschobenen Zettel, den sie zum Glück tatsächlich vor Katharina verbergen konnte: »Warum machst du keinen Gebrauch von meinem Zärtlichkeitskatalog? Muß ich dich zu deinem Glück zwingen? Dein Nachbar, den du so schnöde abgewiesen hast. Ich warne dich.« Das war in Druckschrift geschrieben, an der Else W. akademische, wenn nicht ärztliche Bildung zu erkennen glaubte.

(34. Abschnitt)

Katharina, die bisher nur auf Pflichterfüllung, pünktliche Ratenzahlung und berufliches Fortkommen bedacht war, lernt durch die Angst und den Ekel, die sie empfindet, zum erstenmal kennen, was »Ehre« bedeutet: Was an Demütigung von außen schmerzlich spürbar wird, wirkt nach innen, erzeugt Hilflosigkeit, Niedergeschlagenheit, Verzweiflung. Sie weiß, daß sie mit der Ehre auch Selbstachtung und Menschenwürde verloren hat. Da bricht die Frage aus ihr hervor, »ob der Staat – so drückte sie es aus – nichts tun könne, um sie gegen diesen Schmutz zu schützen und ihre verlorene Ehre wiederherzustellen«. Diese Frage wird von einem jungen Staatsanwalt auf den Punkt gebracht, der etwas später Katharinas Tante, Frau Woltersheim, das Problem auseinandersetzt:

An diesem Punkt der Aussage wurde auch Frau Woltersheim darüber belehrt, daß es nicht Sache der Polizei oder der Staatsanwaltschaft sei, »gewisse gewiß verwerfliche Formen des Journalismus strafrechtlich zu verfolgen«. Die Pressefreiheit dürfe nicht leichtfertig angetastet werden, und sie dürfe davon überzeugt sein, daß eine Privatklage gerecht behandelt und gegen illegitime Informationsquellen eine Anzeige gegen Unbekannt erhoben werde. Es war der junge Staatsanwalt Dr. Korten, der hier ein fast leidenschaftlich zu nennendes Plädoyer für die Pressefreiheit und für das Informationsgeheimnis hielt und ausdrücklich betonte, daß, wer sich nicht in schlechte Gesellschaft begebe oder in solche gerate, ja auch der Presse keinerlei Anlaß zu vergröberten Darstellungen gebe. [...] Ihr, Frau Woltersheim, sei der Vorwurf nicht zu ersparen, daß sie in der Auswahl ihrer Gäste nicht gerade wählerisch sei. Frau Woltersheim verbat sich diese Belehrung durch einen wesentlich jüngeren Herrn und verwies darauf, [...] daß es ihr allerdings fernliege, Freunde, die ihre Gäste mitbrächten, nach einem polizeilichen Führungszeugnis zu fragen. Sie mußte einen Verweis entgegennehmen und darauf aufmerksam gemacht werden, daß hier das Alter keine, die Position des Staatsanwalts Dr. Korten aber eine erhebliche Rolle spiele. Immerhin untersuche man hier einen ernsten, einen schweren, wenn nicht den schwersten Fall von Gewaltkriminalität, in den Götten nachweislich verwickelt sei. Sie müsse es schon dem Vertreter des Staates überlassen, welche Details und welche Belehrungen er für richtig halte.

(28. Abschnitt)

Böll führt die Erzählung auf den Höhepunkt, indem er Katharina selbst das Wort erteilt und sie den Tathergang schildern läßt. Schon vorher hatte sie Tötges ein persönliches Interview in ihrer Wohnung zugesagt.

Ich habe nur ein paar Minuten warten müssen, bis es klingelte, gerade Zeit genug, die Pistole zu entsichern und griffbereit in meiner Handtasche zu plazieren. Ja und dann klingelte es, und er stand schon vor der Tür, als ich aufmachte, und ich hatte doch gedacht, er hätte unten geklingelt, und ich hätte noch ein paar Minuten Zeit, aber er war schon mit dem Aufzug raufgefahren, und da stand er vor mir, und ich war erschrocken. Nun, ich sah so-fort, welch ein Schwein er war, ein richtiges Schwein. Und dazu hübsch. Was man so hübsch nennt. Nun, Sie haben ja die Fotos gesehen. Er sagte ›Na, Blümchen, was machen wir zwei denn jetzt?‹ Ich sagte kein Wort, wich ins Wohnzimmer zurück, und er kam mir nach und sagte: ›Was guckst du mich denn so entgeistert an, mein Blümelein – ich schlage vor, daß wir jetzt erst einmal bumsen.‹ Nun, inzwischen war ich bei meiner Handtasche, und er ging mir an die Kledage, und ich dachte: ›Bumsen, meinetwegen‹, und ich hab' die Pistole rausgenommen und sofort auf ihn geschossen. Zweimal, dreimal, viermal. Ich weiß nicht mehr genau. Wie oft, das können Sie ja in dem Polizeibericht nachlesen. Ja, nun müssen Sie nicht glauben, daß es was Neues für mich war, daß ein Mann mir an die Kledage wollte – wenn Sie von Ihrem vierzehnten Lebensjahr an, und schon früher, in Haushalten arbeiten, sind Sie was gewohnt. Aber *dieser* Kerl – und dann ›Bumsen‹, und ich dachte: Gut, jetzt bumst's. Natürlich hatte er damit nicht gerechnet, und er guckte mich noch 'ne halbe Sekunde oder so erstaunt an, so wie im Kino, wenn ei-ner plötzlich aus heiterem Himmel erschossen wird. Dann fiel er um, und ich glaube, daß er tot war.

(58. Abschnitt)

Es wird deutlich, daß Tötges die junge Frau auf mehrfache Weise provoziert: Er kehrt erstens gar nicht den seriösen Journalisten her-aus, sondern kommt gleich zur Sache und will das mitnehmen, wo-von er glaubt, daß es ihm leicht zufällt. Zweitens erniedrigt er die junge Frau, der er weder »Ehre« noch freien Willen zugesteht, in Gedanken und »tätlich« zum billigen Sexualobjekt. Schließlich muß das Vulgärwort »bumsen« die empfindliche Katharina Blum ebenso beleidigen wie das beim Verhör gebrauchte oder in der Phantasie ei-nes Staatsanwalts ausgemalte »ficken«. Beide Wörter sind Sprache gewordene Gewalt.

»Alle Leute, die ich kenne, lesen die ZEITUNG«, sagt Katharina Blum an einer Stelle. Diese Leute bleiben im wörtlichen und übertra-genen Sinn im dunkeln, tragen aber Mitschuld, sind Mitwisser, Mit-täter. Um die Mitte der siebziger Jahre charakterisierte der Literatur-kritiker Marcel Reich-Ranicki Bölls ›Katharina Blum‹ wie folgt: »Das Individuum als Opfer der Massenblätter und somit auch Opfer der Gesellschaft, die solche Blätter duldet, – unzählige Male hat man sich mit dieser Frage befaßt.« Geändert hat sich wenig oder nichts.

Angesichts des ernsten Themas nimmt es fast wunder, wie unauf-geregt-gelassen Böll erzählt. Den 41. Abschnitt läßt er wie folgt be-ginnen:

Bevor die letzten Um-, Ein-, Ablenkungsmanöver gestartet werden, muß hier eine sozusagen technische Zwischenbemerkung gestattet werden. In die-ser Geschichte passiert zu viel. Sie ist auf eine peinliche, kaum zu bewälti-gende Weise handlungsstark: zu ihrem Nachteil. Natürlich ist es ziemlich betrüblich, wenn eine freiberuflich arbeitende Hausangestellte einen Journalisten erschießt, und ein solcher Fall muß aufge- oder wenigstens versuchsweise erklärt werden. Aber was macht man mit Erfolgsanwälten, die einer Hausangestellten wegen den sauer verdienten Skiurlaub abbrechen? Mit Industriellen (die im Nebenberuf Professor und Parteimanager sind), die in einer schon unreifen Sentimentalität eben dieser Hausangestellten Schlüssel zu Zweitwohnungen (und sich selbst dazu) geradezu aufdrängen [...].

Böll gibt sich ungeniert als auktorialer Erzähler zu erkennen und läßt den Leser an den Erzählernöten teilhaben. Wenn er schreibt, was ihm Kopfzerbrechen verursacht, ist eine ironische Note unverkennbar (»Was macht man ...«). Böll bewegt sich auch in dieser Erzählung gewandt zwischen verschiedenen Sprachschichten – der des Journalismus, der juristischen Fachsprache und der mündlichen Umgangssprache.

Der »Industrielle« Stäubleder, im Nebenberuf »Professor und Parteimanager«, ist jener »Herrenbesuch«, dessen Identität lange verborgen bleibt. Ebenfalls relativ spät gibt die Architektin Frau Blorna preis, daß sie Katharina Baupläne mit gewissen farbigen Markierungen übergeben hat; so wird endgültig klar, auf welchem Weg Ludwig Götten fliehen konnte. Manchmal scheint das Handlungsgeschehen dem Autor gar nicht so wichtig zu sein. »Es passiert zuviel im Vordergrund, und wir wissen nichts von dem, was im Hintergrund passiert«, klagt der Berichterstatter. Das stimmt nicht ganz, denn er stöbert mit Vorliebe gerade im Hintergrund herum. Stäubleders Zweitwohnung ist eine »Nullkommafünf-Millionen-Luxusvilla« mit Pergola und Swimmingpool. Peinliche Situationen, in die sich betuchte Leute selbst manövrieren, werden mit einer Mischung von Bissigkeit und genüßlicher Schadenfreude ausgebreitet. Im Detail spricht noch immer der Meister der Satire Heinrich Böll: Der Rechtsanwalt, dem gute Freunde und Bekannte versprechen, daß sie ihn nicht fallenlassen werden, vernachlässigt seine Körperpflege und »riecht«, das wird in seinen Kreisen Gesprächsstoff liefern!

Wie bei Böll überhaupt, ist es auch in ›Katharina Blum‹ schwer, eine genau benennbare politische Tendenz auszumachen. Wahrscheinlich hat Frau Blorna, die »rote Trude«, 1968 mitdemonstriert und feurig diskutiert; inzwischen sind die Blornas in ihrer Haltung durch und durch bürgerlich und hören es vielleicht noch gern, wenn sie linksliberal genannt werden. Wichtiger als die politische Tendenz ist wohl, daß es über Parteien hinweg nach wie vor einen »Klüngel« einflußreicher Kreise und Einzelpersonen gibt, die ihre Interessen durchzusetzen wissen und die sich, falls etwas schieflaufen sollte, meist geschickt aus der Affäre ziehen.

Ein Stäubleder wird sich wenig darum scheren, ob die Ehre einer Katharina Blum wiederhergestellt wird, wenn er nur »aus der dummen Sache mit der Kleinen« heraus ist, und die Blornas, die Katharina ehrliche Sympathie entgegengebracht haben, hätten es dennoch nicht so gern, wenn um Katharinas willen ihre beruflichen Positionen auf Dauer ruiniert wären.

Es ist nicht neu, daß Bölls Sympathie den kleinen Leuten gehört; die unteren Chargen kommen stets besser weg als die höheren Ränge.

Die beiden Bücher Heinrich Bölls aus den siebziger Jahren, ›Gruppenbild mit Dame‹ und ›Die verlorene Ehre der Katharina Blum‹ sollten so etwas wie sein populäres Vermächtnis werden. Sie wurden oft genannt, wenn der Literatur-Nobelpreis von 1972 nicht nur durch die Gesinnung, sondern auch durch das Werk gerechtfertigt werden sollte. Daß der Kölner Heinrich Böll immer dann am besten ist, wenn er die rheinische Frau Welt unverhüllt von allen Seiten zeigen kann, macht ihn zu einem großen Schriftsteller von nationaler Bedeutung.

Martin Walser
Seelenarbeit

Martin Walser ist einer der deutschen Nachkriegsautoren, die aus ihrer engeren und weiteren Heimatregion eine Literaturlandschaft gemacht haben. Für ihn wurde die Gegend rund um den Bodensee eine solche Landschaft. In seinen Büchern stellen die Menschen dieser bäuerlichen Provinz, die er seit seiner Jugendzeit sehr genau kannte, einen Teil des Personals; der Autor konfrontiert sie gern mit ganz anders gearteten Menschen in anderen Lebensverhältnissen. Dies gilt auch für Walsers Roman ›Seelenarbeit‹ von 1979.

Die Personen, die der Autor im schwäbischen Oberland beheimatet und verwurzelt sein läßt, erhalten, wie schon manche Vorgänger aus früheren Büchern, den »Walserschen Blick«: Sie fühlen sich Land und Leuten in Liebe zugehörig, leiden aber auch an der Mentalität des dortigen Menschenschlags und an sich selber. Wenn sie Konflikte, in die sie geraten sind, vorzugsweise in ihrem Inneren mit sich selbst austragen, müssen sie »Seelenarbeit« leisten.

Ein solcher »Seelenarbeiter« ist der vierzigjährige Chauffeur Xaver Zürn, an dessen Grübeln Martin Walser den Leser teilnehmen läßt. Der Roman ist in drei Teile gegliedert, die mit den drei Monatsnamen Mai, Juni und Juli überschrieben sind und die die letzten Monate behandeln, in denen Zürn bei Dr. Gleitze als Chauffeur arbeitet. Die Technik ist die sogenannte Erlebte Rede: Der Autor erzählt von

Zürn ganz aus dessen Perspektive, verwendet aber die dritte Person und das Präteritum; so entsteht auch der Eindruck einer gewissen Distanz. Ein Beispiel aus dem Anfang des Romans: Xaver muß früh aufstehen und fühlt sich nicht wohl:

Xaver griff nach dem leisen, unerträglichen Weckergeräusch und stellte es ab. Von hinten legte sich die Hand seiner Frau auf seine Schulter, um die Arbeit des Weckers zu vollenden. Xaver spürte, wie es ihn zusammenzog. Stirn und Knie strebten einander zu. Die Hand seiner Frau rutschte auf seinem Rücken abwärts. Sie fragte flüsternd: Was ist? Er griff nach ihrer Hand. Sagen konnte er nichts. *Ich habe Bauchweh.* Er haßte diesen Satz. Diesen Kindersatz. Ich habe Schmerzen. Das klang zu groß.

(Mai, 1. Kapitel)

Xaver Zürn genießt das Vertrauen seines Chefs, des Apparaturenfabrikanten Dr. Gleitze, seit er einmal dessen Dienstwagen auf plötzlich vereister Fahrbahn zum Stehen gebracht hat. Seitdem halten Gleitze und seine Frau den Fahrer Xaver Zürn nicht für den Hellsten, aber den Treuesten:

[...] das habe man an Xaver schätzen gelernt: Das Gesunde, Natürliche, Offene, Unverdorbene. Xavers Ruhe. Seine Ausgeglichenheit. Seine wache, aber nie vorpreschende Art. Ein Vorfall wie der an der Eis-Kurve könne [...] zu einer Verabredung für immer werden. Ich habe bemerkt, wie jälinde und vollkommen taktvoll Sie die auf Tod anjäleechte Herausforderunk der Äis-Kurve beantwortet haben. Ich möchte mich järne für länger mit Ihnen värabredet wissen.«

(Mai, 1. Kapitel)

Doktor Gleitze ist gebürtiger Königsberger und spricht etwas gedrechselt und mit ostpreußischem Akzent. Er mußte aus Königsberg fliehen und wurde dann zu einem gesuchten Arbeitgeber in der für ihn neuen Wirtschaftsregion. Man erfährt nichts Genaueres darüber, ob und wie sich die Gleitzes mit den Nazis arrangierten und wie sie ihre Verbindungen in die Schweiz zur internationalen Finanz- und Geschäftswelt nutzten und nutzen. In einer vom Krieg verschonten, etwas zurückgebliebenen Gegend mit einem ländlichen Charakter und einer arbeitsamen, biederen Bevölkerung war es allemal recht, wenn Arbeitsplätze geschaffen wurden. Und vom Dienstmädchen bis zum Meister der Kfz-Werkstatt sind alle Einheimische!

Über die Figur Xaver Zürn weitet sich das Panorama des Romans. Als Chauffeur kommt er weit herum; er hat auf der Rhein-Geschäftsschiene die großen Städte Köln, Düsseldorf und Frankfurt kennengelernt, er weiß in Stuttgart, München, in Österreich und in der Schweiz Bescheid, wenn er auch meist nur in den Innenstädten herumläuft und in zweit- und drittrangigen Hotels und Pensionen einquartiert wird. Wenn Xaver das ihm anvertraute große und elegante Fahrzeug steuert, geht es ihm gut; er ist stolz darauf, ein guter Fahrer zu sein und als solcher zu gelten.

Nicht so glücklich ist er jedoch als Ehemann und Familienvater. Seine Frau Agnes verkörpert eigentlich die guten Seiten des Menschenschlags im Land: Sie ist arbeitsam, hält auf Sauberkeit und Ordnung und bemüht sich, alle Pflichten in Familie und Haus, dazu gehören auch die ehelichen, zu erfüllen, wie es sich gehört. Mit vierzig Jahren hat sie sich ihr jugendliches Aussehen nicht erhalten können; sie wirkt erschöpft und ausgebrannt. Den beiden Eheleuten fällt es schwer, das richtige Wort füreinander zu finden; das zeigt ein Anruf des schnell verstimmten Xaver von unterwegs. Die »Seelenarbeit« erstreckt sich auch auf seine Ehe:

Da es nicht mehr regnete, ging er zu Fuß zum Bahnhof und rief Agnes an. Agnes sagte: Schade, wir haben uns schon so gefreut. Warum sagte sie nie: Ich habe mich schon so gefreut! Wir haben uns … Mutter und Kinder … Am liebsten hätte er gesagt: Saudumms' G'schwätz. Das konnte er nicht sagen. Aber etwas anderes auch nicht. Also schwieg er. Der Zeitzähler tickte. In ihm schwoll eine Wut an. Da steht er, bezahlt jede Sekunde, Agnes redet Blödsinn daher; er gibt ihr Zeit, stattdessen was Gescheites zu sagen, aber sie läßt die Zeit vergehen. Er warf vorsorglich noch eine Mark hinein. Wann er morgen komme, fragte sie. Als ob man das sagen könne, sagte er, und fügte hinzu: Bei denen. Bis morgen sei es ja nicht mehr lang, sagte sie. Findst du, sagte er. Für mich schon, wollte er sagen, für dich nicht. Das dachte er nur. Er warf noch einmal eine Mark hinein. Er würde so lange Geld hineinwerfen, bis sie das sagen würde, was er hören wollte. Da standen sie beide, er in der Zelle, sie in der Stube vor dem neuen Buffet, das konnte sie doch ein bißchen eindeutiger bedauern, oder! Die 200 Kilometer zwischen ihnen! Heilandzack! Nein, er würde keine Mark mehr opfern. Er sagte, so müde und verdrossen als möglich ALSO.

(Mai, 2. Kapitel)

Sorgen bereiten Agnes und Xaver Zürn auch die beiden Töchter Julia und Magdalena, die das Gymnasium in Friedrichshafen besuchen. Die beiden sind in einem Alter, in dem sie als Teenager zu Vater und Mutter in Opposition stehen. Julia lockt das ungebundene Leben mit jungen Männern und die Geselligkeit unter Gleichaltrigen. Magdalena, die jüngere, hält nichts von den Lebensgewohnheiten der Eltern, sondern fühlt sich zu den sozial Niedrigerstehenden hingezogen und spielt die beleidigte Lebensverächterin. Begehren die Kinder auf, kommt es schon einmal zu häßlichen Reaktionen, zum Beispiel in der folgenden Szene, in der Julia spät nach Hause gekommen ist.

Wo du warst, will ich wissen, schrie Xaver. Er war dagegen, daß er schrie. Aber er mußte schreien. […] Julia ruckte ihren Kopf auf dem langen Hals

noch ein bißchen nach oben und sagte ruhig: Mir hond no mords oin
draufgmacht. Daß sie Dialekt sprach, war ihm, wenn niemand da war, egal.
Aber ihr Jargon plus Dialekt, das war ihm zuviel. Wer? schrie Xaver, wer?
Was schreisch'n wieder rum wie blöd, sagte sie, des lauft mir nämlich total it
nei, bloß daß's woisch. Er ging auf sie zu, als wolle er sie schlagen. Aber er
wollte sie nur vertreiben. Sie sollte Angst vor ihm haben und wegrennen,
hinauf in ihr Zimmer, daß man sie los wäre. [...] Sie rannte nicht weg. Sie
blieb stehen, erwartete ihn, schaute ihn an, als sei sie viel größer als er. Da
blieb ihm nichts anderes übrig, fand er, als sie zu schlagen. [...] Er hätte sich
ja lächerlich gemacht, wenn er so anlief und dann doch nicht schlug. [...] Für
einen zweiten Schlag fehlte ihm die Entschlossenheit.

(Mai, 2. Kapitel)

Xaver macht hier eine unglückliche Figur, er wird zur Vaterkarikatur
in einer Zeit des allgemeinen Generationenkonflikts. Was schon in
dem Telefongespräch mit Agnes deutlich wurde: Er ist empfindlich
und dünnhäutig und weiß, daß er sein »Selbstgefühl« vornehmlich
von draußen, von den Leuten bezieht; dabei ist er sich sehr wohl bewußt, daß dieses Gefühl auch in ihm sitzt und einen Wert ausmacht.
»Er hatte so oft der Meinung der Umwelt über sich zugestimmt, daß
ihm sein wahres Selbstgefühl nur noch wie etwas Vergangenes einfiel ... So schwach es war, nichts würde er zäher verteidigen als dieses
schwache, kaum noch wahrnehmbare Selbstgefühl.«

Walser, der sich auf sprachliche Nuancen versteht, macht Xavers
Schwäche beim Auftritt mit Julia auch sprachlich spürbar. In der
Sprache der aufmüpfigen Tochter mischt sich das Neue und Fremde
mit dem Angestammt-Alten, der Dialekt mit dem Jugendjargon in
einer Weise, gegen die er nicht ankommt; er muß sich in einen Ag-
gressionsanfall flüchten, und es ist fast tragisch, daß er auf diese Weise sein Selbstgefühl zu retten versucht.

Das »kaum mehr wahrnehmbare Selbstgefühl« kann sich auch
trotz einer gewissen Verklemmtheit äußern, die von verinnerlichten
heimatlichen Moralvorschriften herrührt. Xaver findet sich in Groß-
städten häufig vor den Auslagen von Pornoläden stehen; er möchte
in dieser Beziehung wohl noch mehr erleben und hätte seine Agnes
gerne anders, als sie ist – von ihr weiß er, sie »interessiert sich nicht
für sowas«. Der mehrmals vorkommende Satz: »Er konnte nichts sagen« ist charakteristisch für Xaver Zürn. Dieses angeborene und nie
abgelegte »Nichts-sagen-können« belastet auch sein Verhältnis zu
seinem Chef Dr. Gleitze, das stark durch die jeweilige Persönlich-
keitsstruktur der beiden bestimmt ist. Auf langen Fahrten haben beide, Chef und Angestellter, nichts dagegen, miteinander zu schweigen. Xaver ist es aber nicht recht, wenn Dr. Gleitze im Fond des
Mercedes, ganz in sich versunken, Mozartopern von Kassetten hört.
Da die Geschäfte seiner Firma gut gehen, kann sich Gleitze ein

Hobby leisten: Er hat sich vorgenommen, über Mozartaufführungen an größeren Bühnen eine Monographie zu schreiben, und dazu bedarf es umfangreicher Vorstudien. Xaver Zürn haßt die Kopfhörer, die nach seiner Meinung den Chef entstellen und ihn lächerlich aussehen lassen: »Irgendwie ärgert es ihn, wenn der Chef die riesigen Dinger aufsetzte. Xaver fand, der Chef sehe dann vollends wie ein Baby aus. Und das nicht nur wegen der knochenlosen Haltung, in die er beim Musikhören verfiel. Auch seine Lippenbewegungen waren dann babyhaft. Wenn der Chef keine Musik hörte, hätte man reden können.« (Mai, 2. Kapitel) Die Kopfhörer richten also zwischen dem Herrn hinten und dem Knecht und Diener vorn eine zweite Trennwand auf.

Zwischen Xaver und seinem Chef hat sich eine Haßliebe entwickkelt. Weilt Dr. Gleitze irgendwo zu Besprechungen und hat sein Fahrer ihn den ganzen Tag nicht gesehen, so freut sich Xaver über das Wiedersehen und will das seinem Chef mitteilen: »Irgendwie wollte er Dr. Gleitze zuwinken oder wenigstens zunicken. Immerhin hatte man sich ein paar Stunden nicht gesehen. Und weit weg von daheim war man auch … Typisch, daß er gleich erwartete, der Chef müsse die Verhandlung, um derentwillen man so lang gefahren war, unterbrechen, um ihn, den Fahrer zu umarmen.« Andererseits kauft Xaver sich in der Fremde Dolche und Stilette, die er im Handschuhfach des Wagens verbirgt, um den »Alten« bei passender Gelegenheit zu erstechen.

Xaver Zürn entspricht keineswegs dem Bild des »Natürlichen, Gesunden, Unverdorbenen«, das der Chef von ihm hat. Er leidet unter den hohen Erwartungen und reagiert nicht selten mit physischen Erkrankungen. Schon als Kind suchte er die Einsamkeit und gab sich narzistischen Anwandlungen hin; zum Selbstgefühl gehört auch, daß er nicht ist wie die anderen, und davon wollte er sich auf seine Weise vergewissern: »Xaver war als Kind oft tagelang am Nonnenbach drunten und hatte sich am liebsten über die ruhig dunklen Stellen in den Bachbiegungen gebeugt. Hatte den Arm hineingesteckt und ihn vom Wasserspiegel brechen lassen. Ausgezogen hatte er sich. Angeschaut. Sich. Im dunklen Spiegel.« (Juni, 4. Kapitel) Auch das offenbar Verbotene stärkte das Selbstgefühl; er wagt es sich kaum einzugestehen.

Xaver Zürn hat gehört, daß Gleitze, »wenn er mit jemandem hinten saß«, gern von Königsberg anfing. Er findet jedoch, daß der Chef sich dabei ständig einer Unterlassungssünde schuldig mache: »Es gab ein paar Sachen, über die man endlich einmal hätte reden müssen. […] Der Chef wußte immer noch nicht, daß Xavers Bruder bei der Verteidigung Königsbergs gefallen war.« Freilich macht Xaver eine zu einfache Rechnung auf: »Er hatte [im Krieg an der Ostfront] seine Brüder verloren, der Chef und seine Brüder hatten ihre Heimat verloren.« Das läßt sich nicht ohne weiteres gegeneinander aufrechnen. Xaver muß einsehen: »Die Gleitzes wollten nichts dazulernen über ihn. Sie wollten, daß er gut und sicher fahre.« Mit diesem Anspruch sind aber für den Fahrer Zumutungen verbunden. Die gefahrenen Herren und Herrschaften – von Xaver stets so genannt – steigen in den ersten Häusern am Platz ab – im Dom-Hotel in Köln, im Savoy in Düsseldorf, im Europäischen und Bayerischen Hof in Heidelberg und München; dort werden Besprechungen geführt und Geschäfte getätigt. Der Chauffeur wird bescheidener und vor allem billiger untergebracht.

Wann war das, vor zwei oder drei Jahren, auch im Mai, und zwar hier im *Drei Kronen-Hotel,* da hatte er sich ganz schön erkältet. Im Frühstücksraum. Schon ein Jammer, daß es das andere nicht mehr gab, in dem er fast zehn Jahre gewohnt hatte. Etwas tiefer in der Altstadt. Wie hieß dieses Hotel bloß? Da hatte man ihn gekannt. Gegrüßt. Und er hatte den Namen vergessen. Hier im *Drei Kronen* grüßte ihn keiner. Da ließ man ihn im Durchzug sitzen. Die Fenster zum Rhein hinunter waren offen gewesen und die Vordertür zur Stadt auch. Da es den anderen Frühstückenden offenbar recht war, daß es zog, hatte er nicht bitten wollen, Tür oder Fenster zuzumachen. Also saß er mit noch feuchten Haaren im Durchzug. Wochenlang hatte er an der Erkältung herumlaboriert. Wehe denen, wehe, wehe denen, wenn morgen beim Frühstück wieder Tür und Fenster offen sind. Er würde die Tür eigenhändig zuschmettern! Schluß, Schluß, Schluß mit dieser ewigen Rücksichtnahme! Zuerst zehn Tage Halsweh, dann vier Wochen Husten! Er spürte, wie eine Stelle in seinem Bauch sich verfestigte, wenn er an die Angestellten dieses Hotels dachte, die ihre Gäste beim Frühstück mitten im Durchzug sitzen lassen. […] Bei der Industrie- und Handelskammer sollte man sich beschweren. […] Schadenersatz, bzw. Schmerzensgeld. Fünf Wochen Unannehmlichkeiten jeder Art. Das ist doch eine Form der Körperverletzung. […] Ja, mußte er sich denn alles gefallen lassen? Und wann, wann endlich würde er Schluß machen? Zurückschlagen! Hineinschlagen, nichts als hineinschlagen in das nächstbeste Gefrieß, Heilandzack! Andauernd alles hinunterwürgen. Alles. Andauernd. Wie lang denn noch? Xaver preßte mit Daumen und Zeigefinger die Augen zu. In seiner Vorstellung blitzte das Messer, das er im Handschuhkasten hatte. […]
    Er hatte das Gefühl, die Luft in Köln sei diesmal kaum noch zu atmen. So warm und stickig. Das ist ja wie in einem ungelüfteten Friseursalon, in dem auch noch vorjähriges Kraut gelagert wird! Er verließ das Hotel. Er wollte einmal sehen, was jetzt an der Stelle stand, wo das Hotel gewesen war, in dem man ihn mit seinem Namen gegrüßt hatte. Er fand die Stelle nicht mehr. Als er wieder auf sein Zimmer kam und merkte, daß da immer noch der gleiche dumpfe Geruch herrschte, fühlte er sich persönlich besiegt.

(Mai, 1. Kapitel)

Xaver reagiert hier in einer für ihn bezeichnenden Weise. Er läßt sich viel gefallen, weil er nicht auffallen will. Andererseits ist das aggressive Potential in ihm, der Wunsch nach Gewalttätigkeit erstaunlich; viel hat sich da angestaut.

Wo man Xaver Zürn, wie die anderen Fahrer auch, schlecht behandelt, fühlt er sich persönlich getroffen, »besiegt«. In Gedanken übertreibt er gern; für ihn ist die Verweigerung der Anrede mit dem Namen einer »Körperverletzung« gleichzusetzen. Als Schlüsselwort der Szene könnte »hinunterwürgen« gelten, das sich auf Widerliches für den Körper und auf seelische Pein beziehen kann. Zürn hat viel »hinunterzuwürgen«, nicht nur, daß er sich in einer fremden Stadt in seiner Menschenwürde gekränkt fühlt.

Der Chauffeurberuf verträgt sich nicht mit Xavers körperlicher Verfassung. Was harmlos als »Reiseverstopfung« diagnostiziert wird, bereitet ihm auf langen Fahrten extreme Qualen. Martin Walsers Metaphern werden bei der Schilderung der Qualen, deretwegen Xaver wiederum nicht auffallen will, so grell, daß der Leser ein Mit- oder Nachempfinden besser sein läßt.

Nach Heidelberg wurde Xavers Kampf mit seinem Darm zu einem Kampf mit einem wilden Tier. […] Du mußt es aushalten. Du mußt. Es wird dir gelingen. Du wirst den Drachen nicht aus der Höhle lassen. Kein bißchen. Aber du wirst ihn auch nicht zu brutal zurückjagen. Das würde den nur reizen, noch wilder ausbrechen zu wollen. Du mußt ein Patt erreichen. Druck gegen Druck. Einen bewegungslosen Schmerz. Du weißt zwar nicht, wie du das machen sollst, aber du mußt es schaffen. Der ist tausendmal stärker als du. Der gestattet kein Patt, keine Bewegungslosigkeit. Sobald du aufhörst dagenzudrücken, holt er weit aus, läuft an gegen dich aus deinem Innersten. Dann mußt du sofort Halt bieten. Auch wenn das den Schmerz bis zur Unerträglichkeit verschärft. Denk an Jesus Christus. Am Nachmittag wirst du erlöst. Als die ersten Industrieanlagen links und rechts der Autobahn auftauchten, fühlte sich Xaver besser. Das stählerne Röhrengeschlinge der Chemiefabriken kam ihm vor wie die Großdarstellung seiner Darmsituation. Als er dann endlich endlich endlich die beiden Herren und hinter ihnen den jungen Ingenieur in Düsseldorf im *Savoy* verschwinden sah und nicht hinein durfte in das offene Haus mit seinen hundert Aborten, weil er hier nirgends stehen bleiben konnte und dies auch nicht sein Hotel war, da hätte er am liebsten laut gebrüllt wie etwas, das am Verrecken ist.

(Mai, 1. Kapitel)

Als Dr. Gleitze von Xavers Martyrium erfährt, »kümmert er sich darum«, und beschafft einen Termin bei einem seiner Bekannten, einem Professor der Inneren Medizin. Xaver Zürn wird mehrere Tage lang untersucht, was als Gnade des Unternehmens und seines Besitzers anzusehen ist. Die Prozedur ist schmerzhaft und demütigend; zudem bringt sie nichts Gravierendes zutage.

Martin Walser demonstriert in seinem Roman, daß in der westdeutschen Republik die Klassengesellschaft erhalten geblieben ist; sie hat in der Zweiteilung von »oben« und »unten« überlebt und wird von »underdogs« wie Xaver Zürn verinnerlicht. Xaver, wieder »gesund geschrieben«, schämt sich fast für den Aufwand, den er verursacht hat. Wenn er – und das kommt oft vor – nachts nicht schlafen kann, fängt er an zu sinnieren:

Gib das auf mit der Musik und dem Schmerz. Die Musik gehört dem Chef. Dir der Schmerz. Beziehungsweise das Bauchweh. Schließlich schläft der Chef, während du wachliegst und an den schlafenden Chef denkst. Daß der Chef jede Nacht gut schlief, wurde auf dem Rücksitz oft besprochen. Er dachte an den Chef, aber der Chef dachte nicht an ihn. Der Chef kam ihm wie ein Sieger vor. Er war der Besiegte. Ganz klar, der Sieger schläft. Der kann ja nicht an den und jenen Besiegten denken. Und eben dadurch, daß der Sieger schläft und nicht an den Besiegten denkt, wird der Besiegte immer kleiner. Der Sieger ist einfach das Zentrum. Dem kommt alles zugute. [...] Wenn Xaver sich nachts wälzte, um eine Stelle zu finden, in der er einschlafen könnte, hatte er das Gefühl, daß sogar das Schlafen zu einer Arbeit wurde.

(Juni, 1. Kapitel)

Auch wenn er nachts über Sieger und Besiegte philosophiert, geht für Xaver die Seelenarbeit weiter. Man muß das Wort »Arbeit« in seiner ursprünglichen Bedeutung verstehen: »Mühe, Last«. Die Seelenarbeit zermürbt den, der ohnehin schon leidet; und den Siegern »kommt alles zugute«, ohne daß sie die Kleinen noch mit Herrenallüren erschrecken müssen, sie können es sich leisten, menschenfreundlich zu erscheinen.

Trotzdem wird für Xaver Dr. Gleitze immer mehr zum verhaßten Feind. Der Chauffeur, der nicht nur am Fernseher Western konsumiert, sondern auch Bücher liest, kennt sich in der oberschwäbischen Landesgeschichte aus. Er weiß, daß in den Bauernkriegen die kleinen Leute unter ihren Anführern Hurlewagen und Ziegelmüller von den Herren geschlagen und danach noch kleiner gemacht worden sind. Das hat bis heute nachgewirkt: Xaver und seinesgleichen sind unten geblieben.

In einer Art Vision weitet und vertieft sich für Xaver Zürn das Panorama um Jahrhunderte. Gleitze ist nicht mehr das armselige, »babymäßige« Kerlchen auf dem Rücksitz: »Gleitze schaut doch genau so aus seiner Wäsche, wie die Herren auf den alten Bildern aus der Wäsche schauen. Truchseß Gleitze, Fürst Gleitze, Dr. Gleitze. Heilandzack.« Trotzdem kennen auch die »Untertanen«, Xaver und seine Landsleute, den Drang nach oben. Xaver ist selbst aufgestiegen, schickt beide Töchter aufs Gymnasium. Trotz mancher schlechten Erfahrung bleibt seine Überzeugung: »Ohne Krieg geht ein Zürn-Leben heute gut aus.«

Wird dieser Sommer und somit der Roman gut für Xaver Zürn ausgehen? Leider nicht; im Juli bricht mehrfach Unglück über ihn herein, im Beruf und in der Familie. Seine Tochter Julia wird am Schuljahresende nicht versetzt, und Xaver Zürn selber wird in der Firma von einer Stunde zur anderen vom Chauffeur der Herrschaften zum Bediener eines Gabelstaplers »degradiert«, weil erst jetzt herausgekommen ist, daß Xaver mäßig raucht und auch schon einmal im Dienst ein Glas Bier getrunken hat.

Die »Degradierung« wird Xaver von der Direktionssekretärin Frau Brass mitgeteilt. »Das Goldstück« hat bei so heiklen Aufträgen ihre besonderen Methoden:

Als er bei Frau Brass klopfte, war es fünf vor drei. Er entschuldigte sich. Sie wollte es gar nicht so genau wissen. Sie wollte ihm lieber verzeihen. Wir werden alle nicht jünger, sagte sie. Es gehe ihr doch kein bißchen anders. Immer öfter versäume sie etwas, vergesse sie etwas, sie wundere sich schon allmählich über Dr. Gleitzes unendliche Geduld. Sie werde dem Chef demnächst vorschlagen, sie auf einen weniger entscheidenden Posten des Hauses zu versetzen. Rechtzeitig gehen können, das habe sie ein Leben lang studiert, sei die größte und schwerste Kunst im Berufsleben.

Während sie sprach, machte sie Kaffee, stellte Tassen auf den kleinen Tisch, wies Xaver einen Platz an, blieb immer wieder plötzlich stehen und sah Xaver, das Reden unterbrechend, ein paar stumme Augenblicke lang an. Lächelnd. Das Lächeln produzierte an den Augen und am Mund genau die gleichen und wahrscheinlich auch gleich viel Fältchen. Wenn sie lächelte, sah sie in ihren goldblonden Haaren, die in einem goldenen Knoten endeten, aus wie eine goldene Madonna. Sobald sie nicht lächelte, sah sie aus, als weine sie. Das Goldstück. Also kurz und gut, sie hoffe, Xaver gehe es wie ihr, obwohl er natürlich viel jünger sei als sie; andererseits sei er für einen Fahrer auch nicht mehr DER jüngste. Trotzdem sei es Dr. Gleitze schwer gefallen zu entscheiden, was jetzt zu entscheiden gewesen sei. Tatsächlich habe Dr. Gleitze ihr gegenüber kein Wort von Xavers Alter gesagt. Das sei rein ihre Meinung. Dr. Gleitze habe eigentlich keine Begründung gegeben. Sie habe lediglich bemerkt, daß es ihm schwer gefallen sei, diese Entscheidung zu treffen. Irgendwie habe er angedeutet, daß Xaver selber diese Entscheidung besser verstehen werde als jeder andere. Eine geregelte Arbeitszeit ist, wenn man älter wird, einfach vorzuziehen. Im Lager Zwei Gabelstapler zu fahren, ist einfach eine geringere Beanspruchung als sich andauernd in dem täglich gefährlicher werdenden Verkehr behaupten zu müssen. Xaver sei es, wenn sie Dr. Gleitze richtig verstanden habe, doch immer schwerer gefallen, auf sein tägliches Bierchen zu verzichten. Manchmal habe er, wenn sie Dr. Gleitzes gewaltige Diskretion richtig deute, tatsächlich seine Bierchen nicht mehr bis Dienstschluß aufschieben können. Was ihn das gekostet haben müsse! Wie sie ihn verstehe! Das sei jetzt, zum Glück, vorbei. Jetzt DÜRFE er. Dr. Gleitze habe sich entschließen müssen, XAVER zuliebe auf Xaver zu verzichten. Wenige Entscheidungen hätten Dr. Gleitze, das können SIE bezeugen, SOO mitgenommen wie diese. Er habe, das KÖNNE sie sagen, richtig gelitten, [...]

96

Sie rührte ihren Kaffee. Da sie dabei nicht lächelte, sah sie wieder aus, als weine sie. Braungebrannt war sie. Terrassenwohnungsbräune. Dann schaute sie auf, lächelte, Xaver zog seine Augenbrauen in die Höhe und lächelte auch. Er hoffte, das, was er jetzt zeigte, sei Lächeln. Sie stand auf, holte einen bereitgelegten Akt und las Xaver vor, er habe, sage und schreibe, 69 Tage Urlaub gut. Bevor er also in Lager Zwei anfange, habe er Urlaub, Urlaub, Urlaub. Oh, wie sie ihn beneide. Dann wünsche sie ihm ein schönes Wochenende. Er ihr auch. Ganz zum Schluß lächelte sie *NICHT* mehr. Da mußte er auch nicht mehr. Sie gab ihm die Hand. Ja, sowas. Zuerst Kaffee und dann auch noch die Hand, Heilandzack.

(Juli, 1. Kapitel)

Gerade wenn man versucht, ihn mit Samthandschuhen anzufassen, wird Xaver mißtrauisch; er ist alles andere als »pflegeleicht«. Eine aufgesetzte geschäftsmäßige Freundlichkeit verfängt nicht bei ihm.

Wie ließe sich nun der ganze Xaver Zürn charakterisieren, der schließlich einen neuen Typus des Walserschen Helden darstellt? Dem Temperament nach wäre er eine Mischung aus Melancholiker und Choleriker. Bei ihm verbinden sich seine spezifischen Charaktereigenschaften mit angenommenen Besonderheiten und mit Zügen, die sich aus seinem sozialen Status herleiten. Xaver muß und will das Ausarten seiner Phantasie und das aggressive Potential, das immer wieder bedrohlich in ihm aufkommt, dämpfen. Das Messer aus dem Handschuhfach, mit dem er Dr. Gleitze ermorden wollte, versenkt er nicht umsonst in dem für ihn seit seiner Kindheit bedeutsamen Nonnenbach. Xaver muß sich oft zügeln – auch dies ein Stück Seelenarbeit.

Wird einer, der einen dienenden Beruf ausübt, zum neuen Helden eines Autors, so rücken auch die Herrschaften, denen er dient, ins Blickfeld. Hier sind es die Herren und Herrschaften, die in der Bundesrepublik der siebziger Jahre eine gewichtige Position einnehmen.

Bei einer Analyse der im Buch dargestellten Gesellschaft ergäbe sich etwa folgender Befund: Es ist zu einer Erstarrung gekommen, man kann sich einen anderen Zustand als den gegenwärtigen kaum noch vorstellen. Auf allen Stufen hält man sich fast ein wenig ängstlich zu seinesgleichen, wodurch die Verständigung mit Andersgearteten erschwert wird. Die Gesellschaft ist von Hierarchien durchsetzt und geprägt. In ›Seelenarbeit‹ finden sich solche Hierarchien in Gleitzes Betrieb, in der Klinik, in den Hotels und in der Schule.

Xaver muß es dann und wann mit anhören, wenn die »vornehmen Leute« unter sich sind und kommentieren, was sie von anderen »vornehmen Leuten« gehört haben. Xaver spitzt die Ohren:

Was er hörte, unterschied sich noch nicht von dem, was er im Auto auch hörte. Er hoffte immer noch auf das ganz Besondere. Sie kamen also von Dr. Gleitzes Bruder Friedhelm. Von seiner Yacht *Albertina*. Frau Dr. Gleitze, von allen Susanne genannt, führte die Unterhaltung. Sie war aufgeregt. Wer auch etwas sagen wollte, wurde von ihr schrill überboten. Sie war am leichtesten zu verstehen. Ihr kam es darauf an, allen in Erinnerung zu rufen, wie Friedhelm Gleitzes Frau, Inge, ihren und ihres Mannes Aufenthalt in Tunesien geschildert habe. Die Schwägerin hatte es offenbar genossen, daß die einheimischen Zimmermädchen ihr mit Ehrfurcht begegnet waren. Ehrfurcht, wiederholte Frau Gleitze mit einer schon vom Lachen gestörten Stimme. Dann lachten alle. Trummel, von allen Ralf genannt, fand viel komischer, daß Friedhelm seine Bewunderung für den tunesischen Staatschef Bourgiba mit einem einzigen Satz über den Arbeitsmarkt belegt hatte: Wie der den Arbeitsmarkt in der Hand hat, alle Achtung. Dr. Gleitze, von allen Dieter genannt, lachte herzlich mit, verteidigte seinen Bruder aber, indem er hinzufügte, Friedhelm habe auch noch gesagt: Ein riesiges Menschenmaterial, klug eingesetzt, keiner verdient viel, aber alle wenig. Darauf brach ein noch heftigeres Gelächter aus. Mindestens zwei Stimmen wiederholten mehrmals: Keiner verdient viel, aber alle wenig. Weitere Steigerung des Gelächters. Aber jetzt riß sich Frau Dr. Gleitze aus dem sie schier umbringenden Gelächter und rief, das Allerbeste sei aber Inges Mitteilung gewesen, daß sie diesmal ein paar Kilo Bonbons dabei gehabt und dadurch vielen eine Freude gemacht habe. Jetzt mischten sich die Stimmen, die Friedhelms Satz festhielten, daß keiner viel, aber alle wenig verdienten, mit solchen, die wiederholten: ein paar Kilo Bonbons dabeigehabt und dadurch vielen eine Freude gemacht. Das waren nicht bloß Gleitzes und Trummels. Das waren mindestens sechs Stimmen, wenn nicht acht. Ein Erlebnis hätten Inge und Friedhelm auf ihrer Tunesienreise aber doch gemeinsam gehabt, ob sie das bemerkt hätten. So rief eine Xaver unbekannte Stimme. Die Frage der unbekannten Stimme wurde fast im Chor beantwortet. Das heißt, viele, wenn nicht alle, hatten bemerkt, welches Erlebnis Inge und Friedhelm Gleitze auf ihrer Tunesienreise gemeinsam gehabt hatten. Nachts kommen die Fäkalienwagen, holen die Fäkalien aus den Hotels und fahren sie hinaus in die Wüste. Xaver wartete ungeduldig darauf, daß die weiterkämen. Aber die kamen nicht so schnell weiter. Wie in der Oper, dachte er. Nachts kommen die Fäkalienwagen, holen die Fäkalien aus den Hotels und fahren sie hinaus in die Wüste …

(Juni, 6. Kapitel)

Man lebt in Verhältnissen, in denen man sich mit Geld fast alles kaufen kann. Was man selbst an Geist und Einfällen zu bieten hat, ist dürftig und wenig originell. Das wird Xaver bewußt, der von seinem Chef immer viel gehalten und erwartet hat.

Soweit wäre ›Seelenarbeit‹ als sozialpsychologischer Roman, im weiteren Sinn als Gesellschaftsroman ausgewiesen. Das Gesellschaftspanorama der Bundesrepublik tritt, vielleicht sogar exemplarisch, zutage; Walser, dem bald die deutsche Frage so sehr am Herzen liegen sollte, hat dazu ein »gesamtdeutsches« Panorama skizziert: Martin Walser zeigt das frühere ungeteilte Deutschland, indem er es in seinen Menschen und ihren jeweiligen Mundarten, die er bis in kleinste Nuancen wiedergibt, lebendig werden läßt.

Bei Walsers Vorhaben sollte man weniger an den sterilen Kult denken, den die Ostpreußen-Senioren aus der Umgebung Gleitzes treiben; eher schon an den Schlesier Hermann Lustig, der mit Xaver und zwei Türken einen kostbaren Flügel in Dr. Gleitzes Villa transportieren soll. In Lustigs Mundart klingt die deutsche Sprache menschenfreundlicher als im schnarrenden Ostpreußisch Gleitzes und seiner ehemaligen Landsleute. Über die hilfsbereiten, aber etwas ahnungslosen Türken sagt er:

De Beeda hoam a gudes Gemitte und a gudes herz, aber suste … nugutt, iich soi och nischte nich. [...] Ei dam Folle heeßt's bei ins ei dar Schläsing: Am glücklichsten sein die, die oalles oder goarnischt wissen.

(Mai, 2. Kapitel)

Lustigs Worte zeigen, daß bei einem Dienstgeschäft nicht immer auf Hierarchie gepocht werden muß; keiner soll und braucht sich als »Sieger« oder »Besiegter« zu fühlen. Daß Lustig dabei Dialekt spricht, führt zu einer positiven Konnotation der schlesischen Mundart und erzeugt eine vertrauliche Stimmung.

Eine andere Textstelle demonstriert Walsers Einsatz des Dialekts, um einer zarten Liebesepisode im Königsberg von 1945 Leben einzuhauchen. Der Schwabe Johann Zürn, Xavers älterer Bruder, und das samländische Mädchen Henriette lernen sich kennen und lieben, während um Königsberg der Endkampf entbrennt, und nur wenige Tage, bevor das Mädchen Ofer einer Massenvergewaltigung durch russische Soldaten wird. Johanns Kamerad Traugott Bierle aus Sindelfingen, »jetzt bei Mercedes«, setzt dem Mädchen ein Denkmal:

Man sei ja sowieso immer mehr mit der Zivilbevölkerung zusammengerückt. Sie habe am Schluß Johann nicht mehr zu den Einsätzen fahren lassen wollen. Direkt unheimlich, wie die hingestanden sei. [...] Den Divisionsdolmetscher, einen ausgemergelten Balten, der jede Zaunlatte extra verteidigen wollte, hat sie angeschrieen, daß der keinen Ton mehr herausgebracht hat. Spackheister! Hat sie ihn geheißen. Weiß der Teufel, was das heißt. Und Blinge Beeskröt! Die war ja vom Land. [...] De Männer eer Frehstöck, hatte sie gesagt, wenn sie am Morgen den Kaffee herübergebracht habe. Und abends sei sie noch bei ihnen gewesen. Johann habe seine Schulter an ihre Schulter gelehnt, sie habe Susche-Patrusche gesummt. Keiner habe sich an sie lehnen dürfen. Nur der Klosterschüler. Johann sei feuerrot geworden, als das einer ausgesprochen habe. Johann habe sie Mergele genannt. Alle anderen hätten Henriette sagen müssen zu ihr.

(Mai, 2. Kapitel)

Am Ende des Buches bleibt der »degradierte« Xaver, der jetzt Dienst als Gabelstaplerfahrer tun muß, ein gebeutelter »Seelenarbeiter«, auch in seinem Privat- und Intimleben. Die folgende Aussage über das Verhältnis von Xaver und Agnes klingt pessimistisch-resigniert: »Sie schafften es einfach nicht mehr, die täglich eintreffenden Gemeinheiten so zu verarbeiten, daß sie einander nachts noch wie Sorglose berühren konnten.«

Dennoch bleibt angesichts des Romanschlusses eine gewisse Hoffnung darauf, daß die »Seelenarbeit« positive Folgen für den Romanhelden hat.

Martin Walser schrieb für den Romanschluß eine gefühl- und humorvolle Szene, so daß der Roman trotz allem versöhnlich endet:

Xaver griff rechtzeitig in sein Nachttischchen, nach dem indischen Parfüm, das seit der Heidelbergreise dalag. Er goß es unvernünftig über Agnes aus. Sie verteilte es vernünftig, verbot ihm aber, je wieder so etwas Süßliches heimzubringen. Er werde, sagte er, sowieso nie mehr nach Heidelberg kommen. Diese Aussicht begeisterte Agnes. Das Indische roch so stark, daß Agnes hinaus mußte unter die Dusche. Xaver mußte auf sie warten. Das war ihm recht. Als wieder alles vorbei war, fragte sich Xaver, woran es liege, daß der Geschlechtsverkehr immer noch das einzige Wohlgefühl erzeuge, das er kenne. Werden eben glückliche Überbleibsel sein von früher, als es noch notwendig war, sich fortzupflanzen. Woher aber diese Empfindung, daß er sich durch Agnes gerechtfertigter vorkommt als ohne sie? Durch Agnes war er möglicher als ohne sie. Ohne sie käme er sich schädlicher vor. Sie macht etwas wieder gut. Da durchströmte ihn schon die schöne Schwere des Schlafs.

(Ende des Romans)

Walter Kempowski
Tadellöser & Wolff. Ein bürgerlicher Roman

Walter Kempowskis Roman wurde 1971 von vielen Lesern als eher heiteres Buch rezipiert und verkaufte sich sehr gut. Als der renommierte Regisseur Eberhard Fechner 1975 nach dem Roman einen Fernsehfilm drehte, wurde die Romanhandlung, die viele Züge von Kempowskis eigener Familiengeschichte enthält, noch mehr Menschen in Deutschland bekannt und vertraut.

Walter Kempowski war nach dem Krieg ein halbes Jahr in dem berüchtigten DDR-Gefängnis Bautzen eingekerkert. Nach eigenem Zeugnis stärkte er sein Durchhaltevermögen, indem er viele Male seine Lebensgeschichte memorierte. Kempowski vertiefte sich dabei in jede Einzelheit: Alles sollte plastisch und lebendig vor Augen treten, und er wollte die Stimmen so hören, wie sie damals geklungen hatten.

In diesem Bemühen sind bereits Struktur und Stil von ›Tadellöser & Wolff‹ vorweggenommen. Was sich 1939–1945 in der elterlichen Wohnung, im Haus, in der Schule und in der Stadt Rostock abspielte, wird dem Leser aus der Perspektive des Zehn- bis Sechzehnjährigen vermittelt. Auswahl und Erzählweise verraten dementsprechend Naivität und eine altersbedingte Denkweise. Die Ereignisse, die der Junge festhält, entstammen der Alltagswelt einer bürgerlichen Familie im zweiten Kriegsjahr. Lebensmittel sind zwar schon rationiert, Fleischwaren gibt es nur auf Lebensmittelkarten; aber noch geht es den Kempowskis nicht schlecht.

Mein Vater war doch noch eingezogen worden. Freimaurer? Nicht so wichtig. Statt des Teichhutes hing seine Militärmütze an der Garderobe.
Tadellose Sache das.
[...]
Im März war der »Konsul« gesunken, vor Wilhelmshaven. Mine. Jija-jija.
Der Kapitän hatte gerade noch rufen können: »Alle Mann von Bord!« Ein sieben Meter langer Riß unter Wasser, und denn Kies geladen! Ein Maschinist war nicht mehr rausgekommen. Taucher fanden ihn an der Treppe, festgekrallt.
Nun verhandelte die Versicherung mit dem Reich wegen einer Prise. »Vielleicht kriegen wir ein ganz modernes Schiff«, sagte mein Vater. »Eins mit allen Schikanen.«
Im Wohnzimmer über dem Sofa hing eine Europakarte. Bunte Stecknadeln: Wie Deutschland immer größer wird. Die Stecknadeln waren mit roten Wollfäden verbunden, aus dem Nähtisch.
»Verdun gefallen« hatte der Nachrichtensprecher lakonisch gesagt, als sei das nichts Besonderes.
»Donnerwetter!« rief mein Vater, »großartig!« Eines Tages würde man doch wohl ein Führerbild kaufen. Vielleicht das im Mantel, wo er so von hinten guckt. »Da sieht er ganz vernünftig aus.«
[...]
Bei Tisch fragte man sich, ob es wieder Pfundigs Reste-Tag geben würde, Pfundigs Schmick-Schmack?
Nein, es gab Nudelauflauf mit Kartoffelings, wie ihn mein Vater so gerne aß.
»Malsoweit«, hieß es, und: »Fiß biste patzt.«
Das Krosse mit dem Messer abheben, durch die Röhren blasen.
»Und jetzt noch Schinken drin, o Kinder, ja, wie wär' das schön.«
[...]
Mein Vater verlangte den Schulbericht. »Ansage mir frisch.« Seine Haut war trocken. Keinerlei nässende Stellen.
Ob wir drangekommen wären und was wir geantwortet hätten. Immer tüchtig melden!
Jungedi, wie war das heiß. (»Auf Feuer gekocht!«) Die Kartoffelings besonders, die hielten die Hitze.
Was Liesing gesagt habe. »Mach's Buch zu, ich kann's so?«
Ob er das immer noch so verrückt sage? Und: »Alter Latz, wie geht's dem Vater?«
Was? He!
Donnerwetter nochmal, wir säßen wohl auf unsern Ohren? Er habe uns was gefragt. Latein, Englisch, Deutsch! Schulbericht! – »Witzbold?«
[...]

Daß Peule Wulff gefallen war, das war ja wirklich traurig.

»Kempowski sitzt *eine* Stunde nach ...‹«

»Wie der bloß beim Militär zurechtgekommen ist«, sagte meine Mutter, »der war doch immer so unpraktisch ...« Vielleicht wär's ein Unfall gewesen, der arme Mann, sowas gäb's ja auch. Vom Auto übergefahren oder vom Tank. Oder einen Berg runtergekollert.

»Bloß gut, daß du schon älter bist, Karl, du kommst bestimmt nicht mehr an die Front.« Warum er sich überhaupt gemeldet habe, das würde ihr ewig unverständlich bleiben. »Man redet sich den Mund fusselig, aber du rennst und meldest dich freiwillig.«

Robert würden sie wohl nicht nehmen, den mit seiner starken Brille, wenn der anlegen müßte, könnt' er ja gar nichts sehn.

Und ich wär gottlob zu jung, der kleine Peterpump. »Der bleibt bei Mutti, wenn alle weggehen.«

(13. Kapitel)

In diesen Abschnitten ist Kempowskis Schreibtechnik gut zu erkennen: Er reiht Situationen neben- und nacheinander auf, oft sind es Momentaufnahmen aus dem Familienleben. Aus dem Mosaik solcher Aufnahmen ergibt sich zum einen ein durchaus realistisches Bild der Zeit, zum anderen wird gezeigt, wie sich die Kempowskis das Unangenehme vom Leibe halten. Der Krieg und die Todesnachricht werden in der immer noch behaglichen Atmosphäre beim Mittagessen verdrängt; über Beunruhigendes wird hinweggeredet.

Auffällig ist, daß Kempowski nicht einfach fortlaufend aus der Sicht des Elfjährigen erzählt; immer wieder werden Äußerungen in die indirekte Rede gesetzt. Das hat dann Konjunktiv-Konstruktionen zur Folge, die sich von der derb-handfesten direkten Rede abheben und von einer Erzählinstanz auf einer höheren Ebene zu stammen scheinen.

Der Vater der Familie steht nicht im besten Lichte da, wenn Walter treuherzig berichtet, unter welchen Umständen die Anschaffung eines Hitlerbildes erwogen wird, auch scheint er lieber am Krieg zu profitieren als einen Gedanken zuviel an seinen toten Maschinisten verschwenden zu wollen.

Bedeutsam erscheint auch Walters Formulierung: »Freimaurer? Nicht so wichtig.« Das Freimaurertum des Vaters war ursprünglich der Grund gewesen, ihn nicht in die Armee aufzunehmen, obwohl er sich freiwillig gemeldet hatte.

Die Freimaurer waren jener weltliche Orden, der im 18. Jahrhundert im Zeichen der Aufklärung gegründet worden war und den Wahlspruch »Alle Menschen sind Brüder« auf seine Fahnen geschrieben hatte. Karl Kempowski mochte einmal aus Konvention Freimaurer geworden sein, weil das für einen Bürger einer Hansestadt üblich gewesen war, die aufklärerischen Werte der Freimaurer jedoch scheint er vergessen zu haben.

Mehr als Kriegsdienst und Offiziersuniform bedeutet Vater Kempowski jedoch seine Familie; mit ihr hält er, solange es geht, an einem bürgerlichen Privatleben fest.

Mit Frau und Kindern verbindet ihn der »Schnack« genannte Kempowskische Familienjargon: »Tadellöser und Wolff«, ursprünglich der Name eines Zigarrengeschäfts, steht für »sehr erfreulich«, und wenn etwas schiefgegangen, wenn Unerfreuliches zu schlucken oder zu verdauen ist, so kommentieren die Kempowskis das Malheur mit der Variante »Miesnitzdörfer und Jenssen« oder schlicht mit »Miesnitz«. »Klare Sache und damit hopp« ist einer der Lieblingssprüche des Vaters. Mit ihm schafft er sich Unangenehmes vom Hals, wenn irgendwo kurzer Prozeß gemacht wurde, wie es ja bei den Nazis und in Kriegszeiten an der Tagesordnung war. Mit seiner Familiensprache konnte man sich den emotionalen Aufwand ersparen, den echte Gefühle wie Trauer, Rührung oder Zorn erfordert hätten, und vielleicht auch seine Oberflächlichkeit verbergen.

Alle Kempowskis kommen heil durch den Krieg, bis auf den Vater, der sich freiwillig gemeldet hat und fern von seiner Familie und Heimatstadt ums Leben kommt.

Im letzten Teil des Buches und vor allem in der letzten Episode tritt die Mutter in den Mittelpunkt. Mit ihr und dem geflüchteten Großvater erlebt Walter daheim in Rostock das Kriegsende.

Die Schulden nun abgetragen, alles glatt. Man gehe irgendwie sauber in die neue Zeit.

Und die Nazis im Eimer, dieses Pack.

Den Krieg hätten *wir* gewonnen, das sei klar.

»Wie, mein Grethelein?« fragte mein Großvater, ließ den Rosegger sinken und legte eine Hand hinters Ohr.

»Ich sage: den Krieg haben *wir* gewonnen! Die Kirche und die guten Kräfte!« Das wäre ein Grund zum Feiern! Prost!

[...]

»Ich glaube, nun sind sie da«, einzelne Schüsse in der Ferne. Ich ging nach vorn und kuckte aus dem Fenster, da stand ein Motorrad mit Beiwagen, ein Russe darauf. Den Beiwagen voller Schuhe, vom Schuster nebenan geholt.

Schnell die Gardine zufallen lassen und auf den Balkon zurück. »Ja, nun sind sie da.«

Eigentlich hätte man ja hinunterlaufen müssen und sie begrüßen. »Hurra« schreien oder »Bravo«. Lieber oben bleiben, die wären gewiß furchtbar wütend auf uns.

Das Schießen kam näher.

»Oh Himmel«, sagte meine Mutter, stand auf und begoß die Tradeskantie. Und nun auch in der Nähe, einzelne Schüsse, wohl Freudenschüsse.

Und da fuhr: zäng! auch einer durch den Birnbaum. Blütenblätter segelten herab.

»Wie isses nun bloß möglich«, sagte meine Mutter. »Ich glaub', wir gehen 'rein.«

(37. Kapitel)

Für Frau Kempowski ist das Kriegsende keine Katastrophe, in der sie zwischen dem Gestern und dem Morgen einen Bruch spürt, sie will mit den Ihren und dem Ihren nur überleben. Und überleben soll auch die Topfblume, die sie begießt. –

Regisseur Fechner bemerkte einmal zu seinem »Tadellöser«-Film, wer sich erinnern könne, solle aus dem »Panorama deutscher Lebensgeschichte« ebensoviel lernen wie die Jungen, die bisher nur in der Schule von den Untaten der Nazis gehört hätten.

Weder im Roman noch im Film werden diese Untaten erwähnt. Der Reeder Kempowski ist mit seiner Familie fest im bürgerlichen Rostock verwurzelt. Er ist Inhaber einer honorigen Firma, lebt in geordneten Verhältnissen, zahlt auch in den Kriegsjahren Schulden ab und war Frontkämpfer im Ersten Weltkrieg. Ihm wird nachgesehen, daß er gern den Hanswurst spielt. Sein älterer Sohn, alles andere als der Typ des »deutschen Jungen«, begeistert sich ungehemmt für amerikanische Swingmusik, und seine Frau wird bei der Gestapo als Dame behandelt, wenn sie für den dänischen Praktikanten der Firma ein gutes Wort einlegen will. Die SA in ihren braunen Uniformen – »wie Ascheimerleute« – finden die Kempowskis ebenso komisch wie die nationalsozialistischen Kultfeiern. Sie belächeln zwar die Nazis, haben deren angemaßte Legitimität als Regierende jedoch anerkannt. Viele Kritiker des Romans fragten sich, ob die Ironie des Schriftstellers Kempowski bei der Darstellung der Familie im Roman ausreichend sei und ob er die Haltung der Familie kritisch genug beleuchte. Das Fernsehpublikum von 1972 verbrachte jedenfalls zwei unterhaltsame Stunden vor dem Bildschirm und war im allgemeinen gern bereit, die Kempowskis zu den »guten Kräften« zu zählen.

Kempowski hat seine autobiographische Erzählung übrigens in weiteren Bänden historisch nach hinten und nach vorn verlängert: ›Aus großer Zeit‹ (1978) und ›Schöne Aussicht‹ (1981) behandeln die Wilhelminische Zeit bzw. die zwanziger Jahre des 20. Jahrhunderts, während ›Uns geht's ja noch gold‹ (1972), ›Ein Kapitel für sich‹ (1975) und ›Herzlich willkommen‹ (1984) die Nachkriegszeit, Kempowskis Gefangenschaft in Bautzen sowie die Übersiedlung in den Westen 1956/57 zum Thema haben.

Jurek Becker
Jakob der Lügner

Durch Kriege können die »Panoramen« realer Städte total verändert
werden; das bezeugen z.B. Luftbilder der im Zweiten Weltkrieg
bombadierten Städte Rostock und Köln, auf denen die Anlage der
Stadt und markante Gebäude kaum wiederzuerkennen sind. Das äußere Gesicht der Welt verwandelte sich nicht erst durch die Bom-
bardierungen des Krieges, sondern durch die Herrschaft der Nationalsozialisten, auf deren Befehl Autobahnen und Schienennetze
ausgebaut wurden. Über die Schienen wurden in den Kriegsjahren
Hunderttausende von Menschen befördert: einerseits Soldaten, andererseits Juden auf dem Transport in die Vernichtungslager im
Osten. Besonders stark veränderte sich die Alltagswelt für die Menschen, die in Lagern oder in Ghettos zusammengepfercht wurden. In
seinem ersten Roman ›Jakob der Lügner‹ (1969) beschreibt Jurek
Becker eine kleine Stadt im östlichen Mitteleuropa, die in ein Ghetto
verwandelt wurde: Sie erhielt einen Stacheldrahtzaun und Wachtür-
me. In der von Baumwuchs gerodeten Stadt hausten fortan Juden; sie
lebten wie Gefangene, durften die Häuser nur zu bestimmten Zeiten
verlassen; ihre Zukunft war ungewiß. Vieles, was früher selbstverständlich war, wurde jetzt bei Todesstrafe verboten. Der Ich-
Erzähler in Beckers Roman berichtet als Überlebender von der Zeit
im Ghetto, von Jakob, vormals ein Kartoffelpuffer-Bäcker und bie-
derer Geschäftsmann, dem angeblich ein Radio erhalten geblieben
war und der nun seine Mitmenschen mit »Radionachrichten« ver-
sorgte. Von Jakob oder über Mittelsmänner konnte man erfahren,
daß russische Truppen laut den Radiomeldungen nach Westen vor-
gestoßen seien und sich bereits in der Nähe der Ghettostadt befän-
den. Diese guten Nachrichten verbreiteten Hoffnung und ließen bei
vielen Ghettobewohnern den Lebensmut noch einmal zurückkehren.
In Wirklichkeit war das Radio ebenso erfunden wie die guten Nachrichten, die Jakob verbreitete. Am Ende des Buches steht die bittere
Wahrheit: Die Juden des Ghettos werden straßenweise aus den Häusern geholt, am Bahnhof in Güterwagons gepfercht. In einem Vieh-
wagen trifft der Erzähler auf Jakob und Lina, das von diesem ange-
nommene Waisenkind. Keiner der Betroffenen weiß, wohin die
Zugreise gehen wird.
    Ein günstiges Schicksal vergönnt dem Ich-Erzähler das Leben.
Doch er nimmt die Verpflichtung mit, über Jakob, »den Lügner«,
und die anderen jüdischen Ghettobewohner zu schreiben.
    Jurek Becker selbst hat als in Polen gebürtiger Jude seine Kindheit
in Konzentrationslagern und Ghettos verbracht und kannte daher
die im Buch geschilderte Welt des Ghettos. Das Buch ist häufig hu-

morvoll, dennoch wird das Leben im Ghetto nicht verharmlost. Durch die Diskrepanz zwischen der realen Welt des Ghettos und der Zukunftsperspektive, die sich für die Bewohner durch Jakobs Lügenwelt aufzutun scheint, erhält das Buch eine ganz besondere Spannung und nicht selten auch eine ironische Distanz. Der Kritiker Marcel Reich-Ranicki bezeichnete es 1970 als eine der »besten Prosaarbeiten, die in den letzten zehn Jahren in der DDR geschrieben wurden«.

2.2 Autobiographische Revisionen

Schon zu Anfang der siebziger Jahre mußte oder konnte man mit Enttäuschung oder Erleichterung zur Kenntnis nehmen, daß sich gesellschaftlich seit den sechziger Jahren im Grunde nicht viel geändert hatte. Die daraus entstehende Stimmungslage ließ besonders junge Leute mit der Welt und mit sich selbst unzufrieden sein. Dieser Zustand beförderte bei den jüngeren Schriftstellern die Bereitschaft zur Beschäftigung mit dem eigenen Ich, das Bekenntnis zur »Neuen Subjektivität«.

Solche Bestrebungen liefen parallel mit Bemühungen der Schriftstellergeneration der Dreißig- und Vierzigjährigen, die es ebenfalls nach Selbstprüfung verlangte. Diese Selbstprüfung mußte die Vergangenheit einschließen. Die Menschen dieser Generation waren meist im Krieg geboren und hatten ihre Kindheit in den schweren Jahren der Nachkriegszeit verbracht. Viele hatten lange Zeit nur mit der Mutter gelebt, da der Vater gefallen oder lange Zeit in Gefangenschaft gewesen war; die Rückkehr der Väter nach Jahren der Trennung hatte nicht selten solche Lebensgemeinschaften belastet. Wenn sich die Angehörigen dieser Generation noch einmal mit ihren Eltern und deren Vergangenheit auseinandersetzten, ging es nicht – wie 1968 – um ein Anprangern eines politischen Fehlverhaltens, sondern eher um die Bestimmung und Auslotung der eigenen Person: Wieviel von den Eltern trage ich in mir, und welche Entwicklungen sind durch dieses »Erbe« in mir ausgelöst worden?

Zwischen den beiden Gruppierungen innerhalb der jüngeren Deutschen gab es nur wenig Gemeinsamkeit und Verständnis.

Um der Elterngeneration besser gerecht zu werden, begannen die etwas älteren Schriftsteller die sogenannte »Väterliteratur« zu schreiben, während die enttäuschten jüngeren Schriftsteller sich ganz der Gegenwart und dem eigenen Ich zuwandten; Vergangenheit und Zukunft sparten sie am liebsten aus.

Zu Beginn der siebziger Jahre veröffentlichen viele bereits bekannte Autoren Tagebücher und autobiographische Werke. Zu nennen wären Max Frischs ›Tagebuch 1966–71‹ (1972) und sein tagebuchartiger Text ›Montauk‹ (1975), aber auch Peter Rühmkorfs ›Die Jahre, die ihr kennt‹ (1972) und Günter Grass' autobiographisch gefärbter Bericht ›Aus dem Tagebuch einer Schnecke‹ (1972). Auch der Literatur-Nobelpreisträger Elias Canetti veröffentlichte 1977–1985 ein mehrbändiges autobiographisches Werk, in dem er seine Kindheit und Jugend im Südosten Europas und die Zeit bis zur Arbeit an seinem Roman ›Die Blendung‹ (1936) erzählt.

Der in Schweden lebende jüdische Schriftsteller Peter Weiss (1916–1982), Verfasser des Sade/Marat-Dramas und des Auschwitzstückes ›Die Ermittlung‹ und bekennender Sozialist, schrieb von 1975–1981 als Sohn eines bürgerlichen Fabrikanten eine Art Wunschbiographie in Romanform, in der er sich zum Sohn eines proletarisch gesinnten Arbeiterpaars macht.

Dem in drei Bänden erschienenen Roman ›Die Ästhetik des Widerstands‹ liegt die Geschichte der Arbeiterbewegung in Deutschland von 1918 bis 1945 zugrunde, doch der Text mischt fiktionale Passagen mit Dokumentarischem.

Die Jahre von 1937 bis zum Zweiten Weltkrieg führen den namenlosen jungen Mann, der über viele Seiten berichtend und erzählend in der Ich-Form schreibt, nach Prag, auf die Seite der Republikaner im Spanischen Bürgerkrieg, nach Paris und schließlich nach Schweden. Er begegnet vielen großen Vertretern der sozialistischen Bewegung und lernt verstehen, wie es zur gegenwärtigen Schwäche der linken Position kam. Der junge Mann erfährt, wie schwer es ist, die »Vorstellung einer künftigen Gesellschaft, in der nach Erfahrungen des Zwangs, des Betrugs, der Erniedrigung und jeder Art von Tortur die gewohnten Ordnungen, Gesetze und Tabus aufgehoben waren«, zu verwirklichen. Es erscheint fast aussichtslos, einen antifaschistischen Widerstand in Europa organisieren zu wollen; hart und mitleidlos betreibt die Gegenseite die Ausrottung von Ideen und Menschen. Der Roman erzählt zugleich die Entwicklung des jungen Ich-Erzählers zum politisch engagierten Künstler und thematisiert damit die Rolle der Kultur, speziell der Literatur in einem Unrechtssystem.

Im folgenden Kapitel sollen einige »autobiographische Revisionen« eingehender betrachtet werden. Peter Härtling mit seiner Erzählung ›Nachgetragene Liebe‹ (1980) und Elisabeth Plessens ›Mitteilung an den Adel‹ (1976) stehen hier stellvertretend für andere. Während in diesen beiden Texten jeweils ein autobiographisch gefärbtes Ich sein Verhältnis zum eigenen Vater überprüft, geht Peter Handke in seinem Buch ›Wunschloses Unglück‹ (1972) der Beziehung zu seiner Mutter nach. Thomas Bernhards pessimistische Weltsicht färbt auf sein Werk ab: In seinen autobiographischen Texten überwiegt das Düstere, gemischt mit grimmiger Groteske. Er wollte mit seinen Texten provozieren: In vielen von ihnen übt er herbe Kritik, vor allem an seiner Heimat Österreich und den Österreichern. Sein fünfteiliges autobiographisches Prosawerk schildert nicht nur die Entwicklung eines Kindes zum Erwachsenen, sondern ist zugleich eine Abrechnung mit einer Umwelt, die diese Entwicklung nicht fördert, sondern den Menschen einengt und unterdrückt.

Peter Härtling
Nachgetragene Liebe

Peter Härtling war bereits über vierzig, ein erfolgreicher und geschätzter Autor, als er in den siebziger Jahren ein Buch über seinen Vater schreiben wollte, schreiben mußte. Am Schluß des 1980 erschienenen Vaterbuches ›Nachgetragene Liebe‹ bekennt Härtling, daß er das Buch erst schreiben konnte, nachdem er gelernt hatte, mit seinen eigenen Kindern umzugehen und zu reden; erst dann löste sich, was ihn dreißig Jahre lang als schwere Last bedrückt hatte.

Härtling muß in seine Kindheit zurückkehren, dorthin, wo er allein die »Gegenwart des Vaters« finden kann, wenn er klären und erklären will, was es mit dem schon sehr früh gestörten Verhältnis zwischen den beiden auf sich hatte. Der Vater war im Zweiten Weltkrieg einfacher Soldat, ehe er 1945 in einem russischen Gefangenenlager in Österreich an einer Krankheit starb. Der Sohn war bei Kriegsende erst zwölf Jahre alt.

Härtling weiß, daß er sich dem Vater »aussetzen« muß, ein riskantes Unternehmen von ungewissem Ausgang.

Das ist keine Gestalt, über deren Leben ich bestimme, auch keine, die ich nur aus Protokollen, Briefen, Literatur kenne, und deren Tod als Datum feststeht. Dieser Tod ist ein anderer. Wenn ich mich ihm als Kind aussetze, mit ihm umgehe, unter ihm leide, dich auch liebe, Vater, wenn ich dich reden lassen, von dir träume, wenn deine Stimme mit einem Mal die meine ist und ich mir für Augenblicke deiner Nähe sicher bin, dann fällt es mir schwer, unsere gemeinsame Zeit zu verlassen und dein Ende zu kennen. Ich will es nicht wissen, will so blind sein wie du, auf die Zeit setzen, sie überlisten, hoffen. Ich will, was ich verloren habe, deine Gegenwart.

(S. 67f.)

Der Sohn reflektiert von einem Heute aus, dreißig Jahre nach dem Tod des Vaters, er wählt und braucht diese Perspektive: »Es erstaunt mich, daß ich mittlerweile um sechs Jahre älter bin als du werden konntest. Ich habe mehr Zeit gesammelt als du, ich bin dir, ohne Zutun – zufällig überlegen.«

Diese Überlegenheit gründet auf dreißig Jahren Lebens- und Geschichtserfahrung, die Peter Härtling unter glücklicheren Umständen sammeln konnte, als jene es waren, in die der Vater hineingeboren wurde.

Über weite Strecken wird der Vater aus der Perspektive des Kindes und des heranwachsenden Jungen gesehen. Sein Vater Rudolf hat sich 1938 gerade als Anwalt in der Nähe von Chemnitz niedergelassen. Er war in Böhmen aufgewachsen, als Deutscher in der damaligen Tschechoslowakei. Bald muß der junge Jurist und Familienvater jedoch feststellen, daß er sich schwertut.

Der junge Mann war gescheit und fügte sich ohne jeglichen Widerspruch den Wünschen seines Vaters, ordnete sich unter und war nach dessen Tod erst einmal nicht fähig, für sich zu entscheiden. Er neigte zur Entschlußlosigkeit. Seine Ängstlichkeit war groß. Bisher hatte er es vorgezogen, im Schatten des Vaters zu stehen und war auch selten aus seiner Nähe gewichen. Er hatte es in Kauf genommen, daß Mutter ihm Abhängigkeit und Unselbständigkeit vorwarf, denn er war das Geschöpf einer unerbittlich gütigen Erziehung, ein Primus ohne viel Kraft und mit schwankender Hoffnung. Die Zeit war ihm nicht günstig. Sie verachtete Empfindsamkeit, verhöhnte die Nachdenklichen als Schwächlinge, witterte in allen, die sich nicht der Norm fügten, Abartige oder Untermenschen. Das wuchs um ihn hoch, spielte mit den Muskeln, ballte die Fäuste. Er mußte sich zurückziehen oder sich wenigstens unauffällig verhalten. Ich habe mir bisher nie klargemacht, wie sehr er sich umstellt sah. Seine Gegner hatten es leicht, mich mit ihren heroischen Spielen und Sprüchen zu gewinnen. Ich war für ihn verloren, ehe er mich überhaupt entdeckt hatte.

(S. 38)

Der junge Rudolf Härtling ist keine starke Persönlichkeit; er läßt es gern geschehen, daß sein vitalerer Vater, der aus eigener Kraft zum Unternehmer aufgestiegen war, seine schützende Hand über ihm hält, ihm mit Rat und Tat und mit seinen Verbindungen zur Seite steht. Als ein gehemmter und willensschwacher Mann hätte er wohl auch in anderen Zeiten, unter anderen Umständen, keine glänzende Karriere gemacht. Jetzt muß er sich mit den Nazis gut stellen, vor allem weil er gewillt ist, in seine alte Heimat, nach Mähren, überzusiedeln, das jetzt als Protektorat Böhmen-Mähren unter deutscher Herrschaft steht. Rudolf nimmt Zuflucht zur Strategie äußerster Korrektheit: Er wahrt Zurückhaltung, will nirgends unangenehm auffallen. Diese Haltung nimmt er auch an, wenn sein Sohn Peter in kindlichem Begehren und Erlebnisdrang etwas verkehrt gemacht hat. Der Vater straft ihn dann mit Schweigen und Nichtbeachtung.

»Warum hast du damals schon dein Schweigen begonnen und so gut wie nie gebrochen?« fragt noch der erwachsene Sohn. Der munteren, geselligeren Mutter ist Peter mehr zugetan, aber auch sie kann er nicht so für sich gewinnen, wie er gern möchte. Die Eltern treffen, wie es damals in bürgerlichen Kreisen üblich war, alle Entscheidungen allein und reden, wenn es um Wichtiges für die Familie geht, nur miteinander; beide bleiben den Kindern – Peter hat noch eine jüngere Schwester – ferner und fremder, als es dem Sohn guttut. Der Junge fühlt sich einsam und minderwertig. Bei einer plötzlichen, gefährlichen Erkrankung der Tochter verliert der Vater die Nerven. Er hetzt, das kleine Mädchen im Arm, durch das nächtliche Brünn zu einem Krankenhaus – die Szene erscheint fast schon wie eine Schreckensvision aus späteren Fluchtszenarios. Dem erwachsenen Sohn gibt diese Panikhandlung Anlaß, bei der Charakterisierung des Vaters etwas weiter auszuholen.

Mir erklärt dieser blinde, von Todesangst gehetzte Lauf durch die nächtliche Stadt deine Lage. Niemand bedrohte dich unmittelbar, noch hat dich keiner besucht oder gewarnt, aber wo immer du hinkamst, saßen schon die Gegenredner, die Schwarzmaler. Jede Hoffnung bekam ihren Schatten. Deine ohnedies geringe Widerstandskraft wurde immer wieder angegriffen und schlug um in Hysterie. [...]
    Du hast in den wenigen Jahren, in denen ich dir kindlich zusah, viele Spielarten der Angst erprobt und dir oft widersprochen. Du konntest mir gar nicht die Gelegenheit geben, dich zu verstehen. Ich habe deine Verstrickungen nicht wahrhaben wollen, vieles, vieles, was du getan hast, als Verrat ausgelegt, mich nie bemüht, deine Geschichte auszusprechen, nur die meiner Verletzungen.

(S. 70 f.)

Der Ich-Erzähler klagt gleichermaßen den Vater und sich selbst an. In der zitierten Textstelle deutet sich schon früh der Riß zwischen den beiden an, der sich später schmerzlich vertiefen sollte.
    Was dann geschah, war so ungewöhnlich nicht. Im Zwei-Völker-Land Mähren ließen die anfänglichen Kriegserfolge die Deutschen da und dort überheblich werden, die Tschechen fühlten sich unterdrückt und rechtlos. Der Sohn Peter gerät im Deutschen Jungvolk, der nationalsozialistischen Jugendorganisation für Zehn- bis Vierzehnjährige, unter den Einfluß deutschtümelnder »völkischer« Lehrer und großmäuliger Gleichaltriger. Bei ihnen sucht der Elfjährige die Bestätigung, die er vom Vater nicht erhält.
    Noch einmal versucht der Vater, den Jungen auf seine Seite zu ziehen und in ihm Mitleid mit den Gedemütigten und Schwachen zu wecken. Er nimmt ihn mit zu einem jüdischen Klienten und will ihm dessen Leid nahebringen; doch er überfordert den Sohn. Dieser sieht

nur, daß der Vater seinem Klienten Herrn Glück nicht helfen kann. Mit dem als Trost für den Unglücklichen gemeinten Satz »Es ist immerhin Theresienstadt und nicht –« kann er nichts anfangen. Wieder weiß es erst der erwachsene Sohn besser:

Du hättest reden, dich redend mit dem Unglück des Mannes verbünden müssen. Du hättest, gegen meinen Unglauben, erzählen müssen, was ihn in Theresienstadt erwartete. [...] Ich begriff deinen Mut und deine Herzlichkeit nicht. Ich fragte mich nur, wie du dazu kamst, Herrn Glück, einen Fremden, zu umarmen.

(S. 103 f.)

Vater und Sohn verfehlen einander noch öfter, am schlimmsten wohl, als der Vater, der in den letzten Tagen des Krieges die Uniform ausgezogen hat und bereits wieder als Zivilist bei seiner Familie ist, sich freiwillig in Gefangenschaft begibt, weil ein Plakat ehemalige deutsche Soldaten dazu auffordert. Als er sich gehorsam, pflichtbewußt, aber auch feige zur Sammelstelle begibt, vergißt er die für ihn unentbehrlichen Tabletten, was ihm zum Verhängnis wird. Sein Sohn Peter, der sie ihm »nachtragen« will, verliert den Vater zuerst im Zug der Gefangenen und dann endgültig aus den Augen. Der Junge ist verwirrt; das Pendel der Schuldzuweisung schlägt hin und her, einmal fühlt er sich selbst schuldig, dann glaubt er sich entlastet, weil es der Vater ja so haben wollte, weil er buchstäblich »Kadavergehorsam« geübt hatte.

Er ging am Nachmittag des nächsten Tages und verbot uns, ihn zu begleiten. Er trug seinen grauen Anzug, denn er gehöre, so erklärte er, nicht mehr der Wehrmacht an, er besitze einen Entlassungsschein. Von jedem einzelnen verabschiedete er sich. Lore nahm er in die Arme, mich nicht. Aber er faßte mit der Hand mein Gesicht, drückte die Finger in meine Wangen und sagte: Paß auf die Frauen auf, Lauser.
Die Frauen besuchten ihn dennoch am nächsten Morgen im Lagerhaus. Dort erfuhren sie, daß die Gefangenen mittags nach Döllersheim abmarschieren würden, in das Lager. Du kannst deinem Vater helfen, sagte Mutter. Versuch, ihm die Medikamente zu geben. Du mußt den Zug nur abpassen.
Ich setze mich auf die steinernen Stufen an der Dreifaltigkeitssäule und warte. Ich spüre meine Kinderknie, die ich zusammendrücke. Der Zug ist bald zu hören, schleifende Schritte, Rufe und Motorengeräusch. Voraus fährt ein Pritschenwagen, auf dem Männer stehen. Unter ihnen kann ich Vater nicht entdecken. Dann laufe ich langsam neben der Kolonne her, lasse Reihe für Reihe an mir vorüber. Er geht in der Mitte, zwischen anderen Männern. Ich rufe. Ich höre mich rufen, bis heute. Es ist die Stimme, die ich manchmal in Träumen habe. Ich halte die Schachtel hoch. Einer der Begleitsoldaten schiebt mich zur Seite. Vater schüttelt den Kopf. Er lächelt.

Dann winkt er. Mutter hat mir aufgetragen, ihm die Tabletten zuzuwerfen. Er hat sie nötig. Ein Rotarmist kommt auf mich zu, drückt mir den Gewehrkolben gegen die Brust. Ich habe Vater aus den Augen verloren. Er ist fort.

Daheim belog ich sie dann. Ich habe Vater die Tabletten zugeworfen, sagte ich, aber ich habe sie im Heu vergraben, in der Scheune.

Nach einem Jahr, wir hatten Zwettl inzwischen verlassen und waren mit einem Flüchtlingstransport in Nürtingen am Neckar gelandet, erhielten wir die Nachricht, daß mein Vater am 21. Juli 1945 im Gefangenenlager Döllersheim gestorben sei.

(S. 167 f.)

Peter Härtling hat in ›Nachgetragene Liebe‹ den Fall seines Vaters, der eigentlich der Fall Rudolf *und* Peter Härtling ist, zur Prüfung offengelegt. Er hat sich bei dieser Erinnerungsarbeit nicht geschont und bekennt sich zu seinem Schuldanteil.

Unübersehbar ist aber auch der Faktor der Zeitumstände: Was einem Menschen angeboren und natürlich war, mußte unterdrückt werden, wenn Staat und Partei es geboten. Gehorsam schien dann allemal der leichtere Weg für die beiden, die auf verschiedene Weise schwach waren. Sie verwirrten sich im Knäuel von Veranlagung, Gefühlen und vermeintlichen Verpflichtungen.

Elisabeth Plessen
Mitteilung an den Adel

Bei Elisabeth Plessen liegt das Motiv, sich mit dem Vater zu befassen und auseinanderzusetzen, offener zutage als bei Peter Härtling. Es ist zum einen im überraschenden, verhältnismäßig frühen Tod des Vaters zu suchen, zum anderen in den seit dem Erwachsenwerden der Tochter unverhohlenen Spannungen, die sich immer wieder in scharfen Auseinandersetzungen entluden. Dieser Sachverhalt macht verständlich, daß bei Plessen die Gegenwart der frühen siebziger Jahre stärker präsent ist als in ›Nachgetragene Liebe‹.

Die Tochter nimmt 1968 als Studentin aktiv an Demonstrationen und Protestaktionen in Paris und Berlin teil. In der bald folgenden Phase der Ernüchterung zieht sie sich, wie andere Ex-Kommilitonen und »Genossen«, in private Erfahrungsräume zurück. Sie führt nicht mehr die vereinfachenden »Wir«/»Ihr«-Parolen im Munde, sondern es geht ihr um den Streitdialog zwischen zwei Verwandten, die Vertreter verschiedener Generationen. Muß dieser Dialog, der noch zu keinem Ende gekommen ist, nun, bedingt durch den Tod eines der Kontrahenten, abbrechen?

Elisabeth Plessen kleidet Erinnerungsarbeit und Nachdenken über den Vater in die Form eines Romans, in dem sie ihre eigene Position von der jungen Journalistin Augusta vertreten läßt. Für die Darstellung erschien ihr die folgende Struktur am besten geeignet:

Augusta fährt von München nach Holstein, um am Begräbnis des Vaters teilzunehmen. Während der Fahrt mischen sich in ihrer Erinnerung Episoden aus ihrem eigenen Leben und dem des Vaters; auf den Etappen und Stationen der Reise wird demgemäß öfters die Zeitebene gewechselt. Konturierend und reflektierend versucht Augusta, ein deutliches und vor allem richtiges Bild ihrer ganz besonderen Tochter-Vater-Beziehung zu zeichnen.

Der Vater, von der Tochter stets mit dem abgekürzten Vornamen C. A. benannt, ist adeliger Grundbesitzer auf Schloß Einhaus in Holstein. Von weitem gesehen, ist er immer noch Herr über ein Bilderbuchgut, seine Position erlaubt es ihm, »auf Gutsherrenart« zu leben, feudale Gepflogenheiten und Traditionen fortzuführen. In den Jahren nach dem Krieg hat er Verwandten aus dem Osten und zahlreichen Flüchtlingen Unterkunft gewährt; jetzt stehen in Einhaus viele Räume leer. Und so sieht der Alltag des Vaters aus:

Bei den unter bedecktem Himmel in Kolonnen Rüben verziehenden oder im Regen Kartoffeln erntenden Frauen aus der Stadt bleibt er stehen und macht sich ein Bild, wie viele dem Arbeitsangebot folgen. Olympia [die Mutter] kümmert wenig, was er tut. C. A. redet auch kaum darüber. Er kennt die Namen aller Koppeln, Wiesen und Äcker. An die Fruchtfolge erinnert er sich weniger genau, dafür hat er den jungen Verwalter. Umsorglich geht er und sammelt Steine vom Feld, Findlinge bis zu der Größe, die er gerade noch tragen kann. Er sucht Wilderern das Handwerk zu legen, er hat einen Blick für die Hasen- und Kaninchenschlingen, die die Flüchtlinge unter den Einhäuser Landarbeitern hie und da in Zäunen knüpfen oder auf Böschungen auslegen. Er ist voll hausväterischer Fürsorge. Er wird es der Verwandtschaft (und auch Olympia) beweisen. Er geht mit dem Schweinemajor durch die Schweineställe, er geht mit dem Haushalter durch die Kuhställe, er inspiziert die Tafeln, auf denen mit Kreide angeschrieben ist, wieviel Liter Milch jede Kuh pro Tag gibt. Die Kuhherde eines Nachbarguts ist an der Maul- und Klauenseuche erkrankt. C. A. fürchtet, daß die Seuche auf seinen Rinderbestand übergreifen könne. Sie greift über. Der Tierarzt stellt bei einigen Tieren Tuberkulose fest. Sie müssen geschlachtet werden. Der Zuchtbulle hat einen Melker angegriffen, der Mann war ohne die Eisenstange zu ihm in die Box getreten. Der Melker ist so schwer verletzt, daß ihm ein Bein abgenommen werden muß. C. A. hat für dessen sechsköpfige Familie Unterstützungsgeld zu zahlen.

(Unter dem Glassturz, 2. Kapitel)

Lebenserfüllung bedeutete diese Präsenz auf 3000 Morgen Land jedoch nicht. Eine alte Verwandte, die C. A. gut kennt, kommentiert einmal: »Der Tageslauf, das Nichtstun, die ermüdenden Pflichten, ein Leerlauf, an dem er nichts ändern kann. Er merkt das, klammert sich an die Form …« Die Form ist das Erbe seiner Familie, der Schicht, der er entstammt und angehört, das Erbe des Adels.

C.A. weiß sich schadlos zu halten: Er unternimmt Reisen, ist ein leidenschaftlicher Jäger, daheim und in fernen Ländern, macht auf Gesellschaften witzige Konversation mit einem Stich ins Philosophische; für die Bedienung und auch für die Erziehung seiner drei Kinder hält er sich Personal.

Im Krieg ist C.A. Offizier gewesen; da zwei seiner Brüder früh gefallen sind, verbringt er die Jahre auf ungefährdeten, verhältnismäßig angenehmen Posten. Erst 1945 drängt es ihn an die Front; in Italien lernt er den Krieg noch aus der Nähe kennen.

Gleich nach dem Krieg verfaßt C.A. in selbstverordneter Klausur ein Kriegstagebuch, das er seiner Tochter Augusta, die mehr über ihn erfahren will, zu lesen gibt. Es gibt Momente der Selbsterkenntnis, in denen er schreibt: »Unsere Verantwortung beginnt nach dem Zusammenbruch.« Doch rasch verfällt er in den Stil der in den frühen fünfziger Jahren üppig aufsprießenden Memoirenliteratur. Generäle und Wehrmachtobere gaben sich einsichtig und nachdenklich, sparten aber nicht mit Rechtfertigung und verstecktem Eigenlob. C.A. macht da keine Ausnahme.

Es ist geblieben wie eh und je: Augustas Vater lebt in einer überkommenen und unreflektierten Ordnung. Konventionen bestimmen sein Verhalten, und noch im Zorn glaubt er zu wissen, was zu sagen nottut.

Von sich aus fragte C.A. nicht, wie es in Berlin gehe, wenn Augusta nach Hause kam, und er schwieg, wenn ein anderer danach fragte. Er wollte nicht wissen, was ein *teach in* ist, was ein *Vorlesungsstreik*, er wollte von Demonstrationen nichts wissen, denn er wußte ja alles aus der WELT, und wußte es dementsprechend. Berlin störte ihn, und er wollte nicht gestört sein. Er wollte auch nicht informiert werden, und wenn er informiert wurde, so war für ihn die Information keine Information, sondern ein Standpunkt. Das ersparte ihm alle Mühe, das Thema Berlin wurde zu einem Tabu.

[…]

C.A. wütete, als er in der Zeitung las, daß Augusta eine Resolution mitunterschrieben hatte, die sich gegen die Studentenhetze in den Blättern des Springer-Konzerns richtete. Als sie nach Hause kam, stand er in der Bibliothek, kehrte ihr den Rücken, hämmerte mit den Fäusten auf einen Lehnstuhl ein und schrie, sie habe den Namen der Familie entehrt: *Generationen – die Unterschrift – alter Name – mit den Füßen – Öffentlichkeit – Schimpf – Schmutz –*

[…]

C.A. wußte genau, was zu sagen war, ohne daß er den Anlaß seiner Rede noch einmal erwähnte (Augustas Unterschrift zum Beispiel), und er vergriff sich nie im Ton. *Er verlor sein Gesicht nicht.* (So hieß das.) Es widerfuhr ihm nicht. Lieber hätte er auf sein Gesicht verzichtet. *Das Gesicht. Mein Gesicht.*

(Post festum, 1. Kapitel)

Mit C. A. ist nicht zu reden, er führt keine Gespräche, bei denen der Partner als gleichberechtigt anerkannt wäre. So stellt sich Augusta oft nur vor, wie es wäre, wenn sie wirklich miteinander sprächen.

Ein Anlauf, mit C. A. zu reden.
Warum hast du mir dein Tagebuch zu lesen gegeben?
C. A. versteift sich und sagt: Ich wollte, daß du erkennst, worum es geht.
Augusta: Es geht gar nicht darum. Ich glaube auch nicht, daß es damals darum gegangen ist.
C. A.: Worum nicht?
Ich habe es schon gesagt, C. A.: Um die Phrasen.
Aus.
Augusta: Manches ist für mich ganz verständlich. Da sagst du zum Beispiel einmal, eure Verantwortung, die der Jungen, werde erst beginnen, wenn der Krieg vorbei sei. Ich weiß nicht, ob das gestimmt hat, ob es genug war, aber ich verstehe es.
Und?
Augusta: Willst du wirklich alles verantworten, was nach dem Krieg in Deutschland geschehen ist?
Aus.

(Post festum, 3. Kapitel)

Statt des »Aus« müßte nun das Gespräch erst beginnen. Aber Vater und Tochter finden nicht zueinander, die Kluft vertieft sich. Augusta ist rasch mit sich uneins, in Zweifel mischt sich dann ein Anflug von schlechtem Gewissen: »Ich bin gegangen statt auf C. A. zuzugehen und ihn zu attackieren: Verdammt noch eins, C. A., ich pfeife auf deine Autorität, ich will endlich ein Verhältnis zu dir.«
    C. A. ist nicht zum emanzipierten Wunschvater der siebziger Jahre umzumodeln. Augusta malt sich – nicht ohne Bedürfnis und Sehnsucht – aus, wie ein solcher Wunschvater wohl wäre und was man alles mit ihm machen könnte.

[…] hemmungslos berühren, anfassen, umarmen, mit dem man in die Sauna gehen konnte ohne Scheu vor einer Nacktheit, dem man sich anvertrauen konnte, der unverstellt redete und spontane Gefühle zuließ und nichts verdrängen machte, der die innere Dienerhaltung der auf dem Rücken gekreuzten Hände ausschloß, einer, der frei war von den Scheu- und Ohrenklappen der Konvention, auch der Klasse, einer, der einen gehen ließ und nicht fortwährend aufzog wie eine Uhr, mit dem man Sätze wechseln konnte, auf die es nicht immer ankam, unernste, unausgewogene Sätze.

(Lokaltermine, 3. Kapitel)

115

Augusta kann ihren eigenen Weg nicht unbelastet gehen; was sie beschwert und bedrückt ist ihr Erbe – und diese Abhängigkeit vom Erbe hat sie mit dem Vater gemein.

Die Belastung fing schon früh an, lange vor 1968. Als Augusta als Kind mit den Frauen arbeiten will, die im Akkord Erdbeeren pflücken und Eicheln sammeln, wird sie weggeschickt: »Du hast das doch nicht nötig.« Später geraten die Leute in Verlegenheit, weil sie nicht wissen, wie sie die studierte Gutsbesitzerstochter anreden sollen.

Hemmungen, C. A., die Tochter eines Großgrundbesitzers, Schloßbesitzers, eines Junkers zu sein, dazu die Qual der Anrede, so viele den Anredenden festlegende Formeln wie Finger an einer Hand: Comtesse, Fräulein von, Frau von, Gräfin Pe, Gräfin, und wer von den fünfen bin ich?

(Lokaltermine, 3. Kapitel)

Als Augusta ehemalige Genossen besucht, fährt beim Abendessen ein kleiner Junge sein Spielzeugauto in den Kartoffelbrei und benützt das Gefährt anschließend als Löffel. »Nach einigen Schleifen fuhr es zu Peters Mund hinauf und lud eine Ladung Kartoffelbrei ab. Augusta war konsterniert, aber Lore [die Mutter des Jungen] verkniff sich das Lachen.« »Konsterniert«, dieses Wort steht hier wohl nicht ganz zufällig, es ist ein Wort aus dem Wortschatz der vornehmen Leute, denen Augusta nicht angehören will. Sie spürt in solchen Augenblicken schmerzhaft die Wirksamkeit der von den Eltern und im Internat übermittelten Normen.

Mit der im Text oft in Klammern gesetzten Ermahnung an sich selbst »(du hast einen Kopf)« will Augusta den Teil ihres Ich stärken, der sie zur Intellektuellen gemacht und sie dem Vater entfremdet hat. Mit manchem ihrer Genossen teilte sie den Irrtum, es sei leicht, mit dem Kopf die Welt zu verändern.

Du kannst deine Herkunft durchschauen (du hast einen Kopf). Du kannst deine Herkunft in die Ecke stellen (du hast einen Kopf). Du kannst sie loswerden (du hast einen Kopf). Dann befreie dich aber auch von deiner Angst, sonst nützt es nichts. Sie logisch zu verneinen, ist kein Weg.

Vielleicht ist es dieser Angst zuzuschreiben, daß Augusta sich kurzfristig entschließt, doch nicht an der Begräbniszeremonie teilzunehmen, deretwegen sie die lange Autofahrt auf sich genommen hat. Sie ist nicht viel weiter als gleich nach Erhalt der Nachricht vom Tod des Vaters. Damals hatte sie den Freund in München wissen lassen: »Wie soll ich dir sagen, in was mich C. A. entlassen hat, in welche Leere, in welch schäbige Erleichterung, in welche Vorwürfe.« Trotz ihrer intellektuellen Überlegenheit, trotz kluger Argumente, die für sich und für sie sprechen, ist sie mit dem Vater nicht »quitt«. Augusta ergreift die Flucht, zu einer nochmaligen bewußten Abwendung fehlt ihr die Kraft:

Du wirst mich nicht sehen, C.A., weder unter den Achthundert noch zwischen deinen Leuten. Ich werde nicht da sein; du bist ja auch nicht dabei. Du nicht und ich nicht, also sind wir quitt. Aber sie merkte sofort, daß ihre Rechnung nicht stimmte und nahm das *quitt* schnell zurück. Wir befinden uns *Auge in Auge*. Zufrieden?

(Im Kaleidoskop, 2. Kapitel)

Dieser Stand der Dinge in der Auseinandersetzung der Generationen wird – so suggeriert zumindest der Titel – zuerst dem Adel zur Kenntnis gebracht, also dem Stand, dem die beiden Kontrahenten angehörten, ob sie wollten oder nicht. Das Buch geht über eine individuelle Auseinandersetzung der Erzählerin mit ihrem Vater hinaus und steht stellvertretend für eine ganze Generation, selbst wenn die Gegensätze in der vorliegenden Konstellation extrem zugespitzt und daher letztendlich unüberwindbar erscheinen.

Peter Handke
Wunschloses Unglück

Noch auf der Suche nach »seinem Stil«, einer Schreibweise, die der Art seiner Welt- und Ich-Erfahrung ebenso gemäß war wie seinem Verständnis von Sprache, begab sich Peter Handke zu Anfang der siebziger Jahre auf einen Seitenweg, dem die bemerkenswerte Erzählung ›Wunschloses Unglück‹ (1972) zu verdanken ist. Dieser Text könnte als Seiten- und Gegenstück zur »Väterliteratur« jener Jahre beispielhaft für deutsche »Mütterliteratur« stehen. Es ist der Nachruf des Sohnes auf seine Mutter, die sich im Alter von 51 Jahren durch eine Überdosis Tabletten das Leben nahm.

Bei dieser Erzählung wollte sich Handke nicht damit begnügen, das körperliche und seelische Elend einer krebskranken Frau zu beschreiben. Wichtiger war es ihm zu zeigen, daß seine Mutter zu den Menschen gehörte, die veranlagt und gewillt sind, ihr eigenes Leben zu leben, durch die »Idiotie des Lebens« jedoch, eine Summe von leidigen Umständen, daran gehindert werden.

Weil er diese Frau wie kein anderer zu kennen glaubt, gibt sich der Sohn den Auftrag, seine Dankbarkeit gegenüber der Mutter durch ein literarisches Werk darzulegen, in dem er ständig mit wachem Bewußtsein den Schreibprozeß reflektiert. Von Anfang an spürt der Erzähler den Widerstand, den ihm der Stoff entgegensetzt: »[...] meine Mutter wird und wird nicht [...] zu [...] einer Kunstfigur. Sie läßt sich nicht einkapseln, bleibt unfaßlich, die Sätze stürzen in etwas Dunklem ab und liegen durcheinander auf dem Papier.«

Handke versucht, das eigene Innere an das bekannte und zugleich fremdgebliebene Innere der Mutter heranzurücken, es gelingt ihm jedoch nicht.

Die folgenden Abschnitte schildert die Gefühle des Erzählers nach der Beerdigung der Mutter:

Es schneite so stark, daß man sich nicht daran gewöhnte und immer wieder zum Himmel schaute, ob es nicht nachließ. Die Kerzen erloschen eine nach der andern und wurden nicht mehr angezündet. Mir fiel ein, wie oft man las, daß jemand sich bei einer Beerdigung die spätere Todeskrankheit geholt hatte.

Hinter der Friedhofsmauer begann sofort der Wald. Es war ein Fichtenwald, auf einem ziemlich steil ansteigenden Hügel. Die Bäume standen so dicht, daß man schon von der zweiten Reihe nur noch die Spitzen sah, dann Wipfel hinter Wipfel. Zwischen den Schneefetzen immer wieder Windstöße, aber die Bäume bewegten sich nicht. Der Blick vom Grab, von dem die Leute sich rasch entfernten, auf die unbeweglichen Bäume: erstmals erschien mir die Natur wirklich unbarmherzig. Das waren also die Tatsachen! Der Wald sprach für sich. Außer diesen unzähligen Baumwipfeln zählte nichts; davon ein episodisches Getümmel von Gestalten, die immer mehr aus dem Bild gerieten. Ich kam mir verhöhnt vor und wurde ganz hilflos. Auf einmal hatte ich in meiner ohnmächtigen Wut das Bedürfnis, etwas über meine Mutter zu schreiben.

Nachher im Haus ging ich am Abend die Treppe hinauf. Plötzlich übersprang ich ein paar Stufen mit einem Satz. Dabei kicherte ich kindisch, mit einer fremden Stimme, als würde ich bauchreden. Die letzten Stufen lief ich. Oben schlug ich mir übermütig die Faust auf die Brust und umarmte mich. Langsam, selbstbewußt wie jemand mit einem einzigartigen Geheimnis, ging ich dann die Treppe wieder hinunter.

(S. 94 f.)

Die einst vertraute Landschaft in der Nähe des dörflichen Friedhofs wird fremd und bedrohlich; aus der Wut des Erzählers entspringt der Wunsch, über die Mutter zu schreiben. Die folgenden Abschnitte entstammen dem letzten Teil der Erzählung.

Tagsüber habe ich oft das Gefühl, beobachtet zu werden. Ich mache Türen auf und schaue nach. Jedes Geräusch empfinde ich zunächst als einen Anschlag auf mich.

(S. 97)

Die Eierlikörflasche in der Kredenz!

Die schmerzliche Erinnerung an sie bei den täglichen Handgriffen, vor allem in der Küche.

Im Zorn schlug sie die Kinder nicht, sondern schneuzte ihnen höchstens heftig die Nase.

Todesangst wenn man in der Nacht aufwacht, und das Licht im Flur brennt.

[...]

Als Kind war sie mondsüchtig.

(S. 99)

Das Bild der Mutter zerbricht in unverbundene Episoden und Details. Handke kann seinem Mutterbuch keinen durchgestalteten Schluß mitgeben; Sätze, Strukturen und Abschnitte treten auseinander, Zusammenhänge lösen sich auf. Die Sprache läßt den Schriftsteller im Stich.

Der letzte Satz von ›Wunschloses Unglück‹ lautet: »Später werde ich über das alles Genaueres schreiben.« Handke hat diesen Vorsatz nicht wahrgemacht.

Auch in den folgenden Jahren und in weiteren Werken – sie mochten in seinen eigenen Augen oder im Urteil der Kritik mehr oder weniger gelungen sein – sucht Handke nach einem für ihn gangbaren Weg zu einem erzählästhetischen Konzept. Aus Peter Handke werden »Kunstfiguren« wie der Geologe Valentin Sorger in ›Langsame Heimkehr‹ (1979) oder der junge Filip Kobal in ›Die Wiederholung‹, Handke schreibt auch unter eigenem Namen. »Die Erzählung muß weitergehen«, heißt es am Ende der ›Wiederholung‹. Und Sorger formulierte die Botschaft der Handkeschen Helden jener Zeit so:

Was ich hier erlebe, darf nicht vergehen. Das ist ein gesetzgebender Augenblick: mich lossprechend von meiner Schuld, der selbstverantworteten und auch nachgefühlten, verpflichtet er mich, den einzelnen und immer nur zufällig Teilnahmsfähigen, zu einer so stetig wie möglich geübten Einmischung. Es ist zugleich mein geschichtlicher Augenblick: ich lerne [...], daß die Geschichte nicht nur eine Aufeinanderfolge von Übeln ist, die einer wie ich nur ohnmächtig schmähen kann [...]

Die Handkeschen Figuren suchen in seinem Auftrag nach Ereignissen und Bildern, die ihnen Bedeutsamkeit suggerieren. Sie erheben Teile der sie umgebenden Wirklichkeit durch sprachliche Gestaltungs- und Verwandlungsarbeit zu Kunstwerken, die den Glanz einer überirdischen Schöpferkraft in sich aufnehmen und spiegeln können. Der »eigene geschichtliche Augenblick« wird als bedeutend in Anspruch genommen und gegen die allgemeine Geschichte als »Aufeinanderfolge von Übeln« verteidigt. Handke scheint von den Ereignissen und dem Ablauf der Geschichte nicht viel zu halten.

Das eigene Welterlebnis prägt Handkes Schreiben in den achtziger Jahren. Er fühlt sich verpflichtet zum »Bilder Erfühlen und dementsprechenden ›Worte-Setzen‹«: aus dem im Moment Wahrgenommenen sollte durch Komposition und die Macht der Sprache Dauerhaftes werden, das den Bestand an Harmonischem in der Welt vermehren hilft.

Handke setzte sein Bemühen in drei schmalen Büchern fort, deren Gemeinsamkeit im Titel jeweils mit der Formulierung »Versuch über …« angekündigt wurde. Nur der ›Versuch über die Jukebox‹ (1990) trägt die Gattungsbezeichnung »Erzählung«: In ihm wird am ehesten der Vorsatz »Die Erzählung muß weitergehen« aufgenommen und fortgeführt.

Handke wählte sich ein ungewöhnliches Thema, doch er selbst kannte sich mit Juke-Boxen aus – Musikautomaten, die in den zwanziger und dreißiger Jahren in Bars und Lokalen aufgestellt waren; wenn man ein Geldstück einwarf und eine Taste drückte, ertönte von einer Platte die gewünschte Musik. Dabei fesselten »Lichtspiele« das Auge. »Pfau im Zentrum des Geräts, immerzu die Farben wechselnd: Plastikflächen, bisher einfach farbig, nun marmoriert; Zierleisten, bisher falsche Bronze, nun verchromt …«

Der Erzähler ist von derlei technischen Spielereien fasziniert und weiß, daß über Jukebox-Platten Bands und ihre Sounds, Gesangsgruppen und Solisten bekannt wurden. Er hat aus solch einer Box zum erstenmal die Beatles gehört, eine Erinnerung, die ihm wert erscheint, festgehalten zu werden.

Die Box spielte, aber er wartete wie immer auf die von ihm selbst gedrückten Nummern; dann erst war es richtig. Auf einmal, nach der Plattenwechselpause, die, mitsamt ihren Geräuschen – dem Klicken, dem Suchsurren, hinwärts und herwärts durch den Gerätbauch, dem Schnappen, dem Einrasten, dem Knistern vor dem ersten Takt –, gleichsam zum Wesen der Jukebox gehörte, scholl von dort aus der Tiefe eine Musik, bei der er zum ersten Mal im Leben, und später nur noch in den Augenblicken der Liebe, das erfuhr, was in der Fachsprache »Levitation« heißt, und das er selber mehr als ein Vierteljahrhundert später wie nennen sollte: »Auffahrt«? »Entgrenzung«? »Weltwerdung«? […]
Ohne zunächst wissen zu wollen, wer die Gruppe war, deren Stimmen, getragen von den Gitarren, gleichermaßen einzeln, durcheinander und endlich unisono erbrausten – er hatte in den Jukeboxen bisher die Allein-Sänger bevorzugt –, staunte er einfach. […] Als er dann aber bei seinem selten gewordenen Radiohören einmal erfuhr, wie der Chor der frechen Engelszungen hieß, die mit ihrem mir nichts, dir nichts hinausgeschmetterten »I want

to hold your hand«, »Love me do«, »Roll over Beethoven« alles Gewicht der Welt von ihm nahmen, wurden das die ersten sozusagen »unernsten« Platten, die er sich kaufte (er kaufte in der Folge fast nur noch solche) [...].
Und heute noch dachte er, das Anfänger-Schallen der Beatles im Ohr [...]: Wann würde je wieder solch eine Anmut in die Welt treten?

(S. 87 ff.)

Außerdem entdeckt der Erzähler durch »gewissenhaftes Herumstreifen« die zunächst abweisend und verschlafen wirkende spanische Provinzstadt, in der er sich bei der Niederschrift seines Textes aufhält, und die landschaftlichen Besonderheiten ihrer Umgebung. Durch rechtes »Wort-Setzen« fängt er etwa ein Naturbild ein: Vögel und Baum, ohnehin aneinander gebundene Naturwesen, bilden hier ein allegorisch zu nennendes Muster, wie es sonst nur die Kunst hervorbringt.

Zwischendurch hob er den Blick durch das Fenster hinaus zu einer Platane – noch mit schütterem Laub und daneben zu einem schon völlig kahlen Gebirgsahorn, in dem dafür fast verläßlich, außer bei starkem Sturm, knospengleich die Spatzen hockten, so still, daß die daneben auf der Stelle wippenden, ruckenden Zackenblätter vogelähnlicher waren.

(S. 124 f.)

Die kastilische Provinzstadt Soria wird einmal »geschichtstaub« genannt; und auch im Text von Handke werden die Nachrichten von den großen geschichtlichen Umwälzungen des Jahreswechsels 1989/90 kaum beachtet. Handke weiß, daß man von der Literatur eine angemessene literarische Gestaltung dieser Ereignisse fordern würde. Man hat denn auch vielfach kritisiert, daß sich die Literatur dieser Aufgabe nicht oder nur zögernd angenommen habe. Peter Handke ahnte, was man ihm vorwerfen würde: Er habe sich davongestohlen und sich an einem ›so weltfremden Gegenstand‹ wie der Jukebox, einer Sache »für Weltflüchtlinge« versucht. Er glaubte zu wissen, was sich seit dem Anfang der Welt wiederholte: Die sich überschlagenden Ereignisse – »jeder Tag ein historisches Datum« – bieten »ein weltumspannendes Epos von Krieg und Frieden, Himmel und Erde, Westen und Osten, Mord und Totschlag, Unterdrückung, Empörung und Versöhnung, Schlössern und Spelunken, Urwäldern und Sportpalästen, Verschollengehen und Heimkehr«. Mehr als das Große, das vermeintlich Ganze der Geschichte zählte für ihn das für den einzelnen erlebbare und faßbare Einzelne. Er blieb im »geschichtstauben« spanischen Soria.

Thomas Bernhard
Die Ursache. Eine Andeutung

»So schwanken die Menschen immer an einer bestimmten Stelle ihres
Lebens und zwar immer an der [...] entscheidenden Stelle ihres Lebens, ob sie das Ungeheuerliche ihres Lebens angehen sollen, oder
sich von dem Ungeheuerlichen vernichten lassen sollen, bevor sie es
angegangen haben.« Dieser lange und wuchtige Satz steht in Thomas
Bernhards Roman ›Korrektur‹ aus dem Jahr 1975. Er klingt so drohend, als müsse man jederzeit des Schlimmsten gewärtig sein, als ließe sich das Kämpfen und Leiden nicht vermeiden.

Das »Ungeheuerliche« seines eigenen Lebens war, so glaubte
Bernhard, schon seit der Kindheit sein Begleiter. 1975 eröffnete er eine zweite Phase literarischen Schaffens mit fünf schmalen Büchern,
in denen er mit allen Erziehungsinstanzen, denen er als Kind und
junger Mensch ausgeliefert war, hart ins Gericht geht.

In Interviews, die 1983 und 1985 in der französischen Zeitung ›Le
Monde‹ veröffentlicht wurden, hat Bernhard darauf hingewiesen,
daß er »gegen alles, was autobiographisch ist, eine echte Abneigung
empfinde«. Er habe lediglich »Neugier auf seine Kindheit« bekommen und in einem »kleine[n] Bändchen« aufgeschrieben, was ihm
wichtig erschien. »Nicht so wie es in Wirklichkeit war [...], sondern
so, wie ich es heute sehe.« In solchem Lichte sind Bernhards gern als
autobiographisch bezeichneten Lebensbücher der siebziger und frühen achtziger Jahre zu lesen und zu verstehen.

In diesen Büchern läßt oft die Sprache aufmerken. In den genannten Interviews bekennt Bernhard auch, was ihn zum Schreiben trei-
be, sei das »Vergnügen, die zweckdienlichste Methode herauszufin-
den, mit den Wörtern und Sätzen zu Rande zu kommen. [...] Den
Stoff im eigentlichen Sinn halte ich für ganz und gar sekundär.«

Wie geht Bernhard nun »das Ungeheuerliche« sprachlich-stilistisch
an? Für die Familienangehörigen wählt er in der ›Ursache‹ (1975),
dem ersten der fünf Bändchen, nicht die allgemein üblichen Bezeich-
nungen. So ist die Familie eine »Ansammlung von Blutsverwandten«,
die Eltern werden nur »Erzeuger« genannt. »Es gibt überhaupt keine
Eltern, es gibt nur Verbrecher als Erzeuger von neuen Menschen, die
mit ihrer ganzen Unsinnigkeit und Stumpfsinnigkeit gegen diese neuen
von ihnen erzeugten Menschen vorgehen und in diesem Verbrecher-
tum von den Regierungen unterstützt werden [...].« Dieser Satz ist
ein Beispiel dafür, wie Bernhard unversehens zu einem beleidigenden
Rundumschlag in Form einer »Verbalinjurie« ausholen kann.

Auch die Mutter bleibt nicht verschont; sie hat den Ich-Erzähler
entgelten lassen, daß sie von seinem Vater, dem der Junge sehr ähnlich sah, den er aber nie kennenlernte, verlassen worden war. Die

Mutter heiratet einen anderen Mann, und der Junge wächst auf in einer Wohnung unter »neun Menschen, die sich nicht mehr sehen und aushalten konnten«.

Als einzigen Erzieher will der Erzähler den geliebten Großvater anerkennen und gelten lassen. Gerade der aber spricht sich dafür aus, daß der Enkel weggegeben wird; da die höhere Schule die Voraussetzung für eine bürgerliche Karriere darstellt, wird der noch nicht Zehnjährige 1943 in ein Salzburger Internat geschickt, in einen »staatlichen Kerker geworfen«. Das sensibel-melancholische Kind kann sich an den Drill und die öden Alltagsprozeduren im nationalsozialistischen Schülerheim nicht gewöhnen. Der Junge fühlt sich nur etwas wohler, wenn er in der nach Fußschweiß und Küchendünsten riechenden Schuhkammer für sich allein Geige üben darf; da ihm aber gerade dann Selbstmordgedanken kommen, ist er aufs äußerste gefährdet.

Die von mir auf meiner Geige produzierte Musik war dem Laien die außerordentlichste und meinen Ohren die gekonnteste und aufregendste, wenn sie auch eine vollkommen selbsterfundene gewesen war, die mit der Mathematik der Musik nicht das geringste zu tun gehabt hatte. [...]

(S. 37)

Man hat diese Art zu musizieren mit Bernhards Schreibweise verglichen. Einen Eindruck von dieser »vollkommen selbsterfundenen« Schreibweise erhält man, wenn Bernhard einen Fluch gegen die verhaßte »Lern- und Studienstadt« Salzburg Sprache werden läßt.

Diese Stadt hat alle, deren Verstand sie nicht mehr verstehen konnte, ausgestoßen und niemals, unter keinen Umständen, mehr zurückgenommen, wie ich aus Erfahrung weiß, und sie ist mir aus diesen aus Hunderten von traurigen und gemeinen und entsetzlichen und tatsächlich tödlichen Erfahrungen zusammengesetzten Gründen immer eine mehr und mehr unerträgliche geworden und bis heute im Grunde unerträgliche geblieben und jede andere Behauptung wäre falsch und Lüge und Verleumdung und diese Notizen müssen jetzt notiert sein und nicht später, und zwar in diesem Augenblick, in welchem ich die Möglichkeit habe, mich vorbehaltlos in den Zustand meiner Kindheit und Jugend und vor allem meiner Salzburger Lern- und Studierzeit zu versetzen mit der für eine solche Beschreibung als Andeutung notwendigen Unbestechlichkeit und aufrichtigen Schuldigkeit, dieser Augenblick, zu sagen, was gesagt werden muß, was angedeutet sein muß, muß ausgenutzt werden, der Wahrheit von damals, der Wirklichkeit und Tatsächlichkeit, wenigstens in Andeutung zu ihrem Recht zu verhelfen, denn allzu leicht kommt auf einmal nur mehr noch die Zeit der Verschönerung und der unzulässigen Abschwächung, und alles ist diese Lern- und Studierstadt Salzburg für mich gewesen, nur keine schöne, nur keine erträgliche, nur keine, welcher ich heute zu verzeihen hätte, indem ich sie verfälsche. Diese Stadt ist immer nur eine mich peinigende gewesen, und sie hat Freude und Glück und

Geborgenheit dem Kind und dem Jüngling, der ich damals gewesen bin, einfach nicht zugelassen, sie ist niemals gewesen, was von ihr immer behauptet wird, aus Geschäftsgründen oder ganz einfach aus Verantwortungslosigkeit, ein Ort, in welchem ein junger Mensch gut aufgehoben ist und gut gedeiht, ja froh und glücklich sein muß, diese frohen und glücklichen Augenblicke, die ich in dieser Stadt erlebt habe, sind an den Fingern abzuzählen; und sie sind teuer bezahlt worden. Und es war nicht nur diese unglückliche Zeit mit ihrem Krieg und mit ihren Verwüstungen auf der Oberfläche und der auf dieser Oberfläche existierenden Menschen, mit ihrer nur auf Natur- und Menschenschändung hinzielenden Geistesverfassung, nicht nur der Umstand des Niederganges und der totalen Verdunkelung Deutschlands und ganz Europas gewesen, der mich auch heute noch diese Zeit als meine finsterste und in jeder Hinsicht qualvollste klassifizieren läßt, und nicht nur die in dieser Zeit- und Menschen- und allgemeinen Naturverfinsterung besonders große Anfälligkeit meines für alle Naturverhältnisse in hohem Maße immer auf die fatale Weise empfängliche eigene, diesen und allen Naturverhältnissen im Grunde immer vollkommen ausgelieferte Natur, es war (und es ist) der nicht für mich allein tödliche Geist dieser Stadt, dieser nicht für mich allein *tödliche Todesboden.* Die Schönheit dieses Ortes und dieser Landschaft, von welcher alle Welt spricht, und zwar fortwährend und immer nur auf die gedankenloseste Weise und in tatsächlich unerlaubtem Tone, *ist genau jenes tödliche Element auf diesem tödlichen Boden,* hier werden die Menschen, die an diese Stadt und an diese Landschaft durch Geburt oder auf eine andere radikale unverschuldete Weise gebunden und mit Naturgewalt daran gekettet sind, fortwährend von dieser weltberühmten Schönheit erdrückt. Eine solche weltberühmte Schönheit in Verbindung mit einem solchen menschenfeindlichen Klima ist tödlich. Und gerade hier, auf diesem mir angeborenen Todesboden, bin ich zu Hause und mehr in dieser (tödlichen) Stadt und in dieser (tödlichen) Gegend zu Hause als andere, und wenn ich heute durch diese Stadt gehe und glaube, daß diese Stadt nichts mit mir zu tun hat, weil ich nichts mit ihr zu tun haben will, weil ich schon lange mit ihr nichts mehr zu tun haben will, so ist doch alles in mir (und an mir) *aus ihr,* und ich und die Stadt sind eine lebenslängliche, untrennbare, wenn auch fürchterliche Beziehung. Denn tatsächlich ist alles in mir auf diese Stadt und auf diese Landschaft bezogen und zurückzuführen, ich kann tun und denken, was ich will, und diese Tatsache wird mir immer noch stärker bewußt, sie wird mir eines Tages so stark bewußt sein, daß ich an dieser Tatsache als Bewußtsein zugrunde gehen werde. Denn alles in mir ist dieser Stadt als Herkunft ausgeliefert. Aber was ich heute ohne weiteres ertragen und ohne weiteres ignorieren kann, habe ich in diesen Lern- und Studierjahren nicht ertragen und ignorieren können, und ich rede von diesem Zustand der Unbeholfenheit und totalen Hilflosigkeit *des Knaben,* die die Unbeholfenheit und totale Hilflosigkeit eines jeden Menschen in diesem ungeschützten Alter sind. Das Gemüt war ganz einfach in dieser Zeit beinahe zugrunde gegangen, und diese *Gemütsverdüsterung* und *Gemütsverfinsterung als Gemütszerstörung* ist von niemandem, *von keinem einzigen Menschen wahrgenommen* worden, daß es sich *um einen Krankheitszustand handelte als Todeskrankheit,* gegen den und gegen die nichts getan worden ist.

(S. 42–45)

Bernhard türmt ein Satzgebirge auf, der Fluch entlädt sich in einer emphatischen Sprache. An den mehrgliedrigen Attributen – ein einzelnes Wort der Verdammung reicht nicht aus – ist es abzulesen: »Hunderte von traurigen und gemeinen und entsetzlichen und tatsächlich tödlichen Erfahrungen«. Die Häufung summiert sich zu Gründen, die ein vernichtendes Urteil rechtfertigen. Eigentlich ist das Unerträgliche auch unaussprechlich, doch wenn überhaupt, dann ist für den Erzähler jetzt die Stunde, das »Peinigende«, die »Wirklichkeit und Tatsächlichkeit« des Erlittenen aufzudecken. Um das Normale, Natürliche und Schöne der Jugendjahre ist der Erzähler betrogen worden – von Menschen mit einer »nur auf Natur- und Menschenschändung hinzielenden Geistesverfassung«: Stiefvätern, Nazi-Heimleitern und anderen Unmenschen in den Jahren »des Niederganges und der totalen Verdunkelung Deutschlands und ganz Europas«.

Was ihm und auch anderen Altersgenossen angetan wurde, läßt sich nur in Superlativen ausdrücken; »totale Verdunkelung, finsterste und in jeder Hinsicht qualvollste Zeit« beschwören eine apokalyptische Stimmung herauf und machen die Stadt zum »tödlichen Todesboden«.

Der Rest der Verdammungsrede steht im Zeichen des Todes. Für Bernhard ist das Leben in erster Linie naturhaft-leiblich, vegetativ; der Tod ist eine »Wirklichkeit und Tatsächlichkeit«, die den Menschen in seiner Dreiheit als Körper, Seele und Geist erfaßt. Der »Gemütsverdüsterung« und »Gemütsverfinsterung« wird unweigerlich die »Gemützerstörung« folgen. Nach dem Zusammenbruch des überheblich Großdeutschland genannten Hitlerreiches erlebt der nun vierzehnjährige Thomas, wie das ehemals nationalsozialistisch geführte Internat unter kirchliche Aufsicht gestellt wird. Am stumpfen Alltag der Zöglinge, an der »tagtäglichen Hölle«, ändert sich wenig. In dieser Zeit verstärkt sich der Widerwille gegen alle autoritären Instanzen und Institutionen, dem Erzähler ist seine Heimat Österreich für alle Zeit verleidet: »Geistig eingeklemmt zwischen Katholizismus und Nationalsozialismus sind wir aufgewachsen und schließlich zerquetscht worden zwischen Hitler und Jesus Christus als volksverdummende Abziehbilder.«

Haß und Schmähung trifft auch das »verhaßte Gymnasium« im altehrwürdigen Zentrum der Mozart- und Festspielstadt, das Bernhard besuchen muß; »Geistesvernichtungsanstalt, katastrophale Verstümmelungsmaschinerie« tituliert er die Schule.

Die Kritiker suchten seinerzeit Worte für die Gewalt superlativischer Schmähung Salzburgs und Österreichs bei Thomas Bernhard. Man las von »hochkarätigem Haß«; die Texte wurden als »verstörend«, »erschütternd«, aber auch »faszinierend« bezeichnet. Marcel

Reich-Ranicki warb um Verständnis für einen Autor, dessen Prosa ihren Wert in sich selbst trage. »Das von Bernhard skizzierte Bild Salzburgs kann nicht ›gerecht‹ sein, und die Frage der Übereinstimmung mit der Wirklichkeit dieser Stadt erscheint eher belanglos. Es war nie Bernhards Ehrgeiz, eine nachprüfbare Realität wiederzugeben, sondern eine Realität zu schaffen, die suggestiv genug wäre, um ihre Überprüfung entbehrlich zu machen.«

Im zweiten Band (›Der Keller. Eine Entziehung‹ von 1976) erzählt Thomas Bernhard, wie er aus eigenem Entschluß und durch eigenes Betreiben die »entgegengesetzte Richtung« einschlug. Er nimmt eine Lehrstelle bei einem Kaufmann an, der in einer Armen- und Asozialensiedlung am Stadtrand einen Kellerladen besitzt. Durch die emphatische Hervorhebung des Wortpaars »entgegengesetzte Richtung« – es erscheint achtzehnmal auf wenigen Seiten – betont er die Wichtigkeit seiner Entscheidung. Die Begegnung mit Ausgestoßenen, Verfemten und Elenden und ein zugleich begonnenes privates Gesangs- und Musikstudium lassen ihn zu sich selbst finden. »Ich schenkte mir nichts und das hat mich gerettet und mich bis zu einem gewissen Grad glücklich gemacht. [...] Ich lernte den Kaufmannsberuf und ich studierte die Musik gleichzeitig und ich spielte keine dieser todernsten Tatsachen gegeneinander aus.«

Eine schwere Krankheit beendet den glücklichen Zustand der Zufriedenheit mit sich selbst. Aus einer Grippe, die er sich »im Keller« zugezogen hat, wird eine langwierige Lungenentzündung, und es bleibt ein schwerer Körperschaden. In ›Der Keller‹ wird das Unglück nur knapp erwähnt: »Zurückgeworfen in eine Krankheit, die mich über vier Jahre lang an Krankenhäuser und Heilanstalten gefesselt hat, schwebte ich, wie man sagt, einmal mehr, einmal weniger besorgniserregend zwischen Leben und Tod.«

Ausführlicher erzählt Bernhard in den beiden folgenden Büchern, ›Der Atem. Eine Entscheidung‹ (1978) und ›Die Kälte. Eine Isolation‹ (1981), von seiner Auferstehung aus dem Totenkämmerlein des Salzburger Landeskrankenhauses, in das man den jungen Mann gelegt hat – man hat ihn aufgegeben und mit der Letzten Ölung versehen. Er hat vorwegnehmend am eigenen Leib erfahren, daß Sterben alltäglich und »daß auch das Fürchterlichste und das Entsetzlichste und das Abstoßendste und Häßlichste das Selbstverständliche ist«, und er entscheidet sich bewußt für das Leben, für den »Atem«. Nach einem kurzen Aufenthalt in einer Klinik für Tuberkulosekranke wird er in die Lungenheilstätte Grafenhof verlegt. Doch die Diagnose des Arztes – offene Tuberkulose – steigert den Lebenswillen des Achtzehnjährigen. Am Ende seiner Persönlichkeitsentwicklung nimmt er sein Leben selbst in die Hand und erfüllt sich seinen Wunsch, Gesang zu studieren. Der fünfte Teil der Autobiographie, ›Ein Kind‹

(1982), liegt chronologisch vor den anderen vier Teilen und berichtet von der Kindheit des Erzählers.

Welche Einstellung zum Leben und zur Welt kommt in diesen fünf Büchern zum Ausdruck? Bernhard trägt sein Schicksal »monologisch« mit sich selbst aus. Wenn er das »Ungeheuerliche« seines Lebens »angeht«, wütet er – mitten im Getriebe und Getümmel mit anderen – auch gegen sich selbst. Die entscheidende Frage wird in ›Der Keller‹ in ein Bild gekleidet, das davor warnt, sie auf Bernhardsche Art »anzugehen«: »Bin ich Teil oder Opfer der sich immer schneller drehenden und alles in ihr ununterbrochen malmenden und zermalmenden Existenzmaschine? frage ich mich. Die Antwort muß ausbleiben.«

Eine Konsequenz für Bernhard ist, jenes »Fürchterlichste und Entsetzlichste, das Abstoßendste und Häßlichste« nicht zu verschweigen. Es hat Einlaß in Bernhards dichterisches Werk erhalten und nimmt dieses oft ganz in Beschlag.

2.3 Weibliche Existenz und die Beziehungen zwischen den Geschlechtern

Im Zeitraum, der im vorliegenden Band behandelt wird, hatten Frauen schon des längeren das weibliche Geschlecht und seine Stellung in der Gesellschaft zu einem vordringlichen öffentlichen Thema gemacht. Mit klugen Worten und Argumenten diskutierten sie über die Beziehungen zwischen den Geschlechtern, und viele dieser Gedanken fanden auch Eingang in die Literatur. An dieser Stelle sollen zwei zentrale Bücher der sogenannten »Frauenliteratur« erwähnt werden. Eher gesellschaftspolitisch als literarisch bedeutend war Verena Stefans Prosatext ›Häutungen‹ von 1975, in dem sie vor dem Hintergrund der Frauenbewegung für eine Auflösung der traditionellen Lebensformen im Verhältnis zwischen Mann und Frau plädierte. Karin Strucks Roman ›Klassenliebe‹ von 1973 ist die autobiographisch gefärbte Darstellung des Lebens einer jungen Frau, die sich in einer Dreiecksbeziehung und in ihrer spezifischen Situation als Studentin aus nichtakademischem Elternhaus behaupten muß.

Häufig wurde in den Diskussionen die Meinung vertreten, daß das kulturelle Erbe für Männer und Frauen nicht das gleiche sei. Damit wurde die Auffassung gestärkt, daß die Unterschiede in Schaffensbedingungen und Denkstrukturen radikaler seien, als man annehmen mochte (Ruth Klüger). Von hier aus fiel ein neues Licht auf das

»weibliche« Schreiben. Christa Wolf setzte das Wort »weiblich« Anfang der achtziger Jahre noch in Anführungszeichen und definierte das weibliche Schreiben: »Wirklichkeit anders erleben als Männer, und dies ausdrücken.«

Um dieses weibliche Schreiben ging es auch Ingeborg Bachmann in ihrem Buch ›Malina‹ von 1971. Sie trägt einer »Ich« genannten weiblichen Hauptfigur an, Männern und männlichem Denken ohne Scheu und Scham die Wahrheit ihrer Existenz entgegenzustellen. Das »Ich« setzt diese Existenz aufs Spiel, unterliegt aber letztlich dem männlichen Prinzip.

Christa Wolf erprobt die Möglichkeit eigenständigen weiblichen Denkens und Sprechens an einer antiken Frauengestalt, der trojanischen Prinzessin und Seherin Kassandra. Wenn sie die mythische Welt als Prüffeld wählt, ist nicht sicher, ob eine Rückübersetzung der Erfahrungen in die Welt von heute bruchlos gelingen kann.

Günter Grass schrieb in den siebziger Jahren in seinem Roman ›Der Butt‹ über die Beziehungen der Geschlechter aus der Sicht des Mannes. Für ihn sind diese Beziehungen vom Kampf um Vorherrschaft bestimmt; Schauplatz des Kampfes ist die Geschichte. Laut Grass sind Mann und Frau, die sich bis heute gleichgeblieben sind, gerade in einer brüchig gewordenen Welt aufeinander angewiesen. Doch warnt Grass davor, von einer »feministischen« Herrschaft das Heil der Welt zu erwarten.

Während Christa Wolf in ihrer Erzählung ›Kassandra‹ zwar durchaus – wenn auch mythisch verschlüsselt – Aussagen zum weltpolitischen Geschehen und zum Verhältnis zwischen Deutschland Ost und West macht, aber in geringerem Ausmaß als etwa in ihrem Text ›Nachdenken über Christa T.‹ (vgl. S. 232–240) die spezifische Situation der Frau in der DDR thematisiert, steht gerade dieser Aspekt im Roman ›Leben und Abenteuer der Trobadora Beatriz‹ (1974) der DDR-Autorin Irmtraud Morgner im Zentrum. Er erzählt von der Begegnung zwischen einer mittelalterlichen Trobadora aus der Provence und einer DDR-Bürgerin, bei der die beiden feststellen müssen, daß die Frauen in der DDR trotz staatlich verfügter Gleichberechtigung noch immer einen großen Anteil der alltäglichen Belastungen in Familie und Haushalt allein tragen müssen.

Der Roman ›Rita Münster‹ (1982) von Brigitte Kronauer erzählt die Entwicklung der Titelfigur zu einer selbstbewußten jungen Frau, die ihr Leben selbst in die Hand nimmt und ihre Zukunft unabhängig vom Einfluß anderer Menschen gestalten kann. Während sie zunächst ihre Umwelt mit Scharfblick beobachtet, richtet sie im Verlauf der Handlung diesen Blick auf sich selbst und gelangt so zu einer tieferen Selbstkenntnis.

Ingeborg Bachmann
Malina

Nach mehrjähriger Zurückgezogenheit trat Ingeborg Bachmann, die sich bereits mit ihrem bisherigen Werk einen Namen gemacht hatte, im Jahr 1967 wieder an die Öffentlichkeit. Bei einer Autorenlesung machte sie deutlich, daß sie an einem noch größeren literarischen Projekt arbeitete:

[...] lassen Sie es mich vorläufig beschreiben als einen Versuch, ein Kompendium der Verbrechen herzustellen, die in dieser Zeit begangen werden. Sie werden unwillkürlich denken, dieses Buch müsse sich mit den Verbrechen beschäftigen, die die unerreichten Barbareien dieses Jahrhunderts betreffen. Das tut es nicht oder kaum. Die Rede ist vielmehr von den Verbrechen der höchsten Zivilisation, die ihres Raffinements wegen, ihres Grades an Intellektualität wegen [...] täglich unter uns heimlich und straflos begangen werden.

Der Arbeitstitel für das Werk lautete ›Todesarten‹. Allen Bänden gemeinsam sollte ein Figurennetz sein; jeweils eine Figur sollte dann im Mittelpunkt eines Bandes stehen. Eine dieser Hauptfiguren ist Malina, der bereits am Anfang des ersten Bandes vorgestellt wird; er hat dem Buch den Titel gegeben. Fast wie ein Theaterstück beginnt der Roman mit einer Personenliste, in der die drei Hauptpersonen, Ivan, Malina und »Ich« präsentiert werden. Darauf folgt die Zeitangabe »Heute« und die Angabe des Ortes, nämlich Wien.

Ivan, ein in Wien tätiger Ungar, ist ein lebhaft-attraktiver Mann in den Dreißigern und verheiratet mit einer in Ungarn zurückgelassenen Ehefrau, von der er zwei Söhne hat; Malina, etwa vierzig Jahre alt und promovierter Historiker, ist zum Zeitpunkt des Romans Beamter in einem österreichischen Armeemuseum. Die dritte Hauptperson, eine junge Schriftstellerin mit abgeschlossenem Studium, ist zugleich die Ich-Erzählerin. Zwischen ihr und den beiden Männern, Malina und Ivan, scheint eine Dreiecksbeziehung zu bestehen. Sie hat sich in Ivan verliebt, als sie ihn vor einem Blumengeschäft sah, und ihn sogar angesprochen, obgleich sie eigentlich vom Wesen her eher zurückhaltend wirkt. Malina kennt sie schon länger, seit kurzem lebt sie mit ihm in einer Wohnung in der Wiener Ungargasse.

Im ersten Kapitel, das den Titel »Glücklich mit Ivan« trägt, verbringt die Ich-Erzählerin in mädchenhafter Verliebtheit eine aufregende und, alles in allem, glückliche Zeit. Sie verdrängt in diesen Wochen vieles, das andeuten könnte, daß die Beziehung nicht von Dauer sein wird.

In »Der dritte Mann«, dem zweiten Kapitel, rufen Schreckensträume die »dunkle Geschichte« der jungen Frau wach, nämlich belastende Jugenderinnerungen, die sich um eine tyrannische Vaterfigur drehen. Die Trauminhalte deuten darauf hin, daß die Frau therapeutischer Hilfe bedarf.

Im folgenden Kapitel »Von letzten Dingen« versucht Malina, die Probleme, die die junge Frau mit ihrer Vergangenheit und mit ihrer Person hat, in gemeinsamen Gesprächen auf rationalem, gewissermaßen psychoanalytischem Weg zu bewältigen. Obwohl er die Frau in der Erkenntnis der eigenen Person sowie der Welt und der Gesellschaft weiterzubringen scheint, nimmt er zu wenig Rücksicht darauf, daß sie sich vom Kern ihres Wesens her widersetzt: Sie braucht ihn und leidet zugleich unter seinen Methoden. Schließlich fühlt sie sich verletzt und erniedrigt, kommt sich eher verdammt als erlöst vor und findet letztlich keinen anderen Ausweg, als von dem Leben, das sie zuletzt geführt hat, Abschied zu nehmen, sich vergessen zu machen, auszulöschen. Dieser Akt wird in einem stark symbolischen und keineswegs eindeutig auflösbaren Bild ausgedrückt: sie verschwindet durch einen Riß in die Wand.

Der Roman hat Lesern und Rezensenten Rätsel aufgegeben. Es scheint ein Widerspruch zu herrschen zwischen dem scheinbar nicht ungewöhnlichen Inhalt der Dreiecksgeschichte – eine Frau steht zwischen zwei Männern – einerseits und der komplizierten, uneinheitlichen Form der Darstellung andererseits. Der Text besteht aus einer Komposition ganz verschiedener Elemente, die offenbar alle bemerkenswert oder wesentlich sind, jedoch ohne eine auf den ersten Blick erkennbare Gliederung aneinandergereiht werden. Einige der verwendeten darstellungstechnischen Mittel sind erzählte Episoden, elliptische Telefongespräche, Teile von Interviews, Diskurse mit philosophischem oder religiösem Wortschatz über »letzte Dinge« sowie ein Märchen oder eine Legende, deren Sprache sich an romantische Vorbilder anlehnt.

Bei dem weiblichen Ich läßt sich keine einheitliche Sprech- oder Erzählweise feststellen, die Ich-Perspektive zieht keine feste Erzählposition nach sich. Beim Versuch, auf Anweisung Malinas ihr Leben zu ordnen, stößt die Erinnerung auf viele Störungen und Schwierigkeiten:

Dann habe ich angefangen, die Jahre abzutragen. Das war das schwerste weil in mir diese Zerfahrenheit war, ich habe nicht mehr die Kraft gehabt, auch nur die Akzidentien meines Unglücks wegzuräumen. Weil ich an das Unglück nicht herangekommen bin, war soviel Nebensächliches zu beseitigen [...] sehr viele Leute, alles mögliche Gerede und Geschwätz. [...] Es waren lauter mir völlig fremde Denkweisen, die ich hätte nachahmen müssen.

(S. 313)

Im weiblichen Ich sprechen viele Stimmen, die untereinander nicht zu einer Harmonie gelangen.

Eine Schlüsselrolle für den gesamten Roman hat das in das erste Kapitel eingefügte und durch Kursivschrift graphisch hervorgehobene Märchen »Die Geheimnisse der Prinzessin von Kagran«.

Die Prinzessin, eine junge Frau von lebhaftem Temperament, fordert in einer »Zeit der Völkerwanderungen« das Schicksal heraus und begibt sich in Gefahr. Auf ihrem treuen und schnellen Pferd reitet sie in das wilde Land an der Donau, das von fremdstämmigen Reitern unsicher gemacht wird. Sie nehmen die Prinzessin gefangen und halten sie fest. Doch die Prinzessin wird von einem Fremden befreit, dem schwarzen Ritter, der sie durch den Wohlklang seines Gesangs entzückt, obwohl sie seine Sprache nicht versteht. Als die Prinzessin wieder donauaufwärts reitet, gerät sie erneut in Gefahr; in einer deltaartigen Flußlandschaft verirrt sie sich zwischen den treibenden Inseln. Wieder ist der Fremde ihr Retter. Er beschenkt sie mit einer roten Blume, und sie beginnt seinen Gesang als Dichtung zu begreifen. Der Ritter teilt ihr mit, er sei Angehöriger eines in alle Welt verstreuten Volkes und werde nach Jahrhunderten, in einem zweiten Leben zu ihr zurückkehren. Ob es zu dieser Wiederbegegnung kommen wird, erfährt der Leser nicht. In ihrem ersten Leben stirbt die Frau an einem Dorn, der ihr Herz in dem Augenblick durchbohrt, als sie nach Hause zurückkehrt.

Die Legende von der Prinzessin von Kagran wird vom weiblichen Ich des Romans als »Inkunabel«, also als Schriftstück aus einer frühen Zeit, bezeichnet. Das Textstück läßt sich auch als versteckte und verschlüsselte Liebeserklärung an Paul Celan lesen, der ebenso wie die zwanzigjährige Studentin Ingeborg Bachmann, die Jahre 1946 bis 1947 in Wien verbrachte. Im letzten Teil der Legende finden sich viele Zitate aus Celans frühem, allerdings unvollendeten, Gedichtband ›Der Sand aus den Urnen‹. Ein Beispiel ist ein Satz, der in Celans später ›Corona‹ betitelten Gedicht lautet: »Wir sagen uns Dunkles«; in der Prinzessin-Erzählung gibt es die Formulierung »Sie sagten sich Helles und Dunkles«.

Die Legende entwirft eine Art Utopie, in der die Prinzessin sich durch ihre Liebe zu ihrem Retter gegen die Normen der Außenwelt behaupten kann. Damit unterscheidet sie sich von der Ich-Erzählerin des Buchs, die sich zwar von Ivan, ihrem Geliebten, ein ähnliches Glück erhofft, das er ihr allerdings nicht bieten kann.

Als exemplarisches Frauenleben unserer Zeit läßt sich das Schicksal des weiblichen Ichs sicherlich nicht verstehen. Die junge Frau bekennt, sie habe ein »konvulsivisches Leben geführt«, »herumtelefoniert, etwas auf sich zukommen lassen, [...] eine halbe Stunde vor dem Spiegel gestanden, um sich anzustarren, um dann irgendwohin zu hetzen, immer zu spät, Entschuldigungen stotternd, über eine Frage oder um eine Antwort verlegen.«

Ein solches »konvulsivisches Leben« führt sie auch in der Zeit ihres Glücks mit Ivan. Dieser hat ihr Leben verändert und reicher gemacht. Das »Ungargassenland« – die beiden wohnen sich in dieser Gasse gegenüber – gehört, so erträumt es sich das Ich, nur ihnen, den Liebenden.

Die Grenzen waren bald festgelegt, es ist ja nur ein winziges Land, das zu gründen war, ohne Gebietsansprüche und ohne rechte Verfassung, ein trunkenes Land, in dem bloß zwei Häuser stehen, die man auch im Dunkeln finden kann, bei Sonnen- und Mondfinsternis, und ich weiß auswendig, wieviel Schritte ich machen muß, von mir schräg zu Ivans Haus, ich könnte auch mit verbundenen Augen gehen. Nun ist die weitere Welt, in der ich bisher gelebt habe – ich immer in Panik, mit trocknem Mund, mit der Würgspur am Hals –, auf ihre geringfügige Bedeutung reduziert, weil eine wirkliche Kraft sich dieser Welt entgegensetzt, wenn diese Kraft auch, wie heute, nur aus Warten und Rauchen besteht, damit von ihr nichts verlorengeht. Ich muß die Telefonschnur, vorsichtig, weil sie sich verdreht hat, zehnmal mit abgehobenem Hörer herumdrehen, damit sie wieder handhabbar wird, für den Ernstfall, und dann kann ich auch, vor dem Ernstfall, schon diese Nummer wählen: 72 68 93. [...]

Seit ich diese Nummer wählen kann, nimmt mein Leben endlich keinen Verlauf mehr, ich gerate nicht mehr unter die Räder, ich komme in keine ausweglosen Schwierigkeiten, nicht mehr vorwärts und nicht vom Weg ab.

(S. 26 f.)

Etwas freilich hält den jugendlichen Mann davon ab, sich ganz auf sie einzulassen. Sie weiß es selbst: »Es ist unmöglich, Ivan etwas von mir zu erzählen« und »Was weiß Ivan von dem Gesetz, das für mich gilt.« Welche tiefen Gegensätze die Liebenden trennen, zeigt die folgende Szene. Ivan sucht sie in ihrem Zimmer auf.

[...] ein einziges Mal fragt Ivan, was ich denn da so mache, und ich sage: Oh, nichts, ich sehe so verlegen aus, daß er lachen muß. Briefe interessieren ihn nicht, aber ein unverfängliches Blatt, auf dem steht ›Drei Mörder‹, und Ivan legt es wieder hin. Ivan vermeidet es ja, aber heute sagt er, was bedeuten diese Zettel, denn ich habe ein paar Blätter auf dem Sessel liegengelassen. Er nimmt noch eines in die Hand und liest belustigt: TODESARTEN. Und von einem anderen Zettel liest er ab: Die ägyptische Finsternis. Ist das nicht deine Schrift, hast du das hingeschrieben? Da ich nicht antworte, sagt Ivan: Das gefällt mir nicht, ich habe mir schon so etwas Ähnliches gedacht, und alle diese Bücher, die hier herumstehen in deiner Gruft, die will doch niemand, warum gibt es nur solche Bücher, es muß auch andere geben, die müssen sein, wie ESULTATE JUBILATE, damit man vor Freude aus der Haut fahren kann, du fährst doch auch oft vor Freude aus der Haut, warum also schreibst du nicht so. Dieses Elend auf den Markt tragen, es noch vermehren auf der Welt, das ist doch widerlich, alle diese Bücher sind widerwärtig. Was ist denn das für eine Obsession, mit dieser Finsternis, alles ist immer traurig und die machen es noch trauriger in diesen Folianten. Bitte, hier: AUS EINEM TOTENHAUS, ich entschuldige mich ja schon.

Ja aber, sage ich eingeschüchtert.

Nichts aber, sagt Ivan, und immer leiden sie gleich für die ganze Menschheit und ihre Scherereien und denken an die Kriege und stellen sich schon neue vor, aber wenn du mit mir Kaffee trinkst oder wenn wir Wein trinken und Schach spielen, wo ist dann der Krieg und wo ist die hungernde, sterbende Menschheit, und tut dir dann wirklich alles leid, oder tut es dir nur leid, weil du die Partie verlierst, oder weil ich gleich einen Riesenhunger haben werde, und warum lachst du denn jetzt, hat die Menschheit vielleicht viel zu lachen in diesem Augenblick? Aber ich lache doch nicht, sage ich, trotzdem muß ich lachen und ich lasse das Unglück anderswo geschehen, weil hier kein Unglück ist, wo Ivan sich mit mir zum Essen niedersetzt. Denken kann ich nur an das Salz, das noch nicht auf dem Tisch steht, und an die Butter, die ich in der Küche vergessen habe, und laut sage ich es nicht, aber ich nehme mir vor, daß ich ein schönes Buch finden werde für Ivan, denn Ivan hofft also, daß ich nichts über die drei Mörder schreibe und das Elend nicht vermehre, in keinem Buch, ich höre ihm schon nicht mehr zu.

(S. 52 f.)

Ivan geht nicht auf die Frau ein; er inspiziert den Raum, wie es später auch Malina tun wird. In der Frage Ivans »was ich denn da so mache« schwingt Geringschätzung mit; sie als Frau kann sich seiner Ansicht nach Dingen widmen, die im Grunde unnütz sind. Ivan liest kopfschüttelnd die Notizzettel; er will nichts wissen vom Elend in der Welt, von düsteren, unerfreulichen Angelegenheiten, und argumentiert pragmatisch, aber schwer zu widerlegen, wenn er dafür plädiert, sich die Genüsse der Welt nicht entgehen zu lassen, wenn sie einem geschenkt sind.

Ivan nimmt sich heraus, was man ihm zugesteht. Die Frau, verlegen, aufgeregt und schüchtern, kann sich gegen ihn nicht behaupten. Wenn Ivan schlecht gelaunt ist, kann er barsch und beleidigend werden. Daß die Frau so oft erschrickt, stört ihn lediglich:

[...] was ist in deinem Kopf außer diesem dummen Fürchten, ich erschrecke dich nicht, nichts darf dich erschrecken, was bildest du dir ein in deinem Kopf voller Salat und Bohnen und Erbsen, dumme Prinzessin auf der Erbse, ich möchte wissen, nein ich möchte es nicht wissen, wer das angerichtet hat, dein Zusammenfahren, dein Kopfeinziehen, dein Kopfschütteln, dein Kopfwegdrehen.

(S. 46)

Ivan möchte *nicht* wissen, wer die Frau so geschädigt hat, daß sie immer wieder mit Angstreflexen reagiert. Daher kann es nicht gut-

gehen mit den beiden. Ivans letztes längeres Telefongespräch läßt
spüren, daß ihm nichts mehr an der ehemals Geliebten liegt.

Warum bist du denn, ich habe es dort versucht
Ich habe plötzlich, es war dringend, ich bin eben
Ist etwas, wir haben, ja, sie lassen dich grüßen
Ich habe auch herrliches Wetter gehabt, es war sehr
Du hast aber auch immer, wenn du aber unbedingt
Schade ist es schon, aber ich muß leider
Ich muß Schluß machen, wir müssen jetzt gleich
Hast du mir eine Karte, hast du noch nicht, dann
Ich schreibe dir in die Ungargasse, doch, bestimmt
So wichtig ist es auch nicht, wenn du kannst, dann
Kann ich natürlich, paß auf dich auf, mach mir keine
Nein, bestimmt nicht, ich muß jetzt Schluß machen!

(S. 178)

Den Ellipsen ist Hast und Ungeduld anzumerken; Fragen, die Interesse und Besorgnis vortäuschen, mischen sich mit konventionel-
len Telefonfloskeln. Der Satz »Ich muß jetzt Schluß machen«, hier
so hingesagt, verhüllt nur schlecht die Absicht, endgültig Schluß
zu machen, weil das Spiel zu zweit für Ivan seinen Reiz verloren
hat.

Die Angstanfälle der Ich-Erzählerin haben offenbar mit ihrer »dunklen Geschichte« zu tun; in ihren Träumen kehren, verzerrt und verstärkt, schreckliche Erlebnisse wieder. Solche Träume stehen im
Mittelpunkt des zweiten Kapitels, dessen Titel »Der dritte Mann«
auf die synthetische Figur eines Vater-Tyrannen hinweist.

In den Träumen des Ich werden die Eltern zu einer gro-
tesk-monströsen Allegorie der Herrschaft: Der Vater demütigt
die Tochter und vergreift sich sogar an ihr; die Mutter läßt es geschehen.

Mein Vater hat diesmal auch das Gesicht meiner Mutter, ich weiß nie genau,
wann er mein Vater und wann er meine Mutter ist, dann verdichtet sich der
Verdacht, und ich weiß, daß er keiner von beiden ist, sondern etwas Drittes
[…].

(S. 244)

Mein Vater legt zuerst die Kleider meiner Mutter ab, er steht so weit weg,
daß ich nicht weiß, welches Kostüm er darunter anhat, er wechselt in einem
fort die Kostüme, er trägt den blutbefleckten weißen Schlächterschurz, vor
einem Schlachthaus im Morgengrauen, er trägt den roten Henkersmantel und
steigt die Stufen hinauf, er trägt Silber und Schwarz mit schwarzen Stiefeln
vor einem elektrisch geladenen Stacheldraht, vor einer Verladerampe, auf ei-

nem Wachtturm, er trägt seine Kostüme zu den Reitpeitschen, zu den Gewehren, zu den Genickschußpistolen, die Kostüme werden in der untersten Nacht getragen, blutbefleckt und zum Grauen.

(S. 246)

Wenn die Frau aus solchen Träumen erwacht, ist oft Malina zugegen. Er bringt der Mitgenommenen Wasser und Whisky, überwacht Steh- und Gehversuche, sorgt für frische Luft, leistet quasi Erste Hilfe, damit die Frau sich wenigstens physisch besser fühlt. Damit kann es aber nicht sein Bewenden haben.

Wie wäre der jungen Frau am schnellsten und wirksamsten zu helfen? Zu der Zärtlichkeit, nach der sie sich vielleicht sehnt, ist Malina nicht aufgelegt, nicht bereit oder nicht fähig:

Ich habe meinen Kopf in eine Hand von Malina gelegt, Malina sagt nichts, er bewegt sich nicht, aber er findet auch keine Zärtlichkeit für meinen Kopf. Mit der anderen Hand zündet er sich die Zigarette an. Mein Kopf ist nicht mehr auf seiner Handfläche, und ich versuche gerade zu sitzen und mir nichts anmerken zu lassen.

(S. 312)

Es scheint sich zu bestätigen, was die Ich-Figur sich einmal in einer ruhigen Stunde klargemacht hat: »Daß Malina sich allem leidenschaftslos zuwendet, den Menschen und den Sachen, das charakterisiert ihn am besten.« Er wird sich auch ihr leidenschaftslos zuwenden. Spätestens hier mag man den Verdacht gefaßt haben, daß Malina kein Liebhaber der jungen Frau ist, der mit dem zweiten Platz vorliebnimmt, solange das Glück mit Ivan währt.

Ingeborg Bachmann hat in ihrem Roman immer wieder offen oder versteckt signalisiert, daß der Leser bei Malina keinem Mißverständnis aufsitzen soll. Ein deutlicher Hinweis, daß man Malina als Teil der Ich-Figur verstehen kann, findet sich in einer vom übrigen Text abgesetzten Stelle: »Malina und ich, weil wir eins sind: die divergierende Welt.«

Die Ich-Erzählerin fragt sich selbst: »Bin ich eine Frau oder etwas Dimorphes? Bin ich nicht ganz eine Frau, was bin ich überhaupt?«

Malina will die Frau von ihren Nöten befreien, indem er ihre geistigen Kräfte mobilisiert. Er ist in den Gesprächen ein »aufrichtender« Partner und zugleich ein gestrenger Lehrmeister, der sie, fragend, erklärend, antwortend in eine Schule des Denkens einführt.

So will zum Beispiel Malina den erwähnten Elterntraum nicht auf sich beruhen lassen; es gilt, das Geträumte zu durchdringen, durchzuarbeiten und aus ihm Folgerungen zu ziehen.

MALINA: Es war zum Ersticken bei dir. Geraucht hast du auch zuviel, ich habe dich zugedeckt, die Luft wird dir guttun. Wieviel hast du von allem verstanden?

ICH: Beinahe alles. Einmal glaubte ich nichts mehr zu verstehen, meine Mutter hat mich ganz verwirrt. Warum ist mein Vater auch meine Mutter?

MALINA: Warum wohl? Wenn jemand alles ist für einen anderen, dann kann er viele Personen in einer Person sein.

ICH: Willst du damit sagen, jemand war einmal alles für mich? Was ist ein Irrtum! Das ist ja das Bitterste.

MALINA: Ja. Aber du wirst handeln, du wirst etwas tun müssen, du wirst alle Personen in einer Person vernichten müssen.

ICH: Ich bin doch vernichtet worden.

MALINA: Ja. Auch das ist richtig.

ICH: Wie leicht wird es, darüber zu reden, es wird schon viel leichter. Aber wie schwer ist es, damit zu leben.

MALINA: Darüber hat man nicht zu sprechen, man lebt eben damit.

(S. 243 f.)

Was ist gemeint, wenn Malina bemerkt: »Wenn jemand alles ist für einen anderen, dann kann er viele Personen in einer Person sein.« Wer im Roman spielt eine solche Rolle? Im Traum der jungen Frau ist ihr Vater Herr und Gebieter, Vormund und Rechtsvertreter seiner Familie und fordert die totale Unterwerfung.

Bachmann analysiert hier die Gefahr des Totalitarismus, die in der Forderung steckt, »alles« für einen anderen Menschen zu sein. Ist man stark genug, kann man solche Menschen, ihre Herrschaft und das zugrundeliegende monistische Prinzip ablehnen: Kein Mensch sollte »alles« für einen anderen sein, diese Art der »Vergötterung« führt zur Unterdrückung.

Die junge Frau gibt sich zunächst Mühe, Malina auf seinen Denkwegen zu folgen und seine Methode auf ihr bisheriges Leben anzuwenden. Malina bringt sie davon ab, als Mensch eine Ausnahme, ein Sonderfall sein zu wollen. Bei spontanen Gefühlen solle sie Vorsicht walten lassen, und schon früh ermahnt er sie: »Du mußt nicht dein Herz an alles hängen.« Malina verallgemeinert, spricht gern von »dem« Leben. Die Ich-Erzählerin ist allerdings nicht bereit, »ihr« Leben in seinem Sinn in Ordnung zu bringen.

Sie widersetzt sich Malina, indem sie sich zu sich selbst bekennt, zu dem, was ihr und zu ihr gehört. »[...] ich will mich immer verzetteln, verirren, verlieren.«

Würde sie sich nicht wehren, sondern Malina blind folgen, hätte sie ihr ohnehin schwaches und schwankendes Selbstwertgefühl bald ganz verloren.

Darauf läuft es tatsächlich hinaus. Und Malina, der immer noch gesuchte und geschätzte Berater, die wohlfunktionierende Kontroll-

und Korrekturinstanz, wird zum Widersacher, zum Mörder: »Ich verstehe Malina nicht, der jetzt seelenruhig frühstückt, bevor er aus dem Haus geht. Wir werden einander nie verstehen, wir sind wie Tag und Nacht, er ist unmenschlich mit seinen Einflüsterungen, seinem Schweigen und seinen gelassenen Fragen.«

Ingeborg Bachmann stellt Malina jedoch stets auch als einen lebendigen Menschen dar; das anschauliche Bild erhält den Vorzug vor einem abstrakten Prinzip.

Wie der Machtkampf zwischen Malina und der Frau aussieht, zeigt eine Szene des Aufbegehrens, aus der jedoch gleichzeitig die Schwäche der Ich-Erzählerin, ihr mangelndes Durchhaltevermögen hervorgeht.

Ich: (forte) Herr von Malina, Euer Gnaden, Magnifizenz! (crescendo) Eure Herrlichkeit und Allmächtigkeit, ich hasse Sie (fortissimo). [...] Ich hasse dich (perdendo le forze, dolente [an Kraft verlierend, kläglich]). Bitte, behalt mich doch. Ich habe dich nie gehaßt.

(S. 350)

Mitten in dieser Phase der Unentschlossen- und Unentschiedenheit fällt der Blick des Ich auf jenen Riß in der Wand, der ihr vorher noch nicht aufgefallen war. Ingeborg Bachmann ist ein Bild eingefallen, das aus einem Märchen stammen könnte und das wegen seiner Rätselhaftigkeit bereits Berühmtheit erlangt hat: das Bild vom Verschwinden in der Wand.

Ich sitze Malina im Wohnzimmer gegenüber, er klappt das Buch zu und sieht mich fragend an.

Bist du fertig?

Ich nicke, denn ich bin fertig.

Warum sitzt du dann hier herum, anstatt uns endlich einen Kaffee zu machen?

Ich sehe Malina sanft an und ich denke, daß ich ihm jetzt etwas Entsetzliches sagen müßte, etwas, das uns für immer trennt und jedes weitere Wort zwischen uns unmöglich macht. Aber ich stehe auf und gehe langsam aus dem Zimmer, in der Tür drehe ich mich um und höre mich nicht etwas Entsetzliches, sondern etwas anderes sagen, cantibile und dolcissimo:

Wie du willst. Ich koche sofort den Kaffee.

Ich stehe vor dem Herd und warte, bis das Wasser zu kochen anfängt, ich fülle einige Löffel Kaffee in den Filter und denke und denke noch immer, ich habe einen Grad von Denkenmüssen erreicht, an dem Denken nicht mehr möglich ist, ich sinke in den Schultern ein, es wird mir so heiß, weil ich das Gesicht zu nahe an der Herdplatte habe. Nous allons à l'Esprit! Ich kann aber diesen Kaffee noch kochen. Wissen möchte ich nur, was Malina im Zimmer tut, was er über mich denkt, weil ich auch ein wenig über ihn nachdenke, obwohl mein Denken schon weit hinausgeht über ihn und über mich.

Ich hantiere herum, wärme die Kaffeekanne vor und stelle die beiden kleinen Schalen aus Augartenporzellan auf das Tablett, sie stehen so unübersehbar vor mir, wie es unübersehbar sein müßte, daß ich hier stehe und noch denke.

Es war einmal eine Prinzessin, es sind einmal die Ungarn heraufgeritten aus dem ins Unerforschbare reichenden weiten Land, es war einmal an der Donau und es zischelten die Weiden, es war einmal ein Strauß Türkenbund und ein schwarzer Mantel ... Mein Königreich, mein Ungargassenland, das ich gehalten habe mit meinen sterblichen Händen, mein herrliches Land, jetzt nicht mehr größer als meine Herdplatte, die zu glühen anfängt, während der Rest des Wassers durch diesen Filter tropft ... Ich muß aufpassen, daß ich mit dem Gesicht nicht auf die Herdplatte falle, mich selber verstümmle, verbrenne, denn Malina müßte sonst die Polizei und die Rettung anrufen, er müßte die Fahrlässigkeit eingestehen, ihm sei da eine Frau halb verbrannt. Ich richte mich auf, glühend im Gesicht von der rotglühenden Platte, auf der ich nachts so oft Fetzen von Papier angezündet habe, nicht etwa um etwas Geschriebenes zu verbrennen, sondern um Feuer zu bekommen für eine letzte und allerletzte Zigarette. Aber ich rauche ja nicht mehr, ich habe es mir heute abgewöhnt. Ich kann den Schalter noch auf o zurückstellen. Es war einmal, aber ich verbrenne nicht, halte mich gerade, der Kaffee ist fertig, der Deckel auf die Kanne getan. Ich bin fertig. Von einem Hoffenster herüber ist eine Musik zu hören, qu'il fait bon, fait bon. Meine Hände zittern nicht, ich trage das Tablett ins Zimmer, ich schenke gehorsam den Kaffee ein, wie immer immer, ich gebe in Malinas Schale zwei Löffel Zucker und keinen Zucker in meine. Ich setze mich Malina gegenüber, es ist totenstill und wir trinken unseren Kaffee. Was hat Malina? Er dankt nicht, er lächelt nicht, er bricht das Schweigen nicht, er macht keine Vorschläge für den Abend. Es ist aber sein freier Tag, und er will nichts von mir.

Ich sehe Malina unverwandt an, aber er sieht nicht auf. Ich stehe auf und denke, wenn er nicht sofort etwas sagt, wenn er mich nicht aufhält, ist es Mord, und ich entferne mich, weil ich es nicht mehr sagen kann. Es ist nicht mehr ganz furchtbar, nur unser Auseinandergeraten ist furchtbarer als jedes Aneinandergeraten. Ich habe in Ivan gelebt und ich sterbe in Malina.

Malina trinkt noch immer seinen Kaffee. Es ist ein »Holla« zu hören vom anderen Hoffenster herüber. Ich bin an die Wand gegangen, ich gehe in die Wand, ich halte den Atem an. Ich hätte noch auf einen Zettel schreiben müssen: Es war nicht Malina. Aber die Wand tut sich auf, ich bin in der Wand, und für Malina kann nur der Riß zu sehen sein, den wir schon lange gesehen haben. Er wird denken, daß ich aus dem Zimmer gegangen bin.

Das Telefon läutet, Malina hebt es ab, er spielt mit meiner Sonnenbrille und zerbricht sie, er spielt dann mit einem blauen Glaswürfel, der doch mir gehört. Nie gedankt dem Absender, Spender unbekannt. Er spielt aber nicht nur, denn er rückt schon meinen Leuchter weg. Er sagt: Hallo! Eine Weile sagt Malina nichts, dann kalt und ungeduldig: Sie haben sich in der Nummer geirrt.

Er hat meine Brille zerbrochen, er wirft sie in den Papierkorb, es sind meine Augen, er schleudert den blauen Glaswürfel nach, es ist der zweite Stein aus meinem Traum, er läßt meine Kaffeeschale verschwinden, er versucht, eine Schallplatte zu zerbrechen, sie bricht aber nicht, sie biegt sich und leistet den größten Widerstand, und dann kracht es doch, er räumt den Tisch ab, er zerreißt ein paar Briefe, er wirft mein Vermächtnis weg, es fällt alles in den Papierkorb. Er läßt eine Blechbüchse mit Schlaftabletten zwischen die Papierfetzen fallen, sucht noch etwas und schaut um sich, er räumt den Leuchter noch weiter weg, versteckt ihn zuletzt, als könnten die Kinder ihn jemals erreichen, und es ist etwas in der Wand, es kann nicht mehr schreien, aber es schreit doch: Ivan!

Malina sieht genau um sich, er sieht alles, aber er hört nicht mehr. Nur seine kleine grüngerandete Schale steht noch da, sie allein, das Beweisstück, daß er allein ist. Das Telefon läutet wieder. Malina zögert, aber er geht doch wieder hin. Er weiß, es ist Ivan. Malina sagt: Hallo? Und wieder sagt er eine Weile nichts.

Wie bitte?
Nein?
Dann habe ich mich nicht richtig ausgedrückt.
Es muß ein Irrtum sein.
Die Nummer ist 72 31 44.
Ja, Ungargasse 6.
Nein, gibt es nicht.
Hier ist keine Frau.
Ich sage doch, hier war nie jemand dieses Namens.
Es gibt sonst niemand hier.
Meine Nummer ist 72 31 44.
Mein Name?
Malina.

Schritte, immerzu Malinas Schritte, leiser die Schritte, leiseste Schritte. Ein Stillstehen. Kein Alarm, keine Sirenen. Es kommt niemand zu Hilfe. Der Rettungswagen nicht und nicht die Polizei. Es ist eine sehr alte, eine sehr starke Wand, aus der niemand fallen kann, die niemand aufbrechen kann, aus der nie mehr etwas laut werden kann.

Es war Mord.

(S. 352–356)

Malina, jetzt nicht mehr fürsorglich und nachsichtig, schickt die junge Frau zum Kaffeekochen in die Küche. Ihr kommen Erinnerungsbilder und Gedanken von gegensätzlicher und zwiespältiger Art. Während sich die Prinzessin von Kagran durch ihre Liebe zum Schwarzen Ritter gegen die Außenwelt behaupten konnte, erwies sich Ivan für die Ich-Figur nicht als Wiedergeburt des Schwarzen Ritters; »ihr Ungargassenland« ist nun nicht mehr größer als die heiße Herdplatte.

Von Malina erwartet sie spontan so etwas wie ein gutes Wort, was seinem Wesen total widerspräche, andererseits soll er ihretwegen keine Ungelegenheiten bekommen, wenn sie aus der Welt verschwindet.

Entscheidend ist jedoch: Sie läßt Malina allein zurück; »jemand« ihres Namens gibt es ab sofort nicht mehr; sie kann verleugnet, geleugnet werden. Malina wirft nach ihrem Verschwinden Dinge weg, die von ihrer Anwesenheit zeugen könnten. Was er begangen hat, »war Mord«. Malina, der die Normen der Außenwelt und der Vernunft vertritt, steht zugleich für so etwas wie die »männliche Komponente« in der Ich-Erzählerin. Als diese die männlichen Normen so sehr übernimmt, daß sie ihre »weibliche Seite«, also Gefühle und Sehnsüchte, nicht mehr ausleben kann, muß ihre Existenz enden – sie verschwindet in der Wand.

Vielleicht läßt sich jetzt deuten, wer die »drei Mörder« sind, von denen im Roman so oft die Rede ist: Es sind Malina, der Vater-Tyrann und – Ivan; alle drei haben – jeder auf seine Art – einen Menschen nicht »für voll« genommen. Für »voll genommen« wird das »weibliche Ich« nur in der Literatur, es durfte sich als dichterische Gestalt artikulieren, sich zu den Lesern begeben, auf An- und Aufnahme hoffen. Setzt man, wie es in der neueren Forschung (Ulrich Schleith) geschehen ist, einen »fiktiven Erzähler« als neutral referierende oder »zitierende« Erzählinstanz an, so würde die kommunikative Absicht der Autorin anders verstanden werden müssen. Die Ich-Figur würde als eine Gescheiterte ihr Versagen durch ihre Flucht und die Beendigung ihres mißratenen Lebens eingestehen. So wäre auch verständlicher, daß Malina die Titelfigur ist und überlebt, nachdem er vom Verschwinden der Lebensuntauglichen stumm Kenntnis genommen hat. Der Schlußsatz »Es war Mord« wäre dann ein kommentierender Satz des fiktiven Erzählers.

›Malina‹ läßt sich vielleicht auch als das Psychogramm einer Erzählerin lesen, die schließlich desillusioniert ist und sich dem Erzählprozeß, dem Schreiben entzieht.

Von der ursprünglich geplanten Trilogie ›Todesarten‹ erschienen nach ›Malina‹ (1971) nur noch die Fragmente von ›Der Fall Franza‹ (1976) und ›Requiem für Fanny Goldmann‹ (1979). In allen drei Handlungen werden Frauen auf verschiedene Arten zu Tode gebracht – sie zerbrechen alle daran, daß sie die (männlichen) Normen der Außenwelt total verinnerlichen und so ihre weibliche Seite völlig zugrunde gehen lassen.

Christa Wolf
Kassandra

Für das Jahr 1982 wurde die auch in der Bundesrepublik Deutschland bekannte und geschätzte DDR-Autorin Christa Wolf eingeladen, die sogenannten Frankfurter Poetik-Vorlesungen zu halten, die seit Jahren eine feste Einrichtung waren. Christa Wolf nannte das Thema, über das sie zu sprechen gedachte: »Voraussetzungen einer Erzählung: Kassandra«. Dabei sollte es um die Entstehungsgeschichte einer ihrer Dichtungen gehen. Sie sprach über die neuerliche Lektüre antiker Tragödien und über eine Griechenlandreise im vorausgehenden Jahr, die ihr zu Studienzwecken gestattet worden war. Nicht zuletzt behandelt sie die Rezeption der Kassandragestalt in der Literatur – von der Antike bis zu Gegenwart.

In ihrer zweiten Vorlesung schildert die Schriftstellerin das kretische Heraklion als »Männerstadt«. Was sie bei einem Besuch dort sah, flößte ihr Widerwillen ein:

[…] jener Korso männlicher Jugend, Körper an Körper, Gruppe an Gruppe, ein massiver Strom: herausfordernde Gesten, männliche Kraft- und Schönheitskonkurrenz, sich bewegend, um sich zu zeigen: blitzende Augen, unverschämte Blicke, Rempeleien, geballte Ladung aggressiver Männlichkeit […]. Unsereins hätte, unsereins hat hier keine Chance. Der Süden. Der patriarchalische Süden.

Das aufdringliche männliche Imponiergehabe mag auch Christa Wolfs Bild griechisch-antiker Männlichkeit in ›Kassandra‹ (1983) beeinflußt haben. Für sie waren die antiken Helden plötzlich keine Helden mehr.

Die antike Dichtung und die folgenden Jahrhunderte preisen aufs höchste die Männer, die im Wettkampf ihre Kräfte messen und um den Sieg kämpfen. Große Namen und Taten sind vor allem in den Epen Homers überliefert; im langjährigen Trojanischen Krieg fochten unter Mithilfe der Götter griechische und trojanische Helden gegeneinander. Einer der strahlendsten Krieger war der Halbgott Achill, ohne ihn schien es für die Griechen nahezu aussichtslos, den Kampf um die Seefestung Troja erfolgreich fortzuführen.

Jeder, der bisher sein Bild der Antike aus den griechischen Werken oder den zahlreichen Nachgestaltungen gewonnen hatte, mußte schockiert sein, daß Achill, das Heldenidol, in Christa Wolfs Erzählung stets den Beinamen »das Vieh« erhält. Achill ist bei ihr ein brünstiger Mann und ein grausamer Schlächter, der den Krieg braucht, um seine Triebe austoben zu können. Die Erzählerin Kassandra war dabei, als er ihren Bruder Troilos ermordete:

Schlau ging er nicht auf Hektor los, den die andern Griechen übernahmen. Er holte sich den Knaben Troilos, der ihm von gut dressierten Leuten zugetrieben wurde wie das Wild dem Jäger. So macht man das. Mein Herz begann zu hämmern. Troilos stand, stellte sich dem Gegner, kämpfte. Und zwar regelrecht, so wie er es gelernt, wenn Edele mit Edlen kämpfen. Treulich hielt er sich an die Gesetze der Kampfspiele, in denen er seit Kindheit glänzte. Troilos! Ich bebte. Jeden seiner Schritte wußte ich voraus, jede Wendung seines Halses, jede Figur, die er mit seinem Leib beschrieb. Aber Achill. Achill das Vieh ließ sich auf des Knaben Angebot nicht ein. Vielleicht verstand ers nicht. Achill erhob sein Schwert, das er mit beiden Händen packte, hoch über den Kopf und ließ es auf den Bruder niedersausen. Für immer fielen alle Regeln in den Staub. So macht man das.

Troilos der Bruder fiel. Achill das Vieh war über ihm. Ich wollte es nicht glauben, glaubte es sofort, wie schon oft war ich mir dabei selbst zuwider. Wenn ich recht sah, würgte er den Liegenden. […]

Das Schlimmste kam noch, kommt noch. Troilos, leicht gepanzert, war noch einmal hochgekommen, hatte sich den Händen des Achill entwunden, lief – ihr Götter! Wie er laufen konnte! – zuerst ziellos davon, dann – ich winkte, schrie – fand er die Richtung, lief auf mich, lief auf den Tempel zu. Gerettet. […] Ich lief ihm entgegen, packte ihn am Arm, zog den Röchelnden, Zusammenbrechenden herein, ins Innere des Tempels, vor das Bild des Gottes, wo er sicher war. Abgeschlagen keuchte Achill heran, den ich nicht mehr beachten mußte. Dem Bruder, der um Luft rang, mußte ich den Helm abbinden, den Brustpanzer lösen. […]

Dann kam Achill das Vieh. Des Mörders Eintritt in den Tempel, der, als er im Eingang stand, verdunkelt wurde. Was wollte dieser Mensch. Was suchte er bewaffnet hier im Tempel. Gräßlichster Augenblick: Ich wußt es schon. Dann lachte er. Jedes Haar auf meinem Kopf stand mir zu Berge, und in die Augen meines Bruders trat der reine Schrecken. Ich warf mich über ihn und wurde weggeschoben wie ein Ding aus Nichts. Wie näherte sich dieser Feind dem Bruder. Als Mörder? Als Verführer? Ja gab es das denn: Mörderlust und Liebeslust in einem Mann? Durfte unter Menschen das geduldet werden? Des Opfers starrer Blick. Das tänzelnde Herannahn des Verfolgers, den ich jetzt von hinten sah, ein geiles Vieh. Das Troilos, den Knaben, bei den Schultern nahm, das ihn streichelte – den Wehrlosen, dem ich Unglückselige den Panzer abgenommen hatte! – ihn befingerte. Lachend, alles lachend. Ihm an den Hals griff. An die Kehle ging. Die plumpe kurzfingrige haarige Hand an des Bruders Kehle. Pressend, pressend. Ich an des Mörders Arm gehängt, an dem die Adernstränge vortraten wie Schnüre. Des Bruders Augen aus den Höhlen quellend. Und in Achills Gesicht die Lust. Die nackte gräßliche männliche Lust. Wenn es das gibt, ist alles möglich. Es war totenstill. Ich wurde abgeschüttelt, spürte nichts. Nun hob der Feind, das Monstrum, im Anblick der Apollon-Statue sein Schwert und trennte meines Bruders Kopf vom Rumpf. Nun schoß das Menschenblut auf den Altar, wie sonst Blut aus den Rümpfen unserer Opfertiere. Das Opfer Troilos. Der Schlächter, schauerlich und lustvoll heulend, floh. Achill das Vieh. Ich fühllos lange Zeit.

(S. 86ff.)

Achill begeht noch weitere Untaten: Er bindet den Leichnam des besiegten Hektor, den Leib von Kassandras ältestem Bruder, an seinen Kampfwagen und schleift ihn mehrmals um die Stadt. Außerdem tötet er die Amazonenkönigin Penthesilea, die auf trojanischer Seite gekämpft hat, und vergeht sich sogar an der toten Frau.

Doch ein Treffen mit Kassandras Schwester Polyxena, die er leidenschaftlich begehrt, wird ihm zum Verhängnis. Polyxena ist nur zum Schein auf seine Forderung eingegangen, und so wird dem vor Leidenschaft geifernden »Vieh« ein Hinterhalt gelegt: ein vergifteter Pfeil vom Bogen des Paris trifft die verwundbare Ferse und erledigt Achill. Christa Wolf scheint hier bewußt von der Überlieferung abgewichen zu sein: Nach dieser endet Achill an einem trojanischen Tor durch einen von Apollon gelenkten Pfeil.

Die übrigen Fürsten und Befehlshaber auf beiden Seiten erhalten kaum eine günstigere Beurteilung als Achill. Agamemnon, »der große und berühmte Flottenführer« ist ein »Schwächling ohne Selbstbewußtsein«. Ihm ist Kassandra nach dem Fall Trojas als Sklavin zugefallen, sie wird nach Mykene gebracht, ins Zentrum von Agamemnons Reich. Kassandra weiß, daß ihr der sichere Tod bevorsteht; gerade sie, die mutmaßliche Nebenbuhlerin, wird Agamemnons Gattin Klytämnestra nicht verschonen, sondern die Gelegenheit zu einer Abrechnung nützen. –

Nach der Ankunft in Griechenland überdenkt Kassandra ihr Leben, das sie selbst zu einem ungewöhnlichen Frauenschicksal gemacht hat. Sie wird davon berichten. »Mit der Erzählung geh ich in den Tod« – so beginnt ihr großer Monolog. Kindheit und Jugend waren bestimmt von unbezweifeltem Götterglauben, von Bräuchen und von Ratschlägen wohlmeinender Frauen; der Krieg nahm ihr viele Illusionen und machte sie zu einer selbständig denkenden, vorurteilsfreien Frau, die in Aineias einem ebenbürtigen Mann begegnete; in der Gegenwart der Erzählung scheint alles Gewonnene und Erreichte jedoch im Untergang zu zerrinnen:

Hier war es. Da stand sie. Diese steinernen Löwen, jetzt kopflos, haben sie angeblickt. Diese Festung, einst uneinnehmbar, ein Steinhaufen jetzt, war das letzte, was sie sah. Ein lange vergessener Feind und die Jahrhunderte, Sonne, Regen, Wind haben sie geschleift. Unverändert der Himmel, ein tiefblauer Block, hoch, weit. Nah die zyklopisch gefügten Mauern, heute wie gestern, die dem Weg die Richtung geben: zum Tor hin, unter dem kein Blut hervorquillt. Ins Finstere. Ins Schlachthaus. Und allein.

Mit der Erzählung geh ich in den Tod.

Hier ende ich, ohnmächtig, und nichts, nichts was ich hätte tun oder lassen, wollen oder denken können, hätte mich an ein andres Ziel geführt. Tiefer als von jeder andren Regung, tiefer selbst als von meiner Angst, bin ich durchtränkt, geätzt, vergiftet von der Gleichgültigkeit der Außerirdischen

gegenüber uns Irdischen. Gescheitert das Wagnis, ihrer Eiseskälte unsre kleine Wärme entgegenzusetzen. Vergeblich versuchen wir, uns ihren Gewalt-
taten zu entziehn, ich weiß es seit langem. Doch neulich nachts, auf der
Überfahrt, als aus jeder Himmelsrichtung die Wetter unser Schiff zu zer-
schmettern drohten; niemand sich hielt, der nicht festgezurrt war; als ich
Marpessa betraf, wie sie heimlich die Knoten löste, die sie und die Zwillinge
aneinander und an den Mastbaum fesselten; als ich, an längerer Leine hän-
gend als die anderen Verschleppten, bedenkenlos, gedankenlos mich auf sie
warf; sie also hinderte, ihr und meiner Kinder Leben den gleichgültigen Elementen zu lassen, und sie statt dessen wahnwitzigen Menschen überantwor-
tete; als ich, vor ihrem Blick zurückweichend, wieder auf meinem Platz neben dem wimmernden, speienden Agamemnon hockte – da mußte ich mich
fragen, aus was für dauerhaftem Stoff die Stricke sind, die uns ans Leben
binden. Marpessa, sah ich, die, wie einmal schon, mit mir nicht sprechen
wollte, war besser vorbereitet, auf was wir nun erfahren, als ich, die Seherin;
denn ich zog Lust aus allem, was ich sah – Lust; Hoffnung nicht! – und lebte
weiter, um zu sehn.

Merkwürdig, wie eines jeden Menschen Waffen – Marpessas Schweigen,
Agamemnons Toben – stets die gleichen bleiben müssen. Ich freilich hab allmählich meine Waffen abgelegt, das wars, was an Veränderung mir möglich
war.

Warum wollte ich die Sehergabe unbedingt?

Mit meiner Stimme sprechen: das Äußerste. Mehr, andres habe ich nicht
gewollt. [...]

Der gleiche Himmel über Mykenae wie über Troia, nur leer. Emaille-
schimmernd, unzugänglich, blankgefegt. Etwas in mir entspricht der Him-
melsleere über dem feindlichen Land. Noch alles, was mir widerfahren ist,
hat in mir seine Entsprechung gefunden. Es ist das Geheimnis, das mich
umklammert und zusammenhält, mit keinem Menschen habe ich darüber reden können. Hier erst, am äußersten Rand meines Lebens, kann ich es mir
selber benennen: Da von jedem etwas in mir ist, habe ich zu keinem ganz gehört, und noch ihren Haß auf mich hab ich verstanden.

(S. 5 f.)

Kassandra selbst will diesen Rückblick auf ihr Leben, und sie will
ihn selbst verantworten. Sie kann die wichtigen Stationen in großer
Deutlichkeit und Schärfe wachrufen, und Christa Wolf läßt sie das in
einem langen inneren Monolog tun.

Wie sich die Autorin Kassandra vorgestellt hat, beschreibt sie in
der dritten ihrer Frankfurter Vorlesungen:

Kassandra, älteste und geliebteste Tochter des Königs Priamos von Troia,
eine lebhafte, sozial und politisch interessierte Person, will nicht, wie
ihre Mutter Hekabe, wie ihre Schwestern, das Haus hüten, heiraten. Sie
will etwas lernen. Für eine Frau von Stand ist Priesterin, Seherin der einzig
mögliche Beruf [...]. Dieser Beruf, ein Privileg, wird ihr zugeschoben:
Sie soll ihn nach dem Herkommen ausfüllen. Gerade dies muß sie verweigern [...].

In einem Traum weist die Seherin und neue Priesterin am Apollo-Heiligtum den Gott, dem sie sich geweiht hat, bei dessen erotischer Annäherung zurück. Dafür wird sie mit einer Strafe belegt, die sie hart treffen soll: Niemand wird ihren Prophezeiungen glauben.

All dies gehört zur Vorgeschichte. »Mit meiner Stimme sprechen«, ist das Motto von Kassandras Lebensrückblick. Sie hat bereits vorher wegen der »Gleichgültigkeit der Außerirdischen« mit dem alten Götterglauben gebrochen und bekannt, was sie »lebenslang geübt« hat: »meine Gefühle durch Denken besiegen«.

Kassandra wird in ihrem Drang nach Erkenntnis zu einem reifen, nur noch sich selbst verantwortlichen Menschen. Soweit sie mit Männern zu tun hat, vergleicht sie deren Denken und Handeln mit dem »ichbezogener Kinder«. Das Tun der Helden mit den bekannten Namen erschöpft sich in Kampf- und Kriegsspielen und dem dafür inszenierten Imponiergehabe.

Für Kassandra gibt es bald auch keinen Unterschied mehr zwischen der Mentalität hüben und drüben, in Troja und in Mykene. Nur am Anfang war es noch ein Schock, wenn sie feststellen mußte: »Sie sind wie wir!« »Was ist doch mein ältester Bruder für ein Kind geblieben«, wundert sie sich nach einem Gespräch mit Hektor, dem zum Krieger und Anführer gemachten trojanischen Königssohn.

Kassandra hat »Vorkrieg« und Krieg bewußt erlebt. In dieser Zeit konnte sie als Angehörige des »Palasts«, der Königsfamilie und ihrer Vertrauten, und als hohe Würdenträgerin verfolgen, auf welch dilettantische und törichte Weise der Krieg provoziert wurde: Sensationen und dazu ausgegebene amtliche Beschwichtigungsparolen lassen die Gerüchteküche brodeln, man berauscht sich an nationalistischen Propagandasprüchen und feiert die tüchtigen Prinzen, die sich nichts gefallen lassen.

Ich muß mich scharf erinnern: Sprach in Troia irgendein Mensch von Krieg? Nein. Er wäre bestraft worden. In aller Unschuld und besten Gewissens bereiteten wir ihn vor. Sein erstes Zeichen: Wir richteten uns nach dem Feind. Wozu brauchten wir den?

Die Rückkunft des DRITTEN SCHIFFES ließ mich eigenartig kühl. Eine nächtliche Ankunft, dafür wurde gesorgt, trotzdem lief Volk zusammen, Fackeln wurden hochgehalten, aber wer erkennt im Halbdunkel Gesichter, wer zählt sie, hält sie auseinander. […] Niemand kam an sie heran. Zum ersten-mal war eine weite Sperrkette […] um die Landestelle gezogen. Paris sei nicht mit diesem Schiff gekommen, hieß es am Morgen, als Information für die Angehörigen des Königshauses. Da man ihm in Sparta die Rückgabe der Königsschwester wiederum verweigert habe, sei er gezwungen gewesen, seine Drohung wahrzumachen. Er habe, kurz gesagt, die Gattin des Menelaos entführt. Die Frau des Königs von Sparta. Die schönste Frau Griechenlands: Helena. Mit ihr sei er auf Umwegen unterwegs nach Troia.

Helena. Der Name traf uns wie ein Stoß. Die schöne Helena. Darunter tat es der kleine Bruder nicht. Man hätte es wissen können. Man hatte es gewußt. Ich war Zeugin, wie im Hin und Her zwischen dem Palast und den Tempelpriestern, in Tag- und Nachtsitzungen des Rats eine Nachricht hergestellt wurde, hart, gehämmert, glatt wie eine Lanze: Paris der Troerheld habe auf Geheiß unsrer lieben Göttin Aphrodite Helena, die schönste Frau Griechenlands, den großmäuligen Griechen entführt und so die Demütigung gelöscht, die unserm mächtigen König Priamos einst durch den Raub seiner Schwester angetan worden war.

Jubelnd lief das Volk durch die Straßen. Ich sah eine Nachricht zur Wahrheit werden. Und Priamos hatte einen neuen Titel: »Unser mächtiger König«

(S. 75 ff.)

Während des Krieges durchschaut Kassandra das plumpe Spiel, das die Politik mit dem Volk treibt; sieht, wie sich Vater, Brüder und Hofpartei in ein Gespinst von Lügen verstricken; die Seherin muß in einem »Wahrheitsanfall« das schreckliche Ende des Krieges voraussagen, was sie in den Augen der Kriegspartei zur Vaterlandsverräterin macht. Eine naheliegend erscheinende rationale Einsicht ist nicht mehr durchzusetzen. Ein zentrales Thema der Erzählung ist die Ohnmacht der Wissenden gegenüber der Ignoranz der Herrschenden, die lediglich ihre eigenen Machtinteressen durchsetzen wollen.

Christa Wolf wollte ihre Titel- und Lieblingsfigur komplexer anlegen und es nicht immer bei einem vordergründigen Triumph des Denkens über die Gefühle bewenden lassen. Deshalb zeigt sie Kassandra durchaus als Menschen, der sich auch zu seinem Körper bekennt. Sie verschweigt sie in ihrem großen Monolog nicht, daß sie den körperlichen Schmerz bei der Tötung fürchtet. Sie nimmt Triebregungen an, wenn sie ganz aus ihr selbst kommen: »Als meine Keuschheit seiner Scheu begegnete, wurden unsere Körper toll. Was meinen Gliedern einfiel auf die Fragen seiner Lippen, welch unbekannte Sinne sein Geruch mir schenken würde, hatte ich nicht ahnen können. Und welcher Stimme meine Kehle fähig war.«

Hingabe und offenes Sprechen darüber sind eines, wenn sie Aineias liebt, den Trojaner, der vom allgemeinen Helden- und Männlichkeitsdünkel nicht angesteckt ist. Schon bei der zur Pflicht gemachten Tempelprostitution achtete Aineias in dem Mädchen Kassandra den Menschen, ohne sein Privileg als Mann auszunützen. Er kennt nicht jene Macht- und Unterdrückungsgelüste mit der Alternative Sieg oder Tod. Wie bei Kassandra überträgt Christa Wolf bei Aineias ein »gegenwärtiges Wunschbild auf eine mythologische Figur«, auch anderen Figuren wird die Botschaft der Autorin aufgetragen, sie erhalten entsprechende Konturen und Wesenszüge.

Christa Wolf betont immer wieder, daß die Geschichte »ihrer« Kassandra in einer Zeitenwende spielt: in der Phase der Ablösung des kleinasiatischen Matriarchats durch das Patriarchat. Sie sieht in dem matriarchalisch geprägten Zusammenleben der Frauen eine Alternative zum Heldenkult der Trojaner und Griechen und hebt nachdrücklich jene Milieus und Szenarien hervor, in denen die Königstochter Solidarität unter Frauen spüren darf. Der Drang nach Teilhabe am ganzen Leben wird gestillt bei den geheimen Zusammenkünften in den Höhlen am Fluß Skamandros, wo sich Kassandra einem ihr bisher unbekanntem Wir-Gefühl öffnen darf.

Doch unsre Heiterkeit, die niemals ihren dunklen Untergrund verlor, war nicht erzwungen. Wir hörten nicht auf zu lernen. Jede gab der anderen von ihrem ganz besonderen Wissen ab. Ich lernte Töpfe machen, Tongefäße. Ich erfand ein Muster, mit dem ich sie bemalte, schwarz und rot. Wir erzählten uns unsre Träume, viele staunten, wieviel sie uns verraten. Oft aber, eigentlich am meisten, redeten wir über die, die nach uns kämen. Wie sie wären. Ob sie uns noch kennten. Ob sie, was wir versäumt, nachholen würden, was wir falsch gemacht, verbessern. Wir zerbrachen uns die Köpfe, wie wir ihnen eine Botschaft hinterlassen könnten. Doch wir waren der Schrift nicht mächtig. Wir ritzten Tiere, Menschen, uns, in Felsenhöhlen, die wir, eh die Griechen kamen, fest verschlossen. Wir drückten unsre Hände nebeneinander in den weichen Ton. Das nannten wir, und lachten dabei, uns verewigen. Es wurde daraus ein Berührungsfest, bei dem wir, wie von selbst, die andere, die anderen berührten und kennenlernten. [...] Da unsere Zeit begrenzt war, konnten wir sie nicht vergeuden mit Nebensachen. Also gingen wir, spielerisch, als wär uns alle Zeit der Welt gegeben, auf die Hauptsache zu, auf uns. Zwei Sommer und zwei Winter.

(S. 154)

Kassandra erlebt in der Gemeinschaft mit anderen Frauen unterschiedlicher Herkunft, jungen und älteren, niedrig- und hochgestellten, wie sie zum zweiten Male Frau wird, in enger körperlicher Berührung und bei der Anfertigung einer Botschaft an die Nachgeborenen, die eine künstlerische Form erhält.

Kassandra ist auch aufgegangen, daß es zur Mitteilung und Überlieferung solcher Erfahrungen und Erlebnisse einer »anderen Sprache« bedarf; die bisher männlich geprägte Erzählsprache, die vorbildhafte Taten und Ereignisse »abhandelte«, taugte dazu nicht. Deshalb wünscht sich Kassandra, bevor sie »mit der Erzählung in den Tod« geht, Klytämnestra möge ihr eine Sklavin schicken, »eine junge Sklavin mit scharfem Gedächtnis und kraftvoller Stimme. Verfüge, daß sie, was sie von mir hört, ihrer Tochter weitersagen darf. Die wieder ihrer Tochter und so fort. So daß neben dem Strom der Heldenlieder die winzige Rinnsal, mühsam, jene fernen, vielleicht glücklicheren Menschen, die einst leben werden, auch erreichte.«

Kassandras Schicksal in der Sicht Christa Wolfs wurde von vielen Lesern auf das aktuelle politische Weltgeschehen der achtziger Jahre, auf die sich zuspitzende Konfrontation von Ost und West bezogen. In ihren Frankfurter Vorlesungen tadelte denn auch die Autorin die verantwortlichen Politiker in beiden Lagern, denn sie sah die mögliche Leichtfertigkeit im Umgang mit riesigen Vernichtungspotentialen im Falle eines atomaren Erst- oder Rückschlags. Christa Wolf sagte in ihrer dritten Frankfurter Vorlesung:

Die Nachrichten beider Seiten bombardieren uns mit der Notwendigkeit von Kriegsvorbereitungen, die auf beiden Seiten Verteidigungsvorbereitungen heißen. Sich den wirklichen Zustand der Welt vor Augen zu halten, ist psychisch unerträglich. [...] Wem soll man sagen, daß es die moderne Industriegesellschaft, Götze und Fetisch aller Regierungen, in ihrer absurden Ausprägung selbst ist, die sich gegen ihre Erbauer, Nutzer und Verteidiger richtet: Wer könnte das ändern. Der Wahnsinn geht mir nachts an die Kehle.

Solche offenen, enthüllenden Sätze trugen Christa Wolf in der DDR das Mißfallen der Kritik und eine Verzögerung bei der Publikation ein. Wilhelm Girnus, der mächtige Chefredakteur der Zeitschrift ›Sinn und Form‹, nahm Christa Wolf übel, daß sie auch die Sowjetunion als friedensgefährdend ansah. Laut Girnus gebe es nur im Weißen Haus und im Pentagon Spekulationen für den Fall des »fest geplanten Nuclear-Angriffs auf das sozialistische Europa«. Christa Wolf liege völlig falsch mit ihrem feministischen Pazifismus. Girnus ließ belehrend verlauten:

Dadurch aber, daß Christa Wolf untergründig das Problem der unterdrückten Frau überdies auf mir unverständliche Weise mit dem »mörderischen Wer-Wen« verknüpft, wird dem Leser [...] der Eindruck suggeriert, die Geschichte sei nicht in ihrem tiefsten Grund ein Kampf zwischen Ausbeutern und Ausgebeuteten, sondern zwischen Männern und Frauen, ja noch grotesker: zwischen »männlichem« und »weiblichem« Denken, sozusagen zwischen kausalem, rationalem und emotionalem. Daß so ein blühender Unsinn in einem sozialistischen Land das Licht der Welt erblickt, das kann doch nicht wahr sein.

Gerade der Aspekt, den der DDR-Funktionär lächerlich zu machen versuchte, interessierte in der Bundesrepublik. Hier erschien ›Kassandra‹ 1983 und erreichte noch im gleichen Jahr die vierte Auflage. Einen ähnlichen Erfolg erzielte die schriftliche Fassung der Vorlesungen. Besonders neugierig waren die Westdeutschen auf das, was Christa Wolf zum Verhältnis zwischen den Geschlechtern zu sagen hatte.

In ihrer dritten Frankfurter Vorlesung äußert sich Christa Wolf explizit zur Thematik des weiblichen Schreibens:

Inwieweit gibt es wirklich »weibliches Schreiben«? Insoweit Frauen aus historischen und biologischen Gründen eine andre Wirklichkeit erleben als Männer. Wirklichkeit anders erleben und dies ausdrücken. Insoweit Frauen nicht zu den Herrschenden, sondern zu den Beherrschten gehören, jahrhundertelang, zu den Objekten der Objekte. Objekte zweiten Grades, oft genug Objekte von Männer, die selbst Objekte sind, also, ihrer sozialen Lage nach, unbedingt Angehörige der zweiten Kultur; insoweit sie aufhören, sich an dem Versuch abzuarbeiten, sich in die herrschenden Wahnsysteme zu integrieren. Insoweit sie, schreibend und lebend, auf Autonomie aus sind. Da begegnen sie dann den Männern, die auf Autonomie aus sind. Autonome Personen, Staaten und Systeme können sich gegenseitig fördern, müssen sich nicht bekämpfen wie solche, deren innere Unsicherheit und Unreife andauernd Abgrenzung und Imponiergehabe verlangen. […] Frauen als Handelnde, Gewalttätige, Erkennende? Sie fallen durch den Raster der Literatur.

Christa Wolf entwirft hier eine Art Utopie, in der sich Männer und Frauen, »die auf Autonomie aus sind«, auf fruchtbare Weise begegnen – ohne ständige Abgrenzung und ohne Imponiergehabe.

»Wirklichkeit anders erleben als Männer und dies ausdrücken«, so definiert Christa Wolf versuchsweise weibliches Schreiben; Ingeborg Bachmann und sie selbst haben Beispiele vorgestellt – im Medium der Literatur.

Günter Grass
Der Butt

›Der Butt‹ (1977) beginnt mit einer für den Autor Grass und für dieses Buch bezeichnenden Szene:

Ilsebill salzte nach. Bevor gezeugt wurde, gab es Hammelschulter zu Bohnen und Birnen, weil Anfang Oktober. Beim Essen noch, mit vollem Munde sagte sie: »Wolln wir nun gleich ins Bett oder willst du mir vorher erzählen, wie unsre Geschichte wann wo begann?«
Ich, das bin ich jederzeit. Und auch Ilsebill war von Anfang an da. […]
Ich hatte die Hammelschulter mit halben Knoblauchzehen gespickt und die in Butter gedünsteten Birnen zwischen grüne gesottene Brechbohnen gebettet. Auch wenn Ilsebill mit noch vollem Mund sagte, das könne prompt anschlagen oder klappen, weil sie, wie der Arzt ihr geraten habe, die Pillen ins Klo geschmissen hätte, hörte ich dennoch, daß das Bett zuerst recht haben sollte […].
Also legten wir uns, wie wir uns jederzeit umarmt umbeint hatten. Mal ich, mal sie oben. Gleichberechtigt, auch wenn Ilsebill meint, das Vorrecht der Männer, einzudringen, werde kaum ausgeglichen durch das weibliche Kümmerrecht, Einlaß zu verweigern. Doch weil wir in Liebe zeugten, waren unsere Gefühle so allumfassend […]: Doppelt waren wir tüchtig. […] Nachdem es geklappt haben mochte, rauchten wir im Bett unter einer Decke jeder

seine Vorstellung von Zigarette. [...] Ilsebill sagte: »Übrigens brauchen wir endlich eine Geschirrspülmaschine.«

(Im ersten Monat, »Die dritte Brust«)

Drei Motive sind bereits deutlich auszumachen: das gute, mit Gourmet-Kennerschaft zubereitete Essen, die sinnliche Liebe und das Motiv der unzufriedenen Frau, die immer mehr besitzen will. (Der Name Ilsebill ebenso wie der Romantitel spielen auf das niederdeutsche Märchen vom Fischer und seiner Frau, ›De Fischer un syne Fru‹, an.)

Es »hat geklappt«, ein Kind wurde gezeugt; und in den neun langen Monaten von Ilsebills Schwangerschaft erzählt der Mann und werdende Vater eine lange, wechselvolle Geschichte, in der Essen und Liebe ebenso eine Rolle spielen wie das Verhältnis der Geschlechter. Der Roman ist episodenhaft; den neun Monaten von Ilsebills Schwangerschaft sind neun große Abschnitte zugeordnet, in denen insgesamt neun historische Stationen von der Jungsteinzeit bis in das 20. Jahrhundert hinein zugeordnet sind. Die neun Köchinnen, die im Roman und im historischen Verlauf auftreten, repräsentieren zugleich den anonymen Anteil der Frauen an der Geschichte der Menschheit.

An Stelle einer gelegentlich in Romanen üblichen kurzen Inhaltsangabe zu jedem Kapitel, in der der Verfasser auch Hinweise für seine Leser unterbringen konnte, schiebt Grass bald nach Beginn der Erzählung ein Programmgedicht ein, in dem manche Ankündigung verständlicherweise noch rätselhaft bleibt:

Worüber ich schreibe

Über das Essen, den Nachgeschmack.
Nachträglich über Gäste, die ungeladen
oder ein knappes Jahrhundert zu spät kamen.
Über den Wunsch der Makrele nach gepreßter Zitrone.
Vor allen Fischen schreibe ich über den Butt.

Ich schreibe über den Überfluß.
Über das Fasten und warum es die Prasser erfunden haben.
Über den Nährwert der Rinden vom Tisch der Reichen.
Über das Fett und den Kot und das Salz und den Mangel.
Wie der Geist gallebitter
und der Bauch geisteskrank wurden,
werde ich – mitten im Hirseberg –
lehrreich beschreiben.

Ich schreibe über die Brust.
Über Ilsebill schwanger (die Sauregurkengier)

werde ich schreiben, solange das dauert.
Über den letzten Bissen geteilt,
die Stunde mit einem Freund
bei Brot, Käse, Nüssen und Wein.
(Wir sprachen gaumig über Gott und die Welt
und über das Fressen, das auch nur Angst ist.)

Ich schreibe über den Hunger, wie er beschrieben
und schriftlich verbreitet wurde.
Über Gewürze (als Vasco de Gama und ich
den Pfeffer billiger machten)
will ich unterwegs nach Kalkutta schreiben.

Fleisch: roh und gekocht,
lappt, fasert, schrumpft und zergeht.
Den täglichen Brei,
was sonst noch vorgekaut wurde: datierte Geschichte
das Schlachten bei Tannenberg Wittstock Kolin,
was übrig bleibt, schreibe ich auf:
Knochen, Schlauben, Gekröse und Wurst.

Über den Ekel vor vollem Teller,
über den guten Geschmack,
über die Milch (wie sie glumsig wird)
über die Rübe, den Kohl, den Sieg der Kartoffel
schreibe ich morgen
oder nachdem die Reste von gestern
versteinert von heute sind.

Worüber ich schreibe: über das Ei.
Kummer und Speck, verzehrende Liebe, Nagel und Strick,
Streit um das Haar und das Wort in der Suppe zuviel.
Tiefkühltruhen, wie ihnen geschah,
als Strom nicht mehr kam.
Über uns alle am leergegessenen Tisch
werde ich schreiben;
auch über dich und mich und die Gräte im Hals
                    (Im ersten Monat, »Worüber ich schreibe«)

Der männliche Ich-Erzähler des Romans bewegt sich auf einer
»Zeitreise« durch die Jahrhunderte – von der Steinzeit bis in die
siebziger Jahre des zwanzigsten Jahrhunderts und fungiert jeweils als
Zeitgenosse innerhalb der geschilderten Epoche.
    Der Erzähler ist zunächst ein Fischer, der in der fernen Steinzeit
im Mündungsland des Weichselstroms nahe der Ostsee lebt, wo noch
das Matriarchat besteht. Ihm ist am 3. Mai 2211 v. Chr. ein guter
Fang geglückt, ein mächtiger Fisch geht ihm in die Reuse, ein Butt.

Wunderbarerweise beginnt der Butt sogleich zu sprechen, und fast wie selbstverständlich kommt die Rede auf das Grimmsche Märchen vom Fischer und seiner Frau, die der Fisch zur Verwunderung des Mannes ein »weiberfeindliches Propagandamärchen« nennt. Der Erzähler ruft das Märchen in Erinnerung:

Und der Butt, den der Fischer gefangen und wieder freigesetzt hat, muß liefern und liefern: die größere Hütte, das steinerne Haus, das Schloß königlich, des Kaisers Macht, den päpstlichen Stuhl. Endlich fordert Ilsebill Liebgottchens Vermögen, die Sonne auf- und untergehen zu lassen; worauf die raffgierige Ilsebill und ihr zu gutmütiger Mann bestraft werden und wieder in ihre Kate, »Pißpott« genannt, ihr Fell aneinander reiben müssen.
(Im ersten Monat, »Wie der Butt gefangen wurde«)

»Raffgierig«, ein »nimmersatter Hausdrachen« die eine, »zu gutmütig« der andere; keiner von beiden soll und kann zum Vorbild der Menschheit erklärt werden.

Der Butt hat mitgeholfen, eine patriarchalische Ordnung auf Erden zu begründen. Viele Jahrhunderte später muß er sich vor einem feministischen Tribunal rechtfertigen.

Zugegeben: Auf meinen Rat hin löste der unterdrückte Mann die vieltausendjährige Phase geschichtsloser Frauenherrschaft ab, indem er sich gegen die Zwänge der Natur stellte, Ordnungsprinzipien entwarf, das chaotische, weil inzestuöse Mutterrecht durch die verantwortliche Disziplin des Vaterrechts ersetzte […], utopisch zu denken und praktisch Geschichte zu machen begann.
(Im ersten Monat, »Wie der Butt von den Ilsebills angeklagt wurde«)

Grass hat den Butt zu einer dämonischen Ratgeber- und Verführergestalt gemacht; in seiner Aufzählung männlicher Ruhmestaten mischen sich große Kulturleistungen und zweifelhaft-zweideutige Errungenschaften:

Ihre Ausgeburten heißen: das Straßburger Münster, der Dieselmotor, die Relativitätstheorie, Knorrs Suppenwürfel, die Gasmaske, der Schlieffenplan. Wir kennen tausend ähnlich namhafte Leistungen. Nichts war den Herren unmöglich. Es mußten die Eigernordwand bezwungen, der Seeweg nach Indien entdeckt, die Schallmauer durchbrochen, das Atom gespalten, die Konservendose und das Zündnadelgewehr erfunden, die Ruinen von Troja und Knossos ausgegraben, es mußten neun Symphonien vollendet werden.
(Im sechsten Monat, »Nur Töchter«)

Angesichts des gegenwärtigen Zustands der Welt und der Verfassung der Menschen ist dem Butt nicht wohl zumute. Manche Erfindungen sind den Männern, der Menschheit nicht zum Guten ausgeschlagen. –

Im dritten Monat ihrer Schwangerschaft erzählt der tüchtige Koch und Liebhaber seiner Ilsebill von den Jahrhunderten der Männerherrschaft in der Stadt Danzig, von den Zwistigkeiten und Kämpfen der Männer und von den Köchinnen und ihren begehrten Mahlzeiten.

Eine gesuchte und begnadete Köchin in der unruhigen Umbruchszeit des 16. Jahrhunderts war die üppig-runde Margret Rusch, Äbtissin des Brigittenklosters. Eben ist ein Aufstand der »niederen Gewerke«, der kleinen Handwerker, gegen die Herrschaft des Patrizier-Rates niedergeschlagen worden; man hat den katholischen polnischen König Bathory gegen die Rebellen und gegen lutherische Umtriebe zu Hilfe gerufen. Der Grobschmied Rusch, Margrets Vater, ist als einer der Rädelsführer der kleinen Leute zum Tode verurteilt worden; der lutherische Prediger Hegge ist nach Greifswald entkommen; unter welchen Umständen weiß am besten Margret Rusch. Am Vorabend der Hinrichtung von sechs aufständischen Handwerkern kocht sie für den alten Rusch die Henkersmahlzeit, bei der es sich auch der Bürgermeister und Abt Jeschke, der in der Stadtregierung ein Wort mitzureden hat und Danzig katholisch halten will, schmecken lassen. Es gibt Kutteln.

Wer ißt mit mir Fleck Kutteln Kaldaunen? Die machen friedlich, ebnen den Zorn des empörten Mannes, lullen die Todesfurcht ein und erinnern an Kutteln, Fleck und Kaldaunen aus früherer Zeit, als immer der Topf halbvoll auf dem Herd stand. Ein Stück vom Fettdarm und die lappigen, wie gestrickten Wände des Pansen: vier Pfund für dreifünfzig. Es ist der Ekel vor Innereien, der das Rinderherz und die Schweinenieren, die Kälberlunge und Kuttelfleck billig macht.

Sie nahm sich Zeit. Sie klopfte und bürstete die Lappen in- und auswendig, als seien ihr die verschwitzten Klamotten eines Sackträgers aufs Waschbrett geraten. Zwar zog sie die runzelnde Haut ab, schonte aber das Fett um den Darmansatz, weil Kaldaunenfett besonders ist; es löst sich seifig und talgt nicht.

Als für den Grobschmied Rusch und dessen Gäste das Henkersmahl gekocht wurde, wurden sieben Liter Wasser mit Kümmel, Gewürznelken, einer Ingwerwurzel, Lorbeer und grobgestoßenem Pfefferkorn aufs offene Herdfeuer gesetzt, wurden die lappigen Stücke in Streifen geschnitten und kleinfingerlang, bis der Topf voll war, zugelegt, wurde beim Aufkochen der Schaum abgeschöpft. Dann ließ die Tochter des Vaters Leibgericht vier Stunden lang bedeckt kochen. Zum Schluß ließ sie Knoblauch mitziehen, rieb Muskat drein, pfefferte nach.

[...]

Die Männer am Tisch aßen anfangs schweigend. Nur das Eisen des Peter Rusch klirrte, denn der Grobschmied aß in Ketten. Und vorm vergitterten Fensterloch lärmten die Turmtauben. Schlürfen und Schlucken. [...]

Als Peter Rusch sein Gesicht über die Schüssel hob und eher einverstanden als betroffen sagte: Auch ihm sei nicht unbekannt, wer dem geistigen Haupt der bürgerlichen Empörung, dem Gottesmann Hegge, zur Flucht vor den Bütteln der patrizischen Ordnung verholfen habe, sagte Ferber hart, indem er seinen Napf der Nonne Rusch zum Nachfüllen nachschob: Dann wisse der Grobschmied sicher auch, wem er sein Scharfgericht verdanken könne. Jaja, sagte Jeschke, nicht mal das eigene Kind wolle den Vater schonen. Das komme davon, wenn man die Kanzel dem Sündenwort freigebe. Übrigens sei der Hegge nach Greifswald entkommen und predige dort unverdrossen.

Da lachte unter dem Kerkergewölbe die Nonne Rusch so schallend aus all ihrem Fleisch, daß es die Mauern weitete, und sagte dann beiläufig, während sie Jopenbier nachgoß: Mit all den Anspielungen solle wohl sie gemeint sein. Womöglich stimme das sogar. Denn im April, als es der polnischen Majestät gefiel, die Stadt zu besetzen, habe sich nächtens, nahe dem Jakobstor, wo die Stadtmauer niedrig sei, einen Kerl in Weiberröcken am Gemäuer hängen sehen. Der habe rübergewollt. Dem habe es aber an Kraft gefehlt. Dessen Armseligkeit habe nach Hilfe verlangt. Dem sei zu helfen gewesen. Unter den Röcken habe sie das Kerlchen gepackt und ihm, als alles Drücken und Pusten nicht habe nützen wollen, das linke oder rechte Hodenei abgebissen. Darauf habe es ihn wie geschmiert über die Mauer gehoben. Schon möglich, daß das der Jakob Hegge gewesen sei. Doch prüfen könne das niemand mehr. Denn sie, die Nonne Rusch, habe die linke oder rechte Klöte vor Schreck verschluckt. Weshalb sie sich seitdem – nun schon im dritten Monat – wie schwanger fühle. Von wem wohl, von wem? Der Ferber könne ja höchstselbst und begleitet vom Abt Jeschke nach Greifswald reisen und dem dort immer noch wortstarken Hegge zwischen die Beinchen fassen. Dann wisse man mehr.

(Im dritten Monat, »Das Henkersmahl«)

Die Zubereitung des für heutige Gourmets wohl eher abschreckenden Kuttelgerichts wird ausführlich und anschaulich beschrieben; Doch daß das Essen den Männern schmeckt, zeigt sich nicht zuletzt daran, daß sie viermal einen Nachschlag begehren. Der Streich der in allen Leibes- und Liebesdingen erfahrenen Köchin, den sie selbst während des Essens zum besten gibt, verliert durch die Wiedergabe in indirekter Rede keinesfalls an Drastik. Günter Grass läßt seiner Fabulierlust freien Lauf und gestattet sich einen Ausflug in die »grobianische« Zeit.

Später rächt Tochter Margret den von den Mächtigen verschuldeten Tod des Vaters an den beiden Hauptverantwortlichen: Sie erdrückt den Bürgermeister Ferber mit ihrem mächtigen Körper im Bett, und mästet den Vielfraß Jeschke buchstäblich zu Tode.

Günter Grass besticht nicht nur durch seine gründlichen Kenntnisse der Danziger Geschichte, sondern zieht aus den Fakten der Geschichte seine eigenen Folgerungen: So bringt er die Ereignisse von 1526 in engen Zusammenhang mit denen von 1970, als sich die Arbeiter der Lenin-Werft gegen die kommunistische Regierung empörten. Die jeweiligen Ereignisse erscheinen ihm durchaus vergleichbar: »Wenn man die erschossenen Arbeiter mit den hingerichteten Rädelsführern des mittelalterlichen Handwerkeraufstandes verrechnete, besserte sich gegenwärtig wie dazumal politisch nur wenig.«

Der Leser merkt es bald: Im ›Butt‹ werden häufig zwei Zeitebenen parallel gesetzt, das sogenannte Doppeln ist ein wichtiger epischer Kunstgriff des Autors.

›Der Butt‹ ist als Doppelroman konzipiert. Es lassen sich zwei Erzählstränge unterscheiden: zum einen ein Abriß der Geschichte der menschlichen Ernährung und des Kochens, zum anderen die Geschichten der »neun und mehr Köchinnen« und ihrer männlichen Gefährten. Wie am Beispiel der Kuttelmahlzeit und der Köchin Margret Rusch zu sehen ist, sind die Stränge immer wieder einander zugeordnet und miteinander verflochten. Die Doppelung erlaubt es, quer über lange Zeiträume hinweg, Lebensläufe und Verhältnisse aufeinander zu beziehen.

Ähnlich geht Grass vor, wenn Figuren aus bestimmten Geschichtsepochen gewissermaßen ihre Auferstehung in anderen Epochen erleben; sie sind andere geworden und sich doch in vielen Zügen gleichgeblieben. Auch der Butt erhält ein gedoppeltes Schicksal: Im Jahr 1973, dem Jahr der Ölkrise, wird er ein zweites Mal gefangen, und zwar diesmal von den drei Frauen, die ihn später vor das feministische Tribunal stellen werden:

Sieglinde Huntscha, die eine Zeitlang nur auf »Siggi« hörte, Susanne Maxen, »das Mäxchen« genannt, und Franziska Ludkowiak, die »Fränki« gerufen wurde, hatten in dem Küstendorf Cismar für ein paar Stunden ein Segelboot gemietet und ödeten einander bei mehr Flaute als Brise in ihrem Jargon an. Drei hartgesottene Mädchen, die (wie du, Ilsebill) zur Gruppe der Dreißigerinnen zählen – Mäxchen Anfang, Fränki Ende Dreißig – und die, wenn sie sprechen, nach jeweils paar Sätzen verächtlich ausspucken, ziemlich alles Scheiße nennen, beschissen finden oder bekackt.

Wahrscheinlich weil sich Siggi, das Mäxchen und Fränki aus vagen Gründen als Lesbierinnen begriffen und deshalb einem feministischen Zirkel angehörten, dessen erstes Gebot den radikalen Verzicht auf penetrierende Männer aussprach, hatte Siggi ihren Spazierstock – ein ordinär männliches Stück mit metallenem Reiseandenkenbeschlag – ins Boot mitgenommen. Dieser Stock diente als Angel. Ein gewöhnlicher Bindfaden hing ihm an. Der Haken war eine geschlechtslose Nagelschere. Fränki faltete Schiffchen aus Zeitungspapier. Auch die trieben unbewegt. Kein Mützchen voll Segelwind wollte aufkommen.

Nicht mal, daß Siggi Anglerwitze erzählte. Man schipperte ohne Kunstfertigkeit. Man motzte sich mit den extravaganten Reizwörtern der längst verebbten Studentenbewegung an. Man fand das alles – und auch Siggis Angelei – ziemlich beschissen. »Was uns praktisch fehlt«, sagte Fränki beim Schiffchenfalten, »ist ne ideologisch saubere Überichstütze.« Da biß der Butt an.

(Im ersten Monat, »Wie der Butt zum zweiten Mal gefangen wurde«)

Wahrscheinlich hat sich der Butt von den nicht gerade freundlich porträtierten Frauen mit Absicht fangen lassen. Er weiß: In den siebziger Jahren bahnen sich Veränderungen, Umschwünge an. Nach Jahrtausenden werden die Frauen die ganze Welt von der Männerherrschaft befreien und die Macht übernehmen.

Der Butt glaubt zu wissen, daß die Männer abgewirtschaftet haben, er stellt sich sogleich den Damen als Berater zur Verfügung, denn: »Die Männersache gebe nichts mehr her. Demnächst werde eine Krise weltweit das Ende maskuliner Herrschaft signalisieren. Die Herren seien bankrott. Machtmißbrauch habe ihre Potenz verausgabt.«

Das klingt gut in den Ohren der drei Frauen; doch zuvor soll der Butt vor Gericht gestellt werden, man muß ihm als Mit- oder gar Hauptschuldigem der Männerherrschaft den Prozeß machen.

Der Prozeßbeginn zieht sich in die Länge. Es gibt Unstimmigkeiten zwischen den verschiedenen Gruppen und Fraktionen, von denen die meisten ihre Abkunft von der rebellischen Achtundsechziger-Bewegung nicht verleugnen können.

Viel kam nicht dabei raus. Zwar begaben sich die neun Berliner Frauengruppen in Klausur. Zwar kamen in Ansätzen rückwirkende Utopien zu Papier. Zwar wurden aus femininer Sicht neunmal paradiesische Zustände beschrieben. Aber als die Entwürfe miteinander verglichen wurden und zum gemeinsamen Konzept verarbeitet werden sollten, brach regelrecht Krieg zwischen den Gruppen aus. Ein Jammer! Der »Sozialistische Frauenbund« weigerte sich, die, wie man sagte, »sexuelle Hackordnung« der »Lesbischen Aktion« ernst zu nehmen, während die als »liberale Chaotinnen« eingestuften Mädchen der Gruppe »Brot & Rosen« das Papier der sogenannten »Quasselgruppen« als »Sozialromantik« disqualifizierten. Dem »Frauenkollektiv Ilsebill« wurde vorgeworfen, es strebe einen »Scheiß-Bienenstaat mit Königin, Arbeiterinnen und Drohnen« an. Die »Feministische Initiativgruppe 7. August« – das ist der Tag, an dem der Butt zum zweitenmal gefangen wurde – machte sich mit einer Vision lächerlich, nach der durch genetische Eingriffe menstruierende, empfangende, austragende, gebärende, säugende Männer möglich sein sollten. Und als die dem »Sozialistischen Frauenbund« abgespaltene, vermutlich maoistische Gruppierung »Roter Pißpott« ihre Utopie der radikalen Rückkehr zu neolithischen Zuständen entwickelte, wurden ihre Mitglieder verdächtigt, Agentinnen des CIA zu sein, und Schlimmeres.

(Im ersten Monat, »Wie der Butt von den Ilsebills angeklagt wurde«)

Erneut eine Karikatur, satirisch gehalten und diesmal gegen das Kollektiv, die Bewegung insgesamt gerichtet.

In Verbindung mit dem vom »Feminal« angestrengten Butt-Prozeß kommt es zu einer weiteren Doppelung: Eine der Anglerinnen, Doktor Sieglinde Huntscha, im Zivilberuf Juristin, wird Anklägerin im Prozeß. Sie tritt unter dem Namen Dorothea von Montau schon einmal im Roman auf, nämlich in der Zeitebene des 14. Jahrhunderts. In der Erzählung beherrscht sie den »zweiten Monat« von Ilsebills Schwangerschaft. Sie wird geschildert als unleidliche, frömmelnde Frau, die nur »Buß-, Reu- und Fastensuppen« kocht und die Welt mit ihren sinnlichen Genüssen verachtet. Ihr Mann, Albrecht Slichting, Double des Erzählers in jenem Jahrhundert, hat viel unter ihr zu leiden. In ihrer neuen Rolle als Anklägerin des »Feminals« ist sie nicht ums scharfzüngige Wort verlegen und weiß aus den Köchinnengeschichten viele Argumente herauszuholen, die gegen die Männer sprechen. Privat trifft sich die patente Dame dann schon einmal mit dem Erzähler in Berlin zu einem Stelldichein, bei dem er sich als Mann beweisen darf.

Grass läßt »Siggi« und die beiden anderen Emanzen aus der Buttfang-Episode nochmals im Gruppenhabit in einem späten Kapitel auftreten, das »Vatertag« überschrieben ist.

Das taten Sie: harte Schnäpse trinken und Bier aus der Flasche. Und auch in Fränkis offenem Dreiradauto (aus fünfter Hand), das sonst für Schnelltransporte und Kleinumzüge gut war, rüttelten paar Flaschen Korn im Eiskübel und zwei Kasten Bier, als sie alle vier, Siggi am Steuer, die Hundekehle, dann Clayallee hochfuhren, um am Grunewaldsee zwischen zehn-, nein, hunderttausend Männern den Himmelfahrtstag lang Vatertag zu feiern.

Billy trug einen Zylinderhut. Fränki saß mit Melone. Siggi hatte sich ihre Schlägermütze verpaßt. Dem Mäxchen hing ein zu großer, um jede Fasson gebrachter Filz um die Ohren, der im Fahrtwind gehalten werden mußte. Figuren aus einem Film, der aus Hutrollen besteht.

(Im achten Monat, »Vatertag«)

Grass hat in einem Interview selbst zusammengefaßt, worum es ihm in dem Kapitel ging, das ihm von der Kritik wie eine Art Kunstfehler angekreidet wurde: »Vier Lesbierinnen, die am Vatertag in Berlin mitmachen, sich als Männer begreifen, fahren raus ins Grüne. Und alle vier demonstrieren männliches Verhalten, tun das, was ringsum am Grunewaldsee von Männern durchgespielt wird: Kräftemessen, Biersaufen, Witze erzählen und so weiter.«

Im Roman erfährt man über die drei lesbischen Frauen:

Und wie der Rollenfilm vorschrieb, rauchte Fränki Pfeife, schwieg Siggi mit einem Brasilstumpen zwischen den Zähnen, hing Billy eine selbstgedrehte Zigarette an der Unterlippe, kaute das Mäxchen Kaugummi, während alle vier auf dem mit Papierrosetten geschmückten, von einem blaugelben Gartenschirm überdachten Dreiradwagen in Richtung Grunewaldsee rumpelten: eingekeilt zwischen einem offenen Mercedes voller affiger Corpsstudenten in vollem Wichs und einer einspännigen Kutsche, in der drei ältere Herren ohne zu ermüden »Im Grunewald, im Grunewald ist Holzauktion ...« sangen.

Die Laune war gut. Das Wetter war prächtig und versprach, prächtig zu bleiben. Fortgeschrittener Vormittag, kurz nach zehn. Die politische Lage wie immer gespannt: ein Jahr nach dem Mauerbau. Westberlin eine Insel, auf der man leben konnte.

[...]

Sag ich ja: waren tüchtig, lebenslustig und nicht ohne Ehrgeiz. Man stand seinen Mann, ohne einer von diesen Scheißmännern zu sein, die, selbst wenn sie vögeln, noch wichsen. Oder die zickigen Weiber mit ihrer Tages- und Nachtcreme, ihren Dauerwellen und vierzehn Paar Schühchen, mit ihren Preßtränen Schondeckchen Sammeltassen, mit ihrem Krimskram im Handtäschchen und ihrer Bimmelbammelangst vor dem Dickwerden. Nein, nicht nur vorm Schwangerschaftsbauch. All die Fettwulstängste und Schrecknisse vor früher Hängebrust. Der Schrei vorm Spiegel, weil Fältchen kichern, Äderchen blau sind und Mutters Neigung zum Doppelkinn durchbricht: Nur nicht alt werden! [...]

Nein, nicht mit uns. Wir nicht. Kesse Väter wir, wie man sagt. Immer auf Reise. Ungebunden. Jägernaturen. Kinderlos glücklich.

(Im achten Monat, »Vatertag«)

Was so ausgelassen beginnt, »führt ins Unvermögen, in die Katastrophe«. Am Schluß schnallen sich drei der Frauen nacheinander einen Kunststoff-Penis um und »spielen« an Billy, der vierten in der Runde, »vergewaltigen«. Billy flieht und wird bald darauf Opfer einer Massenvergewaltigung durch eine Bande von Motorradrockern, die nach vollbrachter Tat mit ihren Maschinen über den Frauenkörper hinwegfahren. Ein Akt aggressiver Gewalt gegen eine Frau – geschehen mitten im Frieden, im Mai 1963. Das Kapitel »Vatertag« läßt sich als die totale Revision männlichen Gewaltverhaltens deuten, und daß ausgerechnet die vier feministisch gesonnenen Frauen diesem Gewaltideal nacheifern, kann als ironische Spitze aufgefaßt werden.

Das schreckliche Geschehen vom Vatertag 1963 scheint bis zum Schluß nachzuwirken: Alles Utopiegewölk wird von dem sich entladenden Aggressionsgewitter weggefegt. Der umgetriebene Erzähler fragt und klagt: »Ach Butt! Wohin bist du entkommen? Es ist so still und nichts ist entschieden. Was soll aus uns werden?«

Dazu erscheint es angebracht, noch einmal auf das Märchen vom »Fischer un syner Fru« zu blicken. Es gibt, wie man mitten im Roman erfährt, als die Erzählung von den Köchinnen und vom Kochen die Napoleonische Zeit erreicht hat, zwei Fassungen. Die bekanntere von der unmäßigen und raffgierigen Ilsebill haben die Gebrüder Grimm in ihre Märchensammlung aufgenommen. In der anderen Fassung, die dem romantischen Maler und Mitsammler Otto F. Runge von einer alten Frau erzählt wurde, die auf der kleinen Ostsee-Insel Oehe bei Rügen wohnte, heißt es vom Mann: »Die Welt beherrschen will er, die Natur bezwingen und von der Erde weg sich über sie erheben.« Auf die Frage, welches Märchen nun das richtige sei, antwortet die Alte: »Dat een un dat anner tosamen.«

Günter Grass hätte es wohl mit dem Maler Runge gehalten, der bemerkt: »Es ist wohl so, daß wir Menschen nur immer die eine Wahrheit und nicht die andere auch dulden wollen.« Am Ende des ›Butt‹ steht eine häusliche Szene, in der Ansprüche und Schuldzuweisungen des Tages Mann und Frau in den Schlaf nachgehen:

Kleinworte haken nach, Zankäpfel rollen über den Tisch. Du hast. Du bist. Ich will. Ich werde. Unser Kind wird. Deine Tochter hat schon. Was mir zusteht. Was mir abgeht. Meine Bedürfnisse. Deine Interessen. Die Zweitwohnung. Die Zusatzversicherung. Reiseprospekte. Wünsch dir was. Wünsch dir das. Bitte, von mir aus. Von mir aus schon lange. Das kostet aber. Das kostet nur noch.

(Im neunten Monat, »Dreimal Schweinekohl«)

Streit und Aggression scheinen am Ende allenthalben die Oberhand zu behalten; auch die Mitglieder des »Feminals« entzweien sich, es werden Steine geworfen. Am Ende lassen die Frauen den Butt wieder frei.

Im Gedicht ›Vorgeträumt‹ blickt einer in die nähere und fernere Zukunft.

Vorgeträumt

Vorsicht! sage ich, Vorsicht.
Mit dem Wetter schlägt auch das bißchen Vernunft um.
Schon ist Gefühl zu haben, das irgendwie ist:
irgendwie komisch, unheimlich irgendwie.
Wörter, die brav ihren Sinn machten,
tragen ihr Futter gewendet.
Zeit bricht um.
Wahrsager ambulant.
Zeichen am Himmel – runenhafte, kyrillische –
will wer wo gesehen haben.
Filzschreiber – einer oder ein Kollektiv – verkünden
auf Kritzelwänden der U-Bahnstationen: Glaubt mir glaubt!

Jemand – es kann auch ein Kollektiv sein – hat einen Willen,
den niemand bedacht hat.
Und die ihn fürchten, päppeln ihn hoch mit Furcht.
Und die ihr Vernünftlein noch hüten,
schrauben die Funzel kleiner.
Ausbrüche von Gemütlichkeit.
Gruppendynamische Tastversuche.
Wir rücken zusammen: noch vermuten wir uns.

Etwas, eine Kraft, die noch nicht, weil kein Wort taugt,
benannt worden ist, verschiebt, schiebt.
Das allgemeine Befinden meint diesen Rutsch
(zugegeben: wir rutschen) mehrmals und angenehm
vorgeträumt zu haben: Aufwärts! Es geht wieder aufwärts.

Nur ein Kind – es können auch Kinder im Kollektiv sein –
ruft: Da will ich nicht runter. Will ich nicht runter.
Aber es muß.
Und alle reden ihm zu: vernünftig.

(Im ersten Monat, »Vorgeträumt«)

Um die Vernunft, von der Grass noch zu Anfang des Jahrzehnts geglaubt hatte, sie komme wenigstens im Schneckentempo voran,
scheint es nicht gut zu stehen. Das Kind, vergleichbar dem in Ander-
sens Märchen von des Kaisers neuen Kleidern, merkt, daß es ab-
wärtsgeht, und sagt unverblümt die Wahrheit. Es soll jedoch
»vernünftig« eines anderen belehrt werden.

Und in der Streitszene zwischen Mann und Frau in der Konkur-
renz- und Konsumgesellschaft von heute heißt es am Ende: »Ach
Butt. Dein Märchen geht böse aus.«

Vom Roman ist das so kraß nicht zu sagen: Ein neuer Erdenbür-
ger, die kleine Helene, kommt zur Welt und wird eines Tages eine
Frau werden, die wie ihre Eltern mit dem Verhältnis der Geschlechter zu kämpfen haben wird.

Günter Grass' Roman ›Der Butt‹ wurde als ein großes, aber insgesamt resignatives Geschichtspanorama gelobt. Von feministischer
Seite wurde allerdings kritisiert, daß das männliche Selbstbewußtsein
im Grunde nur bestätigt würde. Das Geschichtsbild des Romans ist
zyklisch: »Am Ende wurde alles bestätigt. Die Märchen hören nur
zeitweilig auf oder beginnen nach Schluß aufs neue. Das ist die
Wahrheit, jedesmal anders erzählt.« Das Ende des Romans ist im
Grunde offen. Der Ich-Erzähler hat eine weitere Begegnung einer
Frau mit dem Butt beobachtet:

Es dämmerte schon, als sich Maria mit dem Butt ausgesprochen hatte. Und
als sie ihn an die See zurückgab, rillte der Abendwind das Baltische Meer. Sie
stand eine Weile und zeigte mir ihren Rücken. Dann kam sie langsam ihren
Spuren entgegen. Doch nicht Maria kam zurück. Es wird Dorothea sein,
sorgte ich mich. Als sie mir Schritt nach Schritt größer wurde, hoffte ich
schon auf Agnes. Das war nicht Sofies Gang. Kommt Billy, die arme Sibylle
zurück?

Ilsebill kam. Sie übersah, überging mich. Schon war sie an mir vorbei. Ich
lief ihr nach.

Irmtraud Morgner
Leben und Abenteuer der Trobadora Beatriz nach Zeugnissen ihrer
Spielfrau Laura

Der 1974 erschienene umfangreiche »Roman in dreizehn Büchern
und sieben Intermezzos« beginnt mit einem »Vorsätze« überschriebenen Vorspann-Kapitel: Die Schriftstellerin Irmtraud Morgner begegnet einer Frau, die ihr ein Paket mit einem Manuskript verkaufen
will. Wie ihren Andeutungen zu entnehmen ist, verspricht dieses
Manuskript Ungewöhnliches, geradezu Sensationelles.
    Die Ich-Erzählerin gibt sich zunächst zugeknöpft, dann besiegt je-
doch ihre Neugier Vorbehalte und Bedenken wegen der Finanzie-
rung des Kaufs.

Die Frau nahm ein neues Taschentuch in Arbeit. Der erpresserische Einsatz
von Augenwasser mäßigte meine mitleidigen Regungen. Statt jedoch das
Verfahren mit dem nächstliegenden, einfachsten, wahrsten und hierzulande
keineswegs ehrenrührigen Argument abzukürzen, verschwieg ich den Geld-
mangel und setzte mich und meine Profession mit Beschreibungen arbeits-
hinderlicher Mühen, die Manuskriptverkäufe mit sich brächten, in schlechtes
Licht. Versuchte auch mit anderen geschäftlichen Erörterungen Zeit zu gewinnen. Schließlich sagte ich: »Was, Sie verlangen nicht nur aufreibende
Verhandlungen umsonst, sondern obendrein dreitausend Mark? Für einen
Grabstein dreitausend Mark?« – »Jawohl«, sagte die Frau und daß die berühmte Beatriz de Dia noch größere Ehrenbezeigungen verdient hätte. Ich
bedauerte wörtlich, daß mir der Ruhm der verstorbenen Freundin nicht zu
Ohren gekommen wäre. Da ich das Alter der kleinen dicken Frau auf Mitte
Dreißig schätzte und ihren Umgang in der entsprechenden Generation ver-
mutete, schien es mir aber leicht, den Makel der Unbildung von mir zu wen-
den. Ich erinnerte vorsorglich an einige Genies, die ein früher Tod um die
Annehmlichkeiten der Publizität zu Lebzeiten gebracht hätte. Die Frau gab
als Alter der Freundin achthundertdreiundvierzig Jahre an. Da mir die körperliche und geistige Verfassung der Frau kerngesund erschien, fragte ich zurück. Die Frau wälzte ihre Knopfaugen und wiederholte die ungeheuerliche
Angabe. Augenblicklich dachte ich, wenn die Frau keine Erzlügnerin ist, sagt
sie eine große Wahrheit. Und ich spürte schon den Sog. Entdeckte zugleich
Grübchen in den Pausbacken gegenüber. Plötzlich klopfte sich die Frau die
Zellstoffkrümel vom Mantel, nahm mir das Paket ab und sprach: »Ich war
die Spielfrau der Trobadora Beatriz. Mein Name ist Laura.« – »Halt«, sagte
ich. Ach, dieser unwiderstehliche Sog der Neugier, ich wußte längst, daß ich
der Verschuldung nicht entgehen würde. Unwillkürlich nestelte ich an der
Paketverschnürung. Frau Laura sagte: »Erst wenn ich die Mäuse habe, kön-
nen Sie klauen. Soviel Sie wollen. Meinetwegen alles. Tausend, weil Sie es
sind. Die Aufzeichnungen ersparen Ihnen mindestens zehn Reisen, hundert
Produktionsstudieneinsätze und tausend Gespräche. Die ganze Welt auf fünf
Pfund Papier. Siebenhundert Mark auf die Hand und Sie sind eine gemachte
Frau.« Ich raffte das Paket von Lauras Arm, den Sohn von der Pfütze und

bat in meine Wohnung. Dort händigte ich mein Monatsbudget gegen Quittung aus. Als ich die Verschnürung zerschnitten hatte, fragte ich Laura, weshalb sie nicht eine gemachte Frau werden wollte. »Ich bin eine«, entgegnete sie, »sobald ich wieder meine Züge durch die Stadt fahren kann, bin ich eine. [...]«

(Vorsätze)

Daß die etwa fünfunddreißigjährige Anbieterin sich auf das Fahren von S-Bahn-Zügen versteht, ist im Ostberlin jener Tage nicht so verwunderlich wie das hohe Alter der von ihr verehrten Dame, die sie ihre Freundin nennt.

Dieses Alter erklärt sich dadurch, daß sie diese 810 »Schlafjahre« wie Dornröschen in einem von Rosenstöcken überwachsenen Schloß in der Provence zugebracht hat, bevor sie plötzlich und unsanft geweckt wird. Der Rosenhügel ist dem Straßenbau im Weg und muß einer Autobahntrasse auf der Strecke von Paris zur Riviera weichen. Beatriz hat es der Todes- und Unterweltgöttin Persephone zu verdanken, daß sie seinerzeit, im 12. Jahrhundert, auf ihren eigenen Wunsch in den langen Schlaf versetzt wurde, weil sie das Gehabe und Treiben der Männerwelt abstieß.

Bereits in den ersten beiden Büchern des Romans verfügt die Autorin souverän über die auf sie zugekommene Materialfülle. Mehr als die geographischen Räume weiten sich die Zeiträume; auf etwa hundert Seiten wird nicht nur das mittelalterliche Feudalwesen in der Provence mit Lehensherren, Rittern und Minnesängern geschildert, einschließlich der von ihnen verehrten Damen, sondern der Leser wird auch mit Zeitungsberichten und Radiomeldungen aus der Gegenwart konfrontiert: Im legendären »Pariser Mai« begehren französische Studenten in Protestaktionen gegen Polizei und Ordnung auf.

Die aus dem Schlaf gerüttelte Dame mit dem Namen Beatriz de Dia erweist sich als eine ansehnliche und unternehmungslustige Frau. Sie ist eine Trobadora, eine Troubadourin also, die in Liebesliedern Ritter zu Helden stilisiert und von ihnen ein Bild entwirft, hinter dem die Wirklichkeit allerdings weit zurückbleibt. Die Schriftstellerin hält das unter Berufung auf ihre bisherigen Kenntnisse kaum für möglich und will sich in einem Gespräch mit der Lieferantin des Manuskripts, Frau Laura Salman, nochmals vergewissern. Im Gespräch kommen dieser Zweifel an Frau Morgners Berufsidentität.

L.S.: Also Sie sind kein Dichter.
    I.M.: Moment mal ...
    L.S.: Wer sich diese und andere Fähigkeiten abdressieren läßt ...
    I.M.: Die weibliche Rollenerziehung dressiert diese und andere Fähigkeiten ab ...
    L.S.: ... die dichterischen Fähigkeiten ...

I. M.: ... die schöpferischen Wissenschaftlerinnen sind nicht weniger dünn gesät.

L. S.: Ich ...

I. M.: Heute. Aber meine Frage bezieht sich auf damals. Kurz und gut: Beatriz de Dia ist ein Wunschbild.

L. S.: Eine historische Erscheinung.

I. M.: Also ein typischer Fall von Legendenbildung mittels Geschichtskorrektur. Warum soll eine Frau ihr Vorleben nicht nach Belieben umarbeiten dürfen, da doch Staaten und Völker von je so verfuhren.

L. S.: Beatriz de Dia war ein Trobador.

I. M.: Ein Mann, der weibliche Rollengedichte schrieb.

L. S.: Nein.

I. M.: Paradox.

L. S.: Zunächst nicht.

I. M.: Ein mittelalterlicher Liebessänger weiblichen Geschlechts ist paradox.

(1. Buch, 11. Kapitel)

Den wissenschaftlichen Beweis liefert schließlich der Romanist E. Köhler, aus dessen grundlegendem Werk eine Passage über Feudalismus und Minnesang in Morgners Buch wörtlich zitiert wird. Sie bestätigt im großen und ganzen die Auskunft, die Frau Salman gegeben hat.

Ein Schlüsselausdruck in dem Gespräch zwischen der immer noch mißtrauischen Schriftstellerin und ihrer Berichterstatterin und Zeugin Laura ist die verbale Fügung »sich addressieren lassen«. Er ist Bestandteil einer These, die Irmtraud Morgner leidenschaftlich vertritt und die den ganzen Roman prägt: Die Stellung der Frau in der bisherigen Gesellschaft hat es nicht zugelassen, daß sie all ihre Fähigkeiten frei und ungehindert entfalten konnte.

Im 12. Jahrhundert eine Wiege der mittelalterlichen Kultur, ist die Provence 1968 ein Reiseland für Touristen aus aller Welt geworden. Was liegt deshalb für die seit ihrem Erwachen von Hunger gequälte Trobadora näher, als aus ihrem Repertoire von damals ein Lied zum besten zu geben und anschließend zu kassieren, um so buchstäblich »ihr Brot zu verdienen«. Beiläufig erfahren die Leser, welche Aufgaben im hohen Mittelalter einer »Spielfrau« zukamen, wenn sie ihre Herrin, die Trobadora, auf ihren Tourneen begleitete.

Vor der Brücke, die über den Fluß in die Stadt Tarascon führte, hielt ein Bus. Touristen fielen raus. Der Mistral hüllte sie in Staubwolken. Die Reiseleiterin schrie das Programm: Besichtigung der Burg, der Kirche, Mittagessen. Der letzte Programmteil inspirierte Beatriz. Mit forscher Arglosigkeit, die ihr als Traumrest geblieben war, gesellte sich die Trobadora zur Truppe. Die Staubwolkentarnung verhalf ihr zu freiem Eintritt in die Burg des guten Königs René von Provence. Im Burghof hätten die letzten Trobadore ihre Lieder gesungen, behauptete der Burgführer. Die Zuhörer hätten in der Loggia und in den Fenstern gelauscht. Beatriz unterbrach das Erklärungsgerede des Burgführers mit drei Entschuldigungen und bat die Touristen in die Loggia. Sie folgten ihrer Bitte willig, wohl in Erwartung der im gekauften Programm vorgesehenen Überraschung. Der Burgführer und die Reiseleiterin, die sich gegenseitig der Initiative verdächtigten, zogen sich mit einer Zeitung unter die Kolonnaden zurück. Inzwischen besann sich die Trobadora, von Hunger inspiriert, eines Lieds, das sie vor achthundertvierzehn Jahren geschrieben hatte. [...] Der Trobadora knurrte der Magen. In der Loggia drängelten die Amerikaner schon eine Weile um vordere Plätze. Beatriz spreizte ihre Ellenbogen und sang:

»Den ich verlor, dem schönen Herrn,
läuft nach mein Lied aus lauter Leid,
ich will, daß wisse alle Zeit,
wie ich ihn hielt zum Schluchzen gern.
Denn um die Liebe arg betrogen,
weil meine ich vor ihm verbarg,
bin ich bestraft und einsam arg,
ob nachts im Bett, ob angezogen.«

Der Hofschacht gab der Stimme der Trobadora Größe. Die Touristen schoben sich zwischen den gotischen Säulen der Loggia. [...]

Beatriz nahm den Applaus hochmütig entgegen. Bückte sich auch nicht nach Geldstücken. Um ihren Preis hochzutreiben. Das Papiergeld mußte sie allerdings eigenhändig in Empfang nehmen. Da spürte sie erstmals empfindlich den Mangel an Spielleuten. Eine Spielfrau wenigstens erschien ihr unerläßlich. Nicht nur für Geldsammeln oder begleitendes Lautenspiel – vor solchem Publikum sang eine ordentliche Trobadora überhaupt nicht mit eigner Stimme. Da war sie Sängerin: die Spielfrau sang. Diese unwürdige Antiquitätengeilheit! Frauen mit Brillen, die an Ketten auf der Brust hingen, warfen sich hastig die Gläser vor die Augen und begafften ungeniert das Kleid der Trobadora. Zwei griffen danach. Eine wollte es kaufen. Für hundert Dollar.

(1. Buch, 9. Kapitel)

Die Trobadora Beatriz hat keine Verständigungsschwierigkeiten mit den Franzosen des 20. Jahrhunderts. Die phantasiebegabte und kombinationsfreudige Irmtraud Morgner ist um eine Erklärung nicht verlegen: Während ihres langen Schlafs hat Beatriz hypnopädischen Unterricht erhalten; außerdem sind das alte Provenzalisch und das moderne Französisch verwandte Sprachen.

Die Trobadora ist begierig auf Neuigkeiten aus Paris. Die französischen Studenten hatten in jenem Mai 1968 viel an ihrem Land und an ihrem eigenen Status auszusetzen. Sie gingen auf die Straße gegen die patriarchalische Herrschaft des alten Generals de Gaulle, sie protestierten gegen verkrustete Strukturen und tyrannische Professoren an ihren Universitäten.

Die Trobadora drängt es zum Schauplatz der bedeutsamen Auseinandersetzungen. In der großen Stadt Paris ist freilich von einer neuen Französischen Revolution wenig zu spüren. Für kurze Zeit fällt die Revolutionsenthusiastin auf einen jungen Mann herein, der Revolutionäres zur Schau trägt und auf den die Trobadora aufmerksam geworden ist:

Sein schulterlanges Haar war mit einem roten Stirnband geschmückt. Sein Unterkiefer war derart beweglich, daß er an den Enden seines Schnurrbarts kauen konnte. Er trug indische Hemden, die so durchsichtig waren, daß man die schüttere Haarmusterung auf der Brust gut erkennen konnte.
(2. Buch, 2. Kapitel)

Irmtraud Morgner karikiert in dem eitlen Revoluzzer-Jüngling den Revolutionsklamauk, der damals aufgeführt wurde. Viele junge Leute machten nur eine Mode mit, und die Trobadora ist der revolutionären Gesten und Reden bald überdrüssig. Paris bleibt Episode.

In der französischen Hauptstadt hört die Trobadora zum erstenmal von einem Land, das sich Deutsche Demokratische Republik nennt; ein Bürger dieses Landes, ein bemühter, aber etwas unbeholfener Journalist, der ein holpriges Französisch spricht, preist es ihr in den höchsten Tönen an. Dort seien, so hört die erstaunte Beatriz, »die Beziehungen zwischen den Menschen durch kameradschaftliche Zusammenarbeit und gegenseitige Hilfe gekennzeichnet.« Beatriz ist von den Erzählungen des jungenhaften Uwe Parnitzke so angetan, daß sie als Grund für die Reise in die DDR »Ansiedlung ins Paradies« angibt. Sie wird bald auf den Boden der Wirklichkeit zurückgeholt; das gelobte Land entpuppt sich als alles andere denn das Paradies.

Die Trobadora soll im »Sektor Kultur und Unterhaltung« tätig werden, denn jedermann hat in dem wunderbaren Land Anspruch auf Arbeit. Noch immer fehlt die Spielfrau, doch Uwe Parnitzke, der Lobredner seines Landes, weiß Rat und nennt eine Adresse. Er empfiehlt seine Ex-Frau Laura Salman, die bisher ein durchaus DDR-typisches Leben geführt hat.

Laura, die ursprünglich aus Chemnitz in Sachsen stammt, ist »Diplomgermanistin, Bauarbeiterin, Triebwagenführerin« gewesen; eine intime Beziehung mit einem Studenten hat ihr eine unerwünschte Schwangerschaft eingebracht. Wenn alles, was damit zusammenhängt, überstanden ist, will sie wieder S-Bahn-Züge fahren. Die Trobadora ist von der munteren jungen Frau, die das Herz und den Mund auf dem rechten Fleck hat, angetan, die beiden sind einander gleich sympathisch.

Daß es gar nicht so leicht ist, Menschen zu unterhalten, merkt die gutwillige, aber etwas überschwenglich-weltfremde Dame aus der

165

fernen Provence bald; Laura, die als Spielfrau ihre Stelle einnehmen darf, tut sich da leichter. Wenn sie vor Eisenbahnern, Betriebsgruppen und eigens für kulturelle Veranstaltungen abgestellte Volksarmee-Soldaten als Erzählerin auftritt, gewinnt sie ihr Publikum im Handumdrehen. Laura gibt eine Probe ihres Könnens, als sie erzählt, was geschieht, wenn Frauen sich einmal so benehmen, wie die Männer es stets zu tun pflegen. Und Irmtraud Morgner ist wieder bei dem Grundthema des Buchs, wenn sie den Stand der Dinge in Sachen Geschlechtergleichheit satirisch auf den Punkt bringt.

Kaffee verkehrt: Als neulich unsere Frauenbrigade im Espresso am Alex Kapuziner trank, betrat ein Mann das Etablissement, der meinen Augen wohltat. Ich pfiff also eine Tonleiter rauf und runter und sah mir den Herrn an, auch rauf und runter. Als er an unserem Tisch vorbeiging, sagte ich »Donnerwetter«. Dann unterhielt sich unsere Brigade über seine Füße, denen Socken fehlten, den Taillenumfang schätzten wir auf siebzig, Alter auf zweiunddreißig. Das Exquisithemd zeichnete die Schulterblätter ab, was auf Hagerkeit schließen ließ. Schmale Schädelform mit rausragenden Ohren, stumpfes Haar, das irgendein hinterweltlerischer Friseur im Nacken rasiert hatte, wodurch die Perücke nicht bis zum Hemdkragen reichte, was meine Spezialität ist. Wegen schlechter Haltung der schönen Schultern riet ich zu Rudersport. Da der Herr in der Ecke des Lokals Platz genommen hatte, mußten wir sehr laut sprechen. Ich ließ ihm und mir einen doppelten Wodka servieren und prostete ihm zu, als er der Bedienung ein Versehen anlasten wollte. Später ging ich zu seinem Tisch, entschuldigte mich, sagte, daß wir uns von irgendwoher kennen müßten, und besetzte den nächsten Stuhl. Ich nötigte dem Herrn die Getränkekarte auf und fragte nach seinen Wünschen. Da er keine hatte, drückte ich meine Knie gegen seine, bestellte drei Lagen Sliwowitz und drohte mit Vergeltung für den Beleidigungsfall, der einträte, wenn er nicht tränke. Obgleich der Herr weder dankbar noch kurzweilig war, sondern wortlos, bezahlte ich alles und begleitete ihn aus dem Lokal. In der Tür ließ ich meine Hand wie zufällig über eine Hinterbacke gleiten, um zu prüfen, ob die Gewebestruktur in Ordnung war. Da ich keine Mängel feststellen konnte, fragte ich den Herrn, ob er heute abend etwas vorhätte, und lud ihn in ein Kino »International«. Eine innere Anstrengung, die zunehmend sein hübsches Gesicht zeichnete, verzerrte es jetzt grimassenhaft, konnte die Verblüffung aber doch endlich lösen und die Zunge, also daß der Herr sprach: »Hören Sie mal, Sie haben ja unerhörte Umgangsformen.« – »Gewöhnliche«, entgegnete ich, »Sie sind nur nichts Gutes gewöhnt, weil Sie keine Dame sind.«

(4. Buch, 19. Kapitel)

Auch wenn die Trobadora versucht, sich im Haushalt und bei der Pflege von Lauras Kind Wesselin nützlich zu machen, tritt immer wieder zutage, daß sie in dem karg-nüchternen Land eine Fremde bleibt. Die wenig erfolgreichen Eingewöhnungsversuche lassen schon ahnen, daß sie Jahre später ein unpoetisches Ende nehmen wird: Ein Fehltritt läßt sie beim Fensterputzen in die Tiefe stürzen. Vorerst wird sie allerdings von Laura »auf Aventüre geschickt«; sie soll europäische Länder bereisen, um dabei Begebenheiten und Stoffe zu sammeln, die sich literarisch verarbeiten lassen.

Für die Zeit, in der Beatriz auf Reisen ist, hat Laura die Vollmacht, sie in allen Belangen zu vertreten. Sie verhandelt in Berlin mit der Cheflektorin des Aufbau-Verlages über Autorenverträge. Hier werden zugleich ganz persönliche Auseinandersetzungen angesprochen, die Irmtraud Morgner mit staatlichen Instanzen auszutragen hatte. Wohlbedacht und mit großem Ernst wird das Thema des literarischen Leistungsvermögens von Frauen angesprochen.

Verhandlungsgespräch zwischen der Cheflektorin des Aufbau-Verlags (AV) und Laura (L.) über das zum Kauf gebotene Projekt eines Montageromans

AV: Warum kommt Beatriz de Dia nicht selbst?

L.: Ich bin ihre autorisierte Mitarbeiterin.

[...]

AV: Der angebotene Roman ist keiner, sondern eine Erzählungssammlung. Wissen Sie, daß Erzählungssammlungen schlecht verkauft werden?

L.: Die orthodoxe Romanform verlangt Festhalten an einer Konzeption über mehrere Jahre. Das kann angesichts heftiger politischer Bewegungen in der Welt und einer ungeheuerlichen Informationsflut heute nur trägen oder sturen Naturen gelingen. Was ich anbiete, ist die Romanform der Zukunft. Die zum operativen Genre gehört. Na?

AV: Oh.

L.: In einem entsprechenden Vertrag würde ich mich verpflichten, der Trobadora in Gemeinschaftsarbeit mit einem Lektor geeignetes Material abzugewinnen und veröffentlichungsreif zu bearbeiten. Alle Wünsche des Verlages in Form von Zahlen, Streichungen und Zusätzen könnten berücksichtigt, alle Forderungen und Tonarten der jeweiligen Tagespolitik könnten eingearbeitet werden, ohne das Werk ernstlich zu verletzen. Der operative Montageroman ist ein unverwüstliches Genre.

AV: Ah.

L.: Ein geradezu ideales Genre zum Reinreden.

AV: Donnerwetter. Aber warum zum Teufel schreibt Beatriz de Dia kurze Prosa?

L.: Kurze Prosa entspricht ihrem Naturell und ihrer Lebensform. Schreiben ist für sie eine alltägliche, lebensnotwendige Tätigkeit, sie befaßt auch das Alltägliche: das, was auf sie zukommt täglich. Diese Begebnisse sind schwer, auf längere Sicht nicht voraussehbar. Sie wälzen ständig ihre Ansichten von der Welt. Um einen Roman im üblichen Sinne zu schreiben, das heißt um jahrelang etwa an einer Konzeption festzuhalten, muß man sich einer Art des Schreibens zuwenden, die von den Erlebnissen und Begegnungen des epischen Ichs absieht. Für Beatriz ist Schreiben ein experimenteller Vorgang. Kurze Prosa ist Preßluft, heftig und sehr angestrengt gearbeitet. Abgesehen vom Temperament, entspricht kurze Prosa dem gesellschaftlich, nicht biologisch bedingten Lebensrhythmus einer gewöhnlichen Frau, die ständig von haushaltsbedingten Abhaltungen zerstreut wird. Zeitmangel und nicht berechenbare Störungen zwingen zu schnellen Würfen ohne mähliche Einstimmung, ich kann nur voll ansetzen oder nicht.

AV: Sie können nur voll ansetzen oder nicht? Sie? Ich denk, Frau Dia schreibt den Roman?

L.: Ach so, Verzeihung, ja, natürlich, nicht aus Bescheidenheit zieh ich ein Romanensemble kurzer Prosa der orthodoxen Romanform vor. Weniges genau befassen bringt mehr als alles streifen. Ein Ensemble kurzer Prosa holt die Lebensbewegung des epischen Ich deutlich ins Buch, ohne sie inhaltlich fassen zu müssen. Lebenswahrheit in Büchern kann nicht sein ohne Bekenntnis des Autors zu sich selbst. Ein Mosaik ist mehr als die Summe der Steine. In der Komposition arbeiten sie seltsam zu- und gegeneinander unter den Augen des Betrachters. Lesen soll schöpferische Arbeit sein: Vergnügen.

(8. Buch, 6. Kapitel)

Überdenkt man all diese Überlegungen und Forderungen zum Roman, so hat Irmtraud Morgner mit den »Abenteuern« ihrer Trobadora einen solchen Montageroman geschrieben. Allein im Ersten Buch finden sich sehr verschiedene Textteile: Gesprächsprotokolle, Auszüge aus einem wissenschaftlichen Werk, ein arienhafter Dialog zweier Göttinnen über die männlichen Götter und eine Auflistung von Schimpfwörtern, mit denen die Trobadora verschiedene Männer bei verschiedenen Anlässen bedenkt.

Im Verlagsgespräch wird der Roman einmal als »ein geradezu ideales Genre zum Reinreden« bezeichnet. Irmtraud Morgner spielt hier auf ihre meist schlechten Erfahrungen mit verlegerischen und staatlichen Prüfungsinstanzen an, die 1965 einen abgeschlossenen Roman von ihr nicht zum Druck freigegeben hatten. Es handelte sich um den Roman ›Rumba für einen Herbst‹, der erst 1995 rekonstruiert werden konnte und jetzt in der ursprünglichen Fassung komplett vorliegt. Irmtraud Morgner schlug sich mit den »Vertretern des Ministeriums für Kultur (Zensur)« – so ihre eigene Formulierung – einige Zeit herum; es blieb aber bei dem Vorwurf, sie habe einem »enthemmten Individualismus« gefrönt, weil sie das Geschehen ihres Romans kommentarlos aus subjektiv-individuellen Blickwinkeln dargestellt hatte. Nach anfänglichem Zorn und Enttäuschung wußte sich die Autorin aber zu helfen: Sie brachte einen großen Teil des früheren Romans in die ›Trobadora‹ ein. Neue Figuren, neue Namen tauchen auf, das zentrale Thema, die Beziehungen der Geschlechter, wird hier von anderen Paaren durchgespielt.

Im Personenverzeichnis des ›Trobadora‹-Romans taucht unter anderen Benno Pakulat, Zimmermann und zweiter Ehemann der Laura Salman, auf. Irmtraud Morgner stellt ihn als Mann um die Dreißig dar, der sich bemüht, die schlechten Gewohnheiten seiner Geschlechtsgenossen abzulegen. Damit wird er schließlich so, wie sich Laura einen »erwachsenen Mann« vorstellt.

Ehe Laura daran denkt, ihn zu ihrem zweiten Ehemann und zu Wesselins Vater zu machen, kommt Benno dreimal zu Besuch. Morgner läßt ihn als »ausgewiesenen Inhalt« eines »Himmelswagens« ankommen. Sie ersinnt einen zauberähnlichen Mechanismus, mit dem der Angekommene aus seinem tiefen Schlaf geweckt werden kann. »Ausgewiesen« wird er durch eine Erkennungskarte:

Himmelswagen mit ausgewiesenem Inhalt
Lauras Gewohnheit, sommers bei offener Balkontür zu schlafen, war ein Rudiment aus ihrer Kindheit. Denn Frischluft war in der Osterstraße 37 kaum zu erwarten. Bei westlichen Winden lieferte das Gaswerk die Gestänke, bei nördlichen Winden der VEB Isokond, ansonsten gemeine Autoabgase. Laura nahm diese Unannehmlichkeiten hauptsächlich in Kauf, um sich mit Vogelgezwitscher die Ohren vollzuschlagen. [...] Nach einer Weile fiel bläuliches Licht durch die Balkontür. Aber von Sonnenaufgang keine Spur. Hatte irgendein volkseigenes Unternehmen seinen Reklameetat ausgeschöpft, um Laura mit Neonlicht den Schlaf zu vertreiben? Sie sprang wütend vom Lager, um sich zu vergewissern. Da kam der Himmelswagen zum Stehn. Dicht überm Balkon. Er hing an Seilen, hatte Wolken aus Pappe und glich auch sonst den Barockschaukeln, die in Opern bisweilen vom Schnürboden heruntergelassen werden. Mit Engeln gefüllt. In dem Himmelswagen, der über Lauras Balkon sachte schwang, saß ein Mann. Steif wie knochenversehrt, Beine und Körper in eine Gerade gerichtet, die die blaue Bank nur gegen Anfang und Ende des Rückens knapp berührte: eigentlich lag er. Schlafend. Arme wie Flügel auf die Banklehne gebreitet. Die mürben Jeans brachten die Kniescheiben voll zur Geltung. Das Gesicht war von einer Mütze bedeckt. Seitlich der Mütze falbes, schulterlanges Haar. Auf einer Pappe, die mittels Schnur am Hals hing, ähnlich einer Erkennungskarte bei einem verschickungsbereiten Kind, waren folgende Angaben verzeichnet:
Vor- und Zuname: Benno Pakulat
Geburtstag: 17. 8. 1944
Geburtsort: Leipzig
Familienstand: Ledig
Schulbildung: Erweiterte Oberschule, Abitur
Beruf: Zimmermann
Wohnanschrift: 110 Berlin-Pankow, Florastraße 14
Arbeitsstelle: VEB Hochbau Berlin
Gesellschaftliche Beurteilung der Gewerkschaftsorganisation: Kollege Pakulat ist uns als zuverlässiger Arbeiter bekannt. Seine Brigade wählte ihn zum Gewerkschaftsvertrauensmann. In der Rhythmusgruppe unseres Singeklubs ist er aktiv tätig und tritt in Diskussionen klassenbewußt auf. Das Kinderferienlager unseres Betriebes hat in ihm einen einsatzfreudigen Helfer. Im vorigen Jahr wurde seine Brigade mit dem Staatstitel geehrt. Außerdem ist Kollege Pakulat Mitglied der Gesellschaft für Deutsch-Sowjetische Freundschaft.

(8. Buch, 16. Kapitel)

Laura weckt den Mann, indem sie drehend an seiner Mütze herumspielt. Aus den Einträgen ist zu ersehen, daß Benno in seinem Betrieb wahrscheinlich als »guter Mann« gilt. Ein »guter Mann« im Betrieb ist jedoch noch lange kein guter Mann überhaupt.

In einem bald folgenden »Informationsgespräch« stellt Benno sich als Vater seiner Töchter aus erster Ehe vor. Beim ersten Kind hat er die Sorge für die kleine Erdenbürgerin in den ersten Wochen und Monaten ganz der Mutter überlassen; was hätte er, der in solchen Dingen ungeschickte Mann, schon tun können? Bei der zweiten Tochter hat er dazugelernt:

Ich hab das Kind früh fertiggemacht und in die Krippe gebracht, ich habs abends geholt, gebadet, gefüttert, gewindelt natürlich auch, wenns krank war, hab ich nicht die Verantwortung auf meine Frau abgeschoben, sondern selber an Windelboxen und in Arztzimmern geschwitzt, mir die Nacht um die Ohren geschlagen und auch mal Rotz und Wasser geheult vor Angst.

(10. Buch, 3. Kapitel)

Eine solche Auffassung von Vaterschaft muß Laura imponieren. Diesen Mann, hat Irmtraud Morgner vielleicht gedacht, kann man vorläufig wirklich nur als »Geschenk des Himmels« auf die Erde kommen lassen. Laura und auch Benno wissen sehr wohl, daß bei irdischen DDR-Männern, »guten« und weniger guten, ein solches Verhalten nicht die Regel ist.

Beim dritten »Informationsgespräch« reden die beiden über den Ingenieur Lutz Pakulat, Bennos älteren Bruder und Lauras ersten Ehemann. Bennos und Lutz' Vater, »ein hochprozentiger Kommunist«, hat als Arbeiter den Genossen und Kollegen stets Solidarität gepredigt und auch vorgelebt, daheim aber als autoritär herrschender Vater den älteren Sohn dem jüngeren vorgezogen. So darf es in einem fortgeschritteneren Stadium des Sozialismus nicht mehr zugehen, da sind sich Benno und Laura einig. Lutz ist Bauingenieur geworden, was den Vater und auch den Staat mit Genugtuung erfüllen kann, ein »Repräsentant der Arbeiterklasse« ist er freilich nicht, sondern hat sich einen eher bürgerlichen Lebensstil zugelegt. Der Widerspruch besteht darin, daß der Arbeiter- und Bauernstaat DDR trotz aller Ideale von Gleichheit die »Kader«, die Spezialisten braucht, die konstruieren, rechnen oder auch heilen können, eine Funktionselite, der man besondere Lebens- und Arbeitsbedingungen zugesteht, die nicht immer sozialistischen Idealen entsprechen. Und Männer, die im Beruf tüchtig und ehrgeizig sind, zu Hause aber »gesellschaftlich« alles beim alten gelassen haben, gibt es, wie Benno weiß, zuhauf, auch unter den Brigadieren bei den großen Bauprojekten der Republik.

Für Irmtraud Morgner ergibt sich aus all dem die folgende Erkenntnis: Es mag noch leicht gewesen sein, unter den Verhältnissen nach 1945 die Prinzipien des Sozialismus zu verwirklichen und die DDR als ersten sozialistischen deutschen Staat auszurufen, viel schwieriger aber ist es, »diese[n] Scheißkrieg zwischen den Geschlechtern« (Benno) zu beenden und die Männer »geduldiger, einfühlsamer, zärtlicher, weiser« werden zu lassen. Auch Benno Pakulat kann diese wünschenswerten Eigenschaften nur gewissermaßen als Utopie aufzählen. Es wird aber wenig nützen, der Marxschen Utopie vom neuen Menschen die Utopie vom neuen Mann einfach als weitere Komponente hinzuzufügen. Die Änderungen müßten tiefer greifen: Das gesellschaftliche Wertgefüge müßte sich wandeln, und zwar indem die Männer auf jahrhundertealte Privilegien verzichten und die Gesellschaft von Konventionen abgeht, die der Bequemlichkeit der Männer entgegenkommen und hinter denen sie sich auch in einer sozialistischen Gesellschaft immer noch haben verstecken können.

Wolfram Schütte, der langjährige, angesehene Redakteur des Feuilletons der ›Frankfurter Rundschau‹, nannte 1975 in einer Rezension Irmtraud Morgner »die Feministin der DDR«. Der Autorin Morgner hätte eine derart plakative Bezeichnung eines westdeutschen Journalisten vielleicht nicht gefallen, denn es ging ihr in ihrem Roman ebenso sehr um ihr Land, die DDR der siebziger Jahre. In diesem Staat gab es im sozialen Bereich zahlreiche Example für Gutes und Gelungenes, gegen die sich die Rückständigkeit und das gewissermaßen selbstverständliche Beibehalten tiefverwurzelter Gewohnheiten besonders deutlich abhoben. An einem Zustand, auf den sich die Mächtigen in Staat und Partei viel zugute hielten, waren für Irmtraud Morgner noch viele Mängel und Unzulänglichkeiten zu entdecken und zu beheben. »Ich bin hier geboren«, hat sie in einem Brief festgestellt, »dies ist mein Land, ich bin daran gefesselt in Haß-Liebe«. Vielleicht ist deshalb das Buch auch fast ein Roman über die im Titel nachgeordnete »Spielfrau«, das DDR-Gewächs Laura Salman, geworden.

Uwe Wittstock, ein guter Kenner der Literatur der letzten Jahrzehnte, hat bemerkt, manche Schriftsteller dieser Epoche hätten, ohne sich dessen voll bewußt zu sein, in den siebziger und achtziger Jahren plötzlich begonnen, postmodern zu schreiben. Als Kennzeichen postmoderner Literatur nennt Wittstock das »nichtlineare Erzählen voller Zwischenschritte, Abschweifungen, Rückblicke oder Vorgriffe«. Demnach könnte Irmtraud Morgners ›Trobadora‹ vielleicht auch als postmoderner Roman bezeichnet werden.

Die Autorin reicht auf den letzten Seiten des Romans einen Bauplan nach, der, genau wie der volle Titel des Buchs, an barocke Schreibgewohnheiten erinnert.

171

Die Handlung des Romans ist durch die Montagetechnik mehrfach gebrochen, verfremdet und ironisiert und überschreitet an vielen Stellen die Grenze zum Phantastischen. Ob der Roman als »postmodern« bezeichnet werden könnte oder nicht – darüber ließe sich sicherlich streiten. Sicher ist jedoch, daß er die Themen Frauenemanzipation und DDR auf eine literarisch innovative Weise verbindet, es ist – wie es in einer Rezension hieß – »nicht nur ein Buch, das von der Emanzipation handelt, es ist auch seiner Form nach selbst ein Stück Emanzipation innerhalb der Literatur«.

Brigitte Kronauer
Rita Münster

Brigitte Kronauer hatte bereits in den siebziger Jahren eine Reihe von kurzen Prosatexten geschrieben, die ihr Anerkennung für stilistische Originalität einbrachten, doch erst in den achtziger Jahren, als sie auf Betreiben ihres Verlages größere Arbeiten in Angriff nahm, wurden ihr Name und ihr bisheriges Werk weiteren Kreisen bekannt.

1982 erschien ›Rita Münster‹, auf den ersten Blick ein eher traditioneller Frauenroman. Brigitte Kronauer erzählt in der Ich-Form aus dem Leben eines Mädchens, das sich mit der Aussicht auf ein durchschnittliches Frauenleben in der norddeutschen Provinz nicht abfinden will; sie spürt, daß genug in ihr steckt, das eine außergewöhnliche Entwicklung verheißen könnte. Rita Münster hat ihre Berufstätigkeit, die bloße Routine zu werden drohte, für einige Zeit unterbrochen und wohnt mit ihrem verwitweten Vater zusammen in einem Haus mit Garten, ihrem »Eigentum«, wie eigens betont wird.

Im ersten Teil des dreiteiligen Romans gibt Rita zahlreiche Proben ihrer Menschenkenntnis; sie hat einen schonungslos scharfen Blick dafür, wie es um Bekannte und Verwandte eigentlich bestellt ist.

So machen innere Unruhe und ein starkes Geltungsbedürfnis aus der Bekannten Ruth, einer verheirateten Frau, der es schwerfällt, sich zu zügeln, einen Menschen, dessen innere Verfassung sich in scharf beobachteten Kleinigkeiten kundtut; Rita versteht sie drastisch zu formulieren.

Ich ging oft neben ihr, ich ging deshalb neben ihr, ich spürte durch die Luft zu mir herüber dieses Zittern, diesen Krampf unter der tapferen, mißglückenden Beherrschung. Da konnte sie täuschend lachen und die tadellosen Zähne zeigen, das Kapital, noch immer, eines Mädchens aus gutem, aufmerksamem Hause, und mit der Zungenspitze, wenn sie die Ausgelassene spielen wollte, über den großen Mund fahren: Gab sie eine Sekunde nicht acht, hatte sie im Sitzen die Beine umeinandergeschlungen, die Fäuste geballt, das gesunde, großartige Renommiergebiß aufeinandergepreßt. […]

Unter ihren Fingern schlüpften die harmlosesten Dinge in Anführungszeichen, nie gab es ein Ausruhen, ein wirkliches Wohlbehagen, sie sorgte dafür, daß überall Sträußchen standen, Kerzenflämmchen zum Abendbrot, ein mütterliches Eingemachtes zum Schluß aus dem Keller, aber auch, daß man nie aufhörte zu fürchten, irgendwo anzustoßen. Sie fuhr Ecken und Spitzen aus, damit sich ja kein Frieden einschlich. Das Gemütlichtun war ungeheuchelt, sie hielt bloß nicht durch, nach einer Stunde ging sie die Wände hoch. [...] Ruth, blaß vor Anstrengung, eine Entspannte darzustellen, und die Lippen in diesem fahlen, dünnen Gesicht, so rotgebissen, und die Augen, so kahl, nackte Mäuse, und derart unvermittelt zu später Stunde im elektrischen Licht!

(1. Teil)

Im ersten Teil ist die Ich-Erzählerin stark mit dem Erkennen und der treffenden Charakterisierung anderer beschäftigt, während sie im zweiten Teil das genaue Beobachten auf sich selbst richtet. Zum erstenmal betrachtet sie sich des längeren im Spiegel, entdeckt ihre Körperformen, mit denen sie ein Einvernehmen herstellen muß. Das Vaterhaus empfindet sie immer öfter als »über mich gestülpt«.

Zu Beginn eines neuen Jahres erlebt sie symbolisch den Einbruch des Fremden in die vertraute Umgebung in Garten und Haus.

Als ich am nächsten Tag mit meinem Vater zum Fluß kam, leuchteten die Leute vor Neujahrsbewußtsein und schritten großartig aus. Ein dünner Schneefall setzte ein: Schon kehrten alle trübe um. Beim unentwegten Rieseln der Flocken schien das ganze neue Jahr mit allen zukünftigen Augenblicken dahinzuschneien und zu sinken. Aber etwas geschah doch noch: Wir hatten wie bisher Äpfel für die Vögel auf die Wiese gerollt, möglichst sachte, damit sie in der weichen, weißen Fläche nicht gleich verschwanden. Da hörte ich ein Geräusch, einen Schrei, der vom üblichen Rumoren der streitenden Drosseln abwich. Es war etwas an diesem Ausruf gewesen, keinesfalls aber die Lautstärke, das mich vom Stuhl hochfahren ließ vor Beunruhigung. Mein Vater schüttelte lächelnd über meinen Schrecken den Kopf, stand dann aber doch gemächlich auf. Durch die Scheibe erkannte ich einen besonders großen Vogel bei dem zuletzt geworfenen Apfel, und auch dieser Anblick wies, über den Umfang des Tieres hinausgehend, etwas Nicht-Normales auf, das aber nicht in die Augen sprang. Als ich die Tür aufriß, fuhr das Tier steil in die Höhe, ein Raubvogel also, der, vom Hunger hergetrieben, eine an diesem Platz sorglos fressende Drossel als bequeme Beute auf dem freien Feld geschlagen hatte! »Ein Falke wahrscheinlich, in unserem Garten!« wunderte sich mein Vater und schüttelte wieder den Kopf. Es mußte ihn wenigstens teilweise freuen: »Die Drossel frißt den Apfel, der Falke frißt die Drossel, die Würmer fressen uns!«

(2. Teil)

Der geliebte Vater, mit dem sie eine herzliche Beziehung verbunden hat, erscheint von diesem Zeitpunkt an als schwach gewordener alter Mann, der sich auf den Tod eingestellt hat.

Wenn Rite jetzt mit anderen zusammen ist, sieht sie sich selbst mit deren Augen. Sie wird nur wie ein Teil eines Interieurs zur Kenntnis genommen, hat jeden Eigenwert verloren.

Bei einer Einladung zum Essen gab es wieder das schweifende Gespräch über die Dinge weg, die Gutwilligkeit. Aber dann trennte man sich und es war vergessen. Wann würden diese Leute wieder an mich denken? Schon wenn ich zur Tür raus bin, wußte ich, ist es ja wieder vorbei, und während ich hier sitze: nichts weiter als Gutmütigkeit vor Braten und Pudding, eine Offenheit gegen jedermann, der gern ißt und keine Bösartigkeit zeigt. Ach, sich immer und immer nur das Leben behaglich zu machen! Könnte, fuhr ich damals spielerisch für mich fort, könnte ich durch meinen eigenen, plötzlich herbeigeführten Tod das einmal alles scharf abschneiden und eine Stauung bewirken? Könnte man seinen andauernden Zustand des Totseins als verdeutlichende Kante gegen dieses Nettsein halten?

(2. Teil)

Andererseits gibt es jetzt für die ganz ichbezogene Rita »aufgegebene« Leute, solche die keinen Erfahrungsgewinn mehr für sie versprechen.

Ich stellte eine Liste von abrupt aufgegebenen Leuten zusammen: eine Frau, bei der ich einmal gewohnt und die ich, als es auf ihren Tod zuging, nicht im Krankenhaus besucht, eine ehemalige Schulfreundin, eine Mutter von fünf Kindern, der ich plötzlich nicht mehr geschrieben, ein Freund, den ich von einem zum anderen Tag aus dem Gedächtnis gestrichen hatte. Das waren Phasen einer Abbruchstimmung gewesen. Eine ganze Stadt hatte ich verlassen und sie, einschließlich aller Bekannten, nie wieder aufgesucht. Ich konnte mühelos Erinnerungen abtöten und schämte mich in Etappen der Anhänglichkeit meiner Untreue.

(2. Teil)

Rita hat mit dem gestiegenen Selbstbewußtsein auch mehr Lebensenergie gewonnen, für sie gilt immer noch, was sie sich vorgenommen hatte: »Alles kam jetzt darauf an, die Tage selbst in die Hand zu nehmen.« Sie sucht den Weg zurück in die Kindheit, um dort Schlüsselerlebnisse zu entdecken und sich bewußt zu machen.

Der veränderte Zustand ihres Ich gibt ihr auch den Mut, sich in die »andere Stadt« zu begeben. In der riesigen Stadt Rom erfährt sie das Gegenteil der »übergestülpten« Elternhaus-Atmosphäre, die sich in der gleichmäßigen Wiederholung zu bewahren schien. In den Straßen und auf den Plätzen der Ewigen Stadt fließen die Bilder des alten und neuen Rom, der zu allen Zeiten lauten und überfüllten Stadt ineinander. Rita scheint sich an das Fremde zu verlieren.

Mein Herz klopft dann im Gehen, und ich meine nicht nur das eigene, sondern ein allgemeines, wildes Herzschlagen zu hören. Ich weiß, daß mir, gerade während ich über einen Platz gehe, etwas passieren kann: Mir schwindet die Zuversicht, alles wird fremd, ich muß einzeln Schritt vor Schritt setzen, mir fällt ein, daß ich die Stadt wieder verlassen werde. Auf einer schmierigen Stufe sitzen zwei alte, dünne Männer und spielen ein Zeichenspiel mit ihren bloßen Händen, eine Porzellantasse steht bei ihnen im Staub, eine Baustelle zwingt mich zur Umkehr, es gelingt mir nicht, eine große Kreuzung zu überqueren, die Autos sind immer zu schnell. Aber auch das muß nur ausgehalten werden und bleibt doch etwas Bekanntes, und schon bin ich wieder sicher, diesen Ort bei mir zu tragen und für mich jederzeit auseinanderfalten zu können. Es gibt hier gewaltige, halb zerfallene Mauerwerke, Felsburgen in Trümmern, hoch aufgerichtet zwischen den Bahnen der Reisebusse, zur Hälfte bewohnt von Menschen, in einem Altertum hausend ähnlich wie auf Schiffen, die, rascher gealtert, eingemummt sind von Algen und Eis des Ozeans.

[...]

Der Boden brennt mir unter den Füßen, ich spüre ein Schlürfen unter den Fußsohlen und das Vibrieren, das leise Dröhnen, das die Stadt trägt und antreibt. Manchmal scheinen winzige, gläserne, goldene Mosaiksteinchen durch die Luft zu stürzen und an meiner Haut vorbeizuschrammen, hitzig und eisig. Ich ruhe nicht aus, ich trete immer nur ganz kurz auf, der Boden brennt mir unter den Füßen. Ich halte mich nicht mehr auf. Die Sekunden fließen in mich und aus mir heraus, immerzu eine Ankunft, immerzu ein Abschied, ein immerwährendes Treppensteigen, auf und ab, ich gehe durch die Abfolge der Augenblicke, als hätte ich weder Vergangenheit noch Zukunft, ich stelle die Gegenwart her. Ich fürchte mich nicht, als hätte ich das persönliche Schicksal verloren, ich sehe an und gleichzeitig darauf zurück, ich habe Anrechte und Wünsche aufgegeben, ich gehe durch ein Netz von Befürchtungen und Begierden, meine eigene Wichtigkeit löst sich auf darin. Wichtig aber ist das Bild, das die Welt durch meine Augen anzunehmen, zu erreichen verlangt. Ich bin einverstanden mit dem, was mir geschieht, ich frage nicht danach, es ist ein Glühen und Herunterbrennen, und jede Bewegung, indem sie vergeht, ist festgehalten in dieser Stadt und wirft Ringe nach allen Seiten, wie jedes Gesicht, der Müden, der Erwartungsvollen, die Zukunft des einen, die Vergangenheit des anderen, Ringe nach vorn und hinten wirft, einsinkende Steine in einen Teich, verbunden miteinander durch meine Betrachtung. Aber nun, auf einem Platz, mutwillig betreten, jetzt der lange Weg bis zur Mitte, es ist anders, als ich dachte, der Platz greift nach mir in seiner Ausdehnung, ich muß mich besinnen und wieder zu Kräften kommen. Es ist ein Luftanhalten, Anhalten! Anhalten! denke ich, nie wieder ausatmen! Kein leerer Platz mehr, ein gewaltiger Innenraum, ich gehe über die farbigen Kreise und Rechtecke eines Marmorfußbodens. Schritt für Schritt. Vor mir hinkt, mühsam Schritt vor Schritt, ein alter Mann mit einer Krücke, ich gehe so langsam wie er unter der Kassettendecke mit dem ersten Gold aus Amerika, ich will ihn nicht überholen, ein bunter Marmorring nach dem anderen verschwindet in ruckhaften Schüben unter uns. Auch ich gehe ja, von meinem engen Rock jedesmal vor dem Aufsetzen der Füße ein wenig zurückgerissen, ein kleiner Widerstand, gegen den ich mit jedem Schritt ankämpfen muß, ruckhaft. Auf der Hüfte entsteht dabei nun ein Gefühl, als berührte mich dort kurz und heftig eine gewisse Hand, die mich aber, gegenläufig zum Rocksaum, vorwärtsdrängt, an die ich mich, schmerzhaft plötzlich, erinnere. Erst bei der Apsis bleiben wir stehen, unter der schimmernden Mosaikwölbung, wo die gekrönte Maria im Sternenhimmel neben ihrem Sohn triumphiert. Ich sehe hoch wie die Pinguine im Zoo zu den Decken ihrer Grotten, als wären es gelehrte Touristen, hatte ich immer gemeint. Ich sehe hoch, neben dem alten Mann, durch die Pracht anbetender Engel, Heiliger und Auftraggeber hindurch, bis ich nichts mehr sehe.

(3. Teil, Ende des Romans)

Die Ich-Erzählerin Rita kann sich einem Rhythmus öffnen, der, ausgehend von anderen Menschen und Kunstwerken, auf sie übergeht, sie durchströmt. Die gemeinsame Ankunft in der Apsis der Kirche muß für sie keine Ankunft im Glauben sein, und auch in den Bildern sind religiöse Gefühle nur künstlerisch hervorragend gestaltet; der Augenblick gibt ihr das Gefühl, daß es »noch nicht zu Ende« ist mit ihr.

Brigitte Kronauer hat mit ›Rita Münster‹ eine Art Emanzipationsroman geschrieben. Die Frau wird sich ihrer Persönlichkeit zunehmend bewußt, ihre Selbstfindung vollzieht sich aber weniger durch Zeitumstände bedingt als durch eine innere Entwicklung. Die Außenwelt wird durch die Augen der Ich-Erzählerin wahrgenommen und perspektiviert. Der Zielpunkt des Prozesses ist, daß Rita sich loslassen kann und dennoch sicher ist, sich wiederzufinden.

2.4 »Postmoderne Schreibweisen«? Dichtung an der Grenze von traditionellen Wertmaßstäben und Gattungskonventionen

Spätestens seit der Zeit der Genieästhetik im 18. Jahrhundert hat man sich die Entstehung eines Kunstwerks gern so vorgestellt: Ein besonders Begabter, ein Genie, erfindet und gestaltet aus eigenem Vermögen oder nach göttlicher Eingebung ein Werk, wie es vorher noch nie dagewesen ist.

Dabei hat es schon in der Antike, im Hellenismus, Autoren gegeben, die ihre künstlerische Leistung nicht in der Erfindung von »Einmalig«-Neuem, sondern in der Bearbeitung und Weiterdichtung bereits vorhandener Texte begründet sahen. Diese Autoren beschäftigten sich mit vorliegenden Stoffen, holten schließlich das ältere Werk in ihre Gegenwart und begannen es nachzuschaffen. Ein anderer Weg, auf bereits Geschaffenes zurückzugreifen, ist der, in den eigenen Text Anspielungen auf andere Texte der Literatur einzubauen, so daß eine Art Dialog zwischen den Texten entsteht (Intertextualität).

In den Texten solcher Autoren wird das Konzept sichtbar, daß das Neue sozusagen schon in einem anderen Text gesteckt hat, und daß man, wie auf einem Palimpsest, den ursprünglichen Text mitliest.

Eine solche Sicht der Dinge ergibt sich, wenn man annimmt, daß in einer Kultur alles Text, alles Zeichen, alles Sprache ist. Diese Gedanken sind zentral für die sogenannte Postmoderne: In dieser Denkrichtung bahnte sich ein neuer Umgang mit der Tradition an. Kennzeichnend ist der spielerische Umgang mit den Texten anderer Epochen und Kulturen. Diese Gedankengänge lassen sich auch mit den in der Einführung erläuterten Forderungen vereinbaren, nach denen das Subjekt, der Autor, gegenüber dem Text zurücktreten soll – denn genau das geschieht, wenn verschiedene Texte miteinander in Dialog treten.

Wie bereits im Einführungskapitel erwähnt wurde, lassen sich innerhalb der deutschsprachigen Literatur nach 1968 viele Namen mit der Postmoderne in Verbindung bringen. Gemeinsam sind ihnen, daß sie zumindest einige der Kennzeichen postmoderner Schreibweise erfüllen. Sie greifen auf bestehende Stoff- und Formtraditionen zurück, verwenden diese aber spielerisch und betonen immer wieder die Selbstbezüglichkeit (Autoreferentialität) von Literatur. Der Umgang mit Geschichte und Tradition ist oftmals ironisch gebrochen, Stilmittel wie die Groteske, die Parodie oder die Satire drücken dies aus. Viele »postmoderne« Texte verwischen Grenzen: einerseits zwischen Fiktionalem und Realem, andererseits die Grenzen hin zur Massenkultur, womit die bisherigen Wertmaßstäbe von »guter Literatur« in Frage gestellt werden.

Die Postmoderne stellte auch die »klassische« Einteilung in die drei Gattungen Drama, Lyrik und Prosa in Frage. Nach der Behandlung der Romane ›Das Parfum‹ von Patrick Süskind (1985) und ›Die letzte Welt‹ von Christoph Ransmayr (1988) sollen drei Texte eingehender betrachtet werden, die die kanonischen Gattungsgrenzen überschreiten.

Gern und ganz haben sich die Schriftsteller noch nie an die Gattungsnormen gehalten, die eifrige Literaturwissenschaftler einigen für musterhaft erklärten Werken abgeschaut und zur Gültigkeit erhoben hatten. Wissenschaft, Buchproduzenten und Kritiker hielten an solchen Normen fest, während sich Autoren häufig nicht an sie gebunden fühlten. Sie suchten für Themen und Stoffe, die sie beschäftigten, eigene gestalterische Möglichkeiten.

Beispiele für ein solches »Ausscheren« aus dem Kanon der Gattungen liefern nach 1968 u.a. Wolfgang Hildesheimer, Hans Magnus Enzensberger und Botho Strauß.

Wolfgang Hildesheimer etwa mußte erkennen, daß der Versuch, durch Schreiben Vergangenheit zu bewältigen, zum Scheitern verurteilt war, wenn dem Schreibenden bereits die ganze Welt absurd erschien. Hildesheimer nahm Abschied vom fiktionalen Erzählen herkömmlicher Art: »Ich kann nicht einen Roman spinnen mit fiktiven Figuren.«

So besteht sein zwar »Roman« genanntes Buch ›Masante‹ von 1973 nur noch aus tagebuchartigen Einträgen, kurzen Erzählskizzen, Reflexionen und Kommentaren.

Hans Magnus Enzensbergers Antwort auf die Beunruhigung seiner Zeitgenossen durch eine drohende atomare Katastrophe war sein Buch ›Der Untergang der Titanic. Eine Komödie‹ (1978), eine bänkelsängerisch getönte Version der bekannten Schiffskatastrophe im Jahre 1912. Mit der Gattungsangabe treibt Enzensberger ebenso sein Spiel wie mit vielem anderen, das ihm in Zusammenhang mit dem Ereignis in den Sinn kommt.

Botho Strauß hielt man am Anfang seiner Karriere für einen vielversprechenden Bühnenautor und für einen ernstzunehmenden Erzähler. Er gibt seinen ersten Prosatexten noch die Gattungsangabe »Erzählung« oder »Roman«, versucht sich aber auch im »allegorischen Schreiben«. Schon in frühen Arbeiten war Strauß' Talent erkennbar, sich Bilder und Szenen gewissermaßen von der Bühne des Lebens zu holen und sie auf die Theaterbühne zu stellen oder aus ihnen Prosatexte werden zu lassen. Die Zeitgenossen konnten sich in den Straußschen Figuren, in der Art, wie sie redeten und sich gaben, wiedererkennen. Strauß kommentierte auch und geriet mit seinen Prosatexten in die Nähe essayistischen Schreibens. Am Verhalten der Zeitgenossen wollte er ermitteln, wie es um seine Zeit stand.

Da auch in der Literaturwissenschaft keineswegs Einigkeit über den Begriff »Postmoderne« herrscht, kann das vorliegende Kapitel nur der Versuch sein, einige deutschsprachige Texte auf die Möglichkeit der Zuordnung zu Konzepten postmodernen Schreibens hin zu überprüfen. Sicherlich hätten auch andere Texte ausgewählt werden können – so hätte man auch an dieser Stelle Irmtraud Morgners ›Trobadora‹-Roman behandeln können. Der Begriff »Postmoderne« ist und bleibt problematisch, und ein Ziel dieses Kapitels ist nicht zuletzt, auch beim Leser ein gewisses Problembewußtsein für die Zuordnungen in bestimmte »Denkschubladen« zu schaffen.

Christoph Ransmayr
Die letzte Welt

Im Jahre 1988 hatte der gerade vierunddreißigjährige und kaum bekannte österreichische Schriftsteller Christoph Ransmayr das Glück, daß das Magazin ›Der Spiegel‹ über ihn und sein soeben erschienenes Buch ›Die letzte Welt‹ eine Titelgeschichte schrieb, die Ransmayr als großes Talent und neuen Star der jungen deutschsprachigen Literatur feierte. Der Roman erhielt eine Reihe weiterer positiver Rezensionen und erschien für kurze Zeit sogar in den Bestsellerlisten.

In ›Die letzte Welt‹ macht Ransmayr einen Dichter der römischen Antike zur wichtigsten Figur seines Buches. Es ist Publius Ovidius Naso, heute bekannter unter dem Namen Ovid, der zur Zeit des Kaisers Augustus, nach dem Umbruch von der Republik zur Monarchie, lebte und schrieb. Ovid war bereits ein bekannter und in den literarischen Zirkeln der Weltstadt Rom bewunderter Mann, als er sich die Ungnade seines Regenten zuzog und für den Rest seines Lebens nach Tomi am Schwarzen Meer verbannt wurde, wo er 19 n. Chr. starb. Bei der Verbannung handelte es sich um eine sogenannte Relegation; der Verbannte durfte Bürgerrecht und Vermögen behalten, mußte aber damit rechnen, als Dichter bald vergessen zu werden. Der tatsächliche Grund für diese Bestrafung ist nicht ganz eindeutig; möglicherweise hat Augustus Ovid seine etwas laxe Moralauffassung und einige freizügige Verse über die Liebe übelgenommen. In Ransmayrs Roman ist die Verbannung des Dichters jedoch anders motiviert.

Naso (so wird der Dichter im Roman genannt) erhält den ehrenvollen Auftrag, bei der feierlichen Einweihung eines neu erbauten, riesigen Stadions als Redner aufzutreten und dabei dem großen Kaiser und dem Senat gebührend zu huldigen. Was sich im Stadion abspielt, wird von Christoph Ransmayr so dargestellt:

Das aus Kalkstein und Marmorblöcken aufgetürmte Stadion, das sich aus einem unter großen Opfern entwässerten Moorgebiet des südlichen Tibertales erhob, sollte nach einem Traum des Imperators und nach seinem unbeugsamen Willen Zu den Sieben Zufluchten genannt werden. Jahrhundertelang hatten sich aus diesem Moor nur die flirrenden, schwankenden Säulen der Fiebermückenschwärme erhoben und Aasvögel den Himmel beherrscht, die über den Kadavern von Ziegen und Schafen, seltener auch den Leichnamen von Hirten kreisten, von Moorbewohnern, die von den Knüppelpfaden abgekommen und im Morast erstickt waren. Das Stadion Zu den Sieben Zufluchten war die Krönung eines epochalen Entwässerungswerkes, das in den Jahren der Grabarbeit als das größte Geschenk des Imperators an Rom gepriesen wurde.

In diesem gewaltigen Kessel aus Stein, in dem in der Eröffnungsnacht zweihunderttausend Menschen ihre mit Buntpulver bestreuten Fackeln nach den Kommandos einer Schar von Zeremonienmeistern zu lodernden Ornamenten erhoben, im Tosen der Blutorchester der Armee, die sich auf den Aschenbahnen zur Parade formierten, inmitten dieser entsetzlichen Herrlichkeit, in der sich das Volk von Rom unter den Augen des Imperators in ein einziges, brennendes, rasendes Muster verwandelte, begann Nasos Weg in die äußerste Einsamkeit, sein Weg an das Schwarze Meer. Denn auf einen Wink des Imperators, der nach sieben Reden schon gelangweilt schien und der nun auch dem achten Redner das Zeichen aus einer solchen Ferne gab, daß Naso nur die tiefe Blässe in Augustus Antlitz wahrnahm, aber keine Augen, kein Gesicht …, auf einen müden, gleichgültigen Wink also, trat Naso in dieser Nacht vor einen Strauß schimmernder Mikrophone und ließ mit diesem einen Schritt das römische Imperium hinter sich, verschwieg, vergaß! die um alles in der Welt befohlene Litanei der Anreden, den Kniefall vor den Senatoren, den Generälen, ja dem Imperator unter seinem Baldachin, vergaß sich selbst und sein Glück, trat ohne die geringste Verbeugung vor die Mikrophone und sagte nur: Bürger von Rom.

Naso sprach leise wie immer, aber diesmal wurde die Ungeheuerlichkeit seiner Worte tausendfach verstärkt, hallte durch den samtschwarzen, mit Flammen und Sternen besetzten Raum des Stadions, rauschte die Logen, die Balustraden, Sperrmauern und Brüstungen entlang und dann die steinernen Kaskaden hinauf, brach sich erst hoch oben, irgendwo in dieser Unendlichkeit und schlug von dort in verzerrten, metallischen Wellen zurück. Unter den Baldachinen des Hofes verstummte plötzlich alles Flüstern und Geplauder, wich einer Stille, die einige Atemzüge lang jede Bewegung, selbst das Augenspiel und das Wehen der Pfauenfedern auf den Fächern unterbrach. Allein der Imperator saß zurückgelehnt im Schatten seiner Garde und starrte abwesend in das Feuerornament und schien wie taub und schien nicht zu begreifen, daß Naso, diese schmale, vornübergebeugte Gestalt dort in der Ferne, eben das erste Gesetz des Reiches gebrochen und ihm die Verehrung versagt hatte.

(3. Kapitel)

Mancher Leser mag sich die Augen gerieben haben: Naso vor einem »Strauß Mikrophone«, war das nicht eine schlimme anachronistische Entgleisung? Bald begegnen ihm im römischen Imperium des Christoph Ransmayr weitere Anachronismen: ein Kino mit Filmprojektoren, klapprige Busse, Petroleumlampen und andere Utensilien aus späteren Jahrhunderten. In Ransmayrs Roman wird Antikes und Modernes verschränkt; ›Die letzte Welt‹ erhält so eine »Doppelkodierung«, die das Buch davor schützt, als historischer Roman mißverstanden zu werden. Die »Doppelkodierung« ist ein Gestaltungsmittel und Merkmal postmodernen Schreibens.

Der Schriftsteller Publius Ovidius Naso wird im Roman zu einer Störkraft im Staat. Er provoziert nicht nur durch die Anrede »Bürger von Rom«, die an republikanische Zeiten erinnert, sondern im Verlauf dieser Rede auch durch den Bericht über die schrecklichen Ereignisse, die sich auf der Insel Aegina zugetragen haben. Nach einer schier unerträglichen Hitzeperiode konnten sich die Bewohner der Insel einer Invasion giftiger Vipern nicht erwehren, die Mensch und Tier gleichermaßen zusetzten. Dann raffte eine Pest Tausende hinweg, und als die Überlebenden am Stamm einer riesigen, alten Eiche Zuflucht suchten, überfiel sie ein gewaltiges Ameisenheer, das sich

über Lebende und Tote hermachte und die Insel zerstört und entvöl-
kert, einer Todeslandschaft gleich, zurückließ.

Das Publikum verstand Nasos Erzählung als Parabel: Kein Menschenwerk, auch nicht das Imperium des Augustus, dem der Segen
der Götter und ewige Dauer verheißen war, ist gegen Vernichtung
und Untergang gefeit.

Auf Nasos Provokationen reagiert allerdings nicht der schläfrig-
träge und huldigungsmüde Herrscher, sondern der dienststeifrige Apparat des Staats, ein natürlich-künstliches Gebilde aus Ohren, Augen, Gehirnen und Akten, der das Kaiserreich ebenso verkörperte
wie der Menschgott Augustus.

Am Hof des Imperators kam an diesem Morgen aber auch ein ebenso viel-
gliedriger wie nahezu unsichtbarer Mechanismus in Bewegung, ein Werk aus
Flüsterstimmen, Aktenvermerken, Hinweisen und Empfehlungen, das unter
seinen vielen Funktionen auch die Bestimmung hatte, Augustus nach und
nach zu Bewußtsein zu bringen, was er in den Nächten wie zu anderen Zeiten überhörte, übersah und verschlief. Nasos Rede gehörte nun mit zu dem
Material, aus dem der Apparat seinem obersten Herrn das Bild der Wirklichkeit wie an jedem Morgen zusammenzufügen und zu deuten begann.

Was den Redner Nummer acht der Eröffnungsfeierlichkeiten im Stadion
anbelangte, erinnerte sich der Apparat aber nicht nur an vergessene Huldi-
gungen, unterlassene Kniefälle und die Verweigerung der Demut, sondern
rief sich alles ins Gedächtnis, was an Naso im Lauf der Jahre jemals auffällig
geworden war, Gedichte und Haartrachten, Seereisen, Wohnungswechsel
und die Bravos irgendeines Theaterpublikums ebenso wie die schwarzen Bal-
ken der Zensur. Das Gedächtnis des Apparates hatte den genauen Wortlaut
von Elegien und Flugblättern bewahrt, den Hohn einer Komödie, die Erinnerung an die Eselsohren eines Reeders und vor allem den unverschämten
Namen einer Dichtung, von der es geheißen hatte, sie sei nur deswegen noch
immer unveröffentlicht, weil kein Drucker sich an ein Werk wagte, das dem
Dichter zur Bloßstellung und Beleidigung Roms mißraten war: *Metamorphoses.*

(3. Kapitel)

Bei ihrem emsigen Nachspüren sind die Schnüffler auch auf den Titel
des noch unfertigen Werks gestoßen, aus dem der Dichter in Rom
bereits gelesen hatte. Das Manuskript war aber kurz danach in seiner
Bibliothek verbrannt worden, und zwar, wie verlautete, vom Meister
selbst.

Soviel man aus den Lesungen wußte und gerüchteweise erfahren
hatte, ging es in dem Werk um eine – vielleicht anspielungsreiche –
Neuerzählung griechischer und römischer Mythen. Aus den Lesungen Nasos hatte man schon einen Vorgeschmack erhalten, was von
den ›Metamorphosen‹ zu erwarten war: »[...] Menschen, die sich in
Bestien verwandelten und Bestien in Stein, [Ovid] beschrieb Wüsten

und urzeitliche Wälder, sommerliche Parks und den Anblick von Schlachtfeldern nach der Schlacht; aber nur selten las er geschlossene Episoden vor, selten Geschichten, dabei schien das Heer seiner Erfindungen unübersehbar [...].«

Cotta, ein römischer Intellektueller mittleren Alters und glühender Verehrer Nasos, ist neugierig, was auf den verbrannten Blättern an Erhaltenswertem, Großartigem und Phantastischem gestanden hat. Er macht sich auf den Weg, um mit dem Verbannten Kontakt aufzunehmen und in Tomi, am äußersten Rand des Imperiums, nach dem Vermächtnis zu forschen.

Cotta war einer von vielen: Unter zweihunderttausend Römern hatte er Naso im Stadion Zu den Sieben Zuflichten bewundert, eine ferne Gestalt in der Nacht, von Scheinwerfern in das mit Fackelornamenten ausgeschlagene Oval gebannt, unerreichbar in dieser tosenden, von Lichtern übersäten Weite.

Cotta hatte die Rede des Dichters über die Pest auf Aegina als einer von vielen bejubelt und hatte später über Nasos Verbannung die gleiche Bestürzung wie alle empfunden, die den Imperator nicht liebten. Auch das waren viele. Lange Zeit hatte er sich mit dieser Menge zumindest durch ein Gefühl des Triumphes verbunden geglaubt, wenn die Allmacht des Imperators gegenüber der Tollkühnheit eines Ungehorsamen oder eines Aufsässigen im Nachteil blieb – wenn etwa ein Staatsflüchtiger die Grenzposten übertölpelte, in die Unangreifbarkeit floh und die Scharfschützen auf den Wachtürmen samt ihren Hundemeuten und Feldstechern dem Spott preisgab.

(7. Kapitel)

Nach einer beschwerlichen Seereise erreicht Cotta die »eiserne Stadt« am Schwarzen Meer.

Von den neunzig Häusern der Stadt standen damals schon viele leer; sie verfielen und verschwanden unter Kletterpflanzen und Moos. Ganze Häuserzeilen schienen allmählich wieder an das Küstengebirge zurückzufallen. Und doch zog durch die steilen Gassen immer noch der Rauch aus den Öfen der Erzkocher, die der Stadt ein minderes Eisen bescherten – das einzige, woran hier niemals Mangel geherrscht hatte.

Aus Eisen waren die Türen, aus Eisen die Fensterläden, die Einfriedungen, die Giebelfiguren und schmalen Stege, die über jenen Sturzbach führten, der Tomi in zwei ungleiche Hälften teilte. Und an allem fraß der salzige Wind, fraß der Rost. Der Rost war die Farbe der Stadt.

In den Häusern mühten sich früh alternde, stets dunkel gekleidete Frauen ab und in den Stollen hoch über den Dächern, hoch in den Abhängen, staubige, erschöpfte Männer. Wer hier zum Fischen hinausfuhr, der fluchte auf das leere Wasser, und wer ein Feld bestellte, auf das Ungeziefer, den Frost und die Steine. Wer in den Nächten wachlag, glaubte manchmal Wölfe zu hören.

(1. Kapitel)

Cotta erfährt in Tomi zunächst so gut wie nichts über den verbannten Dichter und sein weiteres Schicksal; ihm, dem Fremden aus der Hauptstadt, gegenüber wahrt jedermann Zurückhaltung, zeigt Mißtrauen. Eines Tages steigt Cotta vom Meer hinauf ins Gebirge und findet dort den Weiler Trachila, Ovids zerfallene Asylbehausung.

Trachila: Diese eingebrochenen Mauern aus Kalkstein, Erkerfenster, aus denen Föhren und Krüppelkiefern ihre Äste streckten, diese geborstenen, in rußgeschwärzte Küchen, in Schlafkammern und Stuben gesunkenen Dächer aus Schilf und Schiefer, und die im Leeren stehengebliebenen Torbögen, durch die hindurch nur noch die Zeit verflog – das mußten einmal fünf, sechs Häuser gewesen sein, Ställe, Scheunen ...
   Und aus dieser Wildnis ragten Steinmale auf, Dutzende schlanker Kegel, mannshoch die größten, die kleinsten reichten Cotta kaum bis an die Knie. An den Kegelspitzen flatterten Stoffähnchen, Fetzen in allen Farben, es waren in Streifen geschnittene und gerissene Kleider, und als Cotta an eines der kleineren Steinmale herantrat, sah er, daß die Fähnchen Schriftzeichen trugen, alle waren sie beschrieben.

(1. Kapitel)

In der Einöde trifft Cotta einen kuriosen Alten namens Pythagoras an, der offenbar Ovids Diener war und sich jetzt als ein Art Nachlaßverwalter fühlt. Er hat auf Steinmale eingegraben und auf Stoffetzen geschrieben, was Naso ihm vorgetragen hat; natürlich sind davon nur noch Fragmente vorhanden. Immerhin lernt Cotta einen wichtigen Satz kennen, der vielleicht als Leitmotiv der ›Metamorphosen‹ bezeichnet werden könnte: »Keiner bleibt seine Gestalt.« Naso und sein Werk, sofern es, wie zu vermuten, doch aus »Episoden«, aus »Geschichten« bestand, scheinen verloren zu sein; der Nachwelt kann offenbar nichts Verläßliches überliefert werden.
   Und doch erfährt der hartnäckige Cotta mehr, als er Echo begegnet, einer jungen Frau, die an einer abstoßenden Schuppenflechte leidet, die aber in Tomi trotzdem allerlei Dienstleistungen übernimmt und auch als Prostituierte arbeitet. Sie hat oft zusammen mit Naso am Feuer gesessen, wo er »erschreckend und wunderbar« erzählte und ihr dabei immer wieder den Stein als schönstes und beständigstes Produkt der ständigen Verwandlung pries:

Der Verbannte habe seine Erzählungen stets mit einer Versteinerung geschlossen, und manchmal habe sie noch Stunden, nachdem sie die Höhle verlassen hatte und sein Feuer erloschen war, auf dem rohen Fels über der Herdstelle die Gesichter jener Unglücklichen zu erkennen geglaubt, deren Schicksal er bei seinen Besuchen aus den Flammen las, – steinerne Nasen, steinerne Wangen, Stirnen und Lippen, traurige Augen aus Stein über den Töpfen und dem Glutschein des Herdes. [...]

Manchmal sei ihr beim Zuhören gewesen, als tröste ihn die Ruhe und Unvergänglichkeit einer Basaltsäule oder eines zu Stein gewordenen Antlitzes über die armselige Flüchtigkeit seiner eigenen Existenz in den Ruinen von Trachila hinweg. Welcher Stoff, habe Naso in der Nacht des letzten Erntefestes eine betrunkene Runde im Keller des Branntweiners Phineus gefragt, welcher Stoff sei denn besser geeignet, wenigstens eine Ahnung von unangreifbarer Würde, von Dauer, ja Ewigkeit zu tragen, als der aus den raschesten Wechselfällen der Zeit herausgenommene, von aller Weichheit und allem Leben befreite Stein? Auch wenn eine Klippe unter der Zerstörungskraft der Verwitterung, der nagenden und schabenden Jahrtausende oder der Glut des Erdkernes schmelze, zerfalle, zerstäube und sich neu bilde wie irgendeine beliebige Gestalt der organischen Welt, so würde doch schon der gewöhnlichste Kiesel jedes Imperium und jeden Eroberer unvorstellbar lange überdauern und noch friedlich im Schatten einer Kluft oder im weichen Tonbett einer Höhle liegen, wenn alle Paläste eines Reiches längst verfallen, die Dynastien verwest und die schimmernden Mosaikböden eines Thronsaales haushoch von Erde bedeckt wären, so unfruchtbar, daß über der versunkenen Pracht nicht einmal mehr Disteln und Windhafer gedeihen würden. Wie tröstlich und menschenwürdig sei doch das Schicksal der Versteinerung gegen den ekelerregenden, stinkenden, mit Fransen aus Würmern und Maden behängten Prozeß des organischen Verfalls, habe Naso gesagt; gegen diese Widerlichkeit erscheine die Versteinerung geradezu als Erlösung, als grauer Weg ins Paradies der Halden, der Kare und Wüsten. Der meteoritenhafte Prunk des Lebens sei nichts, die Würde und die Dauer der Steine alles …

(7. Kapitel)

Echo bleibt eine undurchschaubare Frau. Sie prophezeit, daß eine Sintflut alles Leben auf Erden vernichten werde; ein neues Menschengeschlecht aus mächtigen und gefühllosen Riesen aus Stein werde entstehen.

Echo wird für eine einzige Nacht Cottas Geliebte, doch schließlich läßt sie ihn einsam in Tomi zurück; eines Tages ist sie aus der Stadt verschwunden.

Mehr über Naso erfährt Cotta von der tauben Weberin Arachne, sie hat in Wandteppiche verwoben, was Ovidius Naso ihr mitgeteilt hat: Auf ihren Teppichen sind Scharen von Vögeln abgebildet – Symbole der Ungebundenheit und Freiheit.

Cotta beginnt zu ahnen, worum es Naso in seinen ›Metamorphosen‹ gegangen ist. Er fragt sich, »ob die *Metamorphoses* nicht von allem Anfang an gedacht waren als eine große, von den Steinen bis zu den Wolken aufsteigende Geschichte der Natur«.

In dieser Annahme ist aber das Geheimnis noch nicht völlig gelüftet. Der Jünger Cotta lernt die Dichtung des verehrten Meisters erst verstehen, nachdem er erkannt hat, wie Naso mit seinem widrigen Schicksal fertig geworden ist: Er hat, was er sah und erlebte, in Dichtung verwandelt. Sein Weg weist allerdings nicht, wie etwa der des Äneas in Vergils gleichnamigem Gedicht in das Goldene Zeitalter, sondern in die »letzte Welt«.

Aus Rom verbannt, aus dem Reich der Notwendigkeit und der Vernunft, hatte der Dichter die *Metamorphoses* am Schwarzen Meer zu Ende erzählt, hatte eine kahle Steilküste, an der er Heimweh litt und fror, zu *seiner* Küste gemacht und zu *seinen* Gestalten jene Barbaren, die ihn bedrängten und in die Verlassenheit von Trachila vertrieben. Und Naso hatte schließlich seine Welt von den Menschen und ihren Ordnungen befreit, indem er *jede* Geschichte bis an ihr Ende erzählte. Dann war er wohl auch selbst eingetreten in das menschenleere Bild, kollerte als unverwundbarer Kiesel die Halden hinab, strich als Kormoran über die Schaumkronen der Brandung oder hockte als triumphierendes Purpurmoos auf dem letzten, verschwindenden Mauerrest einer Stadt.

(15. Kapitel)

Wie sich Ransmayr Nasos Umgang mit Erfahrungen in Tomi vorstellt und wie er selbst unter Verwendung der Doppelkodierung den Mythos neu erzählt, zeigt die Figur des jungen Battus.

Battus ist das uneheliche und behinderte Kind der Händlerin Fama, in deren Laden in Tomi fast alles zu haben ist, was die Einwohner brauchen; zugleich ist der Laden Hauptumschlagplatz für Neuigkeiten und Gerüchte. Als Fama ein eher aus Neugierde bestelltes Episkop (eine Art Projektor) geliefert bekommt, verfällt Battus dem neuen Apparat, der die Gegenstände vergrößert und in ihrer reinen Form zeigt. Er lernt das Gerät zu bedienen, und seine Mutter kann ihn nicht mehr aus dem Vorführraum entfernen; als sie ihn eines Nachts »vor der Maschine kauernd« vorfindet, ist er zu Stein erstarrt. Hat Battus dafür büßen müssen, daß er die Magie des Episkops wirken lassen konnte, oder ist er dem unheilbringendem Zauberding zum Opfer gefallen, wie die Leute von Tomi glauben?

Im Anhang des Buchs befindet sich »Ein Ovidisches Repertoire«, in dem der belesene Autor die Ovidschen Gestalten (»Gestalten der Alten Welt«) mit den von ihm geschaffenen (»Gestalten der Letzten Welt«) vergleicht. Hier findet sich zum ovidischen Battus:

Messenischer Hirt; beobachtet, wie der Götterbote Mercurius gestohlene Rinder davontreibt und schwört ihm gegen das Bestechungsgeschenk einer Kuh, zu schweigen. Mercurius zieht weiter, kehrt in der Gestalt eines Fremden zurück und stellt den Hirten auf die Probe. Battus bricht seinen Eid.
... da lachte der Sohn der Atlastochter [...] und verwandelte das meineidige Herz in einen harten Stein, der auch jetzt noch Index heißt. So steht der Stein, der nichts dafür kann, seit alters her in Verruf ...

(Ein ovidisches Repertoire)

Der Vergleich mit dem Battus des Romans zeigt: Ransmayr hat die ursprüngliche Gestalt »dekonstruiert«, um eine neue zu »rekonstruieren«.

Wenn Ovid das verwandelte und in seine Kunstwelt integrierte Tomi noch mit menschlichen Figuren, aber auch mit Pflanzen und Steingebilden aus der Natur bevölkert hat, bleibt und endet Cotta in Trachila im Gebirge, im Reich der Felsen und Steine; er vollzieht selbst den Eintritt in jenes Reich, mit dem er sich dem »vernünftigen« Rom, das ihn bitter enttäuscht hat, aber auch dem »Chaos des Lebens« allgemein für alle Zeit entzieht.

Die einzige Inschrift, die noch zu entdecken blieb, lockte Cotta ins Gebirge: Er würde sie auf einem im Silberglanz Trachilas begrabenen Fähnchen finden oder im Schutt der Flanken des neuen Berges; gewiß aber würde es ein schmales Fähnchen sein – hatte es doch nur zwei Silben zu tragen. Wenn er innehielt und Atem schöpfte und dann winzig vor den Felsüberhängen stand, schleuderte Cotta diese Silben manchmal gegen den Stein und antwortete *hier*!, wenn ihn der Widerhall des Schreies erreichte; denn was so gebrochen und so vertraut von den Wänden zurückschlug, war sein eigener Name.

(15. Kapitel)

Ein Kunstgriff, und da der Autor Ransmayr in gewisser Weise auch der suchende Cotta ist, eine nicht zu übersehende Huldigung an Meister Ovidius Naso.

Ehrgeiziges Kunstwollen und großes Sprachtalent wurden Christoph Ransmayr kaum abgesprochen, mit einer Vielzahl verständiger Leser war dennoch kaum zu rechnen. Ransmayr erlaubt sich im Roman einen Seitenhieb gegen die Verhältnisse – die römischen und die seiner eigenen Zeit –, wenn er schreibt:

Nasos Ruhm galt nur, wo der Buchstabe etwas galt, und war außer Kraft, wo auch nur ein Langstreckenläufer über die Aschenbahn einem Sieg entgegenkeuchte oder ein Artist auf dem Hochseil eine Straßenschlucht überquerte.

(3. Kapitel)

Die Literaturkritik lobte ›Die letzte Welt‹ als beachtlichen postmodernen Roman und Christoph Ransmayr als einen »exemplarischen literarischen Vertreter im Diskurs der Postmoderne«. Er konnte bei seinem nächsten Buch mit starker Beachtung rechnen.

Patrick Süskind
Das Parfum. Die Geschichte eines Mörders

Im Jahr 1985 kam es zu einem im literarischen Leben außergewöhnlichen Ereignis: Der erste Roman des siebenunddreißigjährigen Patrick Süskind ›Das Parfum‹ wurde im Monat März auf den ersten
Platz der renommierten »Bestenliste des Südwestfunks« gesetzt.
Auch im ›Spiegel‹ geriet das Buch bald in die Bestseller-Tabelle und
hielt sich dort über Monate und Jahre.

›Das Parfum‹ erzielte einen hervorragenden Verkaufserfolg; international wurden nach der Zählung von 1990 in knapp fünf Jahren
zwei Millionen Exemplare abgesetzt.

Patrick Süskind beginnt sein Buch, als wolle er einen historischen
Roman im Stil des 19. Jahrhunderts schreiben.

Im achtzehnten Jahrhundert lebte in Frankreich ein Mann, der zu den genialsten und abscheulichsten Gestalten dieser an genialen und abscheulichen
Gestalten nicht armen Epoche gehörte. Seine Geschichte soll hier erzählt
werden. Er hieß Jean-Baptiste Grenouille, und wenn sein Name im Gegensatz zu den Namen anderer genialer Scheusale, wie etwa de Sades, Saint-
Justs, Fouchés, Bonapartes usw., heute in Vergessenheit geraten ist, so sicher
nicht deshalb, weil Grenouille diesen berühmteren Finstermännern an Selbstüberhebung, Menschenverachtung, Immoralität, kurz an Gottlosigkeit nach-
gestanden hätte, sondern weil sich ein Genie und sein einziger Ehrgeiz auf
ein Gebiet beschränkte, welches in der Geschichte keine Spuren hinterläßt:
auf das flüchtige Reich der Gerüche.

(1. Kapitel)

Jener Jean-Baptiste Grenouille, der schon hier – vorgreifend – als
»geniales Scheusal« bezeichnet wird, ist zunächst ein häßlicher, stets
trinkgieriger Säugling, der im Paris des 18. Jahrhunderts den Makel
der Unehelichkeit und manche andere Widrigkeiten gesund über-
steht. Um gleich die abstoßenden Seiten des damaligen Lebens zu
zeigen, konstruiert der mit rhetorischen Kunstgriffen wohlvertraute
Süskind eine Klimax des Gestanks, die sich vom Gewöhnlichen bis
zum fast Unglaublichen und Sensationellen steigert.

Zu der Zeit, von der wir reden, herrschte in den Städten ein für uns moderne
Menschen kaum vorstellbarer Gestank. Es stanken die Straßen nach Mist, es
stanken die Hinterhöfe nach Urin, es stanken die Treppenhäuser nach fauli-
gem Holz und nach Rattendreck, die Küchen nach verdorbenem Kohl und
Hammelfett; die ungelüfteten Stuben stanken nach muffigem Staub, die
Schlafzimmer nach fettigen Laken, nach feuchten Federbetten und nach dem
stechend süßen Duft der Nachttöpfe. Aus den Kaminen stank der Schwefel,
aus den Gerbereien stanken die ätzenden Laugen, aus den Schlachthöfen
stank das geronnene Blut. Die Menschen stanken nach Schweiß und nach un-

gewaschenen Kleidern; aus dem Mund stanken sie nach verrotteten Zähnen, aus ihren Mägen nach Zwiebelsaft und an den Körpern, wenn sie nicht mehr ganz jung waren, nach altem Käse und nach saurer Milch und nach Geschwulstkrankheiten. Es stanken die Flüsse, es stanken die Plätze, es stanken die Kirchen, es stank unter den Brücken und in den Palästen. Der Bauer stank wie der Priester, der Handwerksgeselle wie die Meistersfrau, es stank der gesamte Adel, ja sogar der König stank, wie ein Raubtier stank er, und die Königin wie eine alte Ziege, sommers wie winters. [...]

Und natürlich war in Paris der Gestank am größten, denn Paris war die größte Stadt Frankreichs. Und innerhalb von Paris wiederum gab es einen Ort, an dem der Gestank ganz besonders infernalisch herrschte, zwischen der Rue aux Fers und der Rue de la Ferronnerie, nämlich den Cimetière des Innocents. Achthundert Jahre lang hatte man hierher die Toten des Krankenhauses Hôtel-Dieu und der umliegenden Pfarrgemeinden verbracht, achthundert Jahre lang Tag für Tag die Kadaver zu Dutzenden herbeigekarrt und in lange Gräben geschüttet, achthundert Jahre lang in den Grüften und Beinhäusern Knöchelchen auf Knöchelchen geschichtet. Und erst später, am Vorabend der Französischen Revolution, nachdem einige der Leichengräben gefährlich eingestürzt waren und der Gestank des überquellenden Friedhofs die Anwohner nicht mehr zu bloßen Protesten, sondern zu wahren Aufständen trieb, wurde er endlich geschlossen und aufgelassen, wurden die Millionen Knochen und Schädel in die Katakomben von Montmartre geschaufelt, und man errichtete an seiner Stelle einen Marktplatz für Viktualien.

Hier nun, am allerstinkendsten Ort des gesamten Königreichs, wurde am 17. Juli 1738 Jean-Baptiste Grenouille geboren.

(1. Kapitel)

»Zu der Zeit, von der *wir* reden« – der Erzähler läßt sich immer wieder vernehmen, blickt zurück oder voraus und kommentiert; das Buch ist ein Beispiel für den sogenannten auktorialen Erzählstil. So schreibt der Erzähler etwa über einen Schrei des Kindes Jean-Baptiste:

Der Schrei nach seiner Geburt [...] war kein instinktiver Schrei nach Mitleid und Liebe gewesen. Es war ein wohlerwogener, fast möchte man sagen ein reiflich erwogener Schrei gewesen, mit dem sich das Neugeborene *gegen* die Liebe und dennoch *für* das Leben entschieden hatte.

(4. Kapitel)

Süskind findet einen Tiervergleich, der ihm für den »monströsen Knaben« wie für den kalt-berechnenden heranwachsenden Jungen gleichermaßen passend erscheint: Grenouille ist für ihn ein »Zeck«.

Der kleine häßliche Zeck, der seinen bleigrauen Körper zur Kugel formt, um der Außenwelt die geringstmögliche Fläche zu bieten; der seine Haut glatt und derb macht, um nichts zu verströmen, kein bißchen von sich hinauszutranspirieren. Der Zeck, der sich extra klein und unansehnlich macht, damit niemand ihn sehe und zertrete. Der einsame Zeck, der in sich versammelt auf seinem Baume hockt, blind, taub und stumm, und nur wittert, jahrelang wittert, meilenweit, das Blut vorüberwandernder Tiere, die er aus eigner Kraft niemals erreichen wird. Der Zeck könnte sich fallen lassen. Er könnte sich auf den Boden des Waldes fallen lassen, mit seinen sechs winzigen Beinchen ein paar Millimeter dahin und dorthin kriechen und sich unters Laub zum Sterben legen, es wäre nicht schade um ihn, weiß Gott nicht. Aber der Zeck, bockig, stur und eklig, bleibt hocken und lebt und wartet. Wartet, bis ihm der höchst unwahrscheinliche Zufall das Blut in Gestalt eines Tieres direkt unter den Baum treibt. Und dann erst gibt er seine Zurückhaltung auf, läßt sich fallen und krallt und bohrt und beißt sich in das fremde Fleisch …

So ein Zeck war das Kind Grenouille. Es lebte in sich selbst verkapselt und wartete auf bessere Zeiten. An die Welt gab es nichts ab als seinen Kot; kein Lächeln, keinen Schrei, keinen Glanz des Auges, nicht einmal einen eigenen Duft.

(4. Kapitel)

Jean-Baptiste wächst heran und entwickelt einen Geruchsinn, der bei ihm alle körperlichen und geistigen Fähigkeiten ersetzt, die ein Heranwachsender normalerweise erwirbt, um im Leben bestehen zu können. Mit dieser Einseitigkeit geht eine zunehmende Isolation einher; er wird von den anderen Kindern der Ziehmutter gemieden, je öfter er seine »Riechkunststückchen« zum besten gibt. Seine Sprache dagegen verkümmert. Ein Beispiel für seinen auf Kosten der Sprachfähigkeit entwickelten Geruchssinn sind die Sinneswahrnehmungen Jean-Baptistes in der Nähe eines Holzstapels:

Brenzlig süß rochen die obersten Scheite, moosig duftete es aus der Tiefe des Stapels herauf, und von der Fichtenwand des Schuppens fiel in der Wärme bröseliger Harzduft ab. [...] Er roch nur den Duft des Holzes [...], bis er, nach langer Zeit, vielleicht nach einer halben Stunde erst, das Wort »Holz« hervorwürgte.

(5. Kapitel)

Mit Düften befriedigte Grenouille auch seinen Spieltrieb. Er, der selbst geruchlos ist, speichert alle Gerüche, die er wahrnimmt, und kann sich auf seiner privaten Duftorgel nach Belieben etwas »vorspielen«.

Jean-Baptiste kann Menschen an ihrem Geruch erkennen und sie danach einstufen; das »größte Geruchsrevier der Welt«, die Stadt Paris, steht Grenouille offen. Auch als er zu einem Gerber gegeben wird, wo er niedrige und schmutzige Arbeit verrichten muß, kann er in der Stadt umherstreifen, um Geruchsstudien zu machen.

Tausende und Abertausende von Gerüchen bildeten einen unsichtbaren Brei, der die Schluchten der Gassen anfüllte, sich über den Dächern nur selten, unten am Boden niemals verflüchtigte. Die Menschen, die dort lebten, rochen in diesem Brei nichts Besonderes mehr; er war ja aus ihnen entstanden und hatte sie wieder und wieder durchtränkt, er war ja die Luft, die sie atmeten und von der sie lebten, er war wie eine langgetragene warme Kleidung, die man nicht mehr riecht und nicht mehr auf der Haut spürt. Grenouille aber roch alles wie zum ersten Mal. Und er roch nicht nur die Gesamtheit dieses Duftgemenges, sondern er spaltete es analytisch auf in seine kleinsten und entferntesten Teile und Teilchen. Seine feine Nase entwirrte das Knäuel aus Dunst und Gestank zu einzelnen Fäden von Grundgerüchen, die nicht mehr weiter zerlegbar waren. Es machte ihm unsägliches Vergnügen, diese Fäden aufzudröseln und aufzuspinnen.

Oft blieb er stehen, an eine Hausmauer gelehnt oder in eine dunkle Ecke gedrängt, mit geschlossenen Augen, halbgeöffnetem Mund und geblähten Nüstern, still wie ein Raubfisch in einem großen, dunklen, langsam fließenden Wasser. Und wenn endlich ein Lufthauch ihm das Ende eines zarten Duftfadens zuspielte, dann stieß er zu und ließ nicht mehr los, dann roch er nichts mehr als diesen einen Geruch, hielt ihn fest, zog ihn in sich hinein und bewahrte ihn in sich für alle Zeit. Es mochte ein altbekannter Geruch sein oder eine Variation davon, es konnte aber auch ein ganz neuer sein, einer, der kaum oder gar keine Ähnlichkeit mit allem besaß, was er bis dahin gerochen, geschweige denn gesehen hatte: der Geruch von gebügelter Seide etwa; der Geruch eines Tees von Quendel, der Geruch eines Stücks silberbestickten Brokats, der Geruch eines Korkens aus einer Flasche mit seltenem Wein, der Geruch eines Schildpattkamms. Hinter solchen ihm noch unbekannten Gerüchen war Grenouille her, sie jagte er mit der Leidenschaft und Geduld eines Anglers und sammelte sie in sich.

(7. Kapitel)

Eines Tages »erriecht« Grenouilles Nase einen neuen, außerordentlich anziehenden Duft, der sich nur annähernd beschreiben läßt, Grenouille jedoch zum Schwärmen bringt:

Er versuchte, sich an irgend etwas Vergleichbares zu erinnern und mußte alle Vergleiche verwerfen. Dieser Geruch hatte Frische; aber nicht die Frische der Limetten oder Pomeranzen, nicht die Frische von Myrrhe oder Zimtblatt oder Krauseminze oder Birken oder Kampfer oder Kiefernnadeln, nicht von Mairegen oder Frostwind oder von Quellwasser ..., und er hatte zugleich Wärme; aber nicht wie Bergamotte, Zypresse oder Moschus, nicht wie Jasmin und Narzisse, nicht wie Rosenholz und nicht wie Iris ... Dieser Geruch war eine Mischung aus beidem, was Flüchtigem und Schwerem, keine Mischung davon, eine Einheit, und dazu gering und schwach und dennoch solid und tragend, wie ein Stück dünner schillernder Seide ... und auch wieder nicht wie Seide, sondern wie honigsüße Milch, in der sich Biskuit löst – was ja nun beim besten Willen nicht zusammenging: Milch und Seide! Unbegreiflich dieser Duft, unbeschreiblich, in keiner Weise einzuordnen, es durfte ihn eigentlich gar nicht geben.

(8. Kapitel)

Der Duft geht aus von einem jungen, liebreizenden Mädchen, das das Scheusal Grenouille aufspürt und erwürgt, um den köstlichen Duft aus nächster Nähe, am noch warmen Körper genießen zu können. Mit diesem ersten »Lustmord« wird im fünfzehnjährigen Jean-Baptiste, der keine Gefühle hat und keine moralischen Skrupel kennt, die Leidenschaft des Tötens geweckt. Er will nur noch die Mittel kennenlernen, die es erlauben, den Duft eines menschlichen Körpers möglichst lange zu konservieren. Als Gerberlehrling wird Jean-Baptiste mit einem Stück Leder zu Baldini, einem berühmten Parfumeur, geschickt, der sich gegen eine überlegene Konkurrenz behaupten muß und händeringend nach einem neuen Duft sucht. Im Handumdrehen kreiert Jean-Baptiste ihm ein neues Parfum und wird daraufhin von Baldini als Lehrling angenommen.

Von Baldini erfährt er, wie ein Duft außer durch Pressen oder Destillieren gewonnen werden kann, nämlich durch die »enfleurage à froid«, die »enfleurage à chaud« und die »enfleurage à l'huile«. Bei der letzteren werden Blumenblüten in Öl gekocht, so daß Duftöl entsteht.

Grenouille verläßt Paris und begibt sich nach Süden, um die Parfumstadt Grasse aufzusuchen. Auf dem Weg dorthin verbringt er einsame Monate in einer Höhle im Zentralmassiv der Auvergne; dabei ist zu erkennen, daß er nichts mit einem »gewöhnlichen« Eremiten gemein hat. Es gab für ihn keine Verbote, jetzt gibt es auch keinen Gott, der ihm Einhalt gebieten könnte.

Man weiß von Menschen, die die Einsamkeit suchen: Büßer, Gescheiterte, Heilige oder Propheten. Sie ziehen sich vorzugsweise in Wüsten zurück, wo sie von Heuschrecken und wildem Honig leben. Manche wohnen auch in Höhlen und Klausen auf abgelegenen Inseln oder hocken sich – etwas spektakulärer – in Käfige, die auf Stangen montiert sind und hoch in den Lüften schweben. Sie tun das, um Gott näher zu sein. Sie kasteien sich mit der Einsamkeit und tun Buße durch sie. Sie handeln im Glauben, ein gottgefälliges Leben zu führen. Oder sie warten monate- oder jahrelang darauf, daß ihnen in der Einsamkeit eine göttliche Mitteilung zukomme, die sie dann eiligst unter den Menschen verbreiten wollen.

Nichts von alledem traf auf Grenouille zu. Er hatte mit Gott nicht das geringste im Sinn. Er büßte nicht und wartete auf keine höhere Eingebung. Nur zu seinem eigenen, einzigen Vergnügen hatte er sich zurückgezogen, nur, um sich selbst nahe zu sein.

(25. Kapitel)

Selbstbewußt sucht sich Grenouille in Grasse und Umgebung neue Opfer und verfährt mit ihnen nach der »enfleurage à l'huile«: Der Körper des Opfers wird in ölgetränkte Tücher gehüllt, um den Duft zu konservieren. Grenouille beraubt die getöteten Jungfrauen ihres

Duftes, der in seinen Besitz übergeht; dabei weiß er den Unverdächtigen, Unschuldigen zu spielen. Dank einer genialen Vorbereitung gelingt ihm sein Coup immer wieder aufs neue – bis ihm ein ganz neuer, erregender Duft in die Nase steigt. Grenouille ist schon des längeren von diesem Duft verzaubert, der von einer »heiligen Schönheit« ausgeht, der Tochter des reichen und angesehenen Herrn Antoine Richi, des Zweiten Konsuls des Departements.

Der Duftjäger Grenouille bekommt es nun mit einem fast ebenbürtigen Widersacher zu tun. Der Vater ahnt, daß die schöne Laure von einem »sammelnden Geist« als baldiges Opfer ausersehen ist; sein »feiner analytischer Verstand« sieht Schreckliches auf die Tochter und ihn zukommen. Er trifft Gegenmaßnahmen, will den kostbaren Schatz in ein ummauertes Kloster im Mittelmeer bringen; trotzdem schlägt Grenouille nochmals zu. Er tötet die schöne Honoratiorentochter wie die vierundzwanzig anderen Mädchen vor ihr und bringt ihren einmalig herrlichen Duft in das enfleurierende Tuch.

Grenouille kann sich nun als der »omnipotente Gott des Duftes« fühlen – jedoch: Kurze Zeit später ist er verhaftet. Ihm droht die Todesstrafe nach vorausgehender Zertrümmerung der Gelenke auf dem Rad. Die Hinrichtungszeremonie, Spektakel für Tausende von Zuschauern, ist bereits penibel vorbereitet. Doch es kommt ganz anders als erwartet.

Der Autor, der schon mehrfach außergewöhnliche Ereignisse darzustellen hatte, muß nun steigernde Wörter und Superlative auftürmen, um das Unerhörte in Sprache zu fassen.

Und dann geschah ein Wunder. Oder so etwas Ähnliches wie ein Wunder, nämlich etwas dermaßen Unbegreifliches, Unerhörtes und Unglaubliches, daß alle Zeugen es im nachhinein als Wunder bezeichnet haben würden […].

Es war nämlich so, daß die zehntausend Menschen auf dem Cours und auf den umliegenden Hängen sich von einem Moment zum anderen von dem unerschütterlichen Glauben durchtränkt fühlten, der kleine Mann im blauen Rock, der soeben aus der Kutsche gestiegen war, könne *unmöglich ein Mörder* sein. Nicht daß sie an seiner Identität zweifelten! Da stand derselbe Mensch, […] der zwei Tage zuvor aufgrund erdrückender Beweise und eigenen Geständnisses rechtskräftig verurteilt worden war. Derselbe, dessen Erschlagung durch den Scharfrichter sie noch vor einer Minute gierig ersehnt hatten. Es war's, unzweifelhaft!

(49. Kapitel)

Grenouille selbst hatte die für ihn so günstige Wendung herbeigeführt: Er hatte mit Erfindungsgabe und äußerster Anstrengung ein Parfüm geschaffen, in das er sich einhüllte, ein Parfüm, das im wahrsten Sinn des Wortes »zum Vergöttern gut« war und zehntausend Menschen betörte:

Sie wurden schwach wie kleine Mädchen, die dem Charme ihres Liebhabers erliegen. Es überkam sie ein mächtiges Gefühl von Zuneigung, von Zärtlichkeit, von toller kindischer Verliebtheit, ja, weiß Gott, von Liebe zu dem kleinen Mördermann, und sie konnten, sie wollten nichts dagegen tun.

(49. Kapitel)

Der Wahn der Zuschauer steigert sich zu einer Massenpsychose, zu sexueller Ekstase.

Das Volk jenseits der Barrikade gab sich unterdessen immer schamloser dem unheimlichen Gefühlsrausch hin, den Grenouilles Erscheinen ausgelöst hatte. Wer zu Beginn bei seinem Anblick nur Mitgefühl und Rührung verspürt hatte, der war nun von nackter Begehrlichkeit erfüllt, wer zunächst bewundert und begehrt hatte, den trieb es zur Ekstase. Alle hielten den Mann im blauen Rock für das schönste, attraktivste und vollkommenste Wesen, das sie sich denken konnten: Den Nonnen erschien er als der Heiland in Person, den Satansgläubigen als strahlender Herr der Finsternis, den Aufgeklärten als das Höchste Wesen, den jungen Mädchen als ein Märchenprinz, den Männern als ein ideales Abbild ihrer selbst. Und alle fühlten sie sich von ihm an ihrer empfindlichsten Stelle erkannt und gepackt, er hatte sie im erotischen Zentrum getroffen. Es war, als besitze der Mann zehntausend unsichtbare Hände und als habe er jedem der zehntausend Menschen, die ihn umgaben, die Hand aufs Geschlecht gelegt und liebkose es auf just jene Weise, die jeder einzelne, ob Mann oder Frau, in seinen geheimsten Phantasien am stärksten begehrte.

(49. Kapitel)

Grenouille genießt, was er zuwege gebracht hat.

Grenouille stand und lächelte. Vielmehr erschien es den Menschen, die ihn sahen, als lächle er mit dem unschuldigsten, liebevollsten, bezauberndsten und zugleich verführerischsten Lächeln der Welt. Aber es war in Wirklichkeit kein Lächeln, sondern ein häßliches, zynisches Grinsen, das auf seinen Lippen lag und das seinen ganzen Triumph und seine ganze Verachtung widerspiegelte. Er, Jean-Baptiste Grenouille, geboren ohne Geruch am stinkendsten Ort der Welt, stammend aus Abfall, Kot und Verwesung, aufgewachsen ohne Liebe, lebend ohne warme menschliche Seele einzig aus Widerborstigkeit und der Kraft des Ekels, klein, gebuckelt, hinkend, häßlich, gemieden, ein Scheusal innen wie außen – er hatte es erreicht, sich vor der Welt beliebt zu machen. Was heißt beliebt! Geliebt! Verehrt! Vergöttert! [...] Ja, er *war* der Große Grenouille! [...] Er erlebte in diesem Augenblick den größten Triumph seines Lebens.

(49. Kapitel)

Doch der Triumph wird fürchterlich, als er nach Paris zurückkehrt. In der Hauptstadt erprobt er das Sympathieparfüm in der Welt, aus der er gekommen ist. Die Bewohner der Pariser Unterwelt umringen und zerreißen ihn, verschlingen, was von seinem Körper bleibt.

Von dem vermeintlichen Genie Grenouille erhält sich nichts, nicht einmal eine Legende. Er verschwindet so plötzlich, wie er aufgetaucht ist, und bleibt schließlich nur eine literarische Figur, eine Gestalt, die Patrick Süskind erfunden hat.

Diese Darlegung des Romangeschehens erklärt noch nicht hinreichend den großen und langandauernden Erfolg des Buches.

Es lassen sich bei diesem Buch (mindestens) drei Lesergruppen unterscheiden; jede verschieden groß und in ihren Wünschen und Erwartungen ziemlich festgelegt. Für die erste Gruppe war es eine Attraktion, daß ›Das Parfum‹ verhältnismäßig lange als anrüchiges Buch galt. Es sprach sich herum, daß das Buch einige beinahe pornographische Züge enthielt: Lustmorde eines Triebtäters, die Opfer unbescholtener Mädchen, das mehrfach geschilderte ekelhafte Ritual der Beriechung des noch warmen Körpers, die mehrseitige Darstellung der Vorbereitungen einer grausamen Hinrichtung im Stil des 18. Jahrhunderts und schließlich ein »Bacchanal«, bei dem in Wahn und Trance die verschiedensten Paare am hellichten Tage kopulieren. Das alles mochte zum Verkaufserfolg beigetragen haben – in einer Zeit, die an Monströsem keinen Anstoß mehr nahm.

Eine weitere und recht große Gruppe von Lesern hat sich sicherlich von den vorderen Plätzen beeindrucken lassen, die das Buch auf den Bestsellerlisten lange Zeit einnahm. Die Leser ließen es sich gern gefallen, daß der Autor seine Mordgeschichte mit allerlei Abenteuerzutaten versetzte. Grenouille kann auch als besessener Künstler-Mensch gedeutet werden, der sich von Trieben, aber auch von den Impulsen seiner Begabung leiten läßt. So lassen sich die oben genannten umstrittenen Szenen im Namen der Kunst rechtfertigen.

Die dritte Gruppe von Lesern stellten die schon immer an Literatur Interessierten, die Intellektuellen. Viele von ihnen waren darauf eingestellt, endlich einen postmodernen deutschen Roman vor sich zu haben. Die sogenannte Intertextualität z.B. ließ sich ohne große Schwierigkeiten darin entdecken. Schon die ersten Sätze von ›Das Parfum‹ erinnern an den Anfang einer bekannten Novelle der deutschen Literatur. »Im achtzehnten Jahrhundert lebte in Frankreich ein Mann, der zu den genialsten und abscheulichsten Gestalten dieser […] Epoche gehörte.«

In Heinrich von Kleists ›Michael Kohlhaas‹ lautet der Beginn: »An den Ufern der Havel lebte, um die Mitte des 16. Jahrhunderts, ein Roßhändler, namens Michael Kohlhaas, […] einer der rechtschaffensten zugleich und entsetzlichsten Menschen seiner Zeit.«

Bei Grenouille, dem Mann ohne Geruch, drängt sich die Parallele zu Adelbert von Chamissos Gestalt Peter Schlemihl, den Mann ohne Schatten, geradezu auf. Das Buch läßt sich sicher auch auf den Roman ›A rebours‹ (Gegen den Strich) von Joris-Karl Huysmans (1884) beziehen, in dem sich der dekadente Fin-de-siècle-Held des Essaintes eine Duftorgel voller synthetischer Düfte baut. Im Anschluß an die Intertextualitätsdiskussion kam in der dritten Lesergruppe eine fachliche Kontroverse auf, die sich um die folgende Frage drehte: Ließ Süskinds ›Parfum‹ die Anwendung der üblichen Maßstäbe für ein Werk der Literatur überhaupt noch zu? Man hatte bisher, wie bei der Musik, zwischen ernstzunehmender Literatur von einem gewissen künstlerischem Wert (E-Literatur) und bloßer Unterhaltungsliteratur (U-Literatur), unterscheiden können. Wie waren die vielen Entlehnungen, besonders aus Werken des deutschen Literaturkanons zu beurteilen? Herrschte da nicht ein Widerspruch zwischen dem Unterhaltungswert des Romans und den offenbar sehr kundigen Anspielungen des Autors? War der Autor ein Plagiator, wenn sich seine Romangestalt Grenouille in einem Rausch blasphemischer Selbstüberhebung in Goethescher Sprache mit dem Helden Prometheus vergleicht?

Er hatte die prometheische Tat vollbracht. Den göttlichen Funken, den andre Menschen mir nichts, dir nichts in die Wiege gelegt bekommen und der ihm als einzigem vorenthalten worden war, hatte er sich durch unendliches Raffinement ertrotzt. Mehr noch! Er hatte ihn sich recht eigentlich selbst in seinem Innern geschlagen. Er war noch größer als Prometheus. [...] Er war in der Tat sein eigener Gott, und ein herrlicherer Gott als jener weihrauchstinkende Gott, der in den Kirchen hauste.

(49. Kapitel)

Ging es an, daß Süskind die Tiraden seines ganz und gar ichbezogenen Helden mit einem Bild aus Eichendorffs bekannten Gedicht ›Mondnacht‹ ausschwingen läßt, in dem der romantische Dichter einer überschwenglichen Stimmung Ausdruck verliehen hat? »Also sprach der Große Grenouille und segelte [...] mit weitausgespannten Flügeln von der goldenen Wolke herab über das nächtliche Land seiner Seele nach Haus in sein Herz.« (26. Kapitel) Eichendorff-Verehrer mochten entsetzt sein, Vertreter der postmodernen Denkrichtung mochten dagegenhalten, Süskind habe sich nur »aus dem Babel« möglicher Zitate bedient. Außerdem: War es zulässig, daß man die Biographie eines Künstlers, der sich an ethische Gebote nicht gebunden fühlte – schon die Romantik hatte solche dämonische Figuren gekannt –, mit einer banalen Mördergeschichte vermengte, bei der gewisse Leser schon darauf lauerten, ob der nächste Mädchenmord gelingen würde?

Auch aus dem griechischen Mythos schöpfte Patrick Süskind, ohne auf bisherige literarische Verarbeitungen Rücksicht zu nehmen. Der Tod Grenouilles erinnert an die Zerstückelung des Königs Pentheus von Theben, der die rauschenden Dionysos-Feste, die Bacchanalien, nicht stattfinden lassen wollte und deshalb von der eigenen Mutter, einer Mänade, zerrissen wurde. Auch den griechischen Sänger Orpheus zerrissen Mänaden.

Von der Kritik wurde ›Das Parfum‹ meist als Werk der hohen Literatur angesehen und entsprechend rezensiert, von einer Minderheit wurde Süskinds Roman aber auch als reißerisches, triviales Machwerk kritisiert.

Nachdenklich konnten Hinweise stimmen, die sich auf den letzten Teil des Buches bezogen: In der Parabel vom »Großen Grenouille« führt Süskind Phänomene der Massensuggestion vor; sie werden in ihrem Wesen erfaßt und ernst genommen. Dies wäre ein Argument für die Aktualität des Buchs und das Problembewußtsein des Autors, denn schließlich war das 20. Jahrhundert ein Jahrhundert der Massenverführung und der sich ihrer Macht und Magie bewußten Verführer.

Wolfgang Hildesheimer
Masante

Wolfgang Hildesheimer, der wohl stets die Bezeichnung »vielseitig begabter Künstler« der Berufsangabe »Schriftsteller« oder gar der Titulierung »Dichter« vorgezogen hätte, hatte sich in den fünfziger und sechziger Jahren den Ruf erworben, als deutscher Autor wichtige Texte einer »Literatur des Absurden« verfaßt zu haben.

Den in Hamburg Geborenen zwangen die Zeitumstände zu einem unsteten Wanderleben. Als Sohn eines Juden schlug er im Deutschland der zwanziger Jahre und als Emigrant in England und Palästina verschiedene Bildungs- und Ausbildungswege ein, erwarb sich Wissen und handwerkliche Fähigkeiten. Von letzteren profitierte er als Möbeldesigner und Innenarchitekt.

Nach dem Zweiten Weltkrieg arbeitete Hildesheimer als Dolmetscher bei amerikanischen Kriegsverbrecherprozessen in Deutschland; als Redakteur der Verhandlungsprotokolle erhielt er Einblick in die Verfolgungs- und Vernichtungsmaßnahmen der Nazis, denen er durch rechtzeitige Flucht und Emigration entgangen war. Hildesheimer traute den angeblich rasch zu Demokratie und Völkerverständigung bekehrten Deutschen nicht, Äußerungen eines latenten Antisemitismus lieferten den Gegenbeweis und veranlaßten ihn, Deutschland erneut den Rücken zu kehren. Solche Erfahrungen mochten Wolfgang Hildesheimer in seiner Grundeinstellung bestärkt haben: Gegen die Macht des Absurden in der Welt hat die Vernunft wenig zu bestellen.

Wenn der autornahe Erzähler in ›Tynset‹ (1965) das Fernrohr gen Himmel richtet, will er nicht den Kosmos als geordnete Welt der Gestirne kennenlernen, sondern sucht nach licht- und materielosen Räumen, nach dem »Loch«, einem Symbol für das Absurde im Durcheinander der Welten.

Auf Erden bauen Ordnungen häufig auf Gewalt, Furcht und Schrecken. Der einzelne, vor allem wenn er einer verachteten Minderheit angehört, hat gegen solche »Ordnungen« kaum Chancen und wird bevorzugt zum Opfer.

Der Ich-Erzähler in ›Masante‹ (1973) reflektiert über sein bisheriges Leben, und zwar in einer Folge von Erinnerungsbruchstücken.

In Masante, einem Haus im Grünen irgendwo in Oberitalien, scheinen dem Erzähler die beiden Güter Freiheit und Sicherheit zumindest für einige Zeit gewährt zu sein:

Zugegeben:
Masante war das Ziel einer Flucht, ich hatte die Absicht »nicht sicher zwar, doch tätig-frei zu wohnen«. Nur: wo und seit wann gäbe es das, Sicherheit ohne Freiheit oder Freiheit ohne Sicherheit? Es wären zeitlich streng begrenzte Zustände mehr oder minder verdrängter Angst, Zustände, deren Maß und Dauer von unbekannter und gewiß feindlicher Seite kontrolliert würden.
(S. 127f.)

Auch Masante scheint für den Erzähler nur ein Kompromiß in einer unheilen und unheilvollen Welt zu sein. Als Schreibender hält er es nicht aus, »in jene[r] Geborgenheit, [...] in der ein erfundenes Geschehen bis zu seinem erfundenen Ende weiterentwickelt« wird. Die Skepsis des Schriftstellers gegenüber der herkömmlichen Form des Romans ist schon hier unverkennbar.

Daß er nicht die ersehnte Ruhe findet, hat Gründe: Die Vergangenheit des Zweiten Weltkriegs setzt sich in der Gegenwart fort. Zwar heißt es »sie sind vorbei, die Krisenzeiten, alles ist eingerichtet«, und es stimmt schon in gewisser Weise: Man kann wieder reisen, Hotelzimmer buchen, Sehenswürdigkeiten besichtigen. Und doch kann es vorkommen, daß bei ganz harmlosen Anlässen im zivilisierten Ambiente den gebrannten Kindern ein Schauer über den Rücken läuft.

Immerhin erschrak ich noch eine Zeitlang, wenn in einem Restaurant zum Telefon gebeten wurde. Es wird ja nicht immer gerufen, manchmal vollzieht sich der Akt dezent, schweigend durchschreitet ein stummer Mahner den Raum, er trägt eine schwarze Tafel, darauf der Name, mit Kreide groß gekritzelte Majuskeln, wie eine Warnung, nur ein wenig unbeholfen, als habe der Vermittler der Botschaft den Namen nicht so recht verstanden und überlasse die genaue Auslegung dem Angerufenen. Mir gefällt das nicht: es gibt die Anonymität eines vielleicht Unschuldigen preis, der nun, notgedrungen erkannt und in seiner Unschuld ertappt, aufsteht, und alle wissen: das ist der, der so heißt.

(S. 76f.)

Ziel einer neuerlichen Flucht ist Meona, vielleicht eine letzte Station, die dem Erzähler Besonderes offenbart oder ihn wenigstens zur Ruhe kommen läßt. Meona liegt am Rande der Wüste; »La Dernière Chance« heißt dort eine Hotelbar in unwirtlicher Umgebung.

Mir ist dieses Nest am Wüstenhorizont allmählich aufgestiegen, [...] der Wasserturm zuerst, dann der verfallene Bohrturm, dann die Masten und das Waagerechte, da lag es denn, wurde größer vor meinem Jeep, und da liegt es jetzt, und ich bin drinnen.

(S. 59).

Die Leute, die vor ihm gekommen sind, haben »verzeichnet, gesammelt, gebohrt und vermessen« – alles Tätigkeiten, die sich, übertragen auf das eigene Innere, auch ein Einsamer vornehmen kann, dem an einer gründlichen Selbstprüfung gelegen ist. Der Neuankömmling würde sich vielleicht solch ordnendem und beruhigendem Tun nicht verschließen, doch er kann sich von der ersten Stunde an dem Bann der Wüste nicht entziehen. Sie ist eine Naturgewalt, vergleichbar mit den leeren Räumen am Himmel, mit einem verheerenden Gewitter oder auch mit dem fortgeschrittenen Alter und seinen unvorhersehbaren Folgen: »Zwar wird hier niemand erwartet, doch kommt auch niemand unerwartet. Hier wurde mancher verschlungen nach seinem Wunsch. – Die Wüste ist neutral, [...] sie trägt keine Verantwortung, lädt nicht ein, warnt nicht, droht nicht, aber sie wartet eben.«
Die Unrast des Ich-Erzählers scheint sich zu spiegeln in dem, was er aufschreibt und in der Art, wie er schreibt. Es gibt kurze Notizen, Reflexionen, Erinnerungsprotokolle, doch auch Erzählpassagen. Offenbar muß sich der Mann Geschichten erzählen und dabei so tun, »als sei nicht ich der, dem sie geschehen sind«. Oft erzählt er von den »Häschern«. Man soll ihnen ihre frühere Tätigkeit nicht mehr anmerken, deshalb geben sie sich jetzt gesellig und gut gelaunt. Nur die, hinter denen sie einst her waren, die sie »festnahmen« und »überstellten«, erkennen sie in jeder Maske. Der gemütliche Kranzmeier war einer dieser Häscher, in seinem Auftreten und Benehmen, in seiner Redeweise wird er gegenwärtig:

Kranzmeier hat es gern deftig, den möchte ich nicht beim Umtrunk erleben. Er säuft Korn und Bier, immer abwechselnd, das macht ihn fröhlich, hält ihn gesund, – die beste Medizin, wie er sagt, – und schiebt den Ruhestand in weite Ferne. Er trifft sich mit Kameraden, war bei der siebenundneunzigsten

Gebirgsjägerdivision Süd, es waren gute Zeiten, hart und gut. Ein trefflicher Schütze ist er noch immer, so sagt er. Auch saß einmal der Schlagring recht und fest, damals zu Zeiten des Kampfes, und so sitzt er wahrscheinlich immer noch. Er kann, wie er sagt, gut und gern zwei Gebisse auf einmal einschlagen, wenn sie nahe genug beieinander sind, da hört man denn die Zähne die Speiseröhre hinabkullern, – alle lachen. Wenn gewünscht, Leute, könnte er euch auch aus dem Stegreif einige Besitzer dieser Gebisse nennen. Allerdings, wenn er sie alle auf einmal erledigen soll, hat er nachher rote Ringe um die Finger. Besser als die Finger voller Eheringe, sagt dann einer, der schon damals den fröhlichen Teil des Kompanielebens bestritt, ein alter Kamerad, – man lacht, es dröhnt dort wo sie lachen. Kranzmeier ist, wie man sagt, abgehärtet. Manch einer könnte, wie er sagt, sich ein Stück von ihm abschneiden, worauf der Humorvolle sagt, in Wirklichkeit werde wohl er, Kranzmeier, es sein, der sich ein paar Stücke von anderen abschneiden wird. Man lacht, es dröhnt, Kranzmeier sagt, allerdings, er könne auch die Leute nennen, von denen er sich ein Stück abschneiden werde, er weiß auch schon, welche Stükke, er zeigt das Stück, man brüllt vor Lachen. Er hat es gern gemütlich, ist Südtiroler aus dem Etschtal, wo seine Familie noch einen Hof hat, bei Sterzing, den Namen Vipiteno würde er niemals über die Lippen bringen; so einen Namen können nur Spaghetti-Fresser erfinden, meint der Humorvolle, es dröhnt.

(S. 119f.)

Wenige Striche fügen sich zu einer Charakterskizze zusammen, die das Individuum Kranzmeier und zugleich einen bestimmten Menschentyp umreißt.

Seit jeher scheint es für Wolfgang Hildesheimer reizvoll gewesen zu sein, von ihm erfundenen Menschen ihre Lebensgeschichte mitzugeben. Er stellt sie gern in eine bestimmte historische Epoche, wo ihnen historisch verbürgte Persönlichkeiten über den Weg laufen – oder aber es handelt sich bei seinen Gestalten um historische Personen. So stellt Hildesheimer in ›Masante‹ den Schneider Hickel aus dem fränkischen Ansbach vor, der angeblich den Regenschirm erfunden hat. In Hickels Schicksal mischt auch das für Hildesheimer so typische Absurde kräftig mit.

Wer hat ihn eigentlich erfunden, den Regenschirm? [...]

Das war kein anderer als ein kleiner dünner drahtiger Schneider, das was man ein Schneiderlein nennt, ein Neutrum also, mit kalten Füßen und knakkenden Handgelenken, wohl auch gezwickt von der Gicht, obgleich die, glaube ich, nur Nichtstuer plagte, – wie auch immer: ein Schneider, der zu irgendeiner Zeit – nein: zur Spätzeit der Duodezfürstentümer – zu Ansbach wohnte und sich dort eines Sonntags bei Regen und Gewitter einer johlenden Menge, die unter den Dächern und an den Fenstern stand, mit einem pilzartigen Ding präsentierte, das er sich aus Mistgabelzinken, Hautfetzen aus der Abdeckerei und einer Bohnenstange gebastelt hatte. Und spindeldürr und schlotternd lief er die Straße auf und ab, das Ding über sich haltend, tief in seine Tätigkeit versunken, obgleich man ihm unflätige Worte zurief – vielleicht sogar Jud! weil er einen Ziegenbart trug, wie der Schneider im Märchen, – ihn auch mit Unrat bewarf, und die vornehmen Leute in ihren Kutschen die Köpfe schüttelten, alle in hämischer Erwartung, daß der Blitz in das Ding und damit auch in ihn fahre; daß also Vernichtung ihn treffe, die sie jedermann wünschen, der anders denkt als sie. So hüpfte er über die anschwellenden Pfützen wie eine Heuschrecke, ganz und gar lächerlich, und doch, unsichtbar, von der Würde des Scheiternden gezeichnet, ein Don Quixote, – freilich war da wohl keiner, der das so sah. Aber eben: die Werfer, die Lächler, die Rufer, die Johler und die Grinser, sie alle wurden naß, wenn sie die Köpfe heraussteckten, und er wurde es nicht.

Und schon am Sonntag darauf dachte mancher anders über die Sache und meinte, es sei wohl doch etwas daran; manch einer bastelte schon im geheimen und wartete auf Regen. Es war denn auch ein protestantischer Pfarrer, fortschrittlich, aufgeschlossen, seiner Zeit um einige Ellen voraus, human, wie man so sagt, der von der Kanzel herab die Kirchgänger zur Einsicht zu bringen suchte. Es sei dies, so predigte er, doch wieder ein von Gott tatkräftig unterstützter Sieg des menschlichen Geistes über die Naturgewalten. Wieder einmal sei ein Mensch, freilich ein bescheidener, demütiger, der Mühsal und der Unbill Herr geworden, die das Walten der Elemente, gewiß meist als gerechte Strafe Gottes für unser Sündendasein, über uns hereinbringe: so jedenfalls steht es in den Schulbüchern. Und dieser Sieg des Geistes, so steht da geschrieben, oder vielmehr gedruckt in vieltausendfacher Auflage, habe sich dann ja auch fortgesetzt und Früchte getragen, er habe zur Nähmaschine geführt, zum Telefon und zum Fernsehen, und der unendliche Segen, daß der Mensch heute den Mond betrete – all das, wohlgemerkt, steht in den Lesebüchern, und nur das – sei nichts als eine natürliche Folge der Entwicklung gewesen, die mit dem Unternehmergeist unseres Schneiders begonnen habe, der Schneider sei ein Wendepunkt oder auch ein Markstein; nur im Wortlaut eines Vergleiches oder einer Metapher unterscheiden sich die Schulbücher voneinander.

Hickel hat er wohl geheißen, das scheint mir der rechte Name, Christian Dietrich – nein, nicht Dietrich – Gottlieb Hickel, denke ich, oder Hinkel, und er ist dieser Erfindung – wenn wir den Schulbüchern, vor allem den konfessionell gebundenen, glauben dürfen, und zum Glauben sind sie ja da – er ist dieser Erfindung im Himmel froh geworden, nicht aber auf Erden. Leider stieg sie ihm zu Kopf, – da liegt die Lehre, – denn er sah, daß sein Beispiel auch unter den Hochgestellten, ja, den Standespersonen, Schule machte, seine Erfindung wurde begehrt. Man zahlte ihm sogar drei Batzen – aus der Privatschatulle – damit er dem Markgrafen Friedrich Wilhelm von Ansbach ein solches Ding mache, das dieser dann seiner Maitresse schenkte: nicht mehr der Madame de Champolion, die hatte inzwischen ausgedient und war abgeschafft, sondern einer Frau von Rottenbach, seiner eigenen natürlichen Tochter übrigens, die ihm drei Söhne gebar, was nicht in den Schulbüchern steht, es hat ja auch mit dem Schirm nichts zu tun, jedenfalls nicht soweit man weiß. Der markgräfliche Schirm war allerdings nicht aus Abfall gemacht, sondern aus Gold, – für das hundert Landeskinder nach Batavia mußten; so weit geht die Liebe eines natürlichen Vaters! – und aus feinster Schweinehaut, aber noch nicht, wie man vor ein paar Dekaden in Deutschland Regenschirme herstellte, aus Menschenhaut, was übrigens auch nicht in den Schulbüchern steht.

Wie dem auch sei: nun wollte Hickel hoch hinaus, es hielt ihn nicht mehr in Ansbach, wo er trotz alledem ein Schneiderlein geblieben war. Er zog nach Treuchtlingen, um sich hier, zunächst in aller Stille, einen, wenn auch bescheidenen, Adelstitel zuzulegen oder vielmehr zuzudichten und später irgendwo als Herr von Hickel, besser, als Rittmeister von Hickel in der Gesellschaft aufzutauchen, ohne zu bedenken, daß seine Gestalt dem Titel nicht entsprach, das wieder steht in den Schulbüchern. Es war sein Verderb: die Adligen merkten es sofort und hetzten die Hunde auf ihn, die Bürger, die den Adel nicht besudelt haben wollen – auch die Schulbücher wollen das nicht, – beschimpften und bewarfen ihn, er begann zu trinken, meist Fusel, vertrank seine letzten Pfennige, brach schließlich in Schnapsbrennereien ein, um sich zu versorgen, und endete in den fürstlich thurn- und taxisschen Branntweinkellereien zu Regensburg oder vielmehr in der Gasse davor, wo man ihn am 15. August 1769 – Napoleons Geburtstag: einer jener Zufälle, mit denen das Leben nicht spart oder nur dann spart, wenn er dem Betroffenen das Leben retten könnte – wo man ihn also unter einem Regenschirm liegend fand, trocken zwar, trotz Regen, knochentrocken, sandtrocken, aber tot.

(S. 203–207)

Das Aufklärungspathos des Pfarrers, für den sich mit der nützlichen Erfindung Gottes vernünftiger Weltplan ein Stück weiter offenbart hat, darf nicht recht behalten. Im zweiten Teil von Hickels ursprünglich lesebuchwürdiger, erbaulicher Biographie beginnt das Absurde sein Unwesen zu treiben. Aus dem nützlichen Ding wird ein diabolisches Instrument, das den biederen Hickel zu einem ganz anderen werden läßt und das ihn zugrunde richtet.

Fast symbolisch zu lesen und zumindest teilweise übertragbar auf Hildesheimers Literatenleben ist die Geschichte vom polnischen Klaviervirtuosen Henryk de Malkuczynsky, der so leidenschaftlich spielt, daß der Flügel ernsthaft Schaden nimmt. Die dem Arrac verfallene Wirtin Maxine beginnt zu erzählen, bald aber muß der Fremde einspringen und den Erzählfaden weiterspinnen.

Maxine hat den Faden verloren, ich bin dran. »Er ließ nach, sagen Sie. Wir alle lassen nach. Sie auch, Maxine. Aber Malkuczynsky, der spielte wütend weiter, immer lauter, immer kräftiger, härter, um sich selbst zu übertönen. Und schließlich hielten die Konzertflügel seinem Anschlag nicht mehr stand, die Fugen krachten; eines Abends brach eine schwarze Taste, und eine Saite riß. Doch er spielte weiter, noch heftiger, furioso, jetzt war ihm alles gleich. Es rissen noch zwei Saiten, es entstanden kleine Löcher in den Préluden, durch die hörte er das Murmeln des Publikums, aber er dachte nur: jetzt nicht aufhören, weitermachen, lauter, fester, sicherer, gezielt, auch das geht vorbei, alles geht vorbei [...]. Dann lockerten sich weitere Tasten, begannen zu klappern, eine zersplitterte, sprang ab, und dann hörte man nichts mehr außer reißenden Saiten, splitternden Tasten und knackendem Holz, und darunter das Lachen und die Rufe des Publikums, und natürlich das Schnaufen des Spielers, denn sein Spiel wurde ein athletischer Akt, er arbeitete schwer, um den Flügel möglichst bald zu zertrümmern. Er schaffte es. Als er aufstand, quollen die Gedärme aus dem Instrument, die Klaviatur war nur noch eine einzige zerbrochene Tonleiter, herzzerreißend, und der Flügel selbst ein waidwund geschossenes dreibeiniges Tier im Verrecken. Er selbst war naß vor Schweiß, und das Publikum hingerissen. Das war etwas Neues. Von diesem Abend an trat er als Klavierzertrümmerer auf. [...] Das ging ein paar Monate gut, dann ließen die Kräfte nach, auch waren seine Einnahmen geschmälert: jeden Abend brachte er ein Instrument zur Strecke. Er gab immer weniger Abende, mußte sich schließlich zurückziehen, ließ sich treiben, begann zu trinken, trennte sich von seiner Familie, ging fort, kam hierher, und eines Tages kehrte er aus der Wüste nicht mehr zurück. War es nicht so?«

(S. 282 f.)

»Ich bin dran«, er scheint es gar nicht abwarten zu können und zieht dann alle Register erzählerischen Könnens. »Wir alle lassen nach« – das Eingeständnis ist dann nicht nur ein Trostpflaster für die sonst recht erzählfreudige Maxine. Auch Wolfgang Hildesheimer scheint öfter einmal die Befürchtung bedrückt zu haben, er könne »nachlassen«. Zwar will und kann er nicht das Instrument zerstören, aber er nimmt sich, um im Bild zu bleiben, immer häufiger vor, nicht mehr ans Klavier zu gehen.

»Wohl dem Anaximander«, schreibt Hildesheimer in einer Reflexion in ›Masante‹. »Er hat nur einen einzigen Satz geschrieben.« Dieser Satz lautet etwa so: Aus dem *apeiron* (griechisch: das Unendliche, das Vollkommene) geht das Endliche hervor und büßt für seine Unvollkommenheit mit dem Tod. Und Hildesheimer sinniert weiter über den vorsokratischen griechischen Philosophen: »Gewiß, er hatte das Glück, ihn [den einzigen Satz] aus einer weithin unerkannten Welt greifen zu können. Die Meine ist erkannt und ausgebeutet. Sie gibt keinen guten Satz mehr her.« Anaximander gibt den Anstoß zu deprimierenden Vergleichen, Hildesheimer wagt sie zu ziehen. Die eigene Welt scheint ausgebeutet, das eigene Werk endlich und unvollkommen; konsequent wäre folgendes: »[...] den Punkt setzen, den Schlußstrich ziehen, meine Zeit ist vorbei.«

Hildesheimer wollte nur für sich, nicht für alle und schon gar nicht für *die* Literatur sprechen, als er 1975 in vier in Irland gehaltenen Vorträgen »The End of Fiction« verkündete. Wenn Hildesheimer schreibt, die »Zeit des Gelingens sei vorbei, so wie auch die Zeit derer, die Gelungenes wollen«, so spricht aus diesem Satz zunächst die Resignation des Schriftstellers und Menschen Wolfgang Hildesheimer. Er war der Auffassung, daß Wissenschaftler, Politiker und auch die indolenten Zeitgenossen die Welt in eine Situation manövriert hatten, der kein Modell der Literatur mehr gerecht werden konnte. Er sah weder ein literarisches Modell für die Darstellung der Situation noch eines, das eine Alternative aufzeigen konnte.

Allerdings mag es Hildesheimer mit seinem Buch ›Masante‹ vorgeschwebt haben, durch die Schilderung eines mißlingenden Schaffensoder Schreibprozesses auch Wahrheiten über Situation und Zeit darzustellen.

Daß der Einzelgänger in ›Masante‹ am Rand der Wüste nicht mehr Fuß fassen kann und will, ist im Text früh abzusehen. Doch auch auf seiner wahrscheinlich letzten Reise- und Lebensstation arbeitet sich dieser Gezeichnete nochmals in Vergangenheiten zurück, in die eigene und in die anderer. Dieses Schreibmuster behielt Hildesheimer bei, als er wieder eine erfundene Figur, diesmal den Engländer ›Marbot‹ (1981), in eine ferne Epoche stellt und ihn dort ganz bestimmten historischen Verhältnissen und Persönlichkeiten begegnen läßt. Epoche und Figur fordern einander in vielfältiger Weise.

Über das Genie Mozart, über den schon so viele Biographien unterschiedlichster Qualität verfaßt worden sind, konnte man – so Hildesheimer – eigentlich nur noch eine Anti-Biographie verfassen. Der Komponist fordert in ›Mozart‹ (1977) nicht nur von seinen Freunden, Feinden und Zeitgenossen, sondern bis zum heutigen Tag von allen, die seine Musik hören – und ganz besonders von jenen, die den authentischen Mozart suchen, daß sie es sich dreimal überlegen sollten, ehe sie an den Flügel gingen, um es dann dem »Pianisten« Malkuczynsky nachzumachen: Zuviel sei schon kaputtgemacht.

Hans Magnus Enzensberger
Der Untergang der Titanic

Was durfte man erwarten, wenn der Suhrkamp-Verlag für den Herbst 1978 von Hans Magnus Enzensberger eine Dichtung mit dem Titel ›Der Untergang der Titanic‹ und dem Untertitel ›Eine Komödie‹ ankündigte? ›Der Untergang der Titanic« erschien als aufwendige Buchausgabe. Die Fotomontage auf dem Einband ließ kaum Zweifel: Ein Eisberg und seine Spiegelungen im Schwarzen Meer wiesen auf den Schauplatz des Ereignisses vom Jahre 1912. Der Luxusdampfer ›Titanic‹ war damals das größte und modernste Passagierschiff der Welt, galt als Wunderwerk der Schiffbautechnik und bot seinen Fahrgästen Annehmlichkeiten auf höchstem Niveau. Die Titanic genoß den Ruf, ein besonders sicheres Schiff zu sein. Der Rumpf war von 16 Schotten (Flutkammern) durchzogen, von denen vier voll Wasser laufen konnten, ohne daß der Dampfer seeuntauglich wurde. Bei Enzensberger versichern sich »zwei beleibte Herren«, »nicht einmal Gott Vater wäre imstande, diesen Kahn zu versenken«. Das war auch die Meinung der Experten.

Doch das Schiff mit rund 2000 Menschen an Bord stieß in der Nacht vom 14. auf den 15. April 1912 auf der Fahrt von Southampton nach New York mit einem Eisberg zusammen. Der Eisberg riß ein neunzig Meter langes Leck, und gegen das einschießende Wasser vermochten alle Sicherheitsvorkehrungen nichts – das Schiff sank, und 1490 Menschen kamen ums Leben.

Hans Magnus Enzensberger kam es offenbar darauf an, das unheimliche Geschehen genau zu erfassen und durch die Art der Darstellung spürbar werden zu lassen.

> Ein Knirschen. Ein Scharren. Ein Riß.
> Das ist es. Ein eisiger Fingernagel,
> der an der Tür kratzt und stockt.
>
> Etwas reißt.
> Eine endlose Segeltuchbahn,
> ein schneeweißer Leinwandstreifen,
>
> der erst langsam,
> dann rascher und immer rascher
> und fauchend entzweireißt.
>
> Das ist der Anfang
> Dann wird es wieder still.
> Nur in der Wand klirrt
> etwas Dünngeschliffenes nach,
>
> ein kristallenes Zittern,
> das schwächer wird
> und vergeht.
>
> Das war es.
> War es das? Ja,
> das muß es gewesen sein.
>
> Das war der Anfang.
> Der Anfang vom Ende
> ist immer diskret.
>
> Es ist elf Uhr vierzig
> an Bord. Die stählerne Haut
> unter der Wasserlinie klafft,
>
> zweihundert Meter lang,
> aufgeschlitzt
> von einem unvorstellbarem Messer.

Das Wasser schießt in die Schotten.
An dem leuchtenden Rumpf
gleitet, dreißig Meter hoch

über dem Meeresspiegel, schwarz
und lautlos der Eisberg vorbei
und bleibt zurück in der Dunkelheit.

(Erster Gesang)

Nur eine realistisch-krasse Wiedergabe vermag der eigentlichen Katastrophe, dem elenden Ertrinken von mehr als tausend Menschen, gerecht zu werden.

Beim Sinken eines Schiffes sterben die Katastrophenopfer oft isoliert und allein. Enzensberger läßt den »Untergang« eines solchen Anonymen gewissermaßen in Zeitlupe ablaufen und kommt wohl der Wahrheit in beklemmender Weise nahe. Der Kritiker Karl-Heinz Bohrer, der sonst Enzensberger nicht gerade gewogen war, schrieb in einer Rezension in der Zeitschrift ›Merkur‹:

»Hier geht wirklich einer unter, so wie es noch niemand mir bisher beschrieb, nun beschrieben, als ob ich es schon immer gewußt hätte.«

Es ist nicht wie ein Gemetzel, wie eine Bombe;
es blutet ja niemand, es wird ja niemand zerfleischt;
es ist nur so, daß es mehr und mehr wird,
daß es überall hin will, daß alles sich wellt;
kleine Perlen bilden sich, Rinnsale; es ist so,
daß es dir die Schuhsohlen netzt, daß es dir
in die Manschetten sickert, daß dir der Kragen
klamm wird im Nacken; es leckt an der Brille,
in die Safes rieselt es, an den Stuckrosetten
bilden sich dumpfe Flecken; es ist nämlich so,

daß alles nach seinem Geruch, der geruchlos ist, riecht;
daß es tropft, spritzt, strömt, sprudelt,
nicht eins nach dem andern, sondern blindlings und durcheinander,

daß es den Zwieback näßt, den Filzhut, die Unterhosen,
daß es schweißig und seicht an die Räder des Rollstuhls rührt,
daß es in den Pissoirs steht, brackig, und in den Bratröhren
gluckst; dann wieder liegt es nur da, naß, dunkel,
ruhig, unbewegt, und steigt einfach, langsam, langsam,
hebt kleine Sachen auf, Spielsachen, Wertsachen,
mit ekelhaften Flüssigkeiten gefüllte Flaschen,
schwemmt sie mit, achtlos, spült sie trudelnd fort,
Sachen aus Gummi, tote, zerbrochene Sachen; so lang,
bis du es selber fühlst, in deinem Brustkorb,

wie es sich dringend, salzig, geduldig einmischt,
wie es, kalt und gewaltlos, erst an die Kniekehlen,
dann an die Hüften rührt, an die Brustwarzen,
an die Schlüsselbeine; bis es dir endlich am Hals steht,
bis du es trinkst, bis du fühlst, wie es das Innere,
wie es die Luftröhre, die Gebärmutter, wie das Wasser
durstig den Mund sucht; wie es alles ausfüllen,
wie es verschluckt werden, und verschlucken will.

(Vierzehnter Gesang)

Passagiere und Besatzungsmitglieder, denen es gelungen ist, wie vorgesehen die Rettungsboote zu besteigen, nehmen den »Untergang«
nur noch als Geräuschkulisse wahr. Wird im Boot vorschriftsmäßig gerudert, sind die Schiffbrüchigen bald Überlebende; mit der Distanz
vom Ort der Katastrophe wächst auch schon die innere Distanzierung.
Sie spricht aus dem folgenden Augen- und Ohrenzeugenbericht.

Daraufhin ruderten sie, sagte die weiße Stimme,
so schnell sie nur konnten, fort
von der undurchsichtigen blanken Stelle,
an der die *Titanic* untergetaucht war, doch
den Schreien entkamen sie nicht. Es war
unter diesen Schreien ein jeder verschieden
von jedem andern, der schrille Angstruf
vom heiseren Brüllen, deutlich verschieden
das gellende Flehen vom erstickten Geheul,
und so weiter, fuhr die Stimme gleichmäßig fort,
und so fort, und was waren nicht wenige,
die da schrien, sondern tausend, bedenkt auch,
daß das Meer nicht bewegt war, kein Wind ging,
die Stimmen, sagte die Stimme, trugen sehr weit,
sie waren sehr deutlich, und also hieß es
im Boot, wir müssen umwenden, es ist noch Platz,
sagten manche, auf keinen Fall, sie werden sich
an jede Planke klammern, das sagten andre,
und uns alle schreiend ersäufen, und also
wurde weiter gekämpft und gerudert, bis endlich
nach einer sehr langen Stunde, sprach tonlos
die Stimme, die Stimmen abnahmen, nur vereinzelt,
schwach, noch ein Husten hie und da war,
ein schwer hörbares tierisches Pfeifen, das
ohne weiteres in der Dunkelheit unterging.

(Achtzehnter Gesang)

In den Drahtnachrichten vom nächsten Tag ist die Meldung von der
Titanic-Katastrophe nur noch eine unter vielen, noch dazu ist sie zur
Beruhigung verfälscht worden. Es heißt dort an letzter Stelle:

New York. Heute morgen wird durch eine Reuter-Meldung bestätigt, daß alle Passagiere der *Titanic* bei ruhiger See die Rettungsboote aufgesucht haben.

(Drahtnachrichten vom 15. April 1912)

Enzensberger druckt die Meldung ohne Kommentar neben die übrigen, die allerdings viel belanglosere Ereignisse des Tages zum Inhalt haben und deren Bedeutung bald verblaßte. Die Schiffskatastrophe dagegen blieb noch lange in Erinnerung. Noch Jahrzehnte, nachdem die Akten über den Fall geschlossen waren, wurde davon gesprochen, darüber geschrieben. Enzensberger läßt vor dem Auslaufen der Titanic eine Führung durch das Schiff stattfinden, dabei werden den Passagieren zwei symbolische Figuren zur Beachtung empfohlen.

Die beiden Bronze-Nymphen am Eingang des Großen Foyers
sind in klassischer Renaissance-Manier gehalten.
Die eine stellt den Frieden, die andere den Fortschritt dar.

(Siebenter Gesang)

Die Titanic-Katastrophe war für die an Frieden und technischen Fortschritt gewöhnte Menschheit von 1912 ein Schock. Man sah in ihr ein schlimmes Vorzeichen und einen Fingerzeig Gottes, der vor frevlerischer Überheblichkeit und Selbstsicherheit warnte.

Wenn Enzensberger über den »Untergang der Titanic« schreibt, fügt er dem Katastrophenjahr 1912 weitere Jahreszahlen hinzu: 1918, 1945 und 1968. Die Jahre 1918 und 1945 markieren das Ende des Ersten bzw. Zweiten Weltkriegs. Doch verdiente es 1968, das Jahr einer weltweiten und auch deutschen Jugendrevolte, in die Reihe von Katastrophenjahren aufgenommen zu werden?

Im Jahre 1968 und in den Jahren unmittelbar danach hatte sich für Hans Magnus Enzensberger eine große Hoffnung zerschlagen. 1968 hatte der junge deutsche Lyriker und Essayist, der seinen Lesern in faszinierenden Gedichten die Schreibweise der Moderne nahegebracht hatte, die aufbegehrenden Studenten in ihrem Anliegen durch Wort und Schrift unterstützt. Seine westdeutschen Schriftstellerkollegen – auch die der Gruppe 47 – hatte er als Verfertiger spätbürgerlicher Kunst kritisiert und ihnen vorgeworfen, sie stünden nicht auf der Höhe der Zeit.

1968 verließ Enzensberger aus Protest gegen den Vietnamkrieg eine Gastdozentur an einer amerikanischen Universität und begab sich nach Kuba, das Fidel Castro nach einer erfolgreichen Revolution sozialistisch gemacht hatte. Das Land war zum Mekka und Vorzeigeobjekt für Anhänger der sozialistischen Weltanschauung geworden. Im ›Untergang der Titanic‹ erinnert sich Enzensberger an die Stimmung von damals:

[...] Damals dachten wir alle:
Morgen wird es besser sein, und wenn nicht
morgen, dann übermorgen. Naja –
vielleicht nicht unbedingt besser,
aber doch anders, vollkommen anders,
auf jeden Fall. Alles wird anders sein.
Ein wunderbares Gefühl. [...]
Ich erinnere mich, kaum
zu glauben, keine zehn Jahre ist das jetzt her,
an die sonderbar leichten Tage der Euphorie.

(Dritter Gesang)

Auch das »wunderbare Gefühl« nahmen Enzensberger und seine Gesinnungsgenossen als einen Fingerzeig, der zur Hoffnung ermutigte:

Damals glaubten wir noch daran (wer: »wir«?) –
als gäbe es etwas, das ganz und gar unterginge,
spurlos verschwände, schattenlos,
abschaffbar wäre ein für allemal,
ohne, wie üblich, Reste zu hinterlassen
(die sattsam bekannten
»Überreste der Vergangenheit«) –

(Neunundzwanzigster Gesang)

Die Wirklichkeit jedoch sprach einer solchen Hoffnung Hohn – man brauchte sich nur umzusehen:

In den Eingeweiden der Hauptstadt rottete nämlich
das alte Elend ruhig weiter fort, nach altem Urin
und nach alter Knechtschaft roch es, das Wasser
im Hahn versiegte schon am frühen Nachmittag,
die Gasflamme erlosch auf dem Herd, die Wände
krümelten, frische Milch gab es nicht, »das Volk«
stand abends geduldig Schlange um eine Pizza [...].

(Neunter Gesang)

Zehn Jahre später im winterlichen Berlin ruft sich der Autor in Erinnerung, daß er bereits in Kuba an einem Gedicht mit dem Titel ›Der Untergang der Titanic‹ geschrieben habe, das allerdings verlorengegangen sei.

Enzensberger entschließt sich, das Titanic-Thema wiederaufzunehmen.

Wie es weiterging, wissen wir alle.
Draußen schneit es. Ich suche den Faden,
den ich verloren habe, und manchmal
ist mir, zum Beispiel jetzt,
als hätte ich ihn gefunden.

Dann reiße ich. Der Vorhang reißt
fauchend entzwei, es wird hell,
ich erkenne sie alle wieder:
die Mulattinnen, den Kapitän
mit dem weißen Backenbart, Dante
(1265–1321), den Heizer Jerome,
Vorname unbekannt (1888?–1912),
[…]

All diese Ertrunkenen und Erfrorenen,
1217 waren es, sagen die einen,
1500 die anderen, streitet euch,
Holzwürmer, streitet euch, Maden!
Ich erkenne sie wieder, jeden
einzelnen […].

Also sitze ich hier, in Decken gehüllt,
während es draußen schneit und schneit,
und amüsiere mich mit dem Untergang,
mit dem Untergang der *Titanic*.
Ich habe nichts Besseres zu tun.
Ich habe Zeit wie ein Gott.
Ich versäume nichts. Ich kümmre mich
um die Funksprüche, um das Menu,
um die Wasserleichen. Ich sammle sie auf,
die Wasserleichen, aus der schwarzen,
eisigen Flüssigkeit der verflossenen Zeit.

(Vierter Gesang)

Enzensberger Formulierung, er wolle sich mit dem Untergang der
Titanic amüsieren, erscheint geradezu makaber, doch er hat sich vorgenommen und bringt es fertig, einmal ernst-betroffen, dann wieder
leicht und übermütig über das Thema zu schreiben und dabei auch
die künstlerisch-experimentelle Ebene nicht zu vernachlässigen. ›Der
Untergang der Titanic‹ spielt sich auf mehreren Zeitebenen und an
unterschiedlichen Orten ab; das Schiffsunglück des Jahres 1912 bildet
nur eine dieser Erzählebenen. In den folgenden Versen kommt die
Ambivalenz von Fortschritt und Katastrophenstimmung besonders
gut zum Ausdruck, eines der Hauptthemen in Enzensberger Werk.

Jahrelang haben wir uns gut unterhalten
mit den Heimsuchungen
die uns bevorstanden.
Restrisiko, hieß es seinerzeit, Leck
hieß es, Größter Anzunehmender Unfall.
Allerhand, sagten wir. Das waren Zeiten!

(Dreißigster Gesang)

»Allerhand, sagten wir«. Diese Wortwahl verrät, daß man die Katastrophen nicht so ernst genommen hat. Läßt sich so auch der Untertitel »Eine Komödie« erklären, den Enzensberger seiner Titanic-Dichtung gab?

In Enzensbergers Titanic steht ein Mann mit dem Namen Dante auf der Passagierliste. Dieser Name könnte einen Hinweis auf die Gattung des Stücks liefern. Mit dem Namen dieses Schriftstellers verbindet sich das große Versepos ›Divina Commedia‹ (›Göttliche Komödie‹), die keineswegs eine Komödie im landläufigen Sinn darstellt. Dantes Dichtung ist ein streng durchgegliedertes Epos von dreimal dreiunddreißig Gesängen und einem Prolog, also insgesamt genau hundert Einheiten. Dante selbst ist die Hauptfigur, dem von der göttlichen Vorsehung auf einer beschwerlichen Wanderung offenbart wird, was noch kein Mensch vor ihm schauen durfte: die Hölle, das Reich der Läuterung und das Paradies.

Enzensberger »Komödie« ist in 33 Gesänge und 16 lyrische Zwischentexte gegliedert – offensichtlich hat er sich am Aufbau der ›Göttlichen Komödie‹ orientiert. Da er den Dichter Dante bewunderte, ließ er sich von ihm das Versepos als »große« Form vorstellen. Im übrigen war ihm aber kaum daran gelegen, dem »Titanic«-Geschehen eine religiöse Deutung zu geben. Schließlich hatte er die Erlösung der Welt von der politischen Ideologie des Sozialismus erwartet und von einem radikalen Neuanfang.

Daß Enzensberger trotz solcher Hoffnungen immer skeptisch blieb, belegt das Eisberg-Symbol, das bereits in der »kubanischen« Fassung vorhanden war, wo sich ein solches Ungetüm bedrohlich dem Hafen von Havanna nähert. Im ›Untergang der Titanic‹ von 1978 ist dem Eisberg ein ganzes lyrisches Zwischenstück gewidmet:

Der Eisberg

Der Eisberg kommt auf uns zu
unwiderruflich.

Siehe, er löst sich ab
von der Gletscherstirn,
von den Gletscherfüßen.
Ja, er ist weiß,
er bewegt sich,
ja, er ist größer
als alles, was sich bewegt
auf dem Meer,
in der Luft
oder auf der Erde.

Sterbliche Träume,
durch die eine Karawane
von Eisbergen zieht:
»Mehr als zweihundertfünfzig Fuß
über den Wasserspiegel erhoben,
werfen die frischen Brüche
derselben
Farben zurück,
Farben, die wunderbar
und ganz durchsichtig sind.«
»Man glaubt, das Sonnenfeuer
sich in den Fenstern
von hundert Palästen
spiegeln zu sehen.«

Es ist nicht gut,
an das Gewicht
des Eisbergs zu denken.
Wem er einmal begegnet ist,
der wird seinen Anblick
schwerlich vergessen,
auch wenn er lange lebt.

»Dieses Schauspiel
hebt die Einbildungskraft,
erfüllt aber auch das Herz
mit einem Gefühle
unwillkürlichen Schauders.«

Der Eisberg hat keine Zukunft.
Er läßt sich treiben.
Wir können den Eisberg
nicht brauchen.
Er ist ohne Zweifel.
Er ist nichts wert.
Die Gemütlichkeit
ist nicht seine starke Seite.
Er ist größer als wir.
Wir sehen immer nur
seine Spitze.

Er ist vergänglich.
Er denkt nicht daran.
Fortschritte macht er keine,
doch »wenn er,
gleich einer ungeheuren,
weißen,
mit blauen Schattierungen
durchäderten Marmortafel,
stürzt und kippt,
dann erbebt das Meer«.

Er geht uns nichts an,
treibt einsilbig weiter,
braucht nichts,
pflanzt sich nicht fort,
schmilzt.
Er hinterläßt nichts.
Er verschwindet vollkommen.
Ja, so muß es heißen:
Vollkommen.

In den Eingangszeilen erscheint der Eisberg als Symbol für die Katastrophe schlechthin, danach wird er zum konkreten Gegenstand, wenn auch nicht vertrauenswürdiger. Bei seinem Anblick ist dem Betrachter nicht geheuer, auch wenn er als Naturphänomen berechen- und beschreibbar geworden ist und ein ästhetisches Erlebnis versprechen kann. Noch immer ist er imstande, ein mit allen Raffinessen ausgerüstetes Schiff zugrunde zu richten.

In einer Szene des Textes läßt Enzensberger einige Literaturfreunde, die mitreden wollen oder glauben, mitreden zu können, über sein neues Opus urteilen. Sie sitzen bei einem üppigen Dinner, wie es auf der Titanic serviert zu werden pflegte, und diskutieren.

Beim Nachtisch fragen wir ihn, ob ihn
das nicht störe,
der tintenschwarze, triefnasse Tiefsinn
seiner Metaphern,
diese Bewandtnisse und Bedeutungen
seien passé,
die Mode, sagten wir, sei unerbittlich,
auch in der Kunst,
zuviel sei zuviel, und im übrigen
begriffen wir nicht,
was Cuba damit zu schaffen habe, Cuba
sei eine idée fixe.
Und worauf – wörtlich – willst du
hinaus mit deinen Märchen
über die Malerei, über Gordon Pym,
Bakunin und Dante?

(Fünfzehnter Gesang)

Mit »Märchen über die Malerei« sind Enzensbergers Zwischentexte gemeint, in denen er sich mit den Themen Malerei und Schriftstellerei auseinandersetzt. Einige der Texte beziehen sich auf Gemälde, die in mehr oder weniger engem Zusammenhang mit dem Untergang der Titanic stehen, so »Apokalypse. Umbrisch, etwa 1490«, »Abendmahl. Venezianisch, 16. Jahrhundert« oder »Die Ruhe auf der Flucht. Flämisch, 1521«.

Enzensberger mißtraut den Malern, denn den meisten gehe es vor allem um Aufträge und ums Geld. Einige Maler täuschen das Publikum und betreiben die Kunst eigentlich nur für sich selbst, jedoch ohne die Kenntnis »richtiger« Technik. Im Grunde verachten – so der implizite Autor – alle Künstler ihr Publikum, das laienhaft und ohne Verständnis urteilt.

Es ist bekannt, daß Hans Magnus Enzensberger das Fernsehen zuwider ist, weil das Medium dem Zuschauer oberflächlichen Bildkonsum aufdränge. In einem der Gesänge seiner Titanic-Dichtung parodiert Enzensberger eine Schlußszene, wie sie wohl im Drehbuch eines der zahlreichen Titanic-Filme stehen könnte. Er zeigt, wie dreist die Medien und ihre Macher lügen: Das erbauliche Happy-End ist, wie Enzensberger als Dichter bereits nachgewiesen hat, das Gegenteil der Wahrheit.

178. *Außen. Offenes Meer.*
[...]
Weite, blaue Wasserfläche
Super-Totale.
Ein Halbkreis von Eisbergen
in allen möglichen Farben,
dahinter strahlender Sonnenaufgang.
Musik.
Totale.
Das Meer, von einem Eisberg aus.
Rückprojektion.
In der Entfernung wird eine kleine Flotte
von Rettungsbooten sichtbar (Modelle).
Langsame Zufahrt.
Sprecher (off):
Der fünfzehnte April 1912
war ein herrlicher Frühlingstag.
Schnitt. Halbtotale.
Ein Rettungsboot.
Kamera in Wasserhöhe.
Schwenk nach oben.
Sprecher (off):
Die ersten Möwen
von den Neufundlandbänken!
Boten der Rettung,
des Lebens!
Musik schwillt an (Geigen).
    Abblende.
    Auf der dunkler werdenden Leinwand
    erscheint das Wort
    ENDE

(Sechsundzwanzigster Gesang)

In Enzensberger Pastiche scheint der Spötter das letzte Wort zu erhalten. Im dreiunddreißigsten und letzten Gesang liefert der Autor eine Aktualisierung besonderer Art – er verlegt das Untergangsszenarium von 1912 um einige Jahrzehnte nach vorn: Wie würden die katastrophengewohnten und -geübten Zeitgenossen der siebziger Jahre reagieren? »Der Schiffsuntergang als Weltuntergang« wird geprobt; »Katastrophentouristen« haben ihren Auftritt.

Ich mache, bis auf die Haut naß, Personen mit nassen Koffern aus.
Auf schiefer Ebene seh ich sie stehen, gegen den Wind gelehnt
im schrägen Regen, undeutlich, am Rande des Abgrunds.
Nein, es ist nicht das Zweite Gesicht. Das Wetter ist schuld,
daß sie so bleich sind. Ich warne sie, ich rufe z. B. Die Bahn ist schief,
meine Damen und Herren, Sie stehen am Rande des Abgrunds.
                              Jene freilich
lachen nur matt und rufen tapfer zurück: Danke gleichfalls.

Ich frage mich, sind es wirklich nur ein paar Dutzend Personen,
oder hanget da drüben das ganze Menschengeschlecht,
wie auf einem x-beliebigen Musikdampfer, der schrottreif
und nur noch einer Sache geweiht ist, dem Untergange?
Ich weiß es nicht. Ich triefe und horche. Schwer zu sagen,
wer jene Personen sind, von denen jede sich an einen Koffer klammert,
an einen lauchgrünen Talismann, einen Dinosaurier, einen
                              Lorbeerkranz.

Ich höre sie lachen und rufe ihnen unverständliche Worte zu.
In dem Unbekannten mit den feuchten Zeitungen über dem Kopf
vermute ich K., der Reisender ist in Knäckebrot von Beruf;
keine Ahnung, wer der mit dem Bart ist; der Mann mit dem Malstock
heißt Salomon P.; die Dame, die niest und niest, muß Marilyn
                              Monroe sein;
der Weißgekleidete aber, der mit dem Manuskript,
in schwarzes Wachstuch gewickelt, ist sicherlich Dante.

Diese Personen sind voller Hoffnungen, voll krimineller Energie!
Im strömenden Regen führen sie ihre Dinosaurier an der Leine,
öffnen auch ihre Koffer und schließen sie wieder,
und singen im Chor: »Am 13. Mai ist Weltuntergang,
wir leben nicht mehr lang, wir leben nicht mehr lang.«
Schwer zu sagen, wer da lacht, wer mich beachtet, wer nicht,
in dieser Waschküche, und wie breit und wie tief der Abgrund ist.

Ich sehe, wie sie langsam versinken, die Personen, und folgende
                              Worte
rufe ich ihnen zu: Ich sehe, wie ihr langsam versinkt.
Keine Antwort. Auf fernen Musikdampfern, matt und tapfer,
spielen Orchester. Ich bedaure das sehr, es ist mir nicht recht,
wie sie alle sterben, durchnäßt, in diesem Nieselwetter, schade

ist es, ich könnte heulen, ich heule: »Doch keiner weiß«,
heule ich, »in welchem Jahr, und das ist, und das ist, wunderbar.«

Aber die Dinosaurier, wo sind sie geblieben? Und woher rühren
diese Tausende und Abertausende von klatschnassen Koffern,
die da leer und herrenlos auf dem Wasser treiben? Ich schwimme
und heule.
Alles, heule ich, wie gehabt, alles schlingert, alles
unter Kontrolle, alles läuft, die Personen vermutlich ertrunken
im schrägen Regen, schade, macht nichts, zum Heulen, auch gut,
undeutlich, schwer zu sagen, warum, heule und schwimme ich weiter.
(Dreiunddreißigster Gesang)

Der zum Schiffbrüchigen gewordene Autor bemüht sich, die Katastrophe herunterzuspielen. »Das Wetter ist schuld« soll beschwichtigen, denn für die Zeitgenossen der siebziger Jahre gilt wie bei den
Menschen aller Zeiten: »Wer glaubt schon daran, daß er dran glauben
muß.« Dran glauben müssen, hieße in den Fluten versinken. Sie halten aus – und verhalten sich möglichst wie zuvor. Koffer und Lor-
beerkränze, also Besitz und Verdienste zählen noch, und diejenigen,
die es diesmal erwischt hat, bedenken offenbar nicht, daß sie sich
ausgerechnet an ihre Dinosaurier klammern, also eine Gruppe von
Lebewesen, die vor Jahrmillionen untergegangen sind. Könnte es der
Menschheit nicht ebenso ergehen? Doch die Menschen im Text mögen daran nicht denken, sondern sie brauchen jetzt vor allem die un-
vermeidliche Melodienberieselung von »Musikdampfern«, die sie
zähneklappernd mitträllern.

Enzensberger spottet über die Art, wie Menschen und vor allem
Zeitgenossen mit Katastrophen umgehen: Am liebsten nehmen sie
sie gar nicht wahr. Auch die Floskeln, die beruhigen sollen, sind Gegenstand seines Spotts, denn angesichts eines Unglücks mit zahlreichen Toten erscheinen die folgenden Reaktionen als Beweis dafür,
daß »die Zuschauer« völlig unberührt bleiben, wenn sie nicht selbst
betroffen sind. »Alles ... wie gehabt, alles unter Kontrolle, alles
läuft.« Die Kommentare »Schade«, »zum Heulen«, »macht nichts«,
»auch gut« sind unverbindlich oder sogar zynisch.

In ›Der Untergang der Titanic‹ symbolisiert das Schiff zum einen
natürlich die Gesellschaft mit ihren unterschiedlichen Gruppierungen
und Schichten; zum anderen aber wird die Titanic zum Symbol des
gescheiterten Glaubens an den Fortschritt der Menschheit gemacht.
So ist im Text das ganze zwanzigste Jahrhundert präsent: nicht nur
die Jahre vor dem Ersten Weltkrieg mit ihrem Hang zu Prunk und
Luxus, nicht nur die Unruheperiode um 1968, sondern vor allem
auch das mentale Klima der siebziger Jahre, in dem jegliches Geschehen kommerzialisierbar und konsumierbar geworden ist.

Botho Strauß
Paare Passanten

Botho Strauß, der Erzählungen, Dramen und einen Roman geschrieben hatte, wurde bereits zu den bekannten Gegenwartsschriftstellern gezählt, als 1981 ein neues Buch von ihm erschien, dem man schon beim ersten Durchblättern anmerkte, daß es sich diesmal weder um einen Roman noch um eine Sammlung von Erzählungen handelte. Was Strauß vorlegte, waren kürzere und längere Textstücke ohne Überschriften, die in sechs größeren Teilen zusammengefaßt sind. Welche Assoziationen stellen sich zum Titel ›Paare Passanten‹ ein?

Durch das nahe Zusammenrücken der beiden Bestandteile des Titels, ohne verbindendes »und«, wird den »Paaren« die Assoziation des Flüchtigen verliehen – die »Paare« werden zu »Passanten«, es handelt sich vielleicht nicht mehr um dauerhafte Paarbeziehungen, sondern um vorübergehende Verbindungen zwischen zwei Menschen.

Im Buch ›Paare Passanten‹ begegnet der Leser vielen und vielerlei Paaren, die die Art ihrer Zusammengehörigkeit höchst unterschiedlich bestimmen würden.

Nähern wir uns dem Buch und seinem Autor über einen Prosatext von etwa zwei Seiten Länge. Er steht im ersten Teil des Buchs, der den Zwischentitel »Paare« trägt.

Das Leben der werdenden Mutter im Kreis werdender Mütter, alle solidarisch, im gröbsten verständigt, Schwangerenrat trifft sich dienstags bei Helen, nur der Hausmeister bleibt ein alter mürrischer Einsiedel. Aufgeklärt, blaß, gerade das Rauchen aufgegeben, etwas fettiges Haar, Jeans und T-Shirt und darüber eine folkloristische Strickware, nach immer mehr Aufklärung dürstend (›Literatur‹ nennen sie's kurz und umfassend), am liebsten die permanente Diskussion, um sich vor Glück, Unglück und anderen Unbegreiflichkeiten zu schützen. Helens Mann, Jurist, blond, stark gelichtetes Kopfhaar, Kinnbart, ist im vierten Monat ihrer Schwangerschaft in die SPD eingetreten. Seine Neigung zu skandinavischen Abholmöbeln hat sich bei der Einrichtung ihrer Dreieinhalbzimmer-Wohnung durchgesetzt. Gute moderne Zweierbeziehung. Sie gehen lässig und freundlich miteinander um, ohne Übertreibungen, ohne Flamme. Das ›sogenannte Irrationale‹ wird mit eben dieser Floskel angepackt und unter Kontrolle gehalten. Ihre Einstellung zu Beruf und Pflichten ist, soweit eben möglich, lustbetont. Vieles macht Spaß. Beim Liebemachen machten sie ein Kind. In dieser offenen Nische voller Miteinander trägt sie ihr Kind aus, und die werdenden Mütter des Bezirks tauschen ihre Erfahrungen und Sorgen, etwas beängstigt jetzt, da sie gebären sollen, aber ein Wissen von den natürlichsten Dingen kaum mehr besitzen. Lauter warme solidarische Nester, schon bei geringster Übereinstimmung, darin die Leute ihr kleines Ganzes hüten, um dem furchtbaren Ganzen, wie es wirklich ist in der Welt, etwas entgegensetzen zu können. Und es ist gut so. Denn für den Einzelnen gibt es ringsum nur den Abgrund (auch den der aggressiven Selbsttäuschung, daß es anders sei). Es bleibt gar nichts übrig, als auch noch den albernsten Schund des Gesellschaftlichen mitzutragen: Vater, Mutter, Tochter gründen eine Eltern-Kind-Gruppe und vernetzen sich mit Kittas und Bereichsräten der Selbsthilfe, mit Eigenbedarfswerkstätten, dem Kneipenplenum und der fahrbaren Stadtteil-Psychotherapie. Und doch: wie möchte man sich immer mehr von diesen Menschen der Stunde, den ganz und gar Heutigen, unterscheiden. Wie wenig könnte es befriedigen, nur und ausschließlich der Typ von heute zu sein. Die Leidenschaft, das Leben selbst braucht Rückgriffe (mehr noch als Antizipationen) und sammelt Kräfte aus Reichen, die vergangen sind, aus geschichtlichem Gedächtnis. Doch woher nehmen ...? Dazugehörig sein in der Fläche der Vernetzung ist an die Stelle der zerschnittenen Wurzeln getreten; das Diachrone, der Vertikalaufbau hängt in der Luft.

(Paare)

Der Autor hat sich genau umgesehen: Er kennt die »werdenden Mütter im Kreis«, die sich als »Schwangerenrat« wohl auch (kommunal)politisch zu einer festen Größe gemacht haben, ihre Art, sich zu kleiden, sich zu geben, ihre Gepflogenheiten beim Zusammensein. In die Beschreibung fließen Anschauungen ein, auf die ein vernünftiges Miteinander in der Ehe und im Mütterkreis gegründet sein sollte. Das »Irrationale« erscheint als unberechenbare Macht, die aber nach Möglichkeit nicht zuviel Einfluß gewinnen sollte. Aus der Schilderung der Aktivitäten geht hervor, daß das Gruppenleben den einzelnen ein- und aufsaugt, er muß sich nach der Gruppe richten, doch das scheint niemanden zu stören: »Und es ist gut so.«

Doch ist dies auch die Meinung des Erzählers? Im Ausdruck »warme solidarische Nester« scheint neben etwas Spott dennoch eine gewisse Sympathie mitzuschwingen – das Verhalten der Frauen ist verständlich in einer schlimmen großen Welt (dem »furchtbaren Ganzen«). Die Diskussion als ernsthafte Form der Kommunikation unter modernen, problembewußten Menschen soll vor »Glück, Unglück und anderen Unbegreiflichkeiten« bewahren. Was man aus der »Literatur« erfahren kann, ist rational-zweckmäßig ausgewählt und dosiert. Solidargemeinschaften wie der »Schwangerenrat« kümmern sich im kleinen Kreis um das, was alle gerade am meisten bewegt und interessiert. Sie beweisen Initiative, indem sie ihrem Körperzustand etwas »Gesellschaftliches« abgewinnen, ihre Kinder werden später in »Kittas«, Kindertagesstätten, genauso zusammensein wie die Mütter im Schwangerenrat.

Dann spricht der Erzähler überraschend vom »albernsten Schund des Gesellschaftlichen«. Er hat Vorbehalte und leitet über zum polemischen Kommentar. Zwei Ausrufesätze (»wie möchte man sich ...« und »wie wenig könnte es befriedigen«) eröffnen ihn. Ohne

Begründung wird dann eine Behauptung ausgesprochen, die etwas von einem Befehl an sich hat: »Die Leidenschaft, das Leben selbst braucht Rückgriffe […]« Fast in Ehrerbietung schreibt er von den »Reichen, die vergangen sind«. Strauß scheint hier bewußt eine rückwärtsgewandte Haltung zu propagieren.

»Doch woher nehmen …?« Diese fast sichtbar vom Achselzucken der Resignation begleitete elliptische Frage will wohl besagen: Wie sollen sie anders reden und leben können, als sie es beigebracht bekamen? Der Vorwurf ist nicht so sehr an die jungen Frauen gerichtet, vielmehr kritisiert Strauß mit ihr Bildungseinrichtungen, die sich um das »Diachrone«, das »geschichtliche Gedächtnis« nicht mehr kümmern und nur noch auf die Gegenwart und die Bedürfnisse der »Heutigen« aus sind.

»Dazugehörig sein in der Fläche der Vernetzung ist an die Stelle der zerschnittenen Wurzeln getreten; das Diachrone, der Vertikalaufbau hängt in der Luft.« – An diesem abschließenden Satz läßt sich in einem ersten Versuch der Prosastil des Botho Strauß beschreiben. Das Bild von der »Fläche der Vernetzung« beschreibt einen Ort, an dem sich die am Netz Beteiligten, die »Vernetzten« geborgen und gesichert fühlen. Zugleich assoziiert man den Begriff des Oberflächlichen – leben diese Menschen nicht eigentlich »oberflächlich«? Überraschen mag die Formulierung »der Vertikalaufbau hängt in der Luft«. Der Begriff »Vertikalaufbau«, der ursprünglich wohl zum Wortschatz der Architekten und Statiker gehört, ist hier metaphorisch verwendet: Man assoziiert Konstruktionen, Gebäude aus Beton und Stahl, die nach oben streben. Bei Strauß geht die Blickrichtung eher von oben nach unten; unten tut sich Leere auf, der Aufbau ist aus den Fundamenten gelöst. Das Sprachbild aus der Technik ist zu einem zweiten aus der Natur in Beziehung gesetzt: »Dazugehörig sein in der Fläche der Vernetzung ist an die Stelle der zerschnittenen Wurzeln getreten.« Aus den Wurzeln wachsen dem Baum, der eine andere Art von »Vertikalaufbau« verkörpert, Nahrung und Kraft zu. Die Errungenschaft, »in der Fläche der Vernetzung« einem modernen künstlichen System anzugehören, wird fragwürdig angesichts des in der Luft hängenden Vertikalaufbaus. Übertragen auf die Gesellschaft stellt dies einen Appell dar, die Wurzeln zur Tradition nicht völlig zu kappen zugunsten einer fragwürdigen Form von Gemeinschaft.

Der zweite Text des zweiten Teils, der »Verkehrsfluß« heißt, handelt von einer merkwürdigen Verwandlung.

Wir trafen uns mit dem klugen H. im italienischen Restaurant und schnell folgte auf die alltäglichen Erkundigungen der gesunde, entschlackende Klatsch und auf ihn das gehobene Gespräch. Hiervon mußte man bald den

Eindruck gewinnen, daß die denkenden Gedächtnisse heute oft auch die zerfahrensten sind, ja daß sie ihr Denken allein noch im quälenden Zustand einer *Gedankenflucht* erhalten, also immer nur verlieren können. Wieviel schnelle Urteile stoßen sie doch aus in kürzester Zeit, wieviele geachtete Namen, mit denen sie bloß spielen und reizen und glänzen. Indessen wird von diesen bedrängten Köpfen so gut wie überhaupt keine Frage mehr gestellt; mit panischer Gewandtheit meiden sie die Schutzlosigkeit, in die sich der fragende Mensch begibt. Dies trifft auch auf H. zu, der obendrein das Heidegger-Wort, daß nämlich das Fragen die Frömmigkeit des Denkens sei, ohne weiteres in seinen Meinungserguß mit einfließen läßt. Nun, es ging von Savonarola über Tàpies zu Stanley Kubrick, von Rousseau zu Carl Schmitt. Schließlich herzliche Verabschiedung von H. Er, ein Fußgänger, macht sich mit kleinen Schritten auf den Weg zu weiteren Besorgungen; wir, ein anderer Freund und ich, steigen in mein Auto. Kurz darauf treffen wir ihn wieder, den Fußgänger, wie er bei grüner Ampel die Fahrbahn überquert. Als ich ihn erblicke, fahre ich im Spaß scharf auf ihn zu, bremse erst knapp vor seinen Beinen und erhebe die Hand zu einem nochmaligen Gruß. Er aber, der mich hinter dem Steuer nicht wiedererkennt, droht zurück mit der geballten Faust, wie es der Fußgänger dem dreisten Autofahrer gegenüber zu tun pflegt. Nachdem wir doch eben noch in einem gemeinsamen Höhenflug dahinschaukelten, verkennt er mich hier im Straßenverkehr, blendet ihn allein der äußere Rangunterschied, bin ich für ihn nichts als eine harte Karosserie mit einem rücksichtslosen Chauffeur, der ihn, den schwachen, bloßen Passanten beinahe umgeworfen hätte. Und er schüttelt die Faust gegen mich, sieht mir ins Auge, seinem ergebenen Freund, und sieht durchdringend nur den unbekannten Autofahrer an. Auch als er weitergeht, kommt ihm im nachhinein nicht der Schatten eines Wiedersehns. Gewiß, es war nur ein lächerlicher Irrtum; und doch ein Hieb der Entfremdung, der gesessen hat.

(Verkehrsfluß)

In der Begebenheit mit dem »klugen H.« führt Strauß einen »ganz und gar Heutigen« anderer Art vor. Er entlarvt einen zumindest »interessanten« Bekannten, mit dem ihn sogar Freundschaft zu verbinden scheint, als Zeitgenossen, dem zum wahren Freund alle Voraussetzungen fehlen.

Das Verhältnis des Autors zu H. ist von Anfang an zwiespältig. Einerseits bewundert der vermutlich jüngere den gelehrten und belesenen Redner, der vor allem beim »gehobene[n] Gespräch« die Runde beherrscht – und sie auch gleichzeitig zum Schweigen bringt. Alle sind so beeindruckt, daß keiner mitzureden, geschweige denn eine Frage zu stellen wagt. Es mag auffallen, daß das Schlüsselwort des Textes, »zerfahren«, schon in diesem ersten Teil auftaucht. »Zerfahren« ist also auch das »denkende Gedächtnis« eines Mannes, der vor allem imponieren will und dafür mit berühmten Namen »um sich wirft« und mit »schnelle[n] Urteile[n]« aufwartet. Er will »glänzen« und erniedrigt große Geister zu Zitatlieferanten.

H. hat seine Rolle genossen, seine Eitelkeit ist befriedigt; es kann zu einer »herzlichen Verabschiedung« kommen. Bei seinem Auftritt im italienischen Restaurant hat er wohl keinem einzelnen tief in die Augen geschaut oder sich Gesichter eingeprägt. Und als ein »Gesprächspartner« von eben den Verkehrssünder H. durch einen harmlosen Spaß aufwecken und warnen will, reagiert der wieder »zerfahren«. Er erkennt den grüßenden Freund aus nächster Nähe nicht, sieht in ihm lediglich den »rücksichtslosen Autofahrer«, und kompensiert die ihm offiziell zugestandene Unterlegenheit durch Grobheit.

Was man beim einvernehmlichen Gespräch beim »Italiener« noch kaum für möglich gehalten hätte, tritt jetzt ein: Die Drohgeste wird zum »Hieb der Entfremdung«; ein vermeintlicher Freund ist im Rollenspiel Verkehr zum »Passanten« geworden, der sich als Feind gebärdet. H. hat seinen Nimbus des allzeit Überlegenen eingebüßt.

Um das Jahr 1980 galt es keineswegs als würdelos oder feige, ein diffuses Angstgefühl einzugestehen, denn es gab angesichts von Zukunftsbedrohungen wie ein möglicher Atomkrieg oder die zunehmende Umweltzerstörungen genug Gründe für große Befürchtungen. Strauß ist das überhandnehmende Angstgerede nicht geheuer, er hält es für unredlich. Mit dem stilistischen Mittel der Reduzierung führt er wichtigtuerische und wehleidige Betroffenheitsbekenntnisse auf ganz persönlich-private, für den einzelnen aber »lebenswichtige« Bedürfnisse zurück.

Was ist *Angst*, was ist aus ihr geworden?

Zwei Intellektuelle – ein Paar, das im Begriffe ist sich wiederzufinden, die alte, unterbrochene Verbindung zu erneuern. Sie spricht davon, wie schwer es ihr inzwischen mit Heiner falle; er hält die Zeit für gekommen, die früher einmal geplante, gemeinsame Reise durch die DDR nun endlich zu machen, »wenn du wirklich Lust dazu hast«. Für eine Weile sind die beiden mit ›fliegendem Gepäck‹ zu neuen Ufern unterwegs. Doch dann, noch im selben Gespräch, läßt der Eifer nach, geht es schon wieder bergab und sie landen bei dem, was sie »die ganz alte Grundsatzdiskussion zwischen uns« nennen. Dabei hört man von dem Mann immer wieder die Redewendung: »Ich habe eine fürchterliche Angst, wirklich«, und zwar so häufig, daß man glauben möchte, er brauche diese Floskel, um damit das Laufwerk seiner Rede zu schmieren, so wie andere dies mit einem »Wenn du so willst« oder »Ich will mal sagen« tun. Aber wovor hatte der in seine mittleren Jahre gekommene Intellektuelle eine fürchterliche Angst?

Er hatte fürchterliche Angst davor, einen Beziehungsfehler zu machen. Aber ist das etwas, was den Namen Angst noch verdient? Ist dieser Albklump ›Beziehung‹ nicht im Geschwätz immer verdünnbar, auflösbar in der ingenieurshaften Fertigteil-Sprache, in der man inzwischen gelernt hat, über die Seele zu sprechen? Kann man das nicht ein paar Nummern kleiner ausdrücken, was dieser gutererzogene Kopf, auch noch doppeltgenäht, seine

›fürchterliche Angst‹ nannte? Aber wir haben es allenthalben mit diesen reklamehaften Vergrößerungen der Affektwörter zu tun: »Also bin ich wahn-
sinnig erschrocken über seinen Mantel mit Pelzkragen.« Ein aufwendiger,
inflationärer Gebrauch von Leidfloskeln, eine Art hypochondrisches Display
betreibt Werbung für die eigene Hochempfindlichkeit: erschrocken, betroffen, angerührt; lauter falsche Bibbertöne eines im Herzen nicht mehr frappierbaren Subjekts.

Was werden sie erst sagen, wenn eines Tages der erhebliche Schrecken
auftaucht?

Wo aber überleben die Ängste in unserer Kultur?

Im Traum der Alb, ja, der bleibt und kehrt immer wieder, unabwendbar.
Ebenso real und tief die Angst von Millionen psychisch Erkrankter und kli-
nisch Vereinsamter. Aber Angst vor Atommüll, Übervölkerung, Hunger-
katastrophen usw.? Nein. Es gibt keine reale Angst vor einem kollektiven
Schicksal. Das ist Sorge, politisches Gewissen, allenfalls Verzweiflung,
immer nur die Reflexion von etwas wesentlich Abstraktem durch das eigene
Gemüt. Was ist schon, im Empfindungshorizont des Einzelnen, ein Mas-
sentod? Nichts, im tiefsten ein Achselzucken (oder sogar: ein heimliches
Ahnen von Geborgenheit, von der Verkürzung und Aufhebung eines allzu
persönlichen Leidenswegs). Es mag sein, daß es vor dem ersten Jahrtausend-
Wechsel wirklich so etwas wie eine Angst-Epidemie gegeben hat, eine
Massenpsychose, die sich durch das heiße Medium der Religion verbreiten
konnte. So trug der Untergang wohl für jeden ein persönliches Antlitz. Wer
an die Hölle glaubte, kannte ihre Qualen. Aber heute, gibt es eine Angst
vor der Zukunft, so daß wir unser Haus danach bestellten? Es sieht nicht
so aus, trotz Öko-Schock und AKW-Demonstrationen. In Wahrheit sind wir
doch immer noch gegenwartshörig in einem Maße, das an Verfluchung
grenzt.

Die Angst aber ist in ihrem Kern geblieben. Nach wie vor besetzt das
Grauen nur ein Ich und trifft den, der allein ist und die Bedrohung durch etwas Stärkeres wahrnimmt, sei dies nun ein Vorgesetzter, der Vater, die
Krankheit oder die Liebe, die Menschenmenge, die Trennung, der Unfall,
der Fall.

Entgegen den Anzeichen einer realen Bedrohung leben wir heute weniger
im ›Zeitalter der Angst‹ als vor 30 Jahren. Noch ist alles um uns so eingerichtet, daß es den meisten Menschen gelingt, ihre Existenz (um ein Wort von
Thomas Bernhard zu benutzen) als eine perfekte Ablenkung von ihrer Existenz zu führen.

(Der Gegenwartsnarr)

In der Erzählung von dem Intellektuellen-Paar wird die Frage nach
der Ursache der »fürchterlichen Angst« zum erstenmal reduziert, indem das Symptom mit dem Hang zur »reklamehaften Vergrößerung
der Affektwörter« in Verbindung gebracht wird. In einem nächsten
Reduktionsschritt wird jene »reklamehafte Vergrößerung« auf das
zurückgeführt, was ihr in Wahrheit zugrunde liegt. Während man in
der Öffentlichkeit Katastrophen von gewaltigem Ausmaß befürchtet,
geht es beim einzelnen egoistischer, armseliger und kleinkarierter zu.

Der einzelne fühlt sich nur durch das wirklich bedroht, was in seiner nächsten Umgebung sichtbar und spürbar wird. Nur in dieser Sphäre geht dem »im Herzen nicht mehr frappierbaren Subjekt« etwas noch wirklich nahe, verursacht Angst und Leid; vielleicht auch deshalb, weil Gewohnheiten und Lebensroutine gestört werden.

Strauß schließt den Reduktionsprozeß mit einer Pointe von Bernhard: »Noch ist alles um uns so eingerichtet, daß es den meisten Menschen gelingt, ihre Existenz als eine perfekte Ablenkung von ihrer Existenz zu führen.« Einmal ist eine »Existenz« gemeint, die sich nach Trends und Moden richtet und die die inhaltsschwere Bezeichnung gar nicht verdient. Die andere, eigentliche Existenz, vor der sich die »Gegenwartshörigen« gerne drücken, wäre ein Leben vor dem Horizont einer religiösen oder philosophischen Autorität.

Im dritten Teil von ›Paare Passanten‹, der »Schrieb« betitelt ist, geht es um das geschriebene Wort, unter anderem um literarisches Schreiben. Botho Strauß bemerkt: »Man schreibt einzig im Auftrag der Literatur. Man schreibt unter Aufsicht alles bisher Geschriebenen.« Von Vorbildern und Vorgängern, denen sich Strauß verpflichtet fühlt, könnte man Friedrich Nietzsche nennen, den Moralisten und vorzüglichen Stilisten.

Botho Strauß spielt bei seinen Auseinandersetzungen mit Zeitgeist und Zeitgenossen stilistisch mit verschieden gefärbten Bällen. Von den Modetrends und den »ganz und gar Heutigen« hat Strauß keine hohe Meinung. Im »mäßigen Betrieb des Alltags« werden Gleichheit und Menschenrechte nur auf einem bescheidenen Niveau praktiziert und gehandelt; zu viele erreichen nur Mittelmaß, sind von Stimmungen und Einflüsterungen stärker abhängig als von der Vernunft.

Bei einer eingehenderen Untersuchung der Straußschen Texte entsteht der Eindruck, daß Strauß aus dem »mäßigen Betrieb des Alltags« zwar etwas Bezeichnendes herausgreifen und es schildernd oder erzählend darstellen kann, daß er allerdings häufig so überscharf formuliert, daß er der Gefahr unterliegt, mit seiner Haltung in die Nähe von überzeugten Konservativen zu rücken, die die Hoffnung, sozialistische Zukunftsvorstellungen verwirklichen zu können, als »Weltheilungsdespotismus« abtun und die die auch von Strauß skeptisch beurteilten »Vernetzungs«-projekte als »Sozialhelferkitsch« bezeichnet haben.

Gleich nach Erscheinen von ›Paare Passanten‹ hat man die »Schrieb«-Qualitäten des Buches besonders hervorgehoben. Günter Blöcker, einer der konservativen Kritiker, hat in einer frühen Besprechung bemerkt: »Dieses schmale Buch ist in Wahrheit ein Schwergewicht. Botho Strauß ist mit ihm [...] zu einem allerersten Autor geworden.« Es wurde auch kaum bestritten, daß Strauß ein moralistisches Buch einer neuen Art vorgelegt hatte. Für unseren Kontext stellt Strauß' Text ein weiteres und bemerkenswertes Beispiel dafür dar, daß sich die gegenwärtige Wirklichkeit zwar mit herkömmlichen Gattungs- und Formmustern offensichtlich nicht mehr fassen und umsetzen läßt, daß es aber durchaus alternative und geeignete Gegenentwürfe gibt wie den vorliegenden Band von kurzen Prosafragmenten, die in ihrer Gesamtheit ein Panorama der bundesrepublikanischen Gesellschaft der achtziger Jahre zu zeichnen vermögen.

2.5 Was bleibt? Erzählende Literatur der DDR

Der in der DDR geborene und aufgewachsene Wolfgang Emmerich hat in der Bundesrepublik eine Literaturgeschichte der DDR verfaßt, in deren neuesten Auflagen er Merkmale einer Literatur beschreibt, die, rückblickend gelesen, zum »Bleibenden« gehören könnte. Emmerich nennt Bedingungen und Maßstäbe der Auswahl. Diese Literatur

löst sich aus der angestammten Haltung des Verdrängens und Verschweigens wie aus dem didaktischen Gestus der ersten fünfzehn Jahre [...] und findet zu Haltungen des erkennenden Experimentierens, zum ästhetischen Text als Differenz zur Wirklichkeit [...].

Nach solchen Werken haben wir in der Literatur der späteren DDR gesucht; zugleich stellte sich mit Blick auf einige Werke der erzählenden Literatur die Frage, welche Bücher einen Platz in der deutschen Literatur der zweiten Hälfte des Jahrhunderts beanspruchen dürfen. Bei ihrer Beantwortung, die seit der Vereinigung nicht leichter geworden ist, erscheinen zwei Gesichtspunkte wichtig:
– Welche Werke der Gegenwartsliteratur des eigenen Landes wurden in der späten DDR oft und gern gelesen? Auskunft darüber gibt zum Beispiel eine Befragung ehemaliger DDR-Bewohner, die 1990 durchgeführt wurde.
– Wo finden die in diese Bücher eingegangenen Erfahrungen die formale Gestaltung, die ihnen am ehesten gemäß ist?
Seit 1996 gibt ein Leipziger Verlag eine Reihe heraus, in der wichtige Bücher der DDR-Literatur neu aufgelegt werden. Ziel ist es, über ein »abgeschlossenes Literaturgebiet« zu informieren und den Lesern von »damals« eine neuerliche Begegnung zu ermöglichen.
Darüber hinaus haben wir bei der Auswahl der Texte für diese Literaturgeschichte danach gefragt, welche Bücher von »damals« in den alten Bundesländern bekannt wurden, ob und wie es den Auto-

ren gelang, Verständnis für die ganz anderen Verhältnisse im deutschen Nachbarland zu wecken.

Ein in der DDR vielbeachteter Roman war Günter de Bruyns ›Buridans Esel‹ (1968). Obgleich hier eine private Dreiecksgeschichte im Vordergrund steht, bildet ganz eindeutig die DDR die Folie – ein Staat, der sich auch in solche privaten Angelegenheiten wie eine Liebesbeziehung zwischen zwei Erwachsenen einmischt.

In Christa Wolfs Roman ›Nachdenken über Christa T.‹ (1968), in dem die Autorin zunächst eine dem Thema angemessene Schreibform sucht, steht das Nachdenken einer Frau im Mittelpunkt, der jede Anpassung schwerfällt und die deshalb mit sich und ihrer Situation in der DDR nicht zurechtkommt.

Ulrich Plenzdorfs ›Die neuen Leiden des jungen W.‹ (1972) wurde bald sowohl im Westen als auch im Osten gelesen. Junge Menschen in beiden deutschen Staaten fanden darin ein unbekümmertes Bekenntnis zu einer internationalen Solidarität der Jugend und zu »ihren« Kulten, dazu einen Helden, der sie begeisterte.

Von Reiner Kunzes ›Die wunderbaren Jahre‹ (1976) ging eine ähnliche Ausstrahlung aus: Ein junger Mensch sucht sich die Freiheit, die er braucht, gegen die Verfügungen der Partei und ihrer Organisationen. Nur die Eltern unterstützen die Tochter bei der Behauptung ihrer Persönlichkeit.

In Volker Brauns Erzählung ›Unvollendete Geschichte‹ (1975) steht ebenfalls eine Jugendliche im Mittelpunkt, die sich allerdings – im Gegensatz zur Tochter in Kunzes Kurzprosatexten – gegen ihre Eltern durchsetzen muß, bis sie schließlich einen Weg findet. Eine echte positive Lösung gibt es nicht – die Geschichte bleibt »unvollendet«.

Hans Joachim Schädlich, der nach seiner Unterschrift unter den Biermann-Protest 1979 die DDR verließ, um in Westberlin ohne Bevormundung und Überwachung arbeiten zu können, stellt in ›Tallhover‹ das Modell eines Unterdrückungs- und Verfolgungssystems dar, zeigt aber zugleich, daß ein solches System nie zum perfekten Apparat werden kann, solange mit menschlichen Schwächen zu rechnen ist, die sich bei Schädlich unter den gegebenen Umständen oft genug als Vorzüge entpuppen.

Christoph Hein gehört nicht erst seit der Wende zu einem der am meisten beachteten deutschsprachigen Autoren. Seinen bisher größten Erfolg verbuchte er mit seiner Novelle ›Der fremde Freund‹ (1982), die ein Jahr später – aus Gründen des Titelschutzes – unter dem vielleicht sogar treffenderen Titel ›Drachenblut‹ in der Bundesrepublik erschien. Dies Buch wurde als »Kultbuch der neueren DDR-Literatur« bezeichnet. Hein gehört zu den Autoren, die sich nach der Ausweisung Biermanns trotz allem dafür entschieden, in der DDR zu bleiben und dort im Rahmen der vorhandenen Möglichkeiten als Schriftsteller zu wirken.

Es war noch kein halbes Jahr seit dem Zusammenbruch der DDR vergangen, da kam es zum Streit über die DDR-Literatur. Entzündet hatte sich dieser Streit an der Diskussion über die Rolle des Schriftstellers in einem totalitären Regime. Im Fall der DDR wurden von vielen nur die Autoren als anständig betrachtet, die sich mit dem System überworfen hatten und das Land verlassen mußten sowie jene, die sich zumindest mit dem Regime angelegt und z. B. in der Bundesrepublik publiziert hatten. Zur letzteren Gruppe gehört Christa Wolf, doch war gerade ihr Fall besonders kompliziert. Der Literaturkritiker Reinhard Baumgart hat ihn mit dem Bemühen um Objektivität und Gerechtigkeit analysiert:

Christa Wolf stand und steht noch heute als repräsentative Figur für eine Haltung, die schwer auf einen Begriff und eine unteilbare Moral zu bringen ist, für jene ebenso halbherzige wie entschlossene Dissidenz, in der man noch halb auf der Regierungsbank saß, wegen der ungekündigten Sympathie für das geschundene oder verspielte Projekt Sozialismus, halb aber schon und zwar aus den gleichen Gründen im Lager der Systemgegner stand.
Das mußte in einer Zeit forcierten Einheits- und Eindeutigkeitsdenkens unerträglich wirken. [...] Ein totalitäres System, so will es die totale Moral rigoroser Zuschauer, sollte auch zu totaler Opposition bewegen.

Ob eine solche Argumentation zur Rechtfertigung hinreicht, kann hier am einzelnen nicht geprüft werden. Bemerkenswert ist, daß der Herausgeber einer Dokumentation über den sogenannten Literaturstreit einer im Jahr 1991 zusammengestellten Sammlung wichtiger Texte den Titel gab: »Es geht nicht um Christa Wolf«.

Um sich klarzumachen, worum es wirklich ging, muß man sich die besonderen Produktionsbedingungen von Literatur in der ehemaligen DDR vor Augen führen. Der Ostberliner Schriftsteller Günter Kunert, der in der DDR und im Westen publizierte, wohl wissend, daß es in der DDR lange keine gesetzliche Handhabe gab, Veröffentlichungen im Westen zu unterbinden, hatte sich für Wolf Biermann eingesetzt und arbeitete seit 1979 in der Bundesrepublik. Kunert wußte, wie in der DDR Unliebsames abgewürgt wurde. Die Zensur begann gewöhnlich auf Verlagsebene, weit unterhalb der Ministerien und hohen Parteiinstanzen. Zu fast jedem Manuskript wurden Gutachten eingeholt; gegensätzliche und ablehnende Urteile brachten den Mechanismus in Gang, der Schriftsteller unter Druck setzte:

Dem Autor wurden Änderungen, Korrekturen, Streichungen vorgeschlagen, ohne die sein Buch niemals gedruckt werden würde, an dem er jahrelang und wohl mit heißem Bemühen gearbeitet hatte. [...] Schließlich veranlaßten die Verlage die Autoren, ihnen die Globalrechte, die Gesamtrechte, zu überschreiben. Mithin: Eine kalte Enteignung dessen, was eine altertümliche Phrase als »geistige Güter« bezeichnet.

In jüngster Zeit wurde aus Stasi-Akten ermittelt, daß auch der Staatssicherheitsdienst mittelbar oder unmittelbar auf literarische Erzeugnisse Einfluß nahm, die für ihn von Interesse waren.

Für diese infamen Manipulationen wurden die Schriftsteller ein wenig entschädigt durch die Beziehung zu ihren Lesern, die häufig eigenartig intim, manchmal sogar konspirativ genannt werden konnte. Zur »Konspiration« von Autor und Leser kam es vor allem dann, wenn einem Buch der Ruf vorausging, versteckte Kritik an den Verhältnissen im Land zu üben. Dann freuten sich »die treuesten und aufmerksamsten Leser, die, wie kein Leser sonst, jedes Wort auf die Goldwaage legten.«

Paradoxerweise wurden diese Leser ihren Autoren nach der Wende nicht selten untreu; sie stimmten in den Chor der Vorwürfe ein, den die verbliebenen DDR-Autoren allenthalben zu hören bekamen. Laut Günter Kunert betrachtete der Leser »seine« Autoren nun nicht mehr als Lieferanten jener eigentümlichen Ware, die erst bei Gebrauch aus ihrer Abstraktheit erlöst wird, sondern als privilegierte Mitläufer des Regimes, als Nutznießer, als Kollaborateure.

Es war für die Autoren nicht leicht, sich mit diesem Gesinnungswandel abzufinden, und auf dem gesamtdeutschen freien Literaturmarkt blies ein rauher Wind. Vielen ostdeutschen Schriftstellern fehlte es an Mut und Lust, sich am deutschen Literaturstreit zu beteiligen; kaum einer ließ sich vernehmen.

1991 wurde – sicher auch als eine Art Wiedergutmachung – der Büchnerpreis, die angesehenste deutsche Literaturauszeichnung, Wolf Biermann zuerkannt. (Die näheren Umstände von Biermanns Ausweisung aus der DDR und die Folgen werden im letzten Teil des vorliegenden Bandes ausführlich beleuchtet.) Bei der Verleihung des Büchnerpreises werden hintereinander stets zwei Reden gehalten: eine Laudatio, in der das Werk des Preisträgers in seiner Gesamtheit gewürdigt wird, und eine Rede des Preisträgers, der gehalten ist, unter einem besonderen Aspekt auf Persönlichkeit oder Werk Georg Büchners einzugehen.

Biermann beschäftigte sich mit Büchner als Kämpfer gegen das autoritäre politische System im Hessen des frühen 19. Jahrhunderts, verwendete aber auch den Festakt zu einer herben und teilweise vulgär formulierten Anklage so mancher Schriftstellerkollegen in der DDR. Sie hätten »bis zuletzt mit der Partei im Bett gelegen«, und die Oppositionsgruppen seien von »Stasimetastasen zerfressen« gewesen. Die Vorwürfe gipfelten in der Titulierung eines sogenannten Prenzlauer-Berg-Autoren als »Arschloch« und »Stasi-Spitzel«, »der immer noch cool den Musensohn spielt und hofft, daß seine Akten nie auftauchen«.

Der Fall dieses Schriftstellers, Sascha Anderson, hat in den Feuilletons der großen Zeitungen zu einer erregten Diskussion darüber geführt, ob die DDR-Literaturgeschichte neu zu schreiben sei, weil man die literarische Leistung von Autoren, die sich der Komplizenschaft mit dem System schuldig gemacht hätten, neu bewerten müsse, wenn sie sich den Anschein von Systemgegnern gegeben haben.

Im Jahr von Biermanns Büchnerrede war vom deutschen Literaturstreit nicht mehr viel zu hören. In Marcel Reich-Ranickis Laudatio auf Biermann und in Biermanns Festrede wurde der Streit nicht einmal erwähnt. Überhaupt ging alles schon wieder seinen gewohnten Gang. Die Sonderrolle von Autoren unter einem totalitären Regime war mit der Vereinigung ausgespielt; über Erfolg und Mißerfolg von Büchern entschied der Markt, und auf dem Markt spielte sich in den frühen neunziger Jahren das ab, was Kunert vorausgeahnt hatte:

Es wird vermutlich unverändert am dünner werdenden Faden der Literatur weitergesponnen werden: Ein Buch, das man gelesen haben muß, von einem Autor, den man kennen sollte, ist nicht in Sicht. Die Fabrikation bekannter Markenwaren nimmt ihren Fortgang.

Günter de Bruyn
Buridans Esel

In der DDR waren lange Zeit die von wirtschaftlichen und sozialen Umwälzungen und Experimenten geprägten »stalinistischen« Anfangsjahre der Republik ein ebenso wichtiger Bestandteil der eigenen Geschichte wie die erhofften, allerdings erst zu schaffenden Verhältnisse einer sozialistischen Zukunft. Die zunehmende Verfestigung und Erstarrung des Regimes im Inneren und seine internationale Anerkennung in den siebziger Jahren verlagerten den Blick der Regierenden ebenso wie den der Menschen im Land mehr und mehr auf die Gegenwart. Man begnügte sich mit dem Erreichbaren.

Auch in der Literatur gewann in der mittleren und letzten Periode der DDR das Privatleben an Bedeutung; die Leser waren bereit, sich mit Figuren, die sich zum Privaten zu bekennen wagten, zu identifizieren. Nicht zuletzt aus diesem Grund wurde Günter de Bruyns Roman ›Buridans Esel‹ (1968) von der »Bestenliste des Südwestfunks« im Jahr 1993 als ein in DDR-Zeiten besonders beliebtes Buch ermittelt.

Günter de Bruyn hat es fertiggebracht, vierzig Jahre lang in der DDR Bücher zu schreiben und auch zu veröffentlichen, obwohl er das kommunistische Regime und seine Ideologie ablehnte und Solidaritätserklärungen, so oft es ging, vermied. An einer wenig auffälligen Stelle von ›Buridans Esel‹ hat der Autor einen Vorsatz notiert, den er sicher nicht allein und nicht nur beim Schreiben dieses Romans befolgte: Er nahm sich vor, Öffentliches intim bleiben zu lassen, Intimes aber genau zu untersuchen. In ›Buridans Esel‹ scheint er zu erproben, wie weit er bei einer solchen Untersuchung gehen kann.

De Bruyn bietet seinen Lesern – relativ spät im Roman – eine Auswahl von Gattungs- und Typenbezeichnungen: unter anderem »Liebes-, Frauen-, Ehe-, Sitten-, Gegenwarts-, Gesellschafts- und Berlin-Bericht (oder im Verkaufsinteresse auch: -Roman)« – die Gattungsbezeichnung auf dem Einband lautet schließlich »Roman«.

Die drei ersten Romantypen bezeichnen oft ein geschlossenes Geschehen mit einem festen Personalbestand, zum Beispiel eine Dreiecksgeschichte, in der ein Mann zwischen zwei Frauen steht und sich für eine entscheiden muß. Dies ist der Fall in ›Buridans Esel‹, darauf verweist auch der Titel des Romans. Jener legendäre Esel eines gewissen Buridan stand zwischen zwei wohlduftenden Heuhaufen und wußte nicht, welchem er sich zuwenden sollte. Die Entscheidung zog sich so in die Länge, daß das Grautier elend an Hunger einging.

Der Esel steht metaphorisch für die Unfähigkeit, sich zwischen zwei Möglichkeiten entscheiden zu können. So ergeht es auch dem vierzigjährigen Büchereileiter Karl Erp, der Karriere gemacht hat, beruflich erfolgreich und auch Parteimitglied ist und bisher ein ordentliches Ehe- und Familienleben geführt hat. Gelegentlich denkt er an die Anfangsjahre der DDR zurück, als die »besten Leute der Bibliotheksschule« an Wochenenden als »Erntehelfer und Kulturbringer« aufs Land fuhren. Aus jener Zeit stammt noch das alte Blauhemd, das er jetzt zur Gartenarbeit trägt.

Erp, der seit vierzehn Jahren verheiratet ist und zwei Kinder hat, verliebt sich in die Praktikantin Broder, die seiner Bücherei zugewiesen worden ist.

»Fräulein Broder« lebt in einem Hinterhaus einer Mietskaserne in Berlin-Mitte. Sie ist mit dem dort gebotenen, sehr bescheidenen Wohnkomfort zufrieden, sind doch die Hauptbedürfnisse der Zwanzigjährigen geistiger Art.

Man muß einem vierzigjährigen Verliebten, den die Broder einmal einen »Edelkommunisten« nennt, zugute halten, daß er bei seinen Bemühungen um die junge Frau aufs Ganze gehen will. Er wirbt zunächst auf die übliche Art des Routiniers um das Mädchen; daß, beruflich gesehen, zwischen Fräulein Broder und ihm ein Abhängigkeitsverhältnis besteht, kümmert Karl Erp wenig.

Obgleich die herkömmliche »Männertour« bei Fräulein Broder zunächst nicht verfängt, erwidert sie schließlich Erps Liebe.

Günter de Bruyn hat keine Bedenken, die Rolle des auktorialen Erzählers auszuspielen. Er wagt es, zunächst einmal die Liebe und dann auch das aus dem Gefühl erwachsene Einverständnis der beiden Liebenden in emphatischer Sprache zu feiern.

Erps Frau Elisabeth erfährt von der außerehelichen Beziehung ihres Mannes und drängt auf baldige Scheidung. Die Situation weckt in ihr aber auch ganz neue Bedürfnisse: Elisabeth beginnt sich selbst zu verwirklichen und sich beruflich selbständig zu machen. Karl Erp seinerseits zieht bei Fräulein Broder ein. Da er einigen häuslichen Komfort gewöhnt ist, fällt es ihm nicht leicht, den Alltag im Hinterhaus und mit seiner Geliebten zu bestehen.

Zwar waren Wasserleitung, Abflußrohre und folglich auch WC erst nachträglich in die Hinterhäuser eingebaut worden, aber 70 bis 80 Jahre mochte das schon her sein. Trotzdem gab es noch immer Leute, die sich nicht daran gewöhnt hatten, nach Benutzung die Kette zu ziehen, obwohl ein Schildchen darauf hinwies, mit Schnörkel-, aber leider nicht mit Leuchtschrift, die nötig gewesen wäre, weil es keine Lampe gab und man an Wintermorgen und -abenden im Dunkeln tappte und saß, wenn man (wie Karl ständig) die Taschenlampe vergaß und auf das Zwei-Minuten-Treppenlicht angewiesen war, das aber nur einfiel, wenn man die Tür öffnete, was die auf dem gleichen Stockwerk (hinter himmelblauer Tür) wohnende Familie Grün verdroß und zur Offensivverteidigung trieb, die von den drei rothaarigen Jungen vorgetragen wurde, indem sie aus ihrer Wohnung stürmten, Verfluchtnochmal, Jetztreichtsaber oder Schlimmeres (der Sache Entsprechendes) schrien, knallend die Tür ins Schloß warfen und einmal sogar den von außen steckenden Schlüssel drehten, so daß Karl, der nicht durch Lärm seine Lage publik machen wollte, im Dunkeln ausharren mußte, bis Fräulein Broder Verdacht schöpfte und ihn befreite. [...] Kam er zurück, blockierte die Geliebte noch Wasserhahn und Spiegel. Er durfte sie nicht anfassen dabei, sie nicht von hinten auf die nackten Schultern küssen, ihr auch nicht zusehen. Sie mochte auch nicht, daß er in der Küche blieb, um Frühstück vorzubereiten. In seiner Aktivität gehemmt, machte er im Wohn-, Schlaf-, Eß-, Arbeitszimmer die Betten. »Was machst du da?« – »Die Betten.« – »Aber die müssen doch erst auslüften!« Wütend zerstörte er sein Arbeitsergebnis wieder, riß Fenster auf und fror. Die Frühgymnastik erschöpfte sich in ein paar vorsichtige Kniebeugen; irgendwo war Platz zum Liegestütz, jedes Armkreisen mußte Zerstörungen anrichten. »Du kannst dich waschen!« Sie verschwand im Treppenhaus. Sein Körper hatte seit dem Aufstehen nach kaltem Wasser gedürstet, jetzt war er ausgekühlt und zitterte in der ungeheizten Küche bei der langwierigen Lappenwäsche, die erst halb (bis zum Nabel) vollbracht war, wenn sie schon zurückkam, in der Tür stand und sich freute, ihn so zu sehen. »Ich darf das bei dir auch nicht. Geh ins Zimmer!« Sie erschrak vor dem Ton und ging. (Und am nächsten Morgen und an allen weiteren ging sie an ihm vorbei, als sei er nicht da, und er war entsetzt darüber, daß sie das konnte.) Angezogen war sie schnell und wieder in der Küche, ehe er sich abgetrocknet hatte. Der Morgenrock klebte auf dem nassen Rücken. »Entschuldige, aber ich muß Kaffee machen, es wird sonst zu spät!« Wie widerlich die Zahnputzgeräusche waren, wenn sie zuhörte! Zur Strafe schwieg er, auch wenn sie beim Frühstück saßen noch, in der Stube, in den gewohnten Sesseln; hinter ihr auf der Couch, neben ihm auf dem Boden lagen das Bettzeug, sein Schlafanzug, ihr Nachthemd. Sie griff nach seiner Hand. »Sei nicht ärgerlich, morgen machen wir es besser!« Sie hatten es jeden Morgen besser machen wollen und es nie geschafft. »Die ungemachten Betten verderben mir den Appetit.« – »Aber sie müssen doch auslüften!« – »Ich will dir ja nicht weh tun, aber ich halte das für Aberglauben. Wenn man sie gleich macht, kühlen sie langsamer aus, das ist alles.« – »Aber ich bitte dich: Du weißt doch, daß die Betten nachts Schweiß aufnehmen.« – »Ich schwitze nie bei diesen Temperaturen.« – »Jeder schwitzt nachts.« – »Gut, gut, ich schwitze nachts, obwohl ich friere. Aber du glaubst doch nicht, daß bei dem Feuchtigkeitsgehalt dieser Zimmerluft auch nur ein bißchen Nässe verdampfen kann.« – »Es geht doch auch um den Körpergeruch!« – »Auf jeden Fall habe ich Angst, nach Hause zu kommen, wenn ich an die ungemachten Betten denke.« – »Ich habe sie immer erst gemacht, wenn ich vom Dienst kam. Ehe du dir die Hände gewaschen hast und hereinkommst, sind sie fertig.« – »Du vergißt, daß du heute Spätdienst hast.« – »Das ist einmal in der Woche!« – »Entschuldige bitte meinen extremen Ordnungssinn.« – »Vielleicht ein Zeichen innerer Unsicherheit.« – »Vielleicht auch ein Zeichen innerer Ordnung.« So machte sich sein morgendlicher Unmut Luft, nie explosionsartig, nie zu laut, immer mit kontrollierten Ventilen. Mal waren es die fehlenden Untertassen, mal die Butter im Papier, der ungeleerte Aschenbecher vom Abend, die Brotkrümel in der Marmelade, die Art des Ofenheizens. Jeder bemühte sich dabei um freundlichen Ton, sagte Liebster, Liebste, aber jeder wußte, wie aufreibend es für den anderen war. Sie nahm sich jeden Abend vor zu schweigen und jeden Morgen verteidigte sie sich, erfand Gründe für Angewohnheiten, wurde rechthaberisch. »Sei nicht böse, Spatz, aber vom Geruch deiner Morgenwurst wird mir schlecht.« – »Seit heute plötzlich?« – »Ich habe bisher nur nichts gesagt.« – »Ich würde gern mit dir Marmelade essen, Liebster, wie es sich eigentlich für einen Deutschen gehört, aber es geht nicht; Süßes am Morgen ist Brechmittel für mich.« – »Das kann ich verstehen. Mir geht es ähnlich mit diesem Kaffee. Schmeckt er dir eigentlich so?« – »Wie: so?« – »Mit dem Dreck drin!« – »Das ist doch das Beste. Gefilterter Kaffee ist mir zu wäßrig.« – »Nicht, wenn man es versteht.« – »Außerdem dauert es zu lange.« – »Das habe ich früher auch immer gedacht, aber es stimmt nicht. Paß mal auf: In der Zeit, in der du …«

(18. Kapitel)

Die Stimmung aus den Tagen ihrer jungen Liebe will sich nur schwer wieder einstellen. Und Günter de Bruyn besitzt, wie am Textausschnitt zu sehen ist, Humor.

In die Angelegenheit mischt sich schließlich die Gesellschaft ein.

In dem folgenden Verfahren gibt es keine freie Willensentscheidung der Beteiligten; statt dessen bestimmt das Kollektiv, welche Wege zu beschreiten sind. Die Beschlüsse werden von einem Gremium getroffen, das sich aus Vorgesetzten und Mitarbeitern zusammensetzt.

Fräulein Broder soll nach bestandenem Examen in die Provinz versetzt werden, denn Erp und seine Geliebte können unmöglich an derselben Bibliothek arbeiten – so lautet zumindest die Meinung der Vorgesetzten bzw. Funktionäre. Doch während Fräulein Broder die Versetzung als Chance empfindet, um ihre Ideen von einer »Kultur-revolution« durchzusetzen, sieht es ganz so aus, als wolle Erp »in den Mief des Althergebrachten« zurückkehren. Er verspricht seiner geschiedenen Frau:

»Glaub mir: bald bin ich wieder der alte.« – »Eben«, sagte Elisabeth, was er nicht begriff und vorläufig auch nicht erklärt bekam.

Aber dazu ist auch noch viel Zeit nach dem Ende dieses Buches, das nur noch zwei Stunden beschreibt, zwei Stunden eines (nicht kalten und nassen, sondern warmen und stillen) Abends an der Spree, in der die Kinder schliefen und Elisabeth sich für das kunstgeschichtliche Seminar präparierte (wobei sie oft vom Buch auf- und die Wand ansah) und danach wach im Bett lag und an die Freude der Kinder dachte, während Karl (zum erstenmal nach dem Krieg) sich sein Bett (die Couch im Wohnzimmer) selbst bezog, im Pyjama auf der Terrasse stand, den Mond anstierte, verspäteten Paddlern lauschte, die sich im Dunkeln (ohne Positionslichter) Mut einsangen, Mais und Sau-bohnen auf dem ehemaligen Rasen besichtigte und schließlich durch das Haus schlich und an Elisabeths Tür klopfte. »Was ist los?« Er drückte die Klinke, aber die Tür war verschlossen.

(28. Kapitel)

Nach dem Willen der Vorgesetzten soll Büchereileiter Erp jedoch nicht in den »Mief des Althergebrachten« zurückfallen. Für den tüchtigen Fachmann steht eine Beförderung mit der Versetzung in das für Bibliothekswesen zuständige Ministerium an, womit, wie der Autor ergeben und treuherzig hinzufügt, »staatlicherseits alle anste-henden Konflikte ihrer endgültigen Lösung zugeführt waren«.

Auf dem privaten Gebiet dagegen hat Erp zu keiner befriedigen-den Lösung gefunden, und damit steht die Feststellung des Nachsat-zes im Licht einer sublimen Ironie.

Günter de Bruyn verschont seine Leser mit kühn oder waghalsig zu nennenden Sprachextravaganzen. Im Rahmen der geschilderten Welt kann er glaubhaft machen, daß Büchereileiter Erp und die Praktikantin Broder vom Schatz der deutschen Literatur zehren, die sie in ihrer Bibliothek verwalten und pflegen. Beide zitieren gern. Wer über Berlin und die Mark Brandenburg schreibt, wer eine Berli-ner Dreiecksgeschichte zu seinem Thema macht, der darf auch gelegentlich merken lassen, daß er bei Fontane und Döblin in die Schule gegangen ist. Günter de Bruyn tut das ohne Bedenken und konnte dadurch vielleicht in den Augen der staatlichen Literaturkritiker als Kenner und Pfleger des »deutschen Kulturerbes« durchgehen.

Christa Wolf
Nachdenken über Christa T.

Eine junge Frau, ehemalige Mitschülerin, Studienkollegin und Freundin der Ich-Erzählerin, verheiratet und Mutter dreier Kinder, ist ungewöhnlich früh an Leukämie gestorben. Die Freundin und Schriftstellerin notiert:

Ein Mensch, der mir nahe war, starb, zu früh. Ich wehre mich gegen diesen Tod. Ich suche nach einem Mittel, mich wirksam wehren zu können. Ich schreibe, suchend. Es ergibt sich, daß ich eben dieses Suchen festhalten muß, so ehrlich wie möglich, so genau wie möglich.

Es galt also nicht nur, eine Art Nachruf zu schreiben, für andere oder für sie selbst. Natürlich gibt es Erinnerungen, aber sie taugen nicht viel; sie geraten durcheinander, verschwimmen, verblassen. Es entsteht kein Bild, »daß man sie sehen kann.«

Soll man sich an Daten und Fakten halten? Die liegen offen zutage, lassen sich auch leicht zu einem Lebenslauf verbinden: Christa T., 1928 in einem Dorf östlich der Oder geboren, besucht in den letzten Kriegsjahren die Oberschule in einer kleinen Stadt in Ostdeutschland. 1945 Flucht nach Westen. Drei Jahre Neulehrerin in der sowjetischen Besatzungszone und späteren DDR; danach Germanistikstudium in Leipzig; Examensarbeit über Theodor Storm. Freundschaften, Liebschaften, sie heiratet den Tierarzt Justus, wird Hausfrau. Entwirft für ihre Familie weitgehend selbständig ein Haus an einem See in Mecklenburg, bricht kurz aus ihrer Ehe aus und stirbt mit 35 Jahren an Leukämie. Es gibt einige Tagebücher und Aufzeichnungen, die an die Freundin gingen.

Dieser Lebenslauf könnte Material für eine Erzählung liefern, doch die Form der Erzählung scheint der Freundin untauglich: »Wie man es erzählen kann, so ist es nicht gewesen. […] Allein daß man trennen muß und hintereinanderreihen, um es erzählbar zu machen, was in Wirklichkeit vermischt ist, bis zur Unlösbarkeit.«

Wie ist die Aufgabe, die sich die Freundin selbst gestellt hat, zu bewältigen? »Man muß erfinden, um der Wahrheit willen.« In ihrer Vorbemerkung schreibt dann die Autorin lapidar: »Christa T. ist eine literarische Figur.«

Doch auch beim literarischen »Erfinden« ist zu differenzieren. Eine Schriftstellerin, die ihr Geschäft versteht, spürt eine Versuchung, der sie nicht nachgeben darf: »Ach, hätte ich die schöne freie Wahl erfundener Eindeutigkeit ...« Christa T. jedoch läßt sich nicht eindeutig machen! »Denn sie ist, als Beispiel nicht beispielhaft, als Gestalt kein Vor-Bild. Ich unterdrücke die Vermutung, daß es nicht anders erginge mit jedem wirklich lebenden Menschen, und bekenne mich zur Freiheit und zur Pflicht des Erfindens.« (Kapitel 5)

Die Nachdenkende setzt sich ab von jenen Kollegen, die sich »die schrecklich strahlenden Helden der Zeitungen, Filme und Bücher« ausdachten; sie möchte tun, was in ihrem Land nicht selbstverständlich ist: »Einmal nur, dieses eine Mal, möchte ich erfahren und sagen dürfen, wie es wirklich gewesen ist, unbeispielhaft und ohne Anspruch auf Verwendbarkeit.«

Bei Christa T. ist also das Zwei- und Mehrdeutige auszumachen und zu beschreiben, das mehrdeutige Verhalten in »ausgemalten« oder erfundenen Situationen.

Die beiden Mädchen sehen sich im Unterricht der Oberschule zum erstenmal, Christa T. ist »die Neue«. Sie ist »uneifrig«, nicht anpassungsbereit und fällt auf, indem sie mitten in der kleinen Stadt »ihren Ruf« ausstößt, »Hooohaahooo, so ungefähr«, »der das alles wegwischte und für einen Sekundenbruchteil den Himmel anhob. Ich fühlte, wie er auf meine Schultern zurückfiel«. So begann die Freundschaft, die der Krieg bald trennte.

Erst nach sechs Jahren sehen sie sich in der Universitätsstadt Leipzig wieder. Aus dem Gedächtnis läßt sich rekonstruieren, was sich »in Wirklichkeit« zutrug.

Dann standen wir uns unvermutet im schmalen Gang eines Kaufhauses gegenüber. Gleichzeitig, unwillkürlich gaben wir beide das Zeichen des Wiedererkennens. Sie war es, und ich war es auch. Ja, auch sie gab zu, mich schon in der Versammlung erkannt zu haben. Daß wir einander nicht fragten, warum wir uns erst jetzt, erst hier ansprachen, war das erste Zeichen der alten oder schon der neuen Vertrautheit.

Wir traten aus dem Kaufhaus und gingen langsam durch die Straßen der Stadt Leipzig, die mir noch fremd waren, zum Bahnhof.

Wiederauferstanden von den Toten. Wenn es Wunder gab, war dies eins, aber die rechte Art, es aufzunehmen, war uns auch abhanden gekommen. Wir ahnten kaum, daß man einem Wunder anders als mit halben Sätzen, mit spöttischen Blicken gegenübertreten kann. [...]

Einstweilen mußten wir die Lücke für unser eigentliches Gespräch mit Mitteilungen ausfüllen. Wohin es sie verschlagen hatte, wohin mich. [...]

So fragten wir uns unsere Erlebnisse ab, als ließen sich Schlüsse daraus ziehen. Dabei merkten wir: Wir gebrauchten und mieden die gleichen Wörter. In der gleichen Versammlung hatten wir auch eben noch gesessen, die gleichen Schriften mußten wir beide gelesen haben. Viele Wege gab es damals nicht für uns, keine große Auswahl an Gedanken, Hoffnungen und Zweifeln.

Eines nur wollte ich wirklich wissen: War sie es noch, die in jedem beliebigen Augenblick, jetzt gleich, mitten auf der belebten Straße, unter den eiligen, schlecht gekleideten Leuten ihren Schrei ausstoßen konnte: Hooohaahooo …? Oder sollte ich sie vergebens wiedergefunden haben? Manches andere konnten auch andere Leute, denen ich inzwischen begegnet war. Das konnte nur sie.

Hatte ich Freude vermißt? Überraschung? Auf einmal kam Freude. Und sogar Überraschung traf ein, verspätet wie immer. Ein Wunder! Wenn es Wunder gab, war dies eins. Und wer sagt denn, daß wir nicht darauf gefaßt waren und ihm mit halben Sätzen ungebührlich begegneten? Wir standen an der Straßenbahnhaltestelle und begannen zu lachen. Alle die Tage, die auf einmal vor uns lagen! Wir sahen uns an und lachten, wie über einen gelungenen Streich, wie über ein ausgekochtes Schnippchen, das man jemandem gespielt hat, sich selbst vielleicht. Lachend trennten wir uns. Lachend stand sie und winkte mir nach, als ich abfuhr.

(3. Kapitel)

Die Schriftstellerin, die Professionelle, fragt sich: Was müßte beim zweiten Mal anders sein? Welche »Unschärfen« wären durch literarische Bearbeitung, durch angemessenes Finden/Erfinden zu tilgen?

Das Lachen könnte ja bleiben. Aber den Weg vom Kaufhaus zum Bahnhof müssen wir noch einmal gehen, uns andere Worte sagen, den Mut endlich finden, aus unseren halben Sätzen ganze zu machen, die Unschärfe aus unserer Rede tilgen, schade um die Zeit. Anderes ansehen sollen wir uns auch und anderes sehen. Nur das Lachen am Schluß soll bleiben: weil alle die Tage vor uns liegen. Die ganze Zeit, die die Unschärfe wegnehmen wird, ob wir wollen oder nicht. Dann lieber schon wollen.

Dann lieber schon einen Weg zweimal machen.

(3. Kapitel)

Die beiden Mädchen haben ihre Kindheit im Hitlerdeutschland verlebt und als Verführte willig und kritiklos mitgemacht; wo stehen sie jetzt, nach dem Krieg, wofür haben sie überlebt?

Wir könnten uns fragen, warum wir verschont geblieben waren, warum uns die Gelegenheiten nicht zugetrieben waren. Welche denn hätten wir ergriffen: Alle, keine? Und was wußten wir von uns, wenn wir das nicht wußten?

Diese entsetzliche Dankbarkeit über den Mangel an Gelegenheit wird man nicht vergessen. Und diesen Argwohn gegen den Erwachsenen in sich … Gegen ihn vorgehen, endlich, in voller Schärfe.

(3. Kapitel)

Haben sie noch als »graue Mäuse« Zusammenbruch und Neuanfang über sich ergehen lassen, so glauben sie jetzt, in einer neuen Zeit zu leben. Wieder gibt es eine gläubige Jugend:

Denn die neue Welt, die wir unantastbar machen wollten, und sei es dadurch, daß wir uns irgendeinen Ziegelstein in ihr Fundament einmauerten – sie gab es wirklich. Es gibt sie, und nicht nur in unseren Köpfen, und damals fing sie für uns an. [...]

Sie hat, jetzt spreche ich von Christa T., nichts inniger herbeigewünscht als unsere Welt, und sie hat genau die Art Phantasie gehabt, die man braucht, sie wirklich zu erfassen – denn was man auch sagen mag, mir graut vor der neuen Welt der Phantasielosen. Der Tatsachenmenschen. Der Hopp-Hopp-Menschen, so hat sie sie genannt. Und sich ihnen, in ihren finsteren Stunden, tief unterlegen gefühlt. Auch wohl versucht, sich ihnen anzugleichen, einen Beruf angestrebt, der sie in die Öffentlichkeit geführt hätte: Sie hatte sich mit diesem Ziel selbst überrascht und überlistet. Und zur Raison gezwungen. Ihrem Hang zum Schauen, Träumen, Geschehenlassen eine Grenze gesetzt. Die schmerzhaft empfundene Schranke zwischen Denken und Tun beiseite geräumt. Alle Bedingungen gestrichen. *Wir müssen schon einiges dazu tun, um alle lebenswert zu leben. Man muß bereit sein, eine gewisse Verantwortung zu übernehmen. Allerdings* – das setzt sie sofort hinzu – *muß man sie glatt überschauen können und sie voll ausfüllen und darin nicht lasch sein ...*

Sie hat an unseren Gespräche teilgenommen, jenen herrlichen ausschweifenden nächtlichen Gesprächen über die Beschaffenheit des Paradieses, an dessen Schwelle wir, meistens hungrig und Holzschuhe an den Füßen, mit großer Gewißheit standen. Die Idee der Vollkommenheit hatte uns erfaßt, aus unseren Büchern und Broschüren war sie in uns eingedrungen, und von den Podien der Versammlungen kam die Ungeduld dazu: Wahrlich, ich sage dir, heute noch wirst du mit mir im Paradiese sein! Oh, wir hatten das Vorgefühl davon, es war unleugbar und unersetzbar, wir vergewisserten uns seiner, indem wir stritten: Würde es mit Atomstrom beheizt sein, unser Paradies? Oder mit Gas? Und würde es zwei Vorstufen haben oder mehr, und woran würden wir es, wenn es endlich einträte, erkennen?

(5. Kapitel)

»Sich mit einem Ziel selbst überlisten« – was hat man sich darunter vorzustellen? Christa T. ist anders als die vielen, die, wie es scheint, überzeugt und begeistert mitmachen. Mehr über sie ist ihrer Examensarbeit zu entnehmen; sie fühlt sich Theodor Storm, dem Autor, über den sie schreibt, verwandt. Der gehörte zwar in eine Epoche, die laut DDR-Literaturgeschichtsschreibung »von Niedergangstendenzen und Epigonentum gezeichnet« war, doch die Freundin, die sich die Arbeit beschafft hat, bemerkt einen »Einbruch persönlicher Problematik in die leidenschaftliche Untersuchung«.

Dem Häßlichen ausweichen – ach, sie versteht nur zu gut. In Resignation noch Tapferkeit, Lebensmut in sich erzeugen und auf den Leser zu übertragen suchen ... Dahin folgt »man« ihm ja. Läßt sich auch gerne hineinziehen in die begrenzte Welt seiner Gestalten, *liebenswert, reich an Gefühlen*, vermerkt aber doch schon, wie sie als Persönlichkeiten eingeschränkt werden durch die hartnäckige Einkreisung in die Themen Liebe, Familie: *Bei so spärlichen menschlichen Beziehungen sinkt die Flamme bald in sich zusammen ...*

Davon hat »man« Distanz zu gewinnen, hat sich abzustoßen, allen Mut zusammenzuraffen, und wenn er sich gegen einen selbst richtet: *Es ist wahr: Die Konflikte ergreifen den ganzen Menschen, zwingen ihn in die Knie und vernichten sein Selbstgefühl. Aber sie vertragen ja auch alle miteinander nicht allzuviel, und ihre Mittel sind gering, sich zu wehren. Darin liegt doch ihre Lebensschwäche.*

Das verräterische »Doch«. So spricht man gegen Einwände. So redet man von Mitlebenden, an denen sich zu messen man nicht umhin kann. Wer jetzt ihre unaufhaltsame Rede aufhalten könnte! Wer sie zwingen könnte, aufzublicken, anzuhören, was man ihr entgegenhalten möchte, jetzt endlich entgegenhalten, warum erst jetzt? Aber sie fährt fort, ihre Erfahrungen zu unterbreiten, ihre Stimme hebt sich nicht, ruft sich selbst zur Ordnung, verweist sich die Faszination, die unverkennbar war: *Ihn hat der Konflikt zwischen Wollen und Nicht-Können in den Lebenswinkel gedrängt.*

(11. Kapitel)

Ein als authentisch bezeichneter Brief Christa T.s an ihre Schwester bestätigt, daß mit ihrer Neigung, wenig von sich preiszugeben, ein starkes Bedürfnis nach Selbstanalyse einhergeht.

Liebe Schwester, schrieb Christa T., im Frühsommer dreiundfünfzig. Wann – wenn nicht jetzt?

Du weißt, wie das ist: Die Zeit geht schnell, aber an uns vorbei. Diese Atemlosigkeit oder diese Unfähigkeit, tief einzuatmen. Als ob ganze Teile der Lungen seit Ewigkeit nicht mehr mittun. Kann man aber leben, wenn ganze Teile nicht mittun?

Welch eine Vermessenheit: Man könnte sich am eigenen Zopf aus dem Sumpf ziehen. Glaub mir, man bleibt, was man war: lebensuntüchtig. Intelligent, nun ja. Zu empfindsam, unfruchtbar grübelnd, ein skrupelvoller Kleinbürger ...

Gewiß, Du erinnerst Dich unserer Losung, wenn einer von uns mal den Kopf hängenließ: Wann – wenn nicht jetzt? Wann soll man leben, wenn nicht in der Zeit, die einem gegeben ist? Damit brachten wir uns immer wieder hoch. Jetzt – ach, könnte ich es Dir schildern ... Mir steht alles fremd wie eine Mauer entgegen. Ich taste die Steine ab, keine Lücke. Was soll ich es mir länger verbergen: Keine Lücke für mich. An mir liegt es. Ich bin es, der die notwendige Konsequenz fehlt. Wie ist mir doch alles, als ich es zuerst in den Büchern las, so sehr leicht und natürlich vorgekommen.

Ich weiß nicht, wozu ich da bin. Kannst Du verstehen, was das heißt? Ich erkenne alles, was falsch an mir ist, aber es bleibt doch mein Ich, ich reiß' es doch nicht aus mir heraus! Und doch. Einen Weg kenn' ich, den ganzen Jammer auf einmal und von Grund auf loszuwerden ... Ich kann meine Gedanken nicht mehr davon losmachen.

Eine Kälte in allen Sachen. Die kommt von weit her, durchdringt alles. Man muß ihr entweichen, ehe sie an den Kern kommt. Dann fühlt man sie nicht mehr. Verstehst Du, was ich meine?

Menschen, ja. Ich bin kein Einsiedler, Du kennst mich. Aber kein Zwang darf dabeisein, es muß mich zu ihnen drängen. Dann wieder muß ich allein sein können, sonst leide ich. Ich will arbeiten, Du weißt es – mit anderen, für andere. Aber meine Wirkungsmöglichkeiten sind, soviel ich sehe, schriftlicher, mittelbarer Natur. Ich muß mich mit den Dingen in Stille, betrachtend, auseinandersetzen können ... Das alles ändert nichts, unlösbarer Widerspruch, an meiner tiefen Übereinstimmung mit dieser Zeit.

Doch schon der nächste Schlag – wie wenig, wüßtest Du es, genügt, für mich ein Schlag zu sein! – kann mich endgültig an den Strand werfen. Aus eigener Kraft finde ich dann nicht mehr zurück. Ein Leben mit anderen Gestrandeten würde ich nicht führen, das ist das einzige, was ich sicher weiß. Ehrenvoller, ehrlicher ist immer noch der andere Weg. Auch stärker.

Bloß den anderen nicht zur Last fallen, die weitergehen werden, die recht haben, weil sie stärker sind, die sich nicht umblicken können, denn sie haben keine Zeit.

Hätte ich ein Kind, schrieb sie noch.

Da bricht der Brief ab.

(8. Kapitel)

Sie hat Angst vor einem Schlag, wer immer ihn führen mag; sie will nicht – wie andere ihres Alters – Stein in der Mauer sein, »und sei es dadurch, daß wir uns wie irgendeinen Ziegelstein in ihr Fundament einmauern«, schreibt sie. Christa T. sucht die Lücke. Und sie denkt immer wieder daran, sich das Leben zu nehmen. Ein Psychologe, den sie wegen eines Attests aufsucht, stellt nüchtern die Diagnose und prophezeit, was Christa niemals wird leisten können: »Todeswunsch als Krankheit. Neurose als mangelnde Anpassungsfähigkeit an gegebene Umstände. [...] Sie werden begreifen müssen, worauf es ankommt. Bei Ihrer Intelligenz ... Sie werden sich anpassen lernen.« (8. Kapitel)

Doch die Freundin erinnert sich auch an eine andere, lebenstüchtige und lebensfrohe Christa T., eine junge Frau, die es drängt, in einer Familie mit Kindern in einem Haus zu wohnen, das nach ihren eigenen Entwürfen gebaut und eingerichtet ist; plötzlich traut sie sich zu, ihr Leben zu leben.

Aber sie war nicht geschaffen, sich aufzugeben, wenn sie auch die Fähigkeit hatte, geschlagen zu werden. Sie hatte auch eine zähe Kraft, wieder hochzukommen. Boden gewinnen, zentimeterweis. Das erste, sich der Kräfte zu versichern, die, trotz allem, geblieben sind. Die Pappeln, hinter denen jeden Tag die Sonne sinkt, ob ich es sehe oder nicht, ob es mich freut oder quält. Da sind auch die Kirschen wieder, da der Teich. Abends die Frösche. Kilometerweit fahren mit dem Rad übers Land. An den Zäunen stehn und mit den Leuten reden. Etwas tun, mit meinen Händen arbeiten, daß ich es sehen kann: Die Bank zimmern, die hier stehen bleibt und auf der noch meine Kinder sitzen werden. Das Beet umgraben, das Unkraut aus den Erdbeerreihen ziehn. *Sinne, liebe Sinne.*

Sie gibt kaum Zeichen nach außen, *alle Korrespondenz ist mir so lästig.* Augentier, sagt sie zu sich. Warum kann der Verstand nicht sehen, hören, riechen, schmecken, tasten? Warum dieses Auseinanderfallen in zwei Hälften? Hätte ich einen Beruf, bei dem man anfassen kann, was man gemacht hat. Mit Holz umgehen müßte schön sein. Auch mit Wasser …

[…]

Niemanden geht sie um Hilfe an, kämpft um sich mit sich selbst, sieht auch keinen anderen Widersacher. Da mag sie so unrecht nicht gehabt haben. Sie weiß nun: Das kann Vorspiel gewesen sein, jetzt erst wird es ernst. Dieses Gefühl erreicht uns schubweise, der erste Schub schien sie umzuwerfen, der Schein trog.

Anpassen lernen! Und wenn nicht ich es wäre, die sich anzupassen hätte? – Doch so weit ging es nicht.

Ein gewöhnlicher Sommer, der nicht verlorengehen darf. Sie hat so viele Sommer nicht mehr, wir haben kein Recht, ihr diesen zu entziehen. Sie selbst, da darf man sicher sein, hätte ihn nicht hergegeben. Da sollten wir nicht die Sicherheit haben, an ihm teilzunehmen, heute? Damals hat sie keinen Grund gesehen, auf sich aufmerksam zu machen, auch keine Möglichkeit, möchte ich annehmen. Wir hatten uns daran gewöhnt, nur auf starke Zeichen zu achten. Da mußte schon geschrien werden oder gestorben oder geschossen. Heute, obwohl doch die Zeit nicht stiller geworden ist, sehen wir eher eine Trauer, die nur in den Augen sitzt, oder eine Freude – daran, wie einer geht. Wie sie läuft, Christa T., hinter dem riesigen weißroten Ball her, den der Wind den Strand entlang treibt, wie sie ihn einholt, laut lacht, ihn packt, ihrer kleinen Tochter zurückbringt, unter unseren Blicken, die sie fühlt und mit einem Seitenblick beantwortet, nicht im Zweifel über unsere Bewunderung. Justus, ihr Mann, tritt auf sie zu, greift ihr ins Haar, zieht ihren Kopf nach hinten, he, Krischan. Sie lacht und schüttelt sich. Da können am ganzen Strand alle Leute zusehen, wie sie mit Klein-Anna Große-Schritte-Machen übt und dazu, braun und schlank, das ganze Meer, das leicht schäumt, und den blassen Himmel darüber als Hintergrund benutzt. He Justus, ruft sie.

He Krischan.

Ja, sagt sie zu uns. Am Meer wohnen!

(8. Kapitel)

Aber auch in diesen froheren Stunden nimmt sie sich in die Pflicht, will an die Anpassung denken, die ihr immer empfohlen worden ist. Anpassung – das hat in ihrem Land, das sie ja bejahen will, eine ganz bestimmte Bedeutung: als einzelner so zu sein wie die anderen, die Mehrzahl und Mehrheit, das Kollektiv. Auch die Schriftstellerin/Erzählerin weiß sich diesem Denken verpflichtet.

Die spätere physische Krankheit, an der Christa T. leidet, die Leukämie, ist ein »Unglück«, keine Frage; doch wieviel Schuld daran trägt Christa T. selbst? Eine eigenartige Rechnung wird aufgemacht: Ist das Leiden und das damit verhängte und verbundene Leid »angemessener Preis für die Verweigerung der Zustimmung«? Wenn ideologisches Denken auf die Spitze getrieben wird, könnte man vielleicht so argumentieren: Bei allem guten Willen zum Zusammenleben, zur Zusammenarbeit ist Christa T. sich selbst wichtiger – gar am wichtigsten?

Der Staat gab an, es sei für alles gesorgt; nach seinem Willen sollten die Menschen sich anpassen und agieren:

wie in einem gutgebauten Stück [...], dessen Ende unfehlbar die Auflösung aller Verwicklungen und aller Konflikte war, so daß jeder einzelne unserer Schritte, ob wir ihn von uns aus taten oder zu ihm gedrängt wurden, schließlich vom Ende her seine Rechtfertigung finden mußte. Christa T. muß damals aus der Hand dieses überaus freundlichen, aber recht banalen Stückeschreibers gefallen sein. Sie muß ein ungutes oder auch gar kein ordentliches Ende auf einmal in Erwägung gezogen haben, etwas muß sie gereizt haben, gerade solche Schritte auszuprobieren, die nirgendshin führen.

(17. Kapitel)

Die Führer und Ideologen der Partei – nur »recht banale Stückeschreiber«? Dieser Vergleich erscheint respektlos – also doch wieder Bewunderung der Freundin für Christa T.?

Sie rücken auseinander – und rücken einander immer wieder nahe, die beiden Freundinnen. Im neunzehnten, dem vorletzten Kapitel gestaltet die Überlebende, die ja das Recht in Anspruch nimmt, über Christa T. »verfügen« zu können, eine bemerkenswerte Szene. An einem Neujahrsmorgen spricht Christa aus oder schreibt nieder – die Erzählerin erinnert sich nicht genau –, was sie zeit ihres Lebens geglaubt und für richtig gehalten hat, und was sich die andere für ihr Schreiben über sie, Christa T., vorgenommen hat: »Schreiben ist groß machen.« Die Freundin ist geworden, was Christa T., die am besten »schreibend über die Dinge kam«, immer werden wollte: eine berühmte Schriftstellerin. Und diese hat es als Herausforderung an ihr Können und Schreibvermögen angesehen, Christa T. »hervorzubringen«. Die Autorin Christa Wolf kommt beim »Nachdenken über Christa T.« zur Erkenntnis: »Später merkte ich, daß das Objekt meiner Erzählung gar nicht so eindeutig sie, Christa T., war oder blieb. Ich stand auf einmal mir selbst gegenüber.« Das hat das Schreiben leicht und schwer zugleich gemacht.

Die DDR-Kritik hatte an Christa Wolfs zweiten großen Buch manches auszusetzen. War es in Ordnung, daß eine Christa T. so hochgelobt und hochstilisiert wurde? »Sie hat eine Vision von sich gehabt«, hieß es im Buch, und: »Sie ist nötig zur Vollkommenheit der Welt.« Und gleich zu Beginn hatte die nachdenkende Erzählerin vermerkt: »Halten wir sie also fest, es ist unseretwegen, denn es scheint, wir brauchen sie.«

Auf dem VI. Deutschen Schriftstellerkongreß machte der Hauptreferent, Max Walter Schulz, kein Hehl daraus, was ihm besonders mißfallen hatte: »[...] so wie die Geschichte nun einmal erzählt ist, ist sie angetan, unsere Lebensbewußtheit zu bezweifeln, bewältigte Vergangenheit zu erschüttern, ein gebrochenes Verhältnis zum Hier und Heute und Morgen zu erzeugen. – Wem nützt das?«

Der Autorin Christa Wolf brachte die Aufnahme ihres Buches und der Umgang mit ihm Enttäuschung und Ärger ein. Ihr Verlag stand nicht zu ihr, sie sah sich veranlaßt, einen »Dreck-Protest-Brief loszulassen«, in dem sie sich beklagt, daß seit drei Monaten die »Christa T. durch alle möglichen öffentlichen Auseinandersetzungen« gezerrt würde, und fragt, »warum plötzlich der Fertigungsprozeß gestoppt wurde, warum die Auflage herabgesetzt auf 5000, von denen dann nur 3000 ausgeliefert werden sollen, warum aber auch die nun seit über einem Monat nicht fertig werden können«.

Das waren Erfahrungen, die Autoren in der DDR – besonders mutige und solche, denen man nicht traute – immer wieder machen mußten. Als Trost und zur Ermutigung konnte ihr vielleicht dienen, was die Kollegin und Freundin Brigitte Reimann am 16. Februar 1969 aus Neubrandenburg schrieb: »Ich wünschte, Du denkst öfter [...] an die, die Dir zuhören und auf Dein Buch warten, weil sie auf Antworten (oder sollte ich besser sagen auf Fragen?) warten oder darauf, daß hier etwas artikuliert wird, was man selbst nur dunkel empfindet, bestenfalls stammelnd auszudrücken vermag.« Die Briefstelle enthüllt die besondere Beziehung, die zwischen DDR-Schriftstellern und ihren Lesern entstand oder bestand; eine Besonderheit, die sich aus den Verhältnissen erklärte.

Ulrich Plenzdorf
Die neuen Leiden des jungen W.

Aus späterer Sicht erweist sich ein Einfall des einstigen Ostberliner Drehbuchautors Ulrich Plenzdorf als Glücksgriff für seine Karriere und als bemerkenswertes Ereignis der deutschen Literaturgeschichte: Plenzdorf erzählte die Geschichte eines jungen Aussteigers der sechziger Jahre in der DDR und unterlegte sie mit Originalzitaten aus Goethes berühmtem Briefroman ›Die Leiden des jungen Werthers‹.

Der junge Edgar Wibeau, vielversprechender Lehrling in einem Hydraulikwerk, verläßt nach einer von ihm provozierten Attacke gegen den Ausbildungsmeister des Betriebs seinen Arbeitsplatz, seine alleinerziehende Mutter und das Provinzstädtchen Mittenberg. Er flieht, begleitet von seinem Lehrlingskollegen Willi, nach Berlin, wo er in einer bereits aufgelassenen Schrebergartenkolonie – eine Laube gehörte Willis Eltern – ein Leben führen will, wie es ihm gefällt.

Ulrich Plenzdorf verarbeitete den Stoff zunächst zu einem Theaterstück, ihm ließ er jedoch bald eine Prosafassung folgen. Die meisten Rezipienten sahen das Theaterstück, das Plenzdorf in Ost und West zum Durchbruch verhalf. Hier gilt es, beide Fassungen im Auge zu behalten.

Und so inszenierte der Regisseur bei der ersten Aufführung in Halle den Anfang des Stücks:

Von rechts und links rollen zwei riesige Todesanzeigen für Edgar Wibeau auf die kahle Bühne, die von zwei Beleuchtertürmen flankiert sind, auf denen sich eine vierköpfige Beat-Band postiert. Während die seit Jahren getrennt lebenden Eltern nach Ursachen und Schuld fragen, schlendert im Fransen-Westchen der schnurrbärtige Edgar auf die Bühne und übernimmt »Stop mal, Stop!« – die Spielleitung. Kommentierend mischt er sich ins Spiel, liefert Begründungen nach, kritisiert sich aus dem Abstand des Totenreiches selbst und wird lebendig, wenn es in szenischen Kurzbrennern sein Leben nachzuspielen gilt.

Hier wird deutlich, daß Plenzdorf für die Struktur des Stücks und auch des Ich-Romans eine Anleihe beim Modell des analytischen Dramas gemacht hat: Die Handlung wird sozusagen von hinten nach vorn aufgerollt.

Auf ihren Recherchen nach Edgars Lebensspuren stoßen die Eltern bei Freund Willi auf zunächst unverständliche Tonbandnachrichten, die der Literaturkundige alsbald als Zitate aus Goethes Werther identifiziert. Edgar berichtet sogleich aus seinem Jenseits, wie er auf diesen berühmten Roman gestoßen ist.

Auf dem Plumpsklo der Laube hat er ein Reclamheft gefunden, das er zu lesen beginnt. Natürlich »steht« Edgar, der gerne liest, auf andere Bücher, zum Beispiel ›Robinson Crusoe‹ und ›Der Fänger im Roggen‹ des Amerikaners J. D. Salinger. Wohl nicht von ungefähr faszinieren ihn diese Figuren, die allein auf einer Insel oder in der winterlich-regennassen Millionenstadt New York Abenteuer zu bestehen haben. Über Goethes Briefroman dagegen kommt er zu einem vernichtenden Urteil.

Ich war fast gar nicht sauer! Der Kerl in dem Buch, dieser Werther, wie er hieß, macht am Schluß Selbstmord. Gibt einfach den Löffel ab. Schießt sich ein Loch in seine olle Birne, weil er die Frau nicht kriegen kann, die er haben will, und tut sich ungeheuer leid dabei. Wenn er nicht völlig verblödet war, mußte er doch sehen, daß sie nur drauf wartete, daß er was *machte*, diese Charlotte. [...] Und was macht er? Er sieht ruhig zu, wie sie heiratet. Und dann murkst er sich ab. Dem war nicht zu helfen. [...]

Das war nichts Reelles. Reiner Mist. Außerdem dieser Stil. Das wimmelte nur so von Herz und Seele und Glück und Tränen. Ich kann mir nicht vorstellen, daß welche so geredet haben sollen, auch nicht vor drei Jahrhunderten. Der ganze Apparat bestand aus lauter Briefen, von diesem unmöglichen Werther an seinen Kumpel zu Hause. Das sollte wahrscheinlich ungeheuer originell wirken oder unausgedacht. Der das geschrieben hat, soll sich mal meinen Salinger durchlesen. *Das* ist echt, Leute!

(S. 36 f.)

Mehr als die Werther-Geschichte dürfte den nach Mittelberg zurückgekehrten Willi, dem Edgar regelmäßig Tonbandbotschaften zukommen läßt, interessieren, daß Edgar sich Knall auf Fall verliebt hat. Sie heißt Charlotte und ist Kindergärtnerin, Edgar hat sie in der Nähe seiner »Kolchose« entdeckt.

Natürlich will er Willi von diesem Ereignis auf Band in Kenntnis setzen. Plenzdorf läßt nun seinen Aussteiger und Ausreißer auf die verrückte Idee kommen, als Code die Werther-Sprache zu verwenden.

Kurz und gut, Wilhelm, ich habe eine Bekanntschaft gemacht, die mein Herz näher angeht ... Einen Engel ... Und doch bin ich nicht imstande, dir zu sagen, wie sie vollkommen ist, warum sie vollkommen ist, genug, sie hat allen meinen Sinn gefangengenommen. Ende.

(S. 51)

Edgar hat geahnt, was er anrichten würde; Willi versteht gar nichts und erbittet sich sofort einen anderen Code. – Inzwischen hat sich Edgar mit den »Gören« des Kindergartens angefreundet, er malt für sie und mit ihnen, und dabei entstehen naturgemäß auch Kontakte mit den »Tanten«. Bald ergibt sich für den verliebten Edgar eine Gelegenheit, »Charlie« ganz nahe zu kommen, so nahe, wie er es sich kaum erträumen durfte. Doch das Glück ist nur von kurzer Dauer.

Es folgt eine Szene aus der Dramenfassung; Charlotte ist gerade mit den Kindern gekommen und hat Edgar eine Tüte mit Luftballons übergeben.

CHARLOTTE: Kannst du mal aufpusten.
   Edgar fängt an, die Luftballons aufzupusten. Beim dritten Ballon wird ihm schwindlig, er verliert das Bewußtsein, rutscht von der Bank.
CHARLOTTE: Laß das! Ist ja gut! Edgar! Ed! mach doch kein' Quatsch! ... Was ist denn?!
   Sie versucht, ihn wiederzubeleben, bis hin zur Atemspende. Dabei hält Edgar sie fest und läßt erst los, wenn er will.
   Idiot! – Und wenn ich Hunger hätte, würde ich was essen.
EDGAR: Kommt doch bloß vom Aufblasen. Ich kann zwei Wochen hungern und drei Minuten tauchen.

CHARLOTTE: Wenn ich nichts zu essen hätte, würde ich was kaufen … Und wenn ich kein Geld hätte, würde ich was ar-bei-ten!

EDGAR: Wer nicht ißt, soll auch nicht arbeiten. *Dann springt er plötzlich auf, spurtet in seinen Garten, reißt dort einen Kohlkopf ab, spurtet zurück, fängt an, ihn vor Charlotte zu verzehren und zitiert dabei – auch diesmal noch mit ein, zwei Blicken in sein Reclamheft, das er im Hemd hat.* »Wie wohl ist mir's, daß mein Herz die simple harmlose Wonne des Menschen fühlen kann, der ein Krauthaupt auf seinen Tisch bringt, das er selbst gezogen.«

CHARLOTTE: Spinnkopf. – Was hast du da? *Nimmt das Reclamheft. Edgar zitiert.*

EDGAR: Klopapier.

Charlotte gibt das Heft schnell zurück. Edgar lehnt sich an sie, mimt den Erholungsbedürftigen – da kommt die Kindergartenchefin in den Auslauf gerannt.

CHEFIN: Mach Schluß für heute. Ich mach weiter für dich … Mach schon. Hat seinen Grund … Dieter ist da! Er wartet!!

Charlotte rennt los.

CHEFIN: Dieter ist ihr Verlobter, von der Armee zurück!

Ein Bräutigam kehrt zu seiner Verlobten zurück, die inzwischen einen Verehrer hat: Die Situation ähnelt der in Goethes ›Werther‹. Wird aus dem Verehrer ein Nebenbuhler werden? Bei Goethe schreibt der junge Werther an seinen Freund Wilhelm über Albert, Lottes Verlobten: »Ich weiß nicht, ob ich dir geschrieben habe, daß Albert hier bleiben und ein Amt mit einem artigem Auskommen vom Hofe erhalten wird, wo er sehr beliebt ist. In Ordnung und Emsigkeit in Geschäften habe ich wenig seinesgleichen gesehen.« (Am 10. August)

Dieter, der einen verlängerten Wehrdienst hinter sich hat, wird in Berlin Germanistik studieren und mit Charlie zusammenziehen. Charlie möchte gern, daß Dieter und Edgar sich gut vertragen, doch die beiden jungen Männer sind Gegensätze, die sich abstoßen. Gleich bei der ersten Begegnung fällt Edgar an Dieter auf, was ihm unsympathisch ist: Der ehemalige Langzeitsoldat der Nationalen Volksarmee scheint ein Ausbund an fader Bürgerlichkeit zu sein, der sich genauso verhält, wie es das Benimmbuch vorschreibt:

Er war in Schlips und Kragen, hatte einen Koffer, eine von diesen blöden Kollegmappen, ein Luftgewehr in der Hülle und einen Strauß Blumen. Ich schätzte ihn auf fünfundzwanzig, ich meine: diesen Dieter. Demnach mußte er länger gedient haben. Wahrscheinlich hatte er es bis zum General gebracht oder so. Ich wartete, ob sie sich küßten. Ich konnte aber nichts davon sehen.

(S. 72)

Dieter erweist sich als mustergültiger DDR-Student. Bei einem Besuch in Dieters Bude, den Charlie arrangiert hat, wirft Edgar einen

Blick auf Dieters Bücher. Der Student besitzt die richtigen und wichtigen, was Edgar billigt, doch zugleich entdeckt er in Charlies Verlobten den Pedanten.

Als nächstes nahm ich mir seine Bücher vor. Er hatte die Masse. Alles unter Glas. Alle der Größe nach geordnet. Ich sackte zusammen. Immer wenn ich so was sah, sackte ich zusammen. Meine Meinung zu Büchern hab ich wohl schon gesagt. Ich weiß nicht, was er alles hatte. Garantiert alle diese guten Bücher. Reihenweise Marx, Engels, Lenin. Ich hatte nichts gegen Lenin und die. Ich hatte auch nichts gegen den Kommunismus und das, die Abschaffung der Ausbeutung auf der ganzen Welt. Dagegen war ich nicht. Aber gegen alles andere. Daß man Bücher nach der Größe ordnet zum Beispiel.

(S. 80)

Edgar, der sich für künstlerisch begabt hält, hat schon eine Menge »abstrakter« Bilder gemalt und deshalb auch einmal, wenngleich vergebens, bei einem Akademieprofessor vorgesprochen. In der folgenden Szene geht er mit Charlie und Dieter durch seine Laube, wo er seine Bilder aufgebaut hat. Dieter wirft einen Blick darauf.

Er baute sich vor meinen gesammelten Werken auf. Wahrscheinlich hatte ihn Charlie vor allem deswegen mitgeschleppt. Sie war sich immer noch nicht ganz sicher, ob ich nicht doch ein verkanntes Genie war. Ansonsten hielt sie sich immer dicht neben Dieter. [...] Dieter brauchte ziemlich lange. Ich dachte schon, es kommt gar nichts von ihm. Aber das war so Dieters Art. Ich glaube nicht, daß er irgendein blödes Wort sagte, das er nicht dreimal überlegt hatte, wenn das reicht. Dann legte er los: Ich würde sagen, es könnte ihm nichts schaden, wenn er sich mehr auf das Leben orientieren würde in Zukunft, auf das Leben der Bauarbeiter zum Beispiel. Er hat sie ja hier direkt vor der Tür. Und dann natürlich gibt es hierbei wie überall gewisse Regeln, die er einfach kennen muß: Perspektive, Proportionen, Vordergrund, Hintergrund.

Das war's. Ich sah Charlie an. Ich sah mir den Mann an. Ich hätte laut Scheiße brüllen können. Der Mann meinte das ernst, völlig ernst. Ich dachte erst: Ironie. Aber er meinte das ernst, Leute!

Ich [...] beschloß, sofort meine schärfste Waffe einzusetzen. Ich überlegte kurz und schoß dann folgendes Ding ab:

Man kann zum Vorteile der Regeln viel sagen, ungefähr was man zum Wohle der bürgerlichen Gesellschaft sagen kann. Ein Mensch, der sich nach ihnen bildet, wird nie etwas Abgeschmacktes und Schlechtes hervorbringen, wie einer, der sich durch Gesetze und Wohlstand modeln läßt, nie ein unerträglicher Nachbar, nie ein merkwürdiger Bösewicht werden kann; dagegen wird aber auch alle Regel, man rede, was man wolle, das wahre Gefühl von Natur und den wahren Ausdruck derselben zerstören!

Dieser Werther hatte sich wirklich nützliche Dinge aus den Fingern gesaugt.

(S. 74 ff.)

Der lange Satz über die Regeln stammt aus Goethes ›Werther‹ und dient Edgar als Waffe gegen seinen Rivalen, er wird zur »Werther-Pistole«. Das gespannte Verhältnis der beiden Männer ist offensichtlich, Charlie weiß aber zu verhindern, daß es zum Konflikt kommt.

Zunächst nimmt Edgar sich einen Rat Charlies zu Herzen und sieht sich nach einer Arbeit um. Er schließt sich einer Malerbrigade an, überwirft sich jedoch mit dem Brigadier Addi, einem ehrgeizigen und ungeduldigen Vorgesetzten, der mit seinem Kollektiv an einem Nebellosen-Farbspritz-Gerät (NFG) experimentiert. Zum Nutzen der sozialistischen Gesellschaft und ihrer Republik soll dieses Gerät Personal und Kraft einsparen helfen. Als eine Erprobung mißlingt, kann Edgar sich spöttische Bemerkungen nicht verkneifen und wird gefeuert.

Edgar sind auf seinem bisherigen Lebensweg immer wieder Menschen begegnet, die Staat und Gesellschaft in der DDR rückhaltlos bejahen und all ihre Kräfte in deren Dienst stellen.

In der oben zitierten Textstelle sagt Edgar, er habe »nichts gegen den Kommunismus und das, die Abschaffung der Ausbeutung auf der ganzen Welt«, wohl aber »gegen alles andere«. Dieses »andere« ist überall dort zu erkennen, wo sich die DDR von ihrer unsympathischen Seite zeigt, wo kleinbürgerlich-spießiges Denken und Verhalten zum Vorschein kommen. Es verkörpert sich in Dieter, aber auch in Edgars Mutter und in dem Brigadier Addi. Dieter neigt, wie man gesehen hat, zu schulmeisterlichem Belehren; die Mutter will aus Edgar einen musterhaften Sohn und Lehrling machen, der es noch weit bringen kann – er soll ebenso den mütterlichen Ehrgeiz befriedigen wie dem von ihr mitgeleiteten Ausbildungsbetrieb Ehre machen; Addi schließlich sagt wie ein Feldwebel mit Stolz von sich und seiner »Truppe«: »Wir haben schon ganz andere hingebogen.« Gegen alle drei, gegen Dieter, die Mutter und Addi, schießt Edgar eine »Wertherpistole« ab, deren Ladung Plenzdorf aus mehreren Werther-Stellen zusammengesucht hat:

Und daran seid ihr alle schuld, die ihr mich in das Joch geschwatzt und mir so viel von Aktivität vorgesungen habt. Aktivität! ... Ich habe meine Entlassung ... verlangt ... Bringe das meiner Mutter in einem Säftchen bei.

(S. 101)

Aktivität – das hieß für Goethes Werther »Emsigkeit in Geschäften« oder überhaupt die Bewerbung um eine Stelle im Hofdienst. Für den »jungen W.« heißt Aktivität Mitmachen bei den von Staat und Partei geforderten und geförderten Aktionen und Kampagnen, eine stets zur Schau getragene Arbeits- und Dienstwilligkeit, die unter Umständen mit Orden und öffentliche Belobigung honoriert wurde. Man sieht: Edgar braucht die Wertherzitate, um sich durchzusetzen. Es kommt sogar so weit, daß der junge Wibeau bekennt: »Ich hatte nie im Leben gedacht, daß ich diesen Werther mal so begreifen würde.«

Der alte und der neue Werther kommen sich als jugendliche Rebellen manchmal recht nahe, in anderen Zügen stehen sich die Söhne zweier verschiedener Welten und Jahrhunderte natürlich fern.

Edgar ist ein sechzehnjähriger Lehrling in einem Hydraulikwerk, ihm muß jene Innerlichkeit fehlen, die den Goetheschen Werther so tief empfinden, mitempfinden und leiden läßt; ihm fehlt auch Werthers Gefühl für die Natur und die philosophisch begründete Gewißheit, daß der Mensch einem unerträglichen Dasein selbst ein Ende setzen kann. Edgar Wibeau ist dagegen ganz er selbst, wenn er rückblickend sagt: »Ich meine, ich hätte nie im Leben freiwillig den Löffel abgegeben, aber 380 Volt sind kein Scherz, Leute.« Edgar spielt hier auf den Unfall an, der ihm schließlich das Leben kostet.

Durchaus vergleichbar sind die beiden Gestalten, wenn sie als junge Männer ein Mädchen begehren, das fest in anderen Händen ist; beide erhoffen sich ihre Chance. »Unter uns«, schreibt Goethes Werther seinem Freund Wilhelm, »ich passe die Zeit ab, wenn er [der Bräutigam] zu tun hat; wutsch! bin ich drauß, und da ist mir's immer wohl, wenn ich sie allein finde.« (Am 30. Julius) Edgar hat weniger Glück: Dieter wird sein Studium in Berlin beginnen und mit Charlie eine gemeinsame Wohnung beziehen. Auch Dieter ist »mit Ordnung und Emsigkeit« bei »seinen Geschäften«, und er läßt sich, wenn er bei der Arbeit ist, nicht einmal von Charlie dazu überreden, an die frische Luft zu gehen.

Es regnete wie blöd. Dieter saß an seinem Schreibtisch und arbeitete, und wir warteten, daß er fertig wurde. Charlie war schon im Regenmantel und allem. Sie war überhaupt nicht überrascht gewesen oder was, als ich klingelte. Also hatte alles seine Richtigkeit. Oder vielleicht war sie auch überrascht, aber sie zeigte es nicht. Diesmal *schrieb* Dieter. Mit zwei Fingern. Auf der Maschine. Er schrieb aus dem Kopf. Eine Arbeit, dachte ich, und das stimmte wohl auch. Ich sah sofort: Es rollte nicht bei ihm. Das kannte ich. Er tippte ungefähr alle halbe Stunde einen Buchstaben. Das sagt wohl alles. Charlie sagte schließlich: Du kannst es doch nicht *zwingen*!

Dieter äußerte sich dazu nicht. Ich mußte die ganze Zeit auf seine Beine sehen. Er hatte sie um die Stuhlbeine gedreht und sich mit den Füßen dahinter festgehakt. Ich wußte nicht, ob das seine Angewohnheit war. Aber mir war eigentlich die ganze Zeit klar, daß er nicht mitkommen würde.

Charlie fing wieder an: Komm! Laß doch mal alles stehn und liegen, ja? Das wirkt manchmal Wunder!

Sie war nicht etwa wütend oder so. Noch nicht. Sie war vielleicht so sanft, wie eine Krankenschwester sein soll.

Dieter meinte: Bei dem Wetter doch nicht mit 'nem Boot.

Ich weiß nicht, ob ich schon sagte, daß Charlie ein Boot ausleihen wollte.

Charlie sagte sofort: Dann nicht Boot, dann Dampfer. An sich hatte Dieter recht. Bei dem Wetter im Boot war eine echte Schnapsidee.

Er fing wieder an mit Tippen.

Charlie: Dann nicht Dampfer. Dann bloß ein paar Runden ums Karree.

Das war ihr letztes Angebot, und es war wirklich eine Chance für Dieter. Er rührte sich aber nicht.

Charlie: Außerdem sind wir ja nicht aus Zucker.

Ich glaube, in dem Moment war es schon mit ihrer Geduld vorbei. Dieter sagte ruhig: Fahrt doch.

Und Charlie: Du hast es fest versprochen!

Dieter: Ich sag doch: Fahrt!

Da wurde Charlie laut: Wir fahren auch!

(S. 127 f.)

Edgar und Charlie fahren tatsächlich, und auf der Fahrt ergreift Charlie die Initiative auch in Sachen Liebe; sie ist enttäuscht und verärgert über Dieter – und nimmt sich Edgars an. Sein Verhalten und die Art, wie er die Ereignisse schildert, zeigen, daß er eigentlich noch ein großer Junge ist.

Als wir an einer Insel vorbeirauschten, wurde Charlie unruhig. Sie mußte mal. Ich verstand das. Wenn es regnet, geht einem das immer so. Ich suchte eine Lücke im Schilf. Zum Glück gab es davon massenweise. Eigentlich mehr Lücken als Schilf. Es goß immer noch wie aus Eimern. Wir jumpten an Land. Charlie verkrümelte sich irgendwohin. Als sie zurück war, hockten wir uns unter die Pelerine in das klitschnasse Gras von dieser Insel. Kann aber auch sein, es war nur eine Halbinsel. Ich bin da nie wieder hingekommen. Da fragte mich Charlie: Willst du einen Kuß von mir?

Leute, ich wurde nicht wieder. Ich fing an zu zittern. Charlie hatte noch immer diese Wut auf Dieter, das sah ich genau. Trotzdem küßte ich sie. Ihr Gesicht roch wie Wäsche, die lange auf der Bleiche gewesen ist. Ihr Mund war eiskalt, wahrscheinlich alles von diesem Regen. Ich ließ sie dann einfach nicht mehr los. Sie riß die Augen auf, aber ich ließ sie nicht mehr los. Es wäre auch nicht anders gegangen. Sie war wirklich naß bis auf die Haut, die ganzen Beine und alles.

In irgendeinem Buch hab ich mal gelesen, wie ein Neger, also ein Afrikaner, nach Europa kommt und wie er seine erste weiße Frau kriegt. Er fängt dabei an zu singen, irgendeinen Song von sich zu Hause. Ich stieg sofort aus. Es war vielleicht einer meiner größten Fehler, gleich auszusteigen, wenn ich was nicht kannte. Bei Charlie hätte ich wirklich singen können. Ich weiß nicht, wer das kennt, Leute. Ich war nicht mehr zu retten.

Wir sind dann zurück nach Berlin auf demselben Weg. Charlie sagte nichts, aber sie hatte es plötzlich sehr eilig. Ich wußte nicht, warum. [...] Dann ging uns der Sprit aus. Wir pätschelten uns bis zur nächsten Brücke.

Ich wollte zur nächsten Tankstelle, Sprit holen, Charlie sollte warten. Aber sie stieg aus. Ich konnte sie nicht halten. Sie stieg aus, rannte diese triefende Eisentreppe hoch und war weg. Ich weiß nicht, warum ich ihr nicht nachrannte.

(S. 133 ff.)

»Ich Idiot wollte immer Sieger sein«, sagt Edgar wiederholt von sich. Er war Sieger – und er war es nicht.

Nach dem nassen Liebesabenteuer geht er trotz Mangel an geeignetem Material und Werkzeug daran, selbst ein NF-Gerät zu bauen, nicht zuletzt deshalb, weil er sich etwas beweisen will. Doch auch diesmal geht es schlecht für Edgar aus: Er verunglückt tödlich.

Die Zensurorgane und Partei-Machthaber nahmen, wie zu erwarten war, die ›Neuen Leiden des jungen W.‹ zwiespältig auf. In einer in der Literaturzeitschrift ›Sinn und Form‹ ausgetragenen Diskussion führte man gegen die nörgelnde Abwehr einiger Älterer die Begeisterung der Jugend ins Feld, deren Urteil man ernst nehmen wollte. Die Äußerung eines Berliner Mädchens legt Zeugnis davon ab, wie das jugendliche Publikum in einer Aufführung mitging: »... alle klatschten wie verrückt, es wurde auch mit den Füßen getrampelt und gerufen, einfach aus Begeisterung ... Ich fand es einfach Schau, man konnte sogar herzlich lachen. Und dann noch so viele echte Probleme von Jugendlichen.«

Als freilich das Stück in der Bundesrepublik verfilmt werden sollte und Plenzdorf dafür ein Drehbuch geschrieben hatte, fürchteten Verantwortliche, daß ein falsches Bild von der DDR entstehen könne. Sie setzten sich mit ihren Bedenken nicht durch.

Es scheint im nachhinein, als habe Plenzdorf selbst im Buch einer solchen Auslegung vorbauen wollen: Man sollte seinem Edgar Wibeau – und ihm selbst – nichts anhaben können.

Es entspricht Edgars Temperament, wenn sich für ihn Arbeit und Spaß nicht ausschließen. In seiner »Kolchose« immer nur für sich zu sein, will ihm auf die Dauer nicht gefallen:

Ich hatte nichts gegen Arbeit. [...] Aber es soll keiner denken, ich hatte vor, ewig auf meiner Kolchose zu hocken und das. [...] Immer nur die eigene Visage sehen, das macht garantiert blöd auf die Dauer. Das popt dann einfach nicht mehr. Der Jux fehlt und das. Dazu braucht man Kumpels, und dazu braucht man Arbeit. Jedenfalls ich.

(S. 65 f.)

Mit Edgars Einsicht und der darin enthaltenen Selbstkritik nähert sich Plenzdorf der offiziellen Auffassung vom Wert der Arbeit im

Kollektiv. Auch am Schluß des Textes hat Ulrich Plenzdorf, sei es mit Absicht, sei es unbewußt defensiv, jede Eindeutigkeit vermieden. Er legt mehrere Möglichkeiten der Deutung nahe, trifft aber selbst keine Entscheidung.

Selbst wenn der Leser vielleicht ausschließen kann, daß Edgar die Absicht hatte, sich mit seiner Erfindung an Addi für dessen spitzironischen Bemerkungen und für den Hinauswurf zu rächen, so würde er doch dem Autor die folgenden Fragen stellen wollen:

Sollte der Eindruck entstehen, daß Edgar Wibeau zwar die Schwierigkeiten unterschätzt, aber doch guten Willen bewiesen habe, was für ihn sprechen würde? Könnte dieses Lob dann auch auf Addi und sein Kollektiv zurückfallen, denn auch sie haben sicher das Beste gewollt? Wurde Edgar – fast wider seinen eigenen Willen – von ihnen angesteckt und angespornt?

War Edgar gar nahe daran, die Vorstellung eines nebellosen Farbspritzgeräts zu verwirklichen? Der Edgar im Totenreich weiß: »Das Ding wäre eine echte Sensation gewesen, technisch und ökonomisch. [...] Es konnte einen berühmt machen, jedenfalls in der Fachwelt.« Wäre Edgar, der ja immerhin in einem Hydraulik-Betrieb gelernt hatte, imstande gewesen, die Technologie seines Landes zu bereichern?

Wie immer man das Stück bzw. den Roman sehen wollte: Man konnte, wenn man mit Wohlwollen für den Autor danach suchte, genug Beweise dafür finden, daß der Drehbuchschreiber, Dramatiker und Erzähler ebenso wie sein Held trotz aller kritischen Töne im Grunde doch »auf dem Boden des Sozialismus« stand.

Reiner Kunze
Die wunderbaren Jahre

Nach zwei Lyrikbändchen veröffentlichte der DDR-Schriftsteller Reiner Kunze im September 1976 im Frankfurter S. Fischer-Verlag unter dem Titel ›Die wunderbaren Jahre‹ eine Sammlung von Prosatexten und hatte damit innerhalb kürzester Zeit in der Bundesrepublik großen Erfolg. Noch im gleichen Monat wurde Kunze aus dem Schriftstellerverband der DDR ausgeschlossen und schließlich so unter Druck gesetzt, daß er 1977 in die Bundesrepublik übersiedelte.

Las man manche Texte aus den ›Wunderbaren Jahren‹ wie Einzelpublikationen, so konnte leicht ein falscher Eindruck entstehen.

Fünfzehn

Sie trägt einen Rock, den kann man nicht beschreiben, denn schon ein einziges Wort wäre zu lang. Ihr Schal dagegen ähnelt einer Doppelschleppe: lässig um den Hals geworfen, fällt er in ganzer Breite über Schienbein und Wade.

(Am liebsten hätte sie einen Schal, an dem mindestens drei Großmütter zweieinhalb Jahre gestrickt haben – eine Art Niagara-Fall aus Wolle. Ich glaube, von einem solchen Schal würde sie behaupten, daß er genau ihrem Lebensgefühl entspricht. Doch wer hat vor zweieinhalb Jahren wissen können, daß solche Schals heute Mode sein würden.) Zum Schal trägt sie Tennisschuhe, auf denen sich jeder ihrer Freunde und jede ihrer Freundinnen unterschrieben haben. Sie ist fünfzehn Jahre alt und gibt nichts auf die Meinung uralter Leute – das sind alle Leute über dreißig.

Könnte einer von ihnen sie verstehen, selbst wenn er sich bemühen würde? Ich bin über dreißig.

Wenn sie Musik hört, vibrieren noch im übernächsten Zimmer die Türfüllungen. Ich weiß, diese Lautstärke bedeutet für sie Lustgewinn. Teilbefriedigung ihres Bedürfnisses nach Protest. Überschallverdrängung unangenehmer logischer Schlüsse. Trance. Dennoch ertappe ich mich immer wieder bei einer Kurzschlußreaktion: Ich spüre plötzlich den Drang in mir, sie zu bitten, das Radio leiser zu stellen. Wie also könnte ich sie verstehen – bei diesem Nervensystem?

Noch hinderlicher ist die Neigung, allzu hochragende Gedanken erden zu wollen.

Auf den Möbeln ihres Zimmers flockt der Staub. Unter ihrem Bett wallt er. Dazwischen liegen Haarklemmen, ein Taschenspiegel, Knautschlacklederreste, Schnellhefter, Apfelstiele, ein Plastikbeutel mit der Aufschrift »Der Duft der großen weiten Welt«, angelesene und übereinandergestülpte Bücher (Hesse, Karl May, Hölderlin), Jeans mit in sich gekehrten Hosenbeinen, halb- und dreiviertel gewendete Pullover, Strumpfhosen, Nylon und benutzte Taschentücher. (Die Ausläufer dieser Hügellandschaft erstrecken sich bis ins Bad und in die Küche.) Ich weiß: Sie will sich nicht den Nichtigkeiten des Lebens ausliefern. Sie fürchtet die Einengung des Blicks, des Geistes. Sie fürchtet die Abstumpfung der Seele durch Wiederholung! Außerdem wägt sie die Tätigkeiten gegeneinander ab nach dem Maß an Unlustgefühlen, das mit ihnen verbunden sein könnte, und betrachtet es als Ausdruck persönlicher Freiheit, die unlustintensiveren zu ignorieren. Doch nicht nur, daß ich ab und zu heimlich ihr Zimmer wische, um ihre Mutter vor Herzkrämpfen zu bewahren – ich muß mich auch der Versuchung erwehren, diese Nichtigkeiten ins Blickfeld zu rücken und auf die Ausbildung innerer Zwänge hinzuwirken.

Einmal bin ich dieser Versuchung erlegen.

Sie ekelt sich schrecklich vor Spinnen. Also sagte ich: »Unter deinem Bett waren zwei Spinnennester.«

Ihre mit lila Augentusche nachgedunkelten Lider verschwanden hinter den hervortretenden Augäpfeln, und sie begann »Iix! Ääx! Uh!« zu rufen, so daß ihre Englischlehrerin, wäre sie zugegen gewesen, von soviel Kehlkopfknacklauten – englisch »glottal stops« – ohnmächtig geworden wäre. »Und warum bauen die ihre Nester gerade bei mir unterm Bett?«

»Dort werden sie nicht oft gestört.« Direkter wollte ich nicht werden, und sie ist intelligent.

Am Abend hatte sie ihr inneres Gleichgewicht wiedergewonnen. Im Bett liegend, machte sie einen fast überlegenen Eindruck. Ihre Hausschuhe standen auf dem Klavier. »Die stelle ich jetzt immer dorthin«, sagte sie. »Damit keine Spinnen hineinkriechen können.«

Dieses Porträt eines weiblichen Teenagers der frühen siebziger Jahre, die alle Moden und auch die Modetorheiten mitmachen muß, hätte in der Wochenendbeilage jeder beliebigen Zeitung stehen können, auch einer westlichen. Der Text zeichnet die Tochter mit milder Ironie (»die Meinung uralter Leute – das sind alle Leute über dreißig«), aber mit ebensoviel Verständnis und Liebe für die pubertären Kulte. Gegen Schluß wird zugespitzt, die Skizze enthält zwei Pointen: die erste sichert sich der Vater (»Dort werden sie selten gestört«), die zweite, die Schlußpointe, überläßt er galant der Tochter, sie charakterisiert zugleich ein Altersstadium und das diesem zugehörige Weltverständnis.

Kunze schreibt in vielen Texten der Sammlung ›Die wunderbaren Jahre‹ in der Rolle des geplagten Vaters einer Teenager-Tochter, die von der weltweiten Jugendrevolte der späten sechziger Jahre angesteckt ist und die den Erwachsenen, besonders den Eltern, immer wieder unliebsame Überraschungen bereitet.

In anderen Texten der Sammlung berichtet die Tochter aus der Schule, erzählt von Begebenheiten, die ein bezeichnendes Licht auf die DDR werfen. Das kluge Mädchen gerät immer wieder in prekäre Lagen: Widerspruchsgeist und Lust am Streiten werden rasch als politische Widersetzlichkeit ausgelegt, die ihrerseits zur Verweisung von der Erweiterten Oberschule führen könnte. Im Zeugnis der Tochter vom 30. Juni 1972 heißt es: »Infolge ihres oftmals eigenwilligen Verhaltens erfüllte sie nicht immer die Normen, die an eine Schülerin der Erweiterten Oberschule gestellt werden müssen.«

Oft stellt sich die »eigenwillige« Schülerin vor, wie man den indoktrinierten und indoktrinierenden Lehrern eins auswischen könnte.

Draht

Sie bedauert es, nicht an einer Sehstörung zu leiden. Wenn sie an einer Sehstörung litte, könnte sie eine Nickelbrille tragen. Die Eltern eines Schülers, der in der Schule eine Nickelbrille getragen hatte, sind verwarnt worden. Nickelbrillen seien imperialistischer Modeeinfluß, Dekadenz. Zum Beweis hatte der Klassenlehrer Bilder aus einer Weltillustrierten vorgelegt, die langhaarige männliche Nickelbrillenträger zeigten.

An dem Morgen, an dem sie mit Nickelbrille zur Schule gehen könnte, würde sie gern gehen. Ihr Urgroßvater trug eine Nickelbrille. Er war Bergarbeiter. Ihr Großvater trug eine Nickelbrille. Er war Bergarbeiter. Zum Beweis würde sie die Fotos hinblättern.

Die Nickelbrille wurde in jenen Jahren beispielsweise von Fritz Teufel, dem Mitbegründer der Westberliner Kommune 1, in der Öffentlichkeit und auch vor Gericht getragen. Das Mädchen malt sich aus, wie es wäre, wenn man mit einem solchen Drahtgestell auf der

Nase in die Schule käme. Sicher würden die Lehrer humorlos reagieren und sich über Dekadenz und »imperialistischen Modeeinfluß« entrüsten. Die Tochter überlegt: Könnte man da nicht ganz sachlich und bescheiden dagegenhalten, daß Nickelbrillen für die proletarischen Vorväter Sehwerkzeuge gewesen seien, die ihnen die Lektüre beispielsweise proletarischer Presseerzeugnisse ermöglicht hätten?

Ein Rezensent der ›Süddeutschen Zeitung‹ schrieb begeistert über die ›Wunderbaren Jahre‹: »Was für ein Buch: heiter und leicht lesbar kommt es daher [...], gleichwohl tiefe Betroffenheit verratend und erzeugend.«

Der Text ›Fünfzehn‹ mochte noch als literarisches Leichtgewicht durchgehen, als harmloses Backfisch-Porträt; selbst ›Draht‹ konnte noch als schelmisch ausgedachter Streich verstanden werden, Betroffenheit mußte dagegen der Text ›Nachhall‹ erzeugen, und es war kein Wunder, daß das DDR-Regime dem Schriftsteller Kunze diesen übelnahm.

Nachhall

Als Michael aus den Bierstuben kam, wirkte der Platz wie leergekippt. Unterhalb des Warenhauses sprang ein Motor an: Der Jugend-Müll wurde eben abgefahren. Und eine Scherbe schändete den Platz: er. Zwischen Pfosten, die dastanden wie schnell gewachsene Gehölze. Polizeigrün. Immergrün.

Seine Gitarre lag nicht mehr auf dem Brunnenrand. Sie hatten seine Gitarre. Sie hatten eine Geisel.

Der Polizist sagte: »Ihre Gitarre suchen Sie? Kommen Sie mit.«

Während Michael im Gang des Polizeigebäudes neben den anderen stand, das Gesicht zur Wand und die Arme erhoben, wurde der Tag ausgeschrien. »Schuhe ausziehn! Wenn du nicht sofort die Schuhe ausziehst, kriegst du eins in die Schnauze, und wo *die* Pfote hinhaut, dort wächst kein Gras mehr!«

Sie hatten auf der Brunneneinfassung gesessen: Lehrlinge, Schüler, Rentner. Viele Passanten waren stehengeblieben und hatten ihnen Beifall gespendet, vor allem den beiden Ungarn. Der eine hatte fast Funken aus den Saiten geschlagen.

Auf dem Ordnungsstrafbescheid über 10 Mark, mit dessen Entgegennahme Michael um drei Uhr morgens sein Instrument auslöste, stand: Störung des sozialistischen Zusammenlebens (Spielen mit Gitarre).

Auch hier ist es ein junger Mensch, der das Regime dazu bringt, sein wahres Gesicht zu zeigen. »Sie« – das sind einmal die jungen Musiker, deren Musik dem »Volk«, Lehrlingen, Schülern und Rentnern gefällt. »Sie« – das sind andererseits die Ordnungshüter, die einschreiten und das Delikt mit einem lächerlich geschraubten Ideologieausdruck bezeichnen: »Störung des sozialistischen Zusammenlebens«. Die Polizei gibt sich entweder bürokratisch-korrekt und stellt einen »Ordnungsstrafbescheid« aus, oder aber sie reagiert mit unangemessener Brutalität (Drohung, Du-Anrede, vulgäre Sprache).

Kunze läßt reden und handeln, mischt sich nicht ein, kommentiert nicht. Dennoch setzt er besondere sprachliche Akzente: Das Wort »Müll« wird mitsamt seinem Wortfeld ausgeschöpft (»leergekippt«, »Scherbe«), und noch subtiler verfährt Kunze, wenn er mit dem Wort »grün« ein ganzes Assoziationsfeld weckt. Wenn »Polizistengrün« und »Immergrün« – ursprünglich eine harmlose Pflanze – so eng zusammengedacht nebeneinander stehen, so weckt das die Vorstellung: Im Polizeistaat sind die Grünuniformierten überall präsent.

Die DDR war seit mehr als zehn Jahren durch Mauer und Grenzbefestigungen zum Westen hin abgeschlossen. Die Machthaber konnten zufrieden sein: Das Abriegelungssystem funktionierte perfekt. Wie die Machthaber an einer Schule in ihrem kleinen lokalen Einflußbereich operieren, demonstriert Kunzes Bericht ›Beweggründe‹.

Beweggründe

In E., sagte sie, habe sich ein Schüler erhängt.

Am nächsten Morgen hätten Jungen verschiedener Klassen schwarze Armbinden getragen, aber die Schulleitung habe durchblicken lassen, daß die Armbinden als Ausdruck oppositioneller Haltung gewertet würden. Der Schüler sei Mitglied der Jungen Gemeinde gewesen und habe einen Zettel mit durchgekreuztem Totenkopf und der Aufschrift »Jesus Christus« hinterlassen. Als erste hätten die Abiturienten die Armbinden abgelegt, weil sie kurz vor den Prüfungen standen.

Einigen Schülern, die nicht in die Klasse des Toten gehen, sei es vom Lehrer erlaubt worden, an der Beerdigung teilzunehmen, aber auf Anordnung des Direktors habe der Lehrer die Erlaubnis rückgängig machen müssen. Dem Pfarrer sei es nicht gelungen, den Direktor umzustimmen.

Die Parteimitglieder habe man angewiesen, Gespräche über den Toten zu unterbinden.

Am Tag der Beerdigung sei für die Zeit des Unterrichts ein Schülerwachdienst eingeführt worden, und die Schultür sei abgeschlossen gewesen.

Die Szene ist wieder ausschnitthaft und exemplarisch für die Situation von Menschen in einem totalitären Überwachungsstaat. Für das Verhalten der Beteiligten gibt es unterschiedliche »Beweggründe«: Die Schüler, die Armbinden anlegen, wollen einer anerkannten Konvention genügen; die Abiturienten, die sie ablegen, tun das, womit Staat und Regime stillschweigend rechnen können. Sie verzichten auf eine Kundgabe ihrer Gefühle, um sich keine Nachteile zu verschaffen; der Tote schließlich hat sich mit seinem Abschiedsschreiben als Christ zu seinem Glauben bekannt.

Und die »Beweggründe« der Schulleitung? Sie versteht das religiöse Bekenntnis als politische Opposition und reagiert dementsprechend mit Verbot und Repression. Die Maßnahmensequenz erreicht mit der abgeschlossenen Tür ihren Höhepunkt. –

Hätte es im Jahr 1976 nicht schon eine Akte Kunze gegeben, der Staatssicherheitsdienst hätte spätestens jetzt einen Grund zum Einschreiten gesehen. Es ist aus der Sicht des DDR-Staates einzusehen, warum sich Kollegen und Freunde nach dem Ausschluß Kunzes aus dem Schriftstellerverband und nach seinem Weggang aus der DDR vergeblich für ihn einsetzten. In der Akte Reiner Kunze mit der Aufschrift »Deckname Lyrik« war längst notiert, was dem ehemaligen Universitätsassistenten, späteren Hilfsschlosser und jetzigem freiberuflichen Schriftsteller vorzuwerfen war. Kunze entstammte zwar einer proletarischen Familie, pflegte aber über seine Frau, eine tschechische Zahnärztin, Kontakte mit oppositionellen tschechischen Literaten. Während einer Veranstaltung wurde er von Sicherheitsorganen observiert. In den Akten fand sich dazu folgender Eintrag:

Berlin, den 7. 6. 1968
Seit den Ereignissen in der ČSSR im September/November 1967 wird ersichtlich, daß sich *Kunze* auf die feindlichen Kräfte in der ČSSR stützt und er besonders befürwortenden Anteil an der feindlichen Entwicklung nimmt. Aus diesem Grund erklärte er sich auch bereit, im Mai 1968 im Haus der Tschechoslowakischen Kultur in Berlin […] Gedichte zu lesen. Nach der Veranstaltung wurde er mit anderen negativen und feindlichen Personen durch die Leitung des Kulturhauses zu einem Glas Wein eingeladen. In diesem Kreis wurden die Ziele der feindlichen Kräfte in der ČSSR diskutiert und von *Kunze* und den anderen Anwesenden akzeptiert.

Seinen tschechischen Freunden widmete Kunze einige Texte der ›Wunderbaren Jahre‹. Sie beschäftigen sich mit der Situation und Stimmung in der ČSSR nach dem Einmarsch der sowjetrussischen Truppen im August 1968. In einem der Texte erzählt Kunze von einem Erlebnis, das er zu dieser Zeit beim Besuch in einem Prager Café hatte: Er wurde von der Bedienung als DDR-Bürger erkannt und deshalb nicht bedient.

In einem anderen Text kritisiert Kunze das Totschweigen von mißliebigen tschechischen Autoren in den offiziellen Lyrikanthologien. Indem Kunze in ›Die wunderbaren Jahre‹ mehrere Gedichte dieser totgeschwiegenen Dichter zitiert, macht er sie für die Öffentlichkeit zugänglich.

Auch der Text ›Das Begräbnis‹ (1975) spielt in Prag:

Das Begräbnis

Es ist die Zeit der stummen Begräbnisse.
(Ein Bürger Prags)
»Das Begräbnis findet heute siebzehn Uhr statt.« Der anonyme Anrufer legt auf ... Begräbnis? Wessen? Man überlegt, wen man anrufen könnte, und erfährt: A. ist gestorben. Krematorium Motol.

Die in Motol wohnen, machen sich um sechzehn Uhr auf den Weg. Sie wissen: Wenn ein Mann wie A. gestorben ist, ist es nicht ratsam, daß alle zur gleichen Zeit auf die Straße gehen. Die Polizei könnte das mißverstehen. Für jene aber, die am anderen Ende der Stadt wohnen, ist es beschwerlicher, nach Motol zu gelangen, so daß sie erst später kommen werden.

Die Polizei hat die Straße gesperrt und leitet alle Autos, die zum Krematorium wollen, über Vororte und Dörfer um.

B. wird sprechen. Man hat ihm fünf Minuten erlaubt. B. hat gesagt: Gut, das genügt. Vor dem Krematorium sagt man ihm: Nur eine Minute! B. sagt: Gut, das genügt. Am Sarg sagt er: »A. ist gestorben. Ich bitte Sie, sich von den Plätzen zu erheben.« Und dann: »Ich danke Ihnen.« Genau eine Minute. Aber es ist nicht üblich, sich von den Plätzen zu erheben. Als die Hinterbliebenen aus dem Krematorium treten, können sie nichts sehen. Man hat die Friedhofsbeleuchtung nicht eingeschaltet. Der Weg geht bergab, und ab und zu kommen ein, zwei Stufen. Aber er ist von Menschen gesäumt. Jeder, der auf der Höhe einer Stufe steht, sagt: Stufe. So daß keiner fällt.

Im Land herrscht Grabesstille; man muß sich vorsehen, sogar bei einer Trauerfeier. Wie lassen sich die Maßnahmen der Behörden, die Schikanen der Polizei unterlaufen? Hier mag man an Brechts Keuner-Geschichte »Maßnahmen gegen die Gewalt« denken: Man muß dem Befehl gehorchen und zugleich klug dosierten Widerstand leisten. Das Sich-Erheben ist unter den herrschenden Umständen eine gebührende Ehrung des Toten; die Trauergäste helfen einander auf dem dunklen Friedhof und machen die wohlkalkulierte Schikane wirkungslos. Nur wenige DDR-Texte berichten von solcherart Solidarität.

›Die wunderbaren Jahre‹ – der Titel, den Kunze seiner Skizzensammlung summierend gab, ist selbstverständlich ironisch gemeint. Als »wunderbare Jahre« bezeichnen Erwachsene schon einmal die Zeit ihrer Kindheit und Jugend.

Dort zeichneten der Staat und seine Jugendorganisationen das offizielle Bild einer Jugend, wie sie jungen Menschen im realexistierenden Sozialismus und im »besseren Deutschland« gewährt und garantiert sein sollte. Dieses Bild, das ebenso in die Gelöbnisformeln wie in die Aufnahmebedingungen der Organisationen einging, war Richtmaß bei der Förderung – und bei Disziplinierungsmaßnahmen. Wer abwich oder eigene Wege ging, mußte mit Verboten und Strafen rechnen.

Kunze arbeitet mit Stilmitteln wie äußerster Verknappung und Pointierung und entlarvt häufig die Absurdität der geschilderten Situationen. In der Bundesrepublik wurde das Buch in erster Linie als politisches Dokument gelesen. Heinrich Böll wertete es als Werk, das einen »einmalig schrecklichen Eindruck von der ›inneren Wirklichkeit‹ der DDR« vermittle.

Volker Braun
Unvollendete Geschichte

Im Rahmen der Thematik »Jugend in der DDR-Literatur« bietet sich an, der Tochterfigur aus Reiner Kunzes Sammlung ›Die wunderbaren Jahre‹ die wenig ältere Karin aus Volker Brauns Erzählung ›Unvollendete Geschichte‹ (1975) an die Seite zu stellen. Karin ist die Tochter eines prominenten Parteifunktionärs; Vater und Mutter sind auf das SED-Regime und sein Programm eingeschworen. Sie haben Karin nach den Prinzipien der Partei aufwachsen lassen und das Mädchen sozialistisch erzogen. Karin hat mitgemacht und bisher alles, was von ihr verlangt wurde, als richtig angenommen. Bis es zu einer ernsten Krise in ihrem jungen Leben kommt …

Volker Braun (geb. 1939) war zu DDR-Zeiten und auch noch danach ein überzeugter Sozialist. Der »realexistierende« Staatssozialismus der DDR konnte jedoch den hohen Forderungen und Ansprüchen Brauns nur selten gerecht werden, seiner Ansicht nach gab man menschlichen Schwächen zu oft nach und fand sich mit Halbheiten ab.

In ›Unvollendete Geschichte‹ hat Frank, ein junger Fernmeldemechaniker und Karins Freund, von einem ehemaligen Mitschüler aus dem Westen Briefe erhalten. Sofort regt sich der Verdacht, er könne sich zu einer Republikflucht verleiten lassen. Karin, die gerade als Zeitungsvolontärin eine journalistische Laufbahn beginnen will, wird von ihrem Vater, der um Ruf und Karriere bangt, ermahnt, sofort alle Beziehungen zu Frank abzubrechen. Die Tochter will ihren Eltern gegenüber gehorsam sein und ihnen keine Schwierigkeiten bereiten, wird sich aber rasch ihrer großen Liebe zu Frank bewußt und gibt ihm das auch zu erkennen. Die Befürchtungen des Vaters sind unbegründet, denn Frank denkt nicht im entferntesten an Republikflucht. Karin wird schwanger und zieht sogar mit Frank zusammen; auf Druck des Vaters und der Vorgesetzten in der Zeitungsredaktion jedoch läßt sie sich zu einer endgültigen Trennung überreden. Ein mißlungener Selbstmordversuch Franks bringt die beiden jedoch am Ende wieder zueinander.

Die »Angelegenheit« zwischen Karin und Frank darf nicht in der

Familie bleiben. Der Vater erscheint als Repräsentant der staatlichen Macht, die ihre Prinzipien höher bewertet als das individuelle Glück des einzelnen. Im Fall von Karin und Frank wird ganz offenbar die Stasi eingeschaltet: Der junge Mann von der Staatssicherheit ist auch anwesend, als sich Karins Vater mit einem Vertrauten der Partei auszusprechen sucht. Karin, die immer in und mit Kollektiven gelebt hat, spürt plötzlich ihre Einsamkeit. Der Vater, Befehlsempfänger und gehorsamer Parteiangehöriger, nimmt alles hin, was über seine Tochter verhängt wird, denn die Partei hat, wie es in einem bekannten Propagandalied hieß, immer recht.

Das Dilemma betrifft Tochter und Vater gleichermaßen. Brauns Diagnose deckt einen Fehler in der Rechnung auf, die das Dogma allzu rasch aufgehen läßt. »Sie lebten einseitig. Sich politisch entwikkeln hieß nicht gleich sich menschlich entwickeln.« Die Diskrepanz zwischen dem »Fall«, an dem einzelne als Betroffene teilhaben, und dem Ganzen, der »Republik«, läßt sich nicht beseitigen, wenigstens nicht von heute auf morgen.

Auch wenn Karin und Frank privat zueinander gefunden haben, ist das kein Happy-End. Der letzte Satz der Erzählung stimmt wenig hoffnungsvoll: »Hier begannen, während die eine nicht zu Ende war, andere Geschichten.«

Es braucht nicht zu verwundern, daß Brauns Erzählung nur einmal, nämlich in der Zeitschrift ›Sinn und Form‹ erschien; danach durfte sie in der DDR nicht mehr gedruckt werden.

Hans Joachim Schädlich
Tallhover

Noch Jahre nach dem Zusammenbruch der DDR besteht ein großes Interesse an der Einsicht in die Akten des einstigen Staatssicherheitsdienstes. Sie sind Zeugnisse einer weitreichenden und systematischen Überwachung. Es gab für den Staat viele Gründe, Berichte anzufordern, Aufzeichnungen zu registrieren und Verhöre in Protokollen festzuhalten. Ein Berg voluminöser Schriftlichkeit war nach 1989 abzutragen und das Abgetragene aufzuarbeiten. Dazu hat auch der Schriftsteller Hans Joachim Schädlich mit den Mitteln der Literatur einen Beitrag geleistet.

Die »Stasi«-Akten gehörten ebenso zur DDR wie die zahlreichen von Staat und Partei angeordneten Kundgebungen und Aufmärsche an bestimmten Gedenk- und Festtagen. Diese Veranstaltungen liefen nach bekannten Ritualen ab, die im Lauf der Jahre immer mehr Routine wurden.

Die Verhältnisse in seinem Land veranlaßten den Sprachwissen schaftler, Schriftsteller und ehemaligen Mitarbeiter der Akademie der Wissenschaften der DDR, einen besonderen Schreibstil zu entwikkeln, der ebenso der satirischen Entlarvung dienen konnte wie auch – bei sehr geschickter Handhabung – der Tarnung des Autors. Wie Schädlich dabei zu Werke ging, soll die Untersuchung eines Beispiels zeigen.

Über eine der zahlreichen Kundgebungen zu einem bestimmten Gedenktag könnte eine Meldung wie die folgende durch die Presse gegangen sein: »Das jüngste Mitglied des Zentralkomitees, Genosse N. N., dankte allen Werktätigen für die im letzten halben Jahr erbrachte Produktionsleistung, die die eingegangene Normverpflichtung um durchschnittlich zehn Prozent übertraf. So wird die Sache des Sozialismus überzeugend vorangebracht. Langanhaltender Beifall galt dem Redner und allen, die sich bei der Planerfüllung um unsere Republik verdient gemacht haben.« In Schädlichs Erzählung ›Versuchte Nähe‹ aus dem gleichnamigen Prosaband von 1977 wird der Sachverhalt wie folgt formuliert:

Eine Ansprache ist zu halten, so ist es Brauch, und ein aufstrebender Kollege, jüngst in den engsten Kreis aufgenommen, tritt an die Mikrofone. Der Redner sagt, was auch er [das Staatsoberhaupt] gesagt hätte, daß nämlich den Tätigen gedankt werde für Leistung.

Nicht vollbracht zu seinem Nutzen oder dem des Redners, sondern zum Nutzen der Tätigen selbst und des großen Vorhabens. Wenn also gedankt wird, so ist es das Vorhaben, das Sprache gewinnt durch den Mund eines Redners, und es danken sich die Tätigen durch den Dank des Redners selbst.

Feierlich klingt das schon, doch die Feierlichkeit wird »gewonnen« durch steife, umständlich-gezierte Sprachgesten. Die Ausdrucksweise ist gesucht-außergewöhnlich (»es danken sich die Tätigen«), getragene, altertümliche Töne durchdringen den Text (»vollbracht«, »das Sprache gewinnt durch den Mund eines Redners«). Das in der einstigen DDR klischeehaft gebrauchte Substantiv »Werktätige« wird verallgemeinernd veredelt zu »die Tätigen«. In »Vorhaben« schwingt gewissermaßen die Dimension der Zukunft mit, noch vorhandene Mängel können vernachlässigt und verschwiegen werden. Schillernd ist das Adjektiv »aufstrebend«: Es bezeichnet ebenso den gewissermaßen »gesunden« Aufstiegswillen eines Tüchtigen wie auch Streberhaftigkeit.

Schädlichs Erzählband ›Versuchte Nähe‹ brachte den ohnehin schon mißliebigen Autor in Schwierigkeiten. Schädlich hatte sich am 17. November 1976 der Schriftstellerpetition angeschlossen, die eine Rückkehr des ausgewiesenen Wolf Biermann bewirken sollte. Er verweigerte in einem Gespräch mit dem Parteisekretär der Akademie, seiner früheren Arbeitsstelle, die Rücknahme der Unterschrift und hatte es sich damit offenbar mit den Funktionären, Behörden und Verlagen der DDR endgültig verdorben. Als sein im Sommer 1977 gestellter Ausreiseantrag schließlich genehmigt wurde, ließ sich Schädlich in der Bundesrepublik, später in Westberlin nieder. ›Versuchte Nähe‹ erschien bei Rowohlt in Hamburg und erregte in der Bundesrepublik großes Aufsehen. Erst nach einer längeren Pause erschien 1986 sein nächstes Buch: ›Tallhover‹. Wieder entwickelt Schädlich seine Schreibweise aus den besonderen sachlichen Gegebenheiten.

Schädlich schafft die fiktive Figur Ludwig Tallhover, einen Kriminalbeamten, der zu verschiedenen Zeiten der deutschen Geschichte der Staatspolizei angehört. Seine Tätigkeit wird vorgeführt in Epochen, in denen deutsche Staaten oder das Deutsche Reich unter monarchisch-autoritärer oder diktatorischer Herrschaft standen, also Zeiten, in denen auf Geheiß der Regierung alle freiheitlichen und nationalen Regungen bekämpft wurden. Einer der Zeitpunkte sind die späten siebziger Jahre des 19. Jahrhunderts, als der Staat alle sozialistischen Aktivitäten für illegal erklärte und führende Sozialdemokraten bespitzeln, verfolgen und einkerkern ließ. Zur Zeit der nationalsozialistischen Diktatur wird Tallhover in das Reichssicherheitshauptamt geholt und der SS unterstellt. In der DDR ist er dann hauptamtlicher Mitarbeiter des Staatssicherheitsdienstes, der »Stasi«.

Tallhover ist eine Kunstfigur, die insgesamt 136 Jahre alt geworden wäre. Er arbeitet sich im Polizeidienst in Positionen empor, in denen er Macht ausüben darf; er ist Vorgesetzter von Untergebenen und bleibt doch selbst immer Untergebener von Vorgesetzen. Unter jedem Regime hat er den Ehrgeiz, Überwachungsaufträge und Verfolgungsmaßnahmen perfekt durchzuführen.

Die Sprache in ›Tallhover‹ leitet sich vom amtlichen Schriftverkehr und von der nüchternen und trockenen Sprache des Protokolls her. Schädlich läßt die Sprachgewohnheiten jeder Epoche als eine Art »Zeitgeiststil« einfließen.

Tallhover hat an einer Besprechung bei dem Herrn Polizeipräsidenten teilgenommen. Herr von Richthofen hat gemeint, die Organisation der Berliner Polizeistellen, die mit der Überwachung und Bekämpfung der Sozialdemokratie befaßt seien, müsse verbessert werden. Es schwebe ihm eine regionale Anpassung an die illegalen Organisationen der Berliner Sozialdemokratie vor.

Tallhover hat zu bemerken gewünscht, daß, wenn nicht eine Verstärkung des Personals zu erwarten sei – obschon er am ehesten eine Verstärkung wünsche, da die Arbeit trotz des Gesetzes im Rücken immer schwieriger sich erledige –, er geradezu zu einer Veränderung der Organisation raten müsse, zumindest im Bereiche der Exekutive.

Herr von Richthofen hat erwidert, Herr Tallhover treffe einen Punkt, den er, Richthofen, selber erwogen habe; er ermächtige Tallhover hierdurch, einen gemäßen Plan auszuarbeiten und vorzulegen.

Tallhover hat dem Herrn Polizeipräsidenten von Richthofen eine neue Geschäftseinteilung der Exekutive vorgelegt. Er hat gesagt, er habe eine Ordnung in drei Abteilungen gewählt. Der ersten Abteilung obliege die Beobachtung der gesamten sozialrevolutionären Bewegung inclusive Berichterstattung sowie die Wahrnehmung des Sicherheitsdienstes für die Allerhöchsten und Höchsten Herrschaften. Die Aufgaben dieser ersten Abteilung seien in vier Bereiche untergliedert, deren jeder einem Kriminal-Kommissarius unterstehen solle. Zum Beispiel die Beobachtung der Arbeiterbildungsschule und der freien Volksbühne einem Kriminal-Kommissarius, einem zweiten die Beobachtung der Parteileitung, der Reichstagsfraktion, der Wahlvereine und der sozialdemokratischen Presse. Jedem der Kommissare müsse die erforderliche Anzahl von Wachtmeistern und Schutzmännern zugeteilt werden. Die Exekutive verfüge übrigens zur Zeit über zehn Kriminalwachtmeister und einhundertdreiundzwanzig Kriminalschutzmänner.

Sprechen Sie weiter, hat Herr von Richthofen gesagt.

Der zweiten Abteilung liege es ob, die gesamte gewerkschaftliche Bewegung zu beobachten. Der dritten, die Geschäfte der Gasthofs- und Fremdenpolizei wahrzunehmen sowie die Recherchen in Preßsachen durchzuführen.

Herr von Richthofen hat gesagt, er werde Tallhovers Geschäftseinteilung bedenken. Vorbehaltlich der fälligen Zuweisung einiger Aufgaben, die Herr Tallhover noch nicht untergebracht habe wie zum Beispiel die Beobachtung der Polen, Rumänen, Russen undsoweiter, neige er zur Annahme des Plans. Die personelle Besetzung im einzelnen wolle er auch mit Polizeidirektor Krüger erörtern.

(15. Kapitel)

Ludwig Tallhover zeichnet sich durch Diensteifer und Ehrerbietung seinem Vorgesetzten gegenüber aus, er verfügt aber auch erkennbar über Sachkompetenz.

Ämter und Dienststellen verständigen sich schriftlich im sogenannten Amtsdeutsch; der von ihnen gepflegte Schreibstil hebt sich besonders vom mündlichen Sprachgebrauch des Alltags ab. Zum Wortschatz der Amts- und Behördensprache gehören z.B. »obliegen«, »etwas vorlegen« oder »befaßt sein mit«. Dringlichkeit wird angemessen formuliert, wenn es heißt, Tallhover »müsse« zu einer Maßnahme raten. Im sorgsam gefügten bürokratischen Satz werden Einschränkungen, Einwände und geheime Wünsche in konjunktionalen Nebensätzen untergebracht, oder es gibt dafür in Verbindung mit einem nominalen Ausdruck besondere präpositionale Floskeln: »[...] daß, wenn nicht eine Verstärkung des Personals zu erwarten sei – obschon er am ehesten eine Verstärkung wünsche, da die Arbeit trotz des Gesetzes immer schwieriger sich erledige, er geradezu [...]; vorbehaltlich der fälligen Zuweisung«.

In den Jahren 1923 und 1924 wurde die Behandlung des todkranken sowjetrussischen Diktators Lenin deutschen Fachärzten anvertraut. Einer von ihnen war Professor Foerster in Breslau. Obgleich die Geheimakten über diese Aktion eigentlich abgeschlossen sind, entschließt sich Tallhover nach der Machtübernahme Hitlers im Jahr 1933, den Fall nochmals aufzugreifen und sich, wie er – bereits im naßforschen Nazi-Jargon – sagt, den Professor »vorzunehmen«: War es nötig, einem Diktator, der als Feind der in Deutschland bestehenden Staats- und Gesellschaftsordnung bekannt war, so intensive medizinische Hilfe zu leisten?

Am siebzehnten fahre ich nach Breslau, sagt Tallhover.

Das ist ein Donnerstag, sagt Tallhovers Sekretär.

Am Freitag, halb elf, nehme ich mir Professor Foerster vor. [...]

Professor Foerster, mit dem Rücken zu Tallhover, ordnet etwas auf seinem Schreibtisch, so daß Tallhover das Gesicht Foersters noch nicht gesehen, aber den Satz gehört hat, Tallhover könne es sich aussuchen, ob er wiederkommen oder sich mit einer kurzen Unterredung begnügen wolle; Ich habe in Kürze Visite, sagt Professor Foerster.

Es ist zehn Uhr dreißig.

Tallhover sagt zu dem Gesicht, das sich ihm halb zuwendet, Wir sind verabredet, hält aber inne vor Foersters Lächeln und Blick.

Foerster, klein, mager, steht ein wenig gebeugt vor seinem Tisch und blickt über den Rand einer dunklen Hornbrille mit kreisrunden Gläsern, die fast auf der Nasenspitze sitzt, von unten herauf auf Tallhover herab. Foerster lächelt Tallhover aus.

Tallhover sagt, Lange dauert es nicht.

Foerster zeigt auf den Stuhl vor seinem Schreibtisch und bleibt, an den Schreibtisch gelehnt, stehen.

Tallhover setzt sich, sagt, Von wann bis wann waren Sie als Lenins Privatarzt in Rußland.

Foerster sagt, Wissen Sie das nicht? Kennen Sie nicht die Akten des Auswärtigen Amtes?

Noch nicht alle.

Es würde Ihnen aber Zeit sparen und der Staatskasse Spesen. Ich war in Rußland von Juni Zweiundzwanzig bis Januar Vierundzwanzig, mit kurzen Unterbrechungen.

Wie kam es dazu.

Unser Botschafter in Moskau hatte mich bei unserem Außenminister empfohlen.

Brockdorff-Rantzau bei Rathenau.

Sehr richtig, Herr Tall.

Hover.

Wie?

Tallhover.

Tallhover.

Außer Ihnen waren die Professoren Bumke, dieser mehrere Wochen, und kurzfristig Nonne, Strümpell sowie Minkowski zu Konsultationen in Moskau. Wie kamen die Russen dazu.

Ich habe der russischen Regierung die Herren vorgeschlagen, wenn Sie erlauben.

Ach, Sie waren das. Welchen Eindruck hatten Sie von Lenin.

Welchen Eindruck! Wozu das. Lenin ist tot. Wenn Sie es wissen wollen, Lenin war ein Mann von großer Liebenswürdigkeit und überragender geistiger Größe. Ich betrachte es als einen persönlichen Gewinn, diesen außergewöhnlichen Menschen genau kennengelernt zu haben. Ich neige nicht zum Kommunismus.

Sie wurden fast zwei Jahre lang aus Ihrer klinischen Tätigkeit gerissen.

Machen Sie sich keine Sorgen um mich.

Wie war Lenins persönliches Verhältnis zu Ihnen.

Zwischen uns bestand ein geradezu herzliches Verhältnis. Wir liebten es, wortspielerische Scherze auszutauschen. Im Herbst Dreiundzwanzig allerdings, als es Lenin von Tag zu Tag besser ging, weigerte er sich, mich an sich heranzulassen. [...]

Wie erklären Sie Lenins Wandel.

Lenin mißtraute den Krankenwärtern. Sie gehörten vermutlich alle der GPU an. Möglich, daß er mich schließlich in dieses Mißtrauen einschloß.

Sie betraten niemals mehr sein Zimmer?

Doch. Auch in der Stunde seines Todes. Am einundzwanzigsten Januar Neunzehnhundertvierundzwanzig. Ich wurde gegen achtzehn Uhr in sein Zimmer gerufen, blieb aber hinter einem Wandschirm. Lenin starb kurz vor neunzehn Uhr.

Sie kennen Professor Vogt vom Institut für Hirnforschung in Berlin?

Herrgott, wir kennen einander alle.

Man hat ihm mit Unterstützung der Rockefeller Foundation ein neues Institut hingebaut.

Was soll dieser Satz?

Die Rockefeller Stiftung hat auch Ihnen ein modernes Institut gebaut. Wann wird es eröffnet?

Im nächsten Jahr.

Sie werden sorgfältig bedenken, mit wem Sie zusammenarbeiten können.

Meine Mitarbeiter sind mir bekannt.

Einer Ihrer Ärzte ist Doktor Guttmann. Ist Guttmann nicht Jude?

Doktor Guttmann ist Oberarzt.

Ist Ihre Frau nicht auch Jüdin?

(49. Kapitel)

Aufschlußreich ist der Umgang der Männer miteinander. Der Professor, eine Kapazität auf seinem Gebiet, glaubt sich dem kleinen Polizisten gegenüber zugeknöpft und etwas unwirsch geben zu können. Tallhover, der sich dadurch nicht beirren oder provozieren läßt, gelingt es im Laufe des Gesprächs, den Professor in die Enge zu treiben, indem er dessen schuldhaftes Verhalten andeutet (»Ach, Sie waren das.«) und am Schluß Ermahnungen erteilt, die bereits als Befehle anzusehen sind (»Sie werden sorgfältig bedenken, mit wem Sie zusammenarbeiten können.«). Dem Professor wird von Tallhover mehrfach deutlich gemacht, daß er mit Ungelegenheiten rechnen muß, wenn er sich nicht fügt und weiter den zu Recht Entrüsteten spielt. Bald darauf ist Foerster bereit, sich dem Hitlerregime zu unterwerfen, da er sich seine Privilegien und Vorteile erhalten will.

Tallhovers Sturz im DDR-Regime hängt zusammen mit einer Krise des Staats, in dessen Dienst er sich gestellt hat. Nach dem Aufstand vom 17. Juni 1953 zieht die Regierung Konsequenzen: Aus ihrer Sicht haben die Kontrollorgane und einige Verantwortliche versagt. Auch Tallhover hat falsch kalkuliert. In jenen Tagen schreibt er dem Ministerpräsidenten einen privaten Brief, in dem er in zum Teil scharfem Ton zu weniger Nachgiebigkeit in Kirchenangelegenheiten und gegenüber Kirchenoberen rät. Tallhover hat jedoch aufs falsche Pferd gesetzt, er nimmt sich zu viel heraus.

Wenigstens einen Bescheid auf dem Dienstweg hätte ich bekommen sollen, wenn alles seine Ordnung hätte, sagt Tallhover. Aber es hat seine Ordnung nicht. Es ist etwas im Gange. Es ist Unruhe im Haus.

Am Montag, dem siebenundzwanzigsten Juli Dreiundfünfzig, morgens, erfährt Tallhover in seinem Dienstzimmer, daß etwas geschehen ist am Sonnabend. Am Sonnabend ist mitgeteilt worden, daß Tallhovers oberster Vorgesetzter, daß der General von seinem Amt entbunden sei.
Gomez, sagt Tallhover, abgesetzt?
Mittags erfährt Tallhover in seinem Dienstzimmer etwas anderes.
Daß er am Montag, dem zweiundzwanzigsten sechsten, nach der Versammlung, zu dem Genossen Leiter, der die Ereignisse erklärt hatte, gesagt habe, das sei kein faschistischer Putsch gewesen.
Das stimmt, sagt Tallhover.
Daß Sie das gesagt haben.
Beides, sagt Tallhover.
Sie beharren auf dieser Meinung? Entgegen der Erklärung der vierzehnten Tagung?
Sie wissen so gut wie ich, sagt Tallhover, wie es war.
Sprechen Sie nicht für mich, Tallhover. Der Genosse Zaisser ist am Sonnabend seiner Funktion enthoben worden, weil er die Anzeichen der Vorbereitung eines faschistischen Putsches übersehen und bei der Niederschlagung des Putsches versagt hat.
Uns liegt ein Brief vor, den Sie am neunundzwanzigsten sechsten an den Genossen Grotewohl geschrieben haben.
Also doch, sagt Tallhover.
Was heißt das?
Eine Antwort.
Die Antwort, ja. Sie haben den Genossen Grotewohl ins Unrecht gesetzt. Wußten Sie nicht, daß an der Unterredung mit Bischof Dibelius auch der Genosse Zaisser teilgenommen hat?

Nein.

Der Genosse Zaisser hat den feindlichen Charakter der kirchlichen Aktivitäten umgefälscht in eine innere Angelegenheit des Staates. Zaisser hat zu Zugeständnissen gegenüber der Kirche gedrängt. Er gehört einer parteifeindlichen Fraktion an. Er hat den Genossen Grotewohl unter Druck gesetzt.

Ihr Brief ist völlig verfehlt. Die richtige Adresse wäre Zaisser gewesen.

Aber, sagt Tallhover, das Glückwunschschreiben des Zentralkomitees. Drei Tage nach den Ereignissen.

Nach dem Putsch.

Du hast alle Dir gestellten Aufgaben ehrenvoll erfüllt, stand drin. Ich weiß es noch.

Zaisser ist nicht mehr Chef. Er hat verkannt, wo der Feind steht. Auch Sie, Tallhover, haben das verkannt.

Ich war dafür, daß durchgegriffen wird!, sagt Tallhover laut.

Das schon. Aber, wie gesagt. Es war ein Putsch.

Und in der Kirchenfrage?

Haben Sie an die falsche Adresse geschrieben.

Gehen wir wieder gegen die Kirche vor?

Sie nicht.

Ich verstehe nicht mehr.

Sie sind mit Wirkung von heute aus dem Dienst entlassen. Sie können, wenn Sie es noch wollen, im Staatsarchiv arbeiten. Als Angestellter. Nicht mehr als unser Mitarbeiter.

(69. Kapitel)

»Polizeimann« Tallhover steht in der Staatshierarchie nicht hoch genug, daß man ihn einer brieflichen Antwort würdigt; die Sache wird innerhalb des Apparats erledigt. Vielleicht ist die Gelegenheit auch günstig, den ungebetenen Ratgeber loszuwerden.

Im Verlauf des Gesprächs wird deutlich, daß es nun Tallhover ist, der verhört wird. Schädlich kennt die DDR-Praktiken; wieder hat er die Sprache auf die besonderen Verhältnisse abgestimmt, den Stil dieser Zeit berücksichtigt.

Die Mitteilung der Entlassung erfolgt kühl und schnell. Das unpersönliche »Sie« steht im Gegensatz zum »Du«, mit dem Genosse Tallhover in der Belobigung angeredet worden war.

Tallhover nimmt sich die Entlassung und Rückstufung – er darf nur noch im Archiv arbeiten – so zu Herzen, daß er sich selbst den Prozeß macht: Im Wahn phantasiert er, daß ihn ein Gericht für schuldig erkannt und zum Tod verurteilt habe, und erhängt sich schließlich im Keller seines Hauses.

Tallhover sieht Sinn und Erfüllung seines Lebens darin, daß Neigung und Veranlagung bei ihm einen »geeigneten beruflichen Rahmen« gefunden haben. Er widmet sich ganz dem Dienst, verzichtet auf Freundin, Freunde und Familie und gestattet sich nichts von dem, was anderen das Leben lebenswert macht. Politik und Kultur interessieren nur insoweit, als sie für Ermittlungen und Verfolgungen wichtig sind und in polizeiliche Untersuchungen eingehen. Ein Buch lesen zu wollen, erscheint ihm verwerflich, wenn darüber die Observierung einer wichtigen Person vernachlässigt wird.

Tallhover, dem die menschlichen Schwächen von Mitarbeitern immer wieder einen Strich durch die Rechnung machen, erscheint manchmal geradezu in einem komischen Licht. Ihn, den nie grundsätzliche Zweifel an der Rechtmäßigkeit seines Tuns befallen, läßt Schädlich nie zum ganz großen Schurken werden. Tallhover wirkt in seinem Tätigkeitsfeld immer eher durchschnittlich; er gewinnt als Persönlichkeit kein Format.

Durch die Ausweitung des Themas »Staatssicherheit« auf zwei Jahrhunderte deutscher Geschichte hat Schädlich den Eindruck vermieden, es gehe ihm nur um die DDR. Das dort aufgebaute Überwachungssystem konnte allerdings am ehesten den Beweis liefern, daß durch die Konzentration vieler Menschen auf die möglichst perfekte Organisation und die lückenlose schriftliche Fixierung unzähliger »Vorgänge« allmählich der Blick für das getrübt wurde, was wirklich in der Welt geschah.

Schädlich hat für sein Thema ein adäquates literarisch-sprachliches Verfahren gefunden. Da sich die Sprachverwendung in den unterschiedlichen Polizeisystemen in vielen Zügen ähnelt, hat er aus ihnen eine Art Kunstsprache herausdestillieren können, deren sich die Beamten der Systeme unabhängig von Ort und Zeit bedienen. Dadurch entsteht, aufs Ganze gesehen, eher der Eindruck des Parabelhaften als des »Parodistischen«.

Günter Grass hatte den ›Tallhover‹ schon vor seiner Publikation gelesen und dazu notiert: »Ein Buch, das ausweglos seinem Grundeinfall folgt: Der schier unsterbliche Agent, Spitzel, Geheimdienstmann überlebt alle Systeme.«

Daß Schädlich seinen Tallhover Selbstmord begehen ließ, wollte Grass nicht gefallen. Nach Grass' Plan sollte Tallhover als literarische Figur auferstehen und unter dem Namen Hoftaller weiterleben. Schließlich war bekannt, daß es in den achtziger Jahren in der DDR Hunderte von makabren Paaren gab, die im Dienst der Staatssicherheit operierten: den Informanten oder Agenten und seinen Stasi-Führungsoffizier, der ihm Aufträge überbrachte und Material weiterleitete, der ihn kontrollierte, schützte … und bezahlte.

Grass verwirklichte seinen Plan in seinem Roman ›Ein weites Feld‹, indem er ein solches Paar kurz vor der Wende durch Berlin und seine DDR-Umgebung streifen läßt und Hoftaller der Hauptfigur aus dem Fontane-Archiv, Wuttke/Fonty, an die Seite stellt. Hoftaller kennt als »Gedächtnis in Person« zu allen Ereignissen die Zusammenhänge und Hintergründe.

Grass konnte mit seinem Roman bekanntlich nicht den erwarteten Erfolg feiern. Marcel Reich-Ranicki fragte in seiner Kritik maliziös: Was hätte Grass wohl getan, wenn in einem Buch Schädlichs plötzlich ein blechtrommelnder Gnom namens Ratzemath aufgetaucht wäre? Schädlich hat jedoch bisher einen solchen in seinem literarischen Werk noch nicht auftauchen lassen.

Christoph Hein
Der fremde Freund/Drachenblut

In der ersten Hälfte der achtziger Jahre machte ein Autor aus Ostdeutschland auf sich aufmerksam, als er einen umfangreichen Text mit dem Titel ›Der fremde Freund‹ veröffentlichte, den er selbst als Novelle bezeichnete: Christoph Hein. Sein Name wurde bald auch in der Bundesrepublik bekannt. Der bereits in Ost und West mit Preisen ausgezeichnete Autor wagt sich in seinem Buch an eine besonders herausfordernde Erzählperspektive: Er schreibt aus der Sicht einer Frau. Die Ärztin Claudia, 39 Jahre alt und in einer Ostberliner Klinik tätig, pflegt einen Lebensstil und trägt Ansichten vor, die auch und gerade westdeutschen Lesern ungewöhnlich modern erscheinen mußten.

Sie ist erfolgreich und wird in der Klinik vom Chefarzt und von den meisten Patienten geschätzt. Seitdem sie nach zwei Abtreibungen und der Scheidung alle Beziehungen zu ihrem früheren Mann abgebrochen hat, lebt sie allein. Auch mit den Eltern, einem Rentnerehepaar in der Provinz, verbindet sie wenig.

Claudia bedeutet ihre »Single«-Existenz viel. Erst am Ende des Textes erfährt der Leser von ihr selbst, daß sie sich von einer »Schutzhaut« umgeben weiß, gleich der, die Siegfried nach einem Bad im Drachenblut unverwundbar machte:

Ich bin gewitzt, abgebrüht, ich durchschaue alles. Mich wird nichts mehr überraschen. Alle Katastrophen, die ich noch zu überstehen habe, werden mein Leben nicht durcheinanderwürfeln. Ich bin darauf vorbereitet. Ich habe genügend von dem, was man Lebenserfahrung nennt. Ich vermeide es, enttäuscht zu werden. Ich wittere schnell, wo es mir passieren könnte. Ich wittere es selbst dort, wo es mir nicht passieren könnte. Und ich wittere es dort so lange, bis es mir auch dort passieren könnte. Ich bin auf alles eingerichtet, ich bin gegen alles gewappnet, mich wird nichts mehr verletzen. Ich bin unverletzlich geworden. Ich habe in Drachenblut gebadet, und kein Lindenblatt ließ mich irgendwo schutzlos. Aus dieser Haut komme ich nicht mehr heraus.

(13. Kapitel)

Claudia will nur sich selbst gehören und ihr Leben zu jeder Zeit und in jeder Situation kontrollieren können. Andere Menschen hält sie sich nicht gerade vom Leib, wohl aber »von der Seele«. Sie vermeidet es, in »fremde Schicksale verstrickt« zu werden. Daß in einer Freundschaft Geben und Nehmen das für sie erträgliche Maß überschreiten könnte, macht eine solche Beziehung für Claudia suspekt. »Heute könnte ich nicht einmal sagen, was das sei, ein Freund. Ich habe Bekannte, gute Bekannte, ich sehe sie gelegentlich und freue mich dann.«

Auf eine Frage ihrer betulichen Mutter antwortet sie freimütig, daß sie »natürlich manchmal mit einem Mann schliefe, wenn sie das wissen wolle«, zuletzt mit Henry, einem Architekten und Mitbewohner in ihrem Apartment-Haus.

Die Handlung setzt nach dem Tod von Henry ein. Rückblickend wird die Beziehung zwischen Henry und der Ich-Erzählerin Claudia beschrieben, außerdem erinnert sich Claudia an Episoden ihrer Kindheit, an eine zerbrochene Mädchenfreundschaft.

Claudia und Henry verstehen sich, keiner von beiden will aber dem anderen sein Inneres öffnen, sie wollen sich nicht aneinander verlieren.

Unsere Distanz gab unserem Verhältnis eine spröde und mir angenehme Vertraulichkeit. Ich hatte kein Bedürfnis, [...] mich einem anderen auszuliefern. Mir gefiel es, die andere Haut zu streicheln ohne den Wunsch zu haben, in sie hineinzukriechen.

(3. Kapitel)

Doch Claudias Drachenblut-Haut weist durchaus verletzliche Stellen auf, ihr Leben ist von Ängsten begleitet. Sie ertappt sich dabei, daß sie sich darüber ärgert, »nichts als das Verhältnis eines verheirateten Mannes« zu sein. Ebensowenig ist es ihr recht, daß ihr geschiedener Mann Hinner sich ihrer Schwester, einer verheirateten Lehrerin in Rostock, genähert hat. Daß die erstrebte Selbständigkeit mit innerer Einsamkeit erkauft ist, belastet sie.

Sie kann, wie der als Vorspann der Novelle erzählte, zunächst rätselhafte Traum erkennen läßt, einem ihr ähnlich gearteten Mann wie Henry nicht wirklich trauen. In der Situation des Traums befindet sie sich zusammen mit einem Mann – vermutlich Henry – auf einer brüchigen Brücke, die es zu überschreiten gilt. Er kann ihr nicht helfen – sie will sich auch nicht helfen lassen. Im Traum heißt es: »Er soll mich loslassen, denke ich. Jeder für sich.«

Im Gegensatz zur Traumsituation, in der es der Mann ist, der sich an die Frau »klammert«, scheint es dem realen Henry leichter zu fallen, sich an die Vereinbarungen innerhalb der Beziehung zu halten.

Er läßt Selbstironie aufblitzen, wenn er sich darüber wundert, daß einer wie er auf der Welt ist. »Der ungeheuerliche Witz, daß ich auf der Welt bin, wird doch eine Pointe haben.« In der Zweierbeziehung ist er der bestimmende Teil, der die Initiativen ergreift. Aus seinen Vorlieben und Abneigungen macht er kein Hehl und will rasch und auch rüde das erreichen, worauf er gerade Lust verspürt. So hält ihn nichts davon ab, Claudia bei einem Ausflug brutal zu vergewaltigen; danach hat er keinerlei schlechtes Gewissen. Die »Pointe« in Henrys Leben kommt schneller als erwartet; sie könnte auch als »unerhörte Begebenheit« (nach Goethes Definition der Gattung Novelle) bezeichnet werden. Henry wird nämlich bei einem Streit von einem Jugendlichen erschlagen.

Hein selbst behauptete einmal, daß sich seine Heldin in ihrem Drang nach Individualismus hartnäckig dem Kollektiv und dem Sozialismus verweigere. Diese Aussage des Autors erscheint der offiziellen Doktrin geradezu nach dem Mund geredet, der Text ist hier um vieles ambivalenter.

Claudia will sich nicht zu einem Menschen befreien, der viele Möglichkeiten erprobt und verwirklicht. Nach Henrys Tod zieht sie sich vielmehr völlig in sich selbst zurück. Sie scheint unverletzlicher als je zuvor – die Trauer über Henrys Tod hat keinen Platz in ihrem Leben. Bezeichnenderweise wirft sie den Filzhut, den Henry auf unnachahmliche Weise ins Genick zu schieben pflegte und der ihr nach seinem Tod zugestellt wird, in den Müllschlucker.

Claudias Wirklichkeit bleibt beschränkt und oberflächlich.

Ich habe einen Friseur, zu dem ich unangemeldet kommen kann, einen Fleischer, der mich bevorzugt bedient, eine Schneiderin, die einen Nerv für meinen Stil hat. Ich habe einen hervorragenden Frauenarzt, schließlich bin ich Kollegin. Und ich würde, gegebenenfalls, in eine ausgezeichnete Klinik, in die beste aller möglichen Heilanstalten eingeliefert werden, ich wäre schließlich auch dann noch Kollegin. Ich bin mit meiner Wohnung zufrieden. Meine Haut ist in Ordnung. Was mir Spaß macht, kann ich mir leisten. Ich bin gesund. Alles was ich erreichen konnte, habe ich erreicht. Ich wüßte nichts, was mir fehlt. Ich habe es geschafft. Mir geht es gut.

(13. Kapitel, Schluß des Buches.)

Es ist nicht schwer zu durchschauen, daß Claudia sich eine richtiggehende Lebenslüge konstruiert. Gerade bei einer Ich-Erzählung ist die Erzählerstimme besonders »unzuverlässig«.

Der Leser erfährt alles nur aus Claudias Perspektive und muß selbst versuchen, die »Wahrheit« zu erkennen.

Auffällig und fast beschwörend wirken die Beteuerungen, daß es ihr so gut gehe, nachdem sie es fertiggebracht hat, ein Leben zu führen, über das anscheinend nur sie selbst bestimmt. Auf eine Anteilnahme oder auch nur auf Interesse an öffentlichen und politischen Dingen scheint man keinen großen Wert mehr zu legen, weder die Regierung noch die Bürger. Aufgrund ihrer Qualifikation als Spezialärztin ist Claudia den sogenannten »Kadern« ihres Landes zuzurechnen und hat berufsbedingte Privilegien erworben.

Reinhard Baumgart zählt in seinem 1994 erschienenen Rückblick auf die Literatur der Nachkriegszeit ›Drachenblut‹ zu den »östlichen Geschichten, [...] gut zu orten«.

In dieser Novelle spiegelt sich auch ein Stück Mentalität der späten DDR. Die Menschen, auch viele Intellektuelle, haben resigniert. Die Privilegien sind – selbstredend – mit genereller Staatstreue erkauft; die Anfänge, als der Staat sich aller seiner Bürger versichern wollte, liegen weit zurück. In der Erzählung erinnert sich Claudia an ihre Kindheit in den fünfziger Jahren. Zu dieser Kindheit gehört auch ihre damalige Freundin Katharina, deren Familie christlich-gläubig war, ganz im Gegensatz zu Claudias eigenem Elternhaus. Die Ärztin erinnert sich, wie die Freundschaft zwischen den beiden schließlich zerbrach; Katharina wurde wegen ihres christlichen Elternhauses und der »Republikflucht« ihrer Brüder die Zulassung zur Oberschule verweigert, während Claudia das Abitur machen darf. Die beiden Mädchen entzweien sich über den unterschiedlichen Weltanschauungen; die Freundschaft ist längst zerbrochen, als Katharina schließlich mit ihrer Mutter zu den älteren Brüdern nach Niedersachsen zieht. Aus der rückblickenden Perspektive der Erwachsenen sehnt sich Claudia nach ihr – doch es gibt keine Hoffnung auf ein Wiedersehen.

Wenn die Ärztin an ihre Zukunft denkt, weiß sie, daß sich Bekanntes wiederholen wird; das meiste ist vorhersehbar und wird sich vermutlich als erträglich erweisen. »Ein unbeirrbarer, regelmäßiger Ablauf« wird sich fortsetzen.

Claudia hat ein einziges Hobby: Sie fotografiert immer wieder Bäume und verfallende Gebäude und sammelt die entwickelten Aufnahmen in Schachteln und Schubladen. Ganz am Ende ihres Bekenntnismonologs fällt sie über dieses Tun ein hartes Urteil: »Es sind Ausschnitte, die nichts begriffen haben. Ihnen fehlt Horizont, ihnen fehlt das Verwelken, Vergehen und damit die Hoffnung.«

Wie der Anfang des Buches mit dem Brückentraum scheint sich dieses Urteil über das rein persönliche Geschehen ins Allgemeinere zu erheben. Nicht nur ihr Leben ist ohne Hoffnung auf Veränderung – Claudia steht zugleich repräsentativ für eine privilegierte, aber weitgehend unpolitische Bevölkerungsgruppe der DDR und auch für den Staat selbst, der unformbar, starr und zugleich schlaff geworden ist.

3.1 Zur Situation des deutschsprachigen Theaters nach 1968

Spätestens seit den sechziger Jahren ist das deutsche Drama kaum mehr als Lesedrama, sondern nur noch als Bühnenaufführung vorstellbar. Erst durch das Mitgestalten der Regisseure, durch den hohen künstlerischen Einsatz der Schauspieler und durch die besonderen Wirkungsmittel des Theaters, Bühnenraum, Bauten und dienstbar gemachte Technik, wird der Text des Manuskripts zu einem erregenden Ereignis, das auch über die Kunstwelt des Theaters hinaus Beachtung findet. Solche Theaterereignisse gab es in unserem Zeitraum verhältnismäßig oft. Die hohe Konzentration und der enorme Arbeitsaufwand der Ensembles entsprang der Überzeugung, daß sich die Aufgabe künstlerisch lohne.

Das Muster des aristotelischen Mimesis-Theaters, die »Nachahmung« eines Stücks geschlossener Handlung aus der sogenannten Wirklichkeit, war endgültig aufgegeben worden. Die Theaterstücke wurden statt dessen vom Theater und seinen Möglichkeiten her konzipiert.

Wenn etwa die Kritik bemerkte, daß in ›Groß und klein‹ von Botho Strauß die »Befindlichkeit« der Bundesrepublik in den siebziger Jahren zu spüren sei, so heißt das nicht, daß es sich um ein Abbild oder Spiegelbild handelte. Eher wurden einzelne Passagen als Anspielungen verstanden und mit wissendem Lächeln quittiert.

Tankred Dorsts Theaterstück ›Eiszeit‹ ist relativ konventionell gearbeitet. Im Mittelpunkt steht hier die Gestalt des alten norwegischen Dichters Knut Hamsun, der nach dem Zweiten Weltkrieg der Kollaboration mit den Nationalsozialisten angeklagt wurde. Die Hauptgestalt ist so sehr prägend, daß man mit Recht von einem Charakterdrama sprechen kann.

Franz Xaver Kroetz liefert zu Beginn der siebziger Jahre eigentlich noch einen Beitrag zum Theater des vorhergehenden Jahrzehnts. In der Sprache seiner Figuren deckt er psychische und soziale Schäden auf, die auf die gesellschaftlichen Verhältnisse und auf eine ererbte Mentalität zurückzuführen sind. Diese Schäden führt Kroetz in ihren meist schlimmen Auswirkungen vor.

Thomas Bernhard macht aus zeitgenössischen Typen durch eine besondere Art der Zeichnung und Modellierung Figuren *seines* Theaters; ihre Art, sich zu geben und zu sprechen, lassen aus ihnen

Gestalten der Bernhardschen Kunstwelt werden. Bernhard gewann die Regisseure, die Schauspieler und schließlich sein Publikum für sich.

Botho Strauß stellt die von ihm porträtierten Gegenwartsmenschen in ein zeittypisches Milieu. Fast immer fesseln ihn aufschlußreiche Einzelaspekte; die Darstellung dieser Gestalten erwies sich für Schauspieler als reizvolle Aufgabe.

Heiner Müller sollte nicht einseitig auf seine zu DDR-Zeiten geschaffenen Werke festgelegt werden. Aus der verwirrenden Lebensvielfalt und aus der Geschichte holt sich Müller das Theatertaugliche heraus und schafft daraus mit einem untrüglichen Instinkt für Bühnenwirkungen eine Art Welttheater. Shakespeare, nicht etwa Brecht, war sein Vorbild für dieses Unternehmen.

Tankred Dorst
Eiszeit

Am 9. November 1968, am fünfzigsten Jahrestag der Novemberrevolution von 1918, wurde ›Toller‹ von Tankred Dorst uraufgeführt. Der vielseitige Dramatiker Dorst konnte gewiß sein, dem deutschen Theater ein politisches Zeitstück geliefert zu haben. Hauptfigur war der politisch engagierte expressionistische Dramatiker Ernst Toller, der sich intensiv an den Aktivitäten für die Gründung der Münchener Räterepublik beteiligte.

Das Drama ist eine Folge von Einzelszenen, die das historische Geschehen der unruhigen Revolutionswochen nachgestalten: Schnell wechseln Momentaufnahmen aus den Straßenkämpfen mit Rede und Gespräch; Dorst verwendet hier filmische Techniken.

Die Diskussion über ›Toller‹ war noch nicht abgeschlossen, als der produktive Tankred Dorst 1973 ein konventioneller gearbeitetes Stück folgen ließ, das den Titel ›Eiszeit‹ erhielt. Dorst hatte sich mit dem Leben und Schicksal des weltbekannten norwegischen Schriftstellers und Nobelpreisträgers Knut Hamsun befaßt, er war dazu durch die Lektüre von Hamsuns Autobiographie angeregt worden.

Hamsun wurde nach dem Zweiten Weltkrieg als Vaterlandsverräter angeklagt, weil er mit den Nationalsozialisten und der deutschen Besatzungsmacht sympathisiert und paktiert hatte. Während Hitler für Hamsun der Gründer eines germanischen Großreichs war, kämpften von 1940, dem Jahr der Besetzung Norwegens, bis zum Kriegsende 1944/45 zahlreiche Norweger im Untergrund und als Partisanen gegen die deutschen Unterdrücker.

Tankred Dorst hat einmal geäußert, er habe sich in ›Toller‹ vom Vorbild Brechts gelöst und »nicht mehr die Wahrheit der Personen aufgegeben zugunsten von Ideen«. Auch in ›Eiszeit‹ bestimmt der Charakter die Dramaturgie. Die Hauptperson ist, auf Bänken oder Stühlen sitzend, eigentlich ständig auf der Bühne, in vielen der fünfzehn Szenen steht er im Mittelpunkt.

»Der Alte«, der von sich selbst sagt, daß er »den Leuten immer lästig« falle, ist nicht bei seiner Familie, sondern in einem Altersheim untergebracht, wo er von einem Häuflein skurriler Alter umgeben ist, an deren kuriosem Treiben er mehr oder weniger Anteil nimmt.

Ehe der Alte, also Hamsun, vor Gericht erscheinen muß, will man ihn ausforschen, will erfahren, warum er zum Vaterlandsverräter geworden ist. Ein Psychiater untersucht den alten Mann auf seinen Geisteszustand hin, indem er ihn Begriffsbildungstests unterzieht, die erkennen lassen, daß der Geprüfte geistig wach reagieren kann; nur gelegentlich – eine Folge der Altersaphasie – fällt ihm das richtige Wort nicht ein.

Danach stellt ein aus ehemaligen Widerstandskämpfern bestehendes Trio, ein Pfarrer, ein Journalist und ein Sparkassendirektor, mit dem Alten ein Verhör an. Die einstigen Opfer der »Nazideutschen« haben sich ihre parteiische Meinung schon vorher gebildet und setzen die Befragung ohne große Lust noch fort. Es ist zu hören, daß sie immer noch von Affekten besessen sind. Der Alte zeigt sich ihnen durchaus gewachsen.

REICH: Sie sagen, Sie haben nichts gewußt –
DER ALTE: Ich habe wohl von Sabotageakten gehört, jawohl! Und vom Widerstand habe ich gehört – einige Schauspieler haben ihren Vertrag mit dem Theater nicht unterschrieben wegen dem neuen Direktor, der wohl ein Quisling-Anhänger war. Das habe ich von meiner Frau gehört. Sie war früher Schauspielerin. Aber dann haben sie doch unterschrieben.
REICH: Nehmen wir einmal an, Sie hätten etwas von den Naziverbrechen gewußt. Hätten Sie sich dann genauso verhalten?
DER ALTE: Das ist eine erdachte Situation. Aber wenn ich etwas gewußt hätte, hätte das meine Einstellung zu den Deutschen sicher verändert. – Ich war in meinem langen Leben immer gegen das Unrecht, und ich habe mich nie gescheut, dagegen zu kämpfen!

(3. Szene)

Ein erklärter Feind des Alten, der es nicht durchgehen läßt, wenn er seine politischen Fehlentscheidungen mit der ausschließlichen Hingabe an die Kunst entschuldigen will, ist der Student Oswald. Dieser hat mit seinem Vater, der »an den Deutschen Geld verdient« hat, gebrochen und als Partisan gekämpft. Daß er »etwas riskiert« hat, imponiert dem Alten. Er erschließt sich dem Studenten, der ihn sehr an seine jungen Jahre erinnert.

OSWALD: Sie waren immer ein Despot!

DER ALTE: Ja.

OSWALD: Wie Hitler, wie mein Vater, der Reeder! Wie diese ganze Bande!
Schweigen.

DER ALTE: Und wenn Sie alles in die Luft gesprengt haben, was Ihnen miß-fällt, was kommt dann?

OSWALD: Dann!

DER ALTE: Ja dann!
Oswald bemerkt, daß es sinnlos ist, dem Alten etwas zu erklären.

OSWALD: Dann kommt was Neues.

DER ALTE: Aha! Dann kommt wohl das Himmlische Jerusalem! Da stehen goldene Kühe auf den Wiesen!

OSWALD: Sie können sich ruhig darüber lustig machen. Es macht mir nichts aus.

DER ALTE: Ich sehe Sie an, und da sehe ich, wie ich jung war – ja, ich erinnere mich! Da habe ich auch goldene Kühe gesehen! Ich bin wie ein Verrückter durch die Straßen von Kristiania gerannt – ich bin jung, ich bin jung, ich bin jung! – Ich habe nicht debattiert, die Schöpfung tut es auch nicht. Ich habe angefangen zu … *(das Wort fällt ihm nicht ein)* … ohne die Melodie zu kennen, so verrückt war ich! […] Ich wollte mich sogar in die Luft sprengen vor Glück. Ich habe mir sogar einen Apparat dafür konstruiert! Vor lauter Glück.

OSWALD: Achtzehnhundertachtzig.

DER ALTE: Ich habe gedacht, wenn ich jetzt vor die Menschheit hintrete und sage: Hurra! Ich sprenge mich in die Luft! Dann habe ich gesiegt. Wer das tut, ist unbesiegbar!

OSWALD: Sieg Heil!

DER ALTE: Bitte?

OSWALD: Halleluja!

DER ALTE: Ja, Halleluja! – Dann bin ich neunzig geworden … ein dummer Greis bin ich geworden.

(7. Szene)

Bei seiner Verteidigung kommt dem Alten zugute, daß der Autor ihn seine eigenen Überzeugungen vorbringen läßt. Eine solche Überzeugung Tankred Dorsts lautet:

Ein Mensch ist […] ein Konglomerat von vielen Ideen und Wünschen, und die haben nichts miteinander zu tun, die widersprechen einander und die bekämpfen sich. Ein Mensch hat die verschiedensten Eigenschaften, man kann nicht sagen, welche die wichtigste ist.

Dorsts ›Eiszeit‹ wurde eher zurückhaltend aufgenommen; zwanzig Jahre später hätte man vielleicht gesagt, der Autor habe gegen die »politische Korrektheit« verstoßen, indem er Hamsun in gewisser

Weise als Opfer darstellt, und Oswald und den Alten aufgrund ihrer jeweiligen politischen Radikalität, jedoch unter diametral entgegengesetzten Vorzeichen, einander näherrücken läßt. Sicherlich war es ein Anliegen Dorsts, die vermeintlich klaren Fronten zu verwirren und dadurch zu provozieren.

Für Dorsts Gesamtwerk bedeutete ›Eiszeit‹ den endgültigen Übergang zum Charakterdrama. Noch in den siebziger Jahren wandte sich Tankred Dorst einer neuen Aufgabe zu. Sein mehrstündiges Stück ›Merlin oder Das wüste Land‹ bezog seinen Stoff aus der phantastischen Welt der keltischen Mythen, es war mit seinen Riesen und Drachen, seinen Zauberern und Märchengestalten eine Art »fantasy«-Stück, in deren Zentrum die Artussage steht.

Franz Xaver Kroetz
Wildwechsel

Franz Xaver Kroetz (geb. 1946) wurde um 1970 im westdeutschen Theaterbetrieb als junger, talentierter Stückeschreiber entdeckt; man erhoffte sich von ihm ein »Volkstheater« neuen Typs. Es liegt nahe, daß seine Stücke rasch mit den Arbeiten Marieluise Fleißers in Verbindung gebracht wurden; Ähnlichkeiten ergaben sich schon aus dem nahezu gleichen geographischen Erfahrungs- und Beobachtungsraum: Fleißer und Kroetz kannten sich aus mit den Menschen ihrer näheren und weiteren, meist bayerischen Umgebung.

Kroetz, Oberbayer und Wahlmünchner, wollte aber nicht als Regionalautor abgestempelt werden. Der gelernte und praktizierende Schauspieler war in der Zeit der Studentenunruhen angetan von dem Vorhaben, die Literatur zum Werkzeug und zur Waffe für politischsoziale Ziele zu machen. Wie vor allem das Stück ›Wildwechsel‹ (1971) demonstriert, nahm sich Kroetz mit Vorliebe Skandalfälle vor, bei denen die Täter eigentlich Opfer komplexer Ursachenzusammenhänge sind. Kroetz will diese Zusammenhänge jedoch nicht im Drama einer Analyse unterziehen, sondern er beschränkt sich auf die Darstellung erschreckender Ereignisse in der Alltagswelt einfacher Leute. Der Zuschauer erfährt nur das, was von den wenigen Menschen, die plötzlich unter Druck geraten, auf der Bühne zu hören und zu sehen ist.

Das Stück ›Wildwechsel‹ beginnt an einem Samstagmorgen, einem für Berufstätige freien Tag. Der Kraftfahrer Erwin und seine Frau Hilda wollen diesen Tag wie gewohnt verbringen: in Ruhe frühstükken und später zum Einkaufen fahren: »Wo mir es so gut ham« ist Hildas Argument gegen alle halbherzigen Wünsche Erwins, künftig als Fernfahrer zu arbeiten. Die schulpflichtige Tochter Hanni, dreizehn Jahre alt, wird von den Eltern immer noch als »es« (= das Kind) bezeichnet, obgleich sie körperlich schon stark entwickelt ist und ihren Willen durchzusetzen weiß. Die für Kroetz' Stücke fast typische »Wohnküchen-Harmonie« wird jedoch bald gestört.

Hanni hat sich ohne Wissen der Eltern mit dem neunzehnjährigen Hilfsarbeiter Franz eingelassen. Wenn die beiden schon, wie es in der Region heißt, »etwas miteinander haben«, will sich das junge Paar auch in sexuellen Dingen keine Zurückhaltung auferlegen. In einem »Unterschlupf« kommt es zum ersten Geschlechtsverkehr und zu Hannis Defloration. Die dritte Szene zeigt das zeitlich vorangegangene Ereignis.

Franz und Hanni in einem Unterschlupf.
FRANZ: Hat dich vor mir noch nie einer angeredt?
HANNI: Gredt schon.
FRANZ: Aber sich nicht traut. Da bin ich anders.
HANNI: Einer muß ja anfangen.
FRANZ: Das is schön, gell.
HANNI: Weh hats tan.
FRANZ: Bist undankbar, wo sich das gibt.
HANNI: Blutn tu ich wie eine Sau.
FRANZ: Ich bin auch blutig wordn von dir.
HANNI: Hättst nicht hergehn müssn.
FRANZ: Tun mir sich abputzn.
HANNI: Mit was denn? Ich hab kein Taschntuch dabei.
FRANZ *gibt ihr seine Unterhose.* Putz dich ab.
HANNI: Das geht nicht mehr raus.
FRANZ: Dann bleibts drin. Kommt mir nicht drauf an, das tu ich schon für dich.
   Pause.
   Willst dich schon anziehn? Da kommt keiner.
HANNI: Warum denn nicht? Was solln mir denn jetzt noch tun da herin?
FRANZ: Hast schon einmal eine Zigarettn geraucht?
HANNI: Schön öfters.
FRANZ: Dann rauchn mir jetzt noch eine Zigarettn, und dann gehn mir. Soll ich dir eine anzündn?
HANNI: Wennst willst.
FRANZ: Leg dich wieder her zu mir.
   Pause.
   Jetzt bist nicht mehr jungfräulich.
HANNI: Das hätt ich mir heut früh nicht gedacht.
FRANZ: Tuts dir leid?
HANNI: Einmal hätts ja doch passiern müssn.
FRANZ: Freilich.

HANNI: Jetz is es halt jetz passiert. Macht nix.
   Pause.
FRANZ: Gfall ich dir?
HANNI: Wennst mir nicht gfalln tätst, hätt ich es schon nicht tan.
FRANZ: Wo du mir auch gfallst.
HANNI *lächelt.*

(3. Szene)

Der Geschlechtsakt wird vollzogen und dann fatalistisch »abgehakt«. Es stellen sich weder besondere Gefühle noch Skrupel ein: »Einmal hätts ja doch passiern müssen [...] Jetz is es halt jetz passiert. Macht nix.«

Daß die Polizei hinter das verbotene Tun gekommen ist und Franz wegen Verführung einer Minderjährigen festgenommen hat, bereitet Erwin und Hilda Unannehmlichkeiten und Unruhe. Ihr gewohnter Lebensrhythmus ist gestört. Wie die beiden reagieren, zeigt die siebte Szene.

In der Küche. Erwin und Hilda. Hilda ist beschäftigt. Erwin trinkt ein Bier. Sie schweigen einige Zeit.
ERWIN: Das geht mir nicht ein.
HILDA: Steht alles drin im Protokoll.
   Pause.
   Hast es ja nicht mitmachen müssn, wies mit dem Auto gekommen sind und gläutet habn. Is Ihre Tochter da, habn sie gsagt, dann folgn Sie uns aufs Revier. Mir müssn Ihnen unangenehme Enthüllungen machn, ham sie gsagt.
   Pause.
ERWIN: Hast den Kerl gsehn?
HILDA: Nur ein Foto habn sie mir zeigt. Der is in Untersuchungshaft in der Stadt.
   Pause.
   Wos in der Nacht noch mit seine Puppn schlaft.
ERWIN: Wo is sie überhaupt?
HILDA: Beim Singunterricht für die Feier am Sonntag. Ich habs gehn lassn, schon damits wie immer ausschaut. Muß eh gleich aus sein.
ERWIN: Ham die Nachbarn was gmerkt?
HILDA: Ich glaub nicht, weil die mit einem Zivilauto gekommen sind und erst gredt ham, wie mir im Wohnzimmer warn. Lies das Protokoll, da steht alles genau drin.
ERWIN: Habs schon gelesn.
HILDA: Morgn vormittag muß du kommen, ich brauch nicht mehr hin.
ERWIN: Allein geh ich nicht.
HILDA: Geh eh mit.
ERWIN: Sonst geh ich nicht. Gehst aufs Finanzamt auch immer für mich, wo ichs mit die Ämter nicht kann.

HILDA: Geh eh mit. Die Kinder sind heute frühreif, das hat der Polizist gsagt, das kommt öfter vor.

ERWIN: Was nutzt mich das, daß es öfter vorkommt, wo ich nur eine Tochter hab.

HILDA: Der Mann hat sie verführt.

ERWIN: Den müssens zum Tode verurteiln, den müssens aufhängen.

HILDA: Wo mir keine Todesstrafe mehr ham.

ERWIN: Dann müssens sies wieder einführn für den Kindsverführer! Oder ich bring ihm mit die eigenen Händ um.
Pause.
Hat er sich nicht eine andere nehmen können, hat er ausgerechnet unser Kind sich vergreifn müssn?

HILDA: Weißt du, was die Hanni gsagt hat? Er hat sie gar nicht verführt, hat sie der Polizei gsagt, sie ham beide wolln, in Schutz gnommen hats ihm noch.

ERWIN: Das glaub ich nicht von meinem Kind, das is glogn.

HILDA: Vergewaltigt hat ers nicht, das steht fest, sagt die Polizei.

ERWIN: Er muß sie auch nicht vergewaltigt ham. Der hat seine Tricks, der hats verführt mit dem Geist, und sie is wehrlos gwesn, so is das gwesn.
Pause.

HILDA: Was solln mir denn jetzt tun mit dem Kind.
Pause.

ERWIN: Was solln mir denn tun. Nix tun mir, nix.

HILDA: Ich hab auch gsagt, daß gstraft gnug is, so wies is.

ERWIN: Da kann sie nix dafür, sonst is sie nicht mehr meine Tochter, wenn sie was dafür kann, drum kann sie nix dafür.

HILDA: Willst ihr gar nix sagn?

ERWIN: Umbringen tu ichs, wenns nochmal passiert, bevors zwanzig is, das kannst ihr von mir sagn, sonst fallt mir nix ein. Jetzt ist es Redn zu spät, das hättn mir uns früher überlegn müssen.

HILDA: Willst mir einen Vorwurf machn?

ERWIN: Wenn ich auf der Tour bin, kann ich nicht wissn, wo meine Tochter is.

HILDA: Willst mit einen Vorwurf machn?
Pause.

ERWIN: Das hast ja nicht wissen können, daß Kind plötzlich sowas anfangt, sonst hättn mir das ja verhindert, wenn mir das gewußt hättn.

HILDA: Ich bin mir auch keiner Schuld bewußt, weil ich mir nix zuschulden hab kommen lassen. Wos mich nie anglogn hat, wie hätt ich da wissn solln, daß plötzlich, wenns sagt, sie geht zur Freundin oder zur Handarbeit, zum Mann geht.

ERWIN: Das is zuviel verlangt, das kann man nicht von uns verlangn. Das war unselig, mir können alle nix dafür, weils verführt wordn is.
Geräusch.

HILDA: Jetzt kommts.

ERWIN: Schicks auf ihr Zimmer, weil ich sie nicht sehn kann heute.

HILDA: Alles schiebst auf mich.

ERWIN: Ich hab auch meine Scham.

HILDA: Ich vielleicht nicht?

ERWIN: Weil ich sie nicht sehn kann. Bist ja seine Mutter. Und morgen tun mir so, als wär nix gwesn, genau wie immer, weil mir an dem alle nicht schuld sind.

(7. Szene)

Von Vater Erwin sind in den eigenen vier Wänden starke Worte zu hören, im Gespräch mit seiner Frau entlarvt sich der »gestandene« Mann jedoch als unselbständig, charakterschwach, verantwortungsscheu und feige. Bisher hat die Polizei in der Sache nur die Mutter vernommen; jetzt ist auch Vater Erwin vorgeladen, der sich am liebsten von aller Mitverantwortung drücken würde. Zu Hause, in der Küche, sieht er rot und will keine Entschuldigung gelten lassen. Seine Gedanken umkreisen nur, was ihn selbst betrifft. Dabei versteigt er sich zu absurden Forderungen, denn er ist im Affekt – vielleicht aber auch grundsätzlich – zu sachlich-logischem Denken nicht fähig.

Seine Hilflosigkeit verrät sich besonders in einem verkorksten Satz, in dem konditionale, kausale und konsekutive Bezüge durcheinandergehen: »Da kann sie nix dafür, sonst is sie nicht mehr meine Tochter, wenn sie was dafür kann, drum kann sie nix dafür.« Das Wunschbild, das sich der einst stolze und arglose Vater von seiner Tochter gemacht hat, wird verdrängt vom trivialen Bild einer »Verstoßungsszene« wie aus einem Schnulzenfilm, und der Vater leitet daraus die schreckliche Drohung ab: »Sonst ist sie nicht mehr meine Tochter.« Kaum nötig zu bemerken, daß der abgeleitete Satz wiederum unlogisch ist.

Obgleich die Realität ganz anders gewesen ist, konstruiert sich Erwin eine infame Verführung seiner Tochter: »Der hat seine Tricks, der hats verführt mit dem Geist, und sie is wehrlos gwesn, so is das gwesn.«

»Geist« ist ein »unverdauter Brocken« in Erwins Wortschatz, das Wort bedeutet für ihn etwas unerreichbar »Höheres«.

Was Wunder, daß die ohnmächtigen verbalen Drohgebärden mit dem Sprachbestand des »gesunden Volksempfindens« der NS-Zeit bestritten werden. Die Ausdrücke haben sich in Erwins Unterbewußtsein festgesetzt, ohne je reflektiert worden zu sein. Wieder geraten dabei die Relationen des Öffentlichen und die egoistisch-privaten Wünsche durcheinander: »Dann müssens sies [die Todesstrafe] wieder einführn für den Kindsverführer.« Schließlich verdrängt die ganze Familie das Malheur, indem sie sich angelegentlich mit einem »Unfall« beschäftigt, der Fremden zugestoßen ist, und beim Essen wird nur über das Essen geredet. Die Szene schließt mit dem Satz des Vaters: »Und morgn tun mir so, als wär nix gwesn, [...] weil mir an dem alle nicht schuld sind.«

Da Hanni aber schwanger ist, läßt sich das Malheur nicht auf

Dauer vertuschen. Bezeichnend für Erwin ist nun, daß er sich hinter kleinbürgerlichen Moralvorstellungen verschanzt, von denen man annehmen darf, daß ihnen in der Provinz noch viele »ehrbare« Leute anhingen. Auch Erwin hat sie verinnerlicht (»weil ich mein ganzes Leben lang meine Moral im Leib gehabt hab«) und denkt unter ihrem Einfluß daran, daß es mit Hanni und dem Kerl, mit dem sie »schiebt«, auch anders stehen könnte.

Im Schlafzimmer. Dunkel. Erwin und Hilda im Bett.
ERWIN: Weißt, was der is? In der Hühnerschlachterei arbeitet er als Hilfsarbeiter. Sein Vater is Torfstecher bei eim Bauern in Dachau.
HILDA: Ich hab mir schon sowas denkt, wiest mir gesagt hast, daß er in der Gflügelfabrik war.
ERWIN: Schlafn tut er in der Unterkunft, nicht einmal ein Zimmer hat er.
    Pause.
    Für das hab ich kein Geld ins Kind gsteckt vierzehn Jahr. Das sag ich dir. Wenn das ein anständiger junger Mensch is, mit einer Familie wie mir, dann tät ich sagn, die Hanni is noch ein Kind, aber es kommt die Zukunft, weil mir auch einmal jung warn. Aber ohne ein Geld gibts keine Liebe, und ohne ein Beruf keine Frau. Und schon gleich nicht meine Tochter.
HILDA: Ein Pech ham mir schon.
ERWIN: Wennst bedenkst, jetz is er gsessn wegn ihr, und was tut er, als ihm auslassn. Zruck kommt er und macht weiter, als wär nix gwesn. Das is ein Fanatismus, das muß er extra machn.
HILDA: Oder er is krank.
ERWIN: Ich versteh das nicht. Sowas könnt mir nicht passiern, das gibts nicht.
HILDA: Das is jetz die Jugend, Erwin.
ERWIN: Und was warn mir damals? Keine Jugend, 44 hams uns einzogn. An meim neunzehnten Geburtstag, warn mir aufm Rückzug an der Memel: nix zum Fressn, nix mehr zum Anziehn, ein paar Scheißpanzerfäuste und 20 Grad unter Null. In der Nacht ham mir uns in die Deckn aus der Winterhilfe verkrampft, aber zittert ham mir wie nackert.
    Pause.
    Mir warn keine Jugend sondern Soldaten.
    Hilda?
HILDA *schläft.*
ERWIN: Schlafst?
HILDA: Aber ich hör zu.
ERWIN: Is eh gscheiter. Man schlaft.
HILDA: Das war eine andere Zeit damals, das is kein Vergleich.
ERWIN: Mir sind aber anständig worn.
HILDA: Die Zeit is trotzdem anders, Erwin.
ERWIN: Wo denn? – In der Zeitung. Da is eine Aufklärung und eine Freizügigkeit, die können sich die leisten, die ein Geld ham. Mir nicht. Wenn die Hanni nämlich so weiter macht, seh ich schwarz für die Zukunft. Weil ein Filmschauspieler, dem alles wurscht is, kriegt sie nicht und eim Facharbeiter mit zwölfhundert im Monat, dem is es nicht wurscht. Das is die Wirklichkeit, die herrscht.

HILDA: Ich denk mir immer, daß eine neue Zeit is, wenn ich mich nicht aus-
kenn.
ERWIN: Aber die erlebn mir nicht mehr und die Hanni auch nicht. Weiter-
denkn muß man. Die Hanni wird vernünftig wie alle, und in fünf Jahren
klagts uns an, weil mir zulassn ham, daß sich den Weg in eine normale Zukunft verbaut. Heut is ihr alles wurscht: der is nix, kann nix, hat nix. Aber
morgen is das anders. Glaubst, die bleibt bei eim? Jetzt? Das is keine Liebe
sondern eine Sexualität, das kenn ich, aber das braucht eine Zügelung, daß
zu geordnete Verhältnisse führt. Von uns.
HILDA: Freilich is das kein Mann für die Hanni. Ein Zuchthäusler.
ERWIN: Der wo alles nimmt, was ihm zwischen die Füß durchlauft. Ich hab
zwei Fraun gehabt in meim Leben, gleich nach dem Krieg und dann dich.
HILDA: Dann willst ihn anzeign.
ERWIN: Soll ich wartn, bis wieder Wildfremde im Park aufstöbern und an-
zeign? Das is ein Glück, das nicht zweimal is, daß das damals nicht in die
Öffentlichkeit kommen is.
HILDA: Da müssn mir auch der Polizei dankn.
ERWIN: Und warum ham die das gemacht? Weils es nachfühln, wie das is.
Mir sind nämlich ruiniert, wenn das rauskommt. Die schmeißens von der
Schul, das sag ich dir. – Dann geh ich aber in Fernverkehr, wo ich nie mehr
da bin.
HILDA: Dann könntn mir uns sowieso nicht mehr halten in der Stadt.

(18. Szene)

Wenn Franz ein »anständiger junger Mensch« wäre, wenn er mehr
Geld verdienen würde, könnte man irgendwann den jugendlichen
Leichtsinn verzeihen. Immer noch steht »man« auf dem Standpunkt,
daß einer, der gut verdient, Ansprüche an die Unbescholtenheit der
Frau stellen darf, mit der er eine Beziehung eingeht: »eim Facharbei-
ter mit zwölfhundert im Monat, dem is es nicht wurscht.«

Zu diesen immer noch verbreiteten Ansichten müßte sich – meint
Erwin – auch die Regierung bekennen und Verstöße durch hartes
Durchgreifen ahnden. Wenn Erwin hier von »besseren Zeiten« faselt,
dann einzig und allein unter dem Blickwinkel seines persönlichen
Unglücks. Die Ungeheuerlichkeit der folgenden Aussage wird ihm in
keinem Moment bewußt: »Aber lieber vergasns mir hunderttausend
Judn, als daß mir so eine Sau mein Kind verunglimpft.« Das irgendwo aufgeschnappte, hochtrabende Verb »verunglimpfen«, das der
juristischen Fachsprache entstammt, läßt die Sache noch gewichtiger
erscheinen.

Obwohl sich die Mutter Hilda auf eine »neue Zeit« und gewandel-
te Vorstellungen bei den Jungen beruft, herrscht bei ihr noch immer
die Angst vor der öffentlichen Schande: »Laß dir um Himmels willen
wenigstens kein Kind machn, das ist das Wichtigste.«

Kleinbürgermoral verführt Erwin zu dem Glauben, die Angelegenheit zwischen ihm und Franz könne als »Männersache« ausgetra-

gen werden, indem der so sehr geschmähte Jüngere etwas »in die Hand hinein« verspricht. Die Hoffnung, daß man durch solche Zeremonien zu einer Befreiung kommen könne, veranlaßt Erwin schließlich, sich auf den »Wildwechsel« zu begeben.

Franz und Hanni bei einem Wäldchen in freier Gegend.
HANNI: Kalt is.
FRANZ: Frierst?
HANNI *nickt.*
FRANZ: Magst meine Jacke?
HANNI: Dann frierst ja du.
FRANZ: Nein, mir is eh zu heiß. *Zieht seine Jacke aus.*
HANNI: Legst mirs umd Schultern. Wenn dir kalt is, sagst es, dann geb ichs
    dir wieder.
FRANZ: Mir is nicht kalt.
    Pause.
HANNI: Ich versteh nicht, wo er so lang bleibt. Wenns noch lang dauert, bis er
    kommt, dann verkältn mir uns noch.
FRANZ: Schlupf halt richtig hinein, dann friert dich schon nicht mehr.
HANNI: So gehts schon.
    Pause.
    Hast eine Zigarettn mitgnommen?
FRANZ: Magst eine? In der linkn Taschn sinds.
HANNI: Habs schon. Zündhölzln hast keine.
FRANZ: Vielleicht in der andern Taschn.
HANNI: Nix is drin.
FRANZ *sucht in seinen Hosentaschen.*
HANNI: In meiner Handtaschn wärn schon welche. Aber die is daheim.
FRANZ: Am Kiosk vorn täts welche gebn. Soll ich gehn?
HANNI: Nein, so wichtig is auch ned. Rauchn mir halt nix. Er muß eh gleich
    kommen, dann kaufn mir halt beim Heimgehn welche. Werd nimmer ewig
    dauern.
FRANZ: Wenn er gar nicht kommt?
HANNI: Der kommt schon.
FRANZ: Wenn er mitm Radl gfahrn is, müßert er schon da sein.
HANNI: Dann is er halt zfuß gangen.
    Pause.
FRANZ: Is schon blöd, daß mir keine Zündhölzln habn.
HANNI: Rauchst nachher zwei dafür.
FRANZ: Mir können ja am Kiosk vorbeigehn heimwärts.
HANNI: Damit die Verkäuferin weiß, daß mir heraußn sind.
FRANZ: Kennt uns doch keiner.
HANNI: Trotzdem. Wirst es schon noch erwartn können.
    Pause.
FRANZ: Das Wartn is fad.
HANNI: Dafür können mir heut aufd Nacht ins Kino gehn zusammen, in die
    Achtuhrvorstellung. Is das nix?
FRANZ: Was schaun mir uns denn an?

HANNI: Irgendwas wirds schon gebn.

FRANZ *lächelnd:* Vielleicht ein Peter Alexander Film …

HANNI: Ich weiß nicht. – Jetz kommt er: siehst ihn?

FRANZ: Jetz is er kommen.

HANNI: Ich hab doch gesagt, daß er kommt.

FRANZ: Jetz is er doch mitm Radl kommen. Hat aber lang braucht.

HANNI: Wird ihn schon was aufghaltn habn.

FRANZ *verfolgt zielend den Vater.*

HANNI: Mußt ihn schon weiter herkommen lassen, sonst wirkts nicht.

FRANZ: Wie weit?

HANNI: Weiß ned. Das hättn mir ausprobiern solln. Jetz geht er hinüber, wo ich ihm doch gsagt hab, daß er daher soll. Hat er sich wieder nicht merkn können.

FRANZ: Jetz schieß ich einmal, dann sehn mirs schon. *Er drückt ab – ein Schrei von Erwin.*

HANNI: Troffn hast ihm.

Erwin kommt fahrend auf die Bühne, getroffen, steigt schwankend vom Rad ab.

FRANZ: Aber nicht gscheit.

HANNI: Jetz is er umgfalln.

FRANZ: Aber lebn tut er noch.

HANNI: Mußt halt nochmal schießn.

FRANZ *zielt:* Jetz.

Mehrere Schüsse.

HANNI: Jetz mußt ihm erwischt habn. Zamzuckt is er. *Sie steht auf und geht auf Erwin zu. Franz hinter ihr her … Hanni unsicher:* Vater? – Der is tot.

FRANZ: Aber schnaufn tut er noch.

HANNI: Meinst?

ERWIN *versucht den Kopf zu heben.*

HANNI: Rührn auch noch. Hau ihms Gwehr nauf, der is ja noch gar nicht tot.

FRANZ *schlägt Erwin den Gewehrkolben über den Kopf.*

HANNI: Der möchtert einfach nicht sterben! *Sie nimmt Franz das Gewehr weg und haut ebenfalls auf Erwin ein.* Sterbn sollst, kannst nicht hörn!

FRANZ: Mach dich nicht blutig, das geht nicht mehr weg.

HANNI: Freilich gehts weg. *Legt das Gewehr beiseite, kniet nieder, horcht an der Brust.* Jetz schnauft er nicht mehr, und pumpern tuts auch nicht mehr. Jetz is er wirklich tot.

FRANZ: Dann gehn mir.

HANNI: Seine Brieftaschn nehmen mir mit.

FRANZ: Der wird nicht viel dabei habn.

HANNI: Bist du vielleicht blöd. Wegn der Polizei. Die meinen, der ist überfalln wordn wegn seim Geld. *Nimmt die Brieftasche des Toten.* Das teiln mir.

FRANZ: Jetz komm.

HANNI: Was pressiert dir denn so?

FRANZ: Ich möcht eine Zigarettn.

HANNI: Sind eh fertig.

FRANZ: Gehn mir.

(24. Szene)

Parallelen zur Deflorationsszene sind unverkennbar: Keinerlei Skrupel, keine moralischen Bedenken, kaum Emotionen. Wichtig ist lediglich, daß Franz nicht »durchdreht«, daß die Waffe wirksam gehandhabt wird. »Aber lebn tut er noch.« »Mußt halt nochmal schießen.« Kroetz steigert die Szene zu einer schier unglaublichen Brutalität. Als der Angeschossene sich noch zu rühren scheint, schlagen ihm »die Kinder« mit dem Gewehrkolben über den Kopf; Tochter Hanni verwünscht den zählebigen Vater: »Der möchtert einfach nicht sterben! (Sie nimmt Franz das Gewehr weg und haut ebenfalls auf Erwin ein.) Sterbn sollst, kannst nicht hörn!«

Franz, dem die Sache durch das lange Warten schon »fad« geworden ist, läßt sich gern von Hanni auf einen Kinobesuch am Abend vertrösten und giert nur nach einer Zigarette. »Sind eh fertig«, kommentiert Hanni am Ende kühl-lakonisch.

In einem Erziehungsheim, wo Hanni, von Franz und Hilda getrennt, ihr Kind zur Welt bringen soll, spricht eine Ärztin mit der jungen Mutter. Das Kind, ein Krüppel, lebt nur wenige Stunden. »Blöd ist das«, ist alles, was Hanni dazu hervorbringt. Die hilflostrotzige Bemerkung im Halbwüchsigen-Jargon ist kaum noch deutbar, so vieles ist in ihr enthalten: Verwunderung über das, was die beiden betroffen hat; vielleicht ein Hauch naiv-instinktiven Muttergefühls – und vor allem das Unvermögen, sich sprachlich differenzierter zu äußern.

Kroetz läßt das Volksstück ›Wildwechsel‹ in einem Gerichtskorridor enden, in einem Gerichtsgebäude also, wo schon so viele solcher Stücke geendet haben. Eine Verhandlung ist angesetzt, bei der Anklageschrift und Staatsanwalt auf Totschlag oder gar Mord plädieren werden. Vermutlich wird sich das angeklagte Paar in der Aufregung noch weniger als sonst angemessen äußern können.

Ihre eigene Beziehung beenden sie, indem sie Zuflucht nehmen zu Versatzstücken aus der Sprache der Gebildeten, vielleicht auch nur der Sprache der Heftromane und Schnulzenfilme: »Richtige Liebe hat uns nie verbundn.«

Am Schluß scheint bei den beiden Jugendlichen doch noch ein Fünkchen Gefühl oder eher Sentimentalität auf – sie hatten sich für das verstorbene Kind bereits einen Namen ausgedacht: »Michael, das wär schön gewesn.« Dieser Satz wird weggewischt von der geschäftigen Mahnung des Beamten: »Kommen Sie beide, es wird gleich losgehen.« Der Termin für Franz und Hanni ist bei Gericht nur einer unter mehreren an diesem Tag: Man muß den Zeitplan einhalten.

Kroetz' Bühne ist keine moralische Anstalt, auf der Verbrechen gesühnt werden. Schuldige sind nämlich von Unschuldigen letztlich nicht zu unterscheiden; alle geraten in einen Teufelskreis, aus dem sie nicht herausfinden und in dem sie sich bis zum Ende drehen.

Die an die bairische Umgangssprache angelehnte Kroetzsche Bühnensprache macht die Sprachnot hörbar. Daß sich seine Personen sehr oft mit dem gröbsten Ausdruck behelfen müssen, nicht differenzieren können, ist das eigentliche Hindernis auf dem Weg zu einer humanen Gesellschaft. Dieses Wissen macht Kroetz pessimistisch und läßt ihn Begebenheiten wie den Vatermord in ›Wildwechsel‹ so kraß auf die Bühne bringen.

Franz Xaver Kroetz
Oberösterreich

Nicht alle frühen Kroetz-Stücke gehen so trostlos aus. Das 1972 in Heidelberg uraufgeführte ›Oberösterreich‹ ist von Anlage und Aufbau her dem Stück ›Wildwechsel‹ verwandt, der Autor führt vergleichbare Probleme jedoch einer anderen Lösung zu.

Die Dreiteiligkeit, die beiden Stücken gemeinsam ist, ließe sich wie folgt beschreiben: Auf ein trügerisches Familien- oder Zweisamkeitsidyll folgt eine Krise, in der ein Kind seinen Eltern Angst macht. Daran schließt sich die Katastrophe oder die überraschende Abwendung eines Katastrophenendes an.

Während sich Martin Sperr in den frühen sechziger Jahren in seinen ›Jagdszenen in Niederbayern‹ (vgl. Bd. XI, S. 137ff.) auf die im Kern erhaltene oder restaurierte Dorfgesellschaft bezieht, die von zugespülten Randexistenzen beunruhigt wird, leben die Menschen in ›Oberösterreich‹ schon ganz in einer kleinstädtischen Konsum- und Wohlstandsgesellschaft, die sich erst in den sechziger Jahren herausgebildet hat.

Das Ehepaar Heinz und Anni hat für Auto, Wohnzimmerschrank und Farbfernseher monatliche Raten zu entrichten. Die Haushalts- und Familienplanung der beiden ist realistisch, solange beide berufstätig sein können. Ein Kind ist allerdings nicht eingeplant, es stellt lediglich einen Faktor in der Kostenrechnung dar.

(In der Küche. Anni spült ab. Heinz sitzt am Tisch. Abend.)
HEINZ: Wenn man ein Kind hat, hörn die Schwierigkeitn nimmer auf.
   […]
ANNI: Man muß an das Lebn glaubn, Heinz.
   (Heinz schaut Anni lang an.)
ANNI: Ich tu es nicht, Heinz. Brauchst gar ned um den heißn Brei herumredn.
   (Pause)
   Ich spür es, Heinz.
   […]
HEINZ: Wenn das Kind da is, is es aus mit der Arbeit für dich.

ANNI: Da gibts den Mutterschutz.

[…]

HEINZ: Und wenn die sechs Wochen vorbei sind? Ein Kind lebt lang.

[…]

ANNI: Mit einem Kind hat man Steuerermäßigung und Kindergeld von der Firma wegen der Belastung.

HEINZ: Sagn mir neunhundertfünfzig netto! Die Wohnung kostet –

ANNI: Schreib es doch auf.

HEINZ: Genau. Machn mir eine Bilanz, und fällen einen Urteilsspruch über das Kind. *Holt Bleistift und Zettel.* Gerechtigkeit muß sein. Zuerst die Wohnung: 385 Mark.

ANNI: Licht, Gas, Wasser und Heizung – 80 Mark ungefähr. – Schreibn mir siebzig.

HEINZ: Wiest es willst, wo es dein Fach is. 135 Mark Autorate, Unterhalt Auto 100 Mark im Monat rund. Das is von mir errechnet.

ANNI: Genau.

HEINZ: Ratenzahlungen für den Wohnzimmerschrank 63 Mark –

ANNI: Den hätts net braucht.

HEINZ: Das hätt man vorher wissen müssen. Farbfernseher 89 Mark fünfzig und meine neue Ziehharmonika 35 Mark 75.

ANNI: Zigarettn.

HEINZ: Ich 20, du 10. 60 Mark, 90 Mark gesamt. Kleinigkeiten, das mußt du wissen!

ANNI: Kegelabend 10 Mark, Kino auch 10 Mark, Radio Fernsehen 8 Mark 50 monatlich, Hör zu 4 Stück im Monat, 3 Mark 60, der Stern, bloß einmal im Monat, 1 Mark 50, Frisör für mich einmal, 12 Mark 30, Buchgemeinde 6 Mark 50, 1 Kiste Bier und eine halbe Limo alle 14 Tage, also doppelt 16 Mark, 32 Mark mit Trinkgeld. – Fertig.

HEINZ: Fertig. *Rechnet zusammen, es dauert lange.*
Anni fängt zu weinen an.

HEINZ: Weinst. – Weinen tät ich an deiner Stelle nicht.

ANNI: Weil es soviel is.

HEINZ: Zamrechnen. *Rechnet weiter.* 1052 Mark und 65 Pfennig genau.

(3. Akt, 1. Szene)

Aufgrund der Bilanz sieht sich Ehemann Heinz veranlaßt, den »Urteilsspruch« über das Kind im Mutterleib zu fällen: abtreiben oder auf so viel Komfort verzichten, daß es weh tut. In der von Geschäft und Genuß bestimmten Gesellschaft braucht sich Heinz die Entscheidung nicht schwerzumachen.

Auch Anni ist ein Produkt ihrer Erziehung, sie sieht die neue Zwangslage mehr mit den Augen der Frauen vorhergehender Generationen. Ihr kommt das »Zufrieden muß man sein« leichter über die Lippen als Heinz. Mit der bezeichnenden Floskel »heißt es« bringt sie jene Redensarten vor, die aus der sogenannten »Volksweisheit« stammen, zur Verhaltensorientierung dienen und für jeden neuen Fall immer noch Geltung beanspruchen.

In ›Oberösterreich‹ wird die Katastrophe rechtzeitig abgewendet: Heinz kommt zur Einsicht, nachdem ihm Anni einen Parallelfall zu dem ihrigen aus der Zeitung vorgelesen hat. Sicher ist Heinz nicht so borniert und in seiner Angstpsychose gefährlich wie der Kraftfahrer Erwin in ›Wildwechsel‹, ob es Kroetz aber dramaturgisch gelungen ist, Entwicklungen zu zeigen, die »vorher unbekannte Seiten eines Menschen, eine neue Perspektive zum Vorschein kommen« lassen, muß man bezweifeln. Eher scheint der Stückeschreiber mit der Zeitungsmeldung zu einer modernen Variante des Deus ex machina gegriffen zu haben.

Kroetz hat in späteren Jahren seine Position als »fortschrittsskeptisch« definiert. Eine solche Skepsis kann man bereits in den frühen Stücken bemerken. Kroetz hat zur Erneuerung des deutschen Dramas beigetragen, indem er schon vorgeprägte Sprache verwendet, die die Aussage übernimmt und trägt. Die Menschen erleben dann, wie Kroetz selbst festgestellt hat, daß ihre Sprache »nicht funktioniert«, und gehen daran mitunter zugrunde.

Thomas Bernhard
Die Jagdgesellschaft

Man kannte Thomas Bernhard bereits als Verfasser düsterer Erzählungen aus der Alpenregion, als am 19. Dezember 1970 sein erstes Drama ›Ein Fest für Boris‹ in erstklassiger Besetzung seine Uraufführung erlebte.

Zwei Jahre später erhielt Bernhard den Grillparzer-Preis verliehen. Die Verleihung kommentierte der Autor bissig, er sei nur »mit langer Verspätung« zum Preisträger gemacht worden, »weil mich keiner von denen, die mich auszeichnen wollten, überhaupt kannte, und man mich erst aus der zehnten Publikumsreihe heraussuchen mußte.« Immer noch zu wenig bekannt also, vielleicht sogar verkannt? Das sollte sich bald ändern.

Im Drama ›Ein Fest für Boris‹ tyrannisiert und schikaniert eine schwer körperbehinderte Dame der besten Gesellschaft vom Rollstuhl aus ihre Pflegerin und ihren zweiten Mann Boris, einen Invaliden, den sie sich aus dem Asyl geholt hat. Sie hat zum Asyl hin extra eine Schneise in den Park schlagen lassen, damit Boris vom Fenster aus sein Elendsquartier, aus dem er nun erlöst ist, immer vor Augen hat. »Die Gute,« wie die Dame genannt wird, droht bei schlechter Laune schon einmal, ihn dorthin zurückzuschicken.

Zu seinem Geburtstag gibt die Wohltäterin ein Fest und lädt dazu seine ehemaligen Leidensgenossen, die Asylinsassen ein. Sie dürfen nach Herzenslust essen und trinken und sich dabei über ihr miserables Leben im Asyl auslassen. Boris weiht sein Geburtstagsgeschenk, eine Trommel, ein, übernimmt sich jedoch und fällt plötzlich tot um.

Die Schmerzen und Leiden der Dramenfiguren gehen zwar vom Körper aus, beeinflussen jedoch das Fühlen und Denken dieser Menschen. Nur »die Gute«, so scheint es, kann sich an den von ihr Abhängigen schadlos halten, indem Sie ihre bösartigen Launen an ihnen ausläßt. Die Dame genießt auch ihr Redeprivileg und ergeht sich in langen, monologischen Passagen. Den anderen Figuren ist es allenfalls erlaubt, dumpf-bockig ihren Unmut zu artikulieren.

Das Groteske im ›Fest für Boris‹ bot Regisseuren und Schauspielern viele Chancen, den geschriebenen Text in Spiel umzusetzen. Das sollte bei Thomas Bernhard so bleiben. Er war, um es mit dem Titel eines späteren Stücks zu sagen, von Anfang an ein »Theatermacher«.

›Die Jagdgesellschaft‹, Bernhards drittes großes Stück, erschien 1974 und wurde noch im gleichen Jahr auf mehreren großen Bühnen, in Wien, Berlin und Basel, aufgeführt. Nur dem Leser des Stücks ist das Motto zugänglich, das Bernhard dem Stück voranstellt und das Kleists Aufsatz über das Marionettentheater entnommen ist. Darin wird festgestellt, daß die Marionette bei ihrem Tanzrhythmus allein mechanischen Gesetzen gehorcht. Die Marionette stellt das Gegenstück zu einem autonomen Wesen dar. Soll man neugierig werden, welcher Mechanik, welchen Mächten die Figuren in Bernhards Stück ausgeliefert sind.?

›Die Jagdgesellschaft‹ ist ein Stück mit drei Hauptpersonen, von denen längere Zeit nur zwei auf der Bühne agieren. Ihr Gespräch dreht sich eigentlich nur um den noch abwesenden Dritten, einen General, der als starker Mann ein Land regiert und zugleich ein leidenschaftlicher und erfolgreicher Jäger ist. Draußen, im winterlichen Wald, knallen immer wieder Schüsse, denn der General hat eine Gesellschaft zum Jagdvergnügen geladen. Seine Frau, die Generalin, ist im wohlgeheizten Jagdhaus zurückgeblieben. Ihr leistet ein Schriftsteller Gesellschaft, und beide sind bemüht, sich bei Kartenspiel und klassischer Musik die Zeit zu vertreiben und einander bei Laune zu halten. Eine anspielungsreiche Konversation informiert über die Verhältnisse, bildet also die Exposition. Beiläufig und abrupt kommt zur Sprache, wie es um den General steht.

SCHRIFTSTELLER
[...]
schaut hinaus
Es wird finster

GENERALIN
   Durch den Wald
   plötzlich
   finster
   Das ist dann
   wenn der Wald gefällt ist
   vorbei
   endgültig
SCHRIFTSTELLER
   Das Verschweigen einer Todeskrankheit
   ist eine Ungeheuerlichkeit
   Asamer von links mit einem Arm voll Hartholz herein, legt im Kachelofen
   nach
GENERALIN
   Diese plötzliche Finsternis
   wissen Sie
   abrupt
SCHRIFTSTELLER
   Ich weiß jetzt alles
   über den Borkenkäfer
   alles gnädige Frau
   Und über die Augenkrankheit
   welche als Grauer Star
   bezeichnet wird
GENERALIN
   Durch diesen ungeheueren Wald
   im Hintergrund
   abrupt
   [...]
SCHRIFTSTELLER
   Der Borkenkäfer
   und der Graue Star
   damit er den Borkenkäfer nicht sieht
   der Generalin direkt ins Gesicht
   und die Erkrankung in der Niere
   als abrupten
   weniger peinlichen
   Lebensabschluß gnädige Frau
GENERALIN
   Obwohl wir so viel Holz haben *lacht*
   so ungeheuer viel Holz
   Wenn erst der Wald gefällt ist
   werden wir so viel Holz haben
   daß es uns erdrückt [...]

(S. 20–23)

So viel ist schon klar: Auf zwei Ebenen ist etwas im Gange, verändert sich etwas. Zum einen ist der Wald, in dem der General jagt, vom Borkenkäfer befallen, und die Bäume müssen deshalb schleunigst gefällt werden. Zum anderen setzen dem General unheilbare Krankheiten zu; er hat wohl nicht mehr lange zu leben.

Über diese Sachverhalte spricht der Schriftsteller hartnäckig, während die Generalin auszuweichen scheint und leichthin von der Beleuchtung, der Beheizung und dem baldigen Überfluß an Holz redet. Bekümmert sie die Todeskrankheit ihres Mannes nicht?

Der General hat erst im dritten Teil seinen Auftritt.

Nach der Jagd

General, Generalin, die Minister, Prinz, Prinzessin sowie der Schriftsteller trinkend und rauchend am Tisch
Gegen fünf Uhr früh

GENERAL
Mein lieber Herr Schriftsteller
das Leben in der Generalsuniform
ist zu allen Zeiten
keine Sache für einen sensiblen Menschen
oder gar für einen außerordentlich empfindlichen Charakter
Wenn es sich allerdings um einen freien Menschen handelt
wie Ihre Person
Schriftsteller lacht laut
Die mit ihrer Freiheit machen kann was sie will
Schriftsteller lacht laut
Aber das ist eine andere Sache
Jedenfalls sind Sie ein Mensch
der Augen und Ohren offen hat
und der nichts verschweigt
das ist seine Natur
[...]

GENERALIN
Übermorgen geht mein Mann
in die Klinik
sozusagen auf ein paar Tage

GENERAL *zu den Ministern*
Sozusagen auf ein paar Tage
wissen Sie
Mir kommt dieser Klinikaufenthalt
gerade recht
Eine Atempause müssen Sie wissen
in meiner großen Anstrengung
mit meiner Schrift weiterzukommen

GENERALIN
Vorher hat mein Mann nocheinmal
auf die Jagd gehen wollen

ZWEITER MINISTER
    Der Herr General
    ist als Jäger eine Berühmtheit
    zu seinem Kollegen
    Der Herr General hat die höchsten Auszeichnungen
    die es auf dem Gebiet der Jagd gibt
GENERAL *zu den Ministern*
    Wissen Sie
    auf der Jagd regeneriere ich mich
    Da schöpfe ich Luft
    da bin ich ein anderer Mensch
    ein neuer Mensch [...]

(S. 77–80)

Der General spielt offensichtlich, nun geschickt assistiert von seiner Frau, die Rolle des vitalen, energischen Mannes und tapferen Soldaten. Er will seiner Umgebung imponieren, was ihm auch mühelos gelingt. Widerwärtigkeiten jeglicher Art bietet er die Stirn; er denkt nicht an Rücktritt.

Der General rechnet sich ohne Zweifel zu den Tatmenschen, die Geschichte machen und die es sich erlauben können, über Schreiberlinge und Intellektuelle zu witzeln. Auf den Schriftsteller zeigt er mit dem Finger und schimpft ihn kaum verhohlen einen Schmarotzer.

    [...]
    Alle schreiben
    alle schreiben hier
    Kartenspielen
    oder Nichtstun
    oder Schreiben
    Unser Schriftsteller
    schreibt eine Komödie
    und alle die wir hier sitzen
    kommen in seiner Komödie vor
    Der Vorhang geht auf
    Da sitzen wir
    und sind eine Komödie
    [...]

(S. 96)

Der Schriftsteller bestätigt, daß er tatsächlich über den General und die im Jagdhaus Anwesenden zu schreiben gedenkt; er will aber nicht nur ein – wenn auch leicht karikiertes – Abbild eines Klüngels von Jasagern, Schönrednern und Prominenten schaffen.

SCHRIFTSTELLER
    [...]
    Eine Komödie stellen Sie sich vor

in welcher ein General eine Hauptrolle spielt
und dieser General hat eine Todeskrankheit
in Stalingrad haben sie ihm den linken Arm abgerissen
Und eines Tages geht er in den Wald
und verletzt sich mit der Motorsäge am Bein
und zur gleichen Zeit wird festgestellt
daß er den Grauen Star hat
Dazu zwei Minister gnädige Frau
die den General zum Rücktritt zwingen
eine Jagd stelle ich mir vor
eine Jagdgesellschaft
in einem unserer schönsten Jagdhäuser
in einer gänzlich von der Außenwelt abgeschnittenen Gegend
Eine Privatgegend müssen Sie sich vorstellen
Zwei gutgekleidete Herren
werden von dem General auf die Jagd eingeladen
Dazu ein Prinz
auf der Seite des Generals
die Prinzessin
so charmant wie schweigsam
Und möglicherweise gnädige Frau
gestatte ich mir den Borkenkäfer auftreten zu lassen
zu den Ministern
Das Beschriebene meine Herren
ist etwas Anderes
wie ja schon das Beobachtete etwas Anderes ist
Alles ist anders
zur Generalin
möglicherweise eine Philosophie
würde der General sagen
Kommt ein einarmiger General vor in meinem Stück
ist es ein anderer
Und möglicherweise gnädige Frau wird gesagt
ich selbst sei in meinem Theater
Aber es ist ein Anderer

(S. 104 f.)

Was ist anders? Auf der Bühne bringt der Schriftsteller alles, was den
General betrifft, in einen Zusammenhang, der ihm bewußt machen
soll, daß es nicht gut um ihn steht.

Der Schriftsteller wendet sich auch an seine Gönnerin, die Generalin, und führt ihr vor Augen, was er vom Lebensstil einer mondä-
nen Dame hält, die sich in allerlei Zerstreuungen flüchtet.

Und wir frühstücken und ziehen uns an gnädige Frau
und nehmen Kontakt auf
In eine Arbeit flüchten gnädige Frau
nehmen eine Axt in die Hand

oder setzen uns an den Schreibtisch
oder wir hetzen auf den Bahnhof
oder wir verfassen etwas
oder wir nehmen nurmehr noch Medizin ein
fortwährend Medizin gnädige Frau
Wir wachen grundsätzlich in Interesselosigkeit hinein auf
gleich ob wir unter Menschen sind
oder nicht
[…]
ob wir in der Stadt aufwachen oder nicht
in dem immer gleichen Zustand der Interesselosigkeit […]
weil wir unsere Existenz zu einem Unterhaltungsmechanismus gemacht
    haben
zu nichts als einem schäbigen Unterhaltungsmechanismus gnädige Frau
zu einer Kunstnaturkatastrophe gnädige Frau

(S. 100 ff.)

Bei dem ungewöhnlichen Wort »Kunstnaturkatastrophe« horcht der
General auf. Er wiederholt das Wort, das ihn offenbar betroffen
macht.

Durchschaut er schon die Marionettenhaftigkeit seines Lebens?
Will er sein Amt ausfüllen und behalten, muß er den Mann spielen,
den nichts anficht. Eines Tages wird er sich nicht mehr darüber hin-
wegtäuschen können, daß Krankheiten als Boten der Natur von seinem Körper Besitz ergriffen haben; sie werden ihm das Schauspielern bald verleiden und von ihm verlangen, daß er sich auf das
Sterben einstellt.

Bernhard variiert hier barockes Welttheater, das ihm von Salzburg
her wohlvertraut war: Die menschliche Existenz verlockt dazu, auf
der Bühne der Welt Theater zu spielen; und dieses Spiel nimmt lange
Zeit Aufmerksamkeit und Kraft in Anspruch und hält von Wesentli-
cherem ab, bis die »Kunstnaturkatastrophe« einsetzt und ihren Lauf
nimmt.

Man darf auch an ›Hamlet‹ denken; an das Spiel im Spiel in dieser
Shakespeareschen Tragödie. Hamlet argwöhnt, daß der neue König
in Dänemark, der Gemahl seiner Mutter, seinen Vater durch Mord
aus dem Weg geräumt hat, um selbst auf den Thron zu gelangen.
Hamlet läßt fahrende Schauspieler den Mord am alten König spielen und beobachtet dabei den neuen: Wie wird er reagieren? Tiefver-
stört durch die Wahrheit erhebt sich der König Claudius, entfernt
sich.

Auch der General in Bernhards Stück scheint verstört, er verläßt
fast unbemerkt die Party und erschießt sich im Nebenzimmer.

Die zunehmend alkoholisierten Gäste haben auch nicht bemerkt,
daß der Schriftsteller zunehmend ernsthaft über den General gespro-

chen hat; sie hören nicht hin, als er berichtet, daß in den ihm zugänglichen Teilen von dessen Memoiren der Tod ein zentrales Thema darstellt. Fast im gleichen Moment, in dem der General stirbt, beginnt auch im Wald das Sterben: »Hacken und Sägen fangen an, den Wald niederzulegen, immer intensiver, immer lauter.«

Der General ist selbst ein Stück auf den Tod zugegangen; eine etwaige psychologische Motivation, einem elenden Sterben zuvorkommen zu wollen, zählt für Bernhard wenig. Die Entscheidung des Generals braucht auch nicht moralisch begründet zu werden. »Der Schuldbegriff ist Unsinn, gnädige Frau«, hatte Bernhard den Schriftsteller bemerken lassen. Der General ist kein Held, er hat auch nicht für begangenes Unrecht gesühnt, sondern die Mechanik des Daseins ist in ihm wirksam geworden.

Müßig ist auch die Frage danach, ob das Stück eine Komödie oder eine Tragödie ist. Vielleicht läßt sich lediglich sagen, daß Bernhard in der ›Jagdgesellschaft‹ aus der »Kunstnaturkatastrophe« ein Theaterstück gemacht hat.

Thomas Bernhard
Die Berühmten

Thomas Bernhard war schon in früher Jugend in schmerzlichverhängnisvoller Weise an die Stadt Salzburg gebunden. Spätestens seit seinen autobiographischen Büchern aus den siebziger Jahren war offenkundig, daß er Salzburg und die Salzburger haßte; zuviel war ihm, wie er glaubte, in dieser Stadt angetan worden. Wenn Bernhard über Salzburg schrieb, wurde er leicht ausfällig, beleidigend. Bei den oft vernichtenden Pauschalurteilen nahm er auch die Salzburger Festspiele nicht aus, bei denen sich alljährlich Künstler von Weltruf und ein illustres Publikum ein Stelldichein gaben. Für Bernhard waren die Festspiele ein Jahrmarkt der Eitelkeiten, bei dem auch er, wie er augenzwinkernd-ironisch zugab, ganz gern mitmachte.

Zwei seiner Stücke waren in den siebziger Jahren bereits zur Festspielzeit in Salzburg uraufgeführt worden; 1975 wurde er aufgefordert, ein weiteres zu liefern. Im Sommer dieses Jahres schrieb er ›Die Berühmten‹; das Stück, eine »Kunstbetriebsbeschimpfung«, wie ein Kritiker meinte, wurde aber nicht inszeniert. Man wollte »keinen Bernhard« mehr – und schon gar nicht einen solchen. Bernhard, der seinen Wert kannte, reagierte gereizt: »Die Theatergeschichte hat längst entschieden, wer für wen wichtiger gewesen ist, der Bernhard für die Festspiele oder die Festspiele für den

Bernhard.« Als ›Die Berühmten‹ dann bei den Wiener Festwochen vom Burgtheater-Ensemble uraufgeführt wurde, war ihm das auch recht.

Die »Berühmten« sind prominente Künstler und Kunstmanager, die davon überzeugt sind, daß ohne sie die Festspiele nicht wären, was sie sind. Hauptfigur des Stücks der »Bassist«, ein Baron, der anläßlich seines zweihundertsten Auftritts als Baron Ochs von Lerchenau in Richard Strauss' Oper ›Der Rosenkavalier‹ zu einer Fete auf seinem Sommersitz eingeladen hat. Die Gäste sind Virtuosen verschiedener Instrumente, dazu ein Kapellmeister, ein Regisseur und ein Verleger. Der Gastgeber spart von Anfang an nicht mit Eigenlob und erwartet von seinen Gästen immer wieder aufs neue die Beteuerung, daß sie ihn bewundern.

Die Berühmten gehören allesamt schon einer zweiten Generation an. Alle haben sie, jeder in seinem Fach, bestimmte prominente Gründungsmitglieder der Festspiele öffentlich zu ihren Vorbildern erklärt. Hinter jedem der Gäste sitzt eine Puppe, die einen ganz Großen ihres Faches, einen Weltstar, verkörpert. So wird eine Pianistin überragt von Elly Ney, und hinter dem Regisseur und dem Verleger sitzen Max Reinhardt und Samuel Fischer, der Gründer des S. Fischer-Verlags.

Bernhard gliedert ›Die Berühmten‹ in zwei Vorspiele und drei Szenen, wobei die dritte Szene aus einer einzigen Bühnenanweisung besteht und lediglich eine akustische Steigerung der vorangehenden zweiten Szene darstellt. Das erste Vorspiel und die erste Szene haben den gleichen Titel: »Die Perfidie der Künstler.« Man wundert sich vielleicht schon hier über die Wahl des Ausdrucks, denn Perfidie bedeutet schließlich Gemeinheit, Niedertracht oder Tücke. Schon beim Öffnen des Vorhangs ertönt lautes Gelächter, die Künstler amüsieren sich über einen Kollegen, der peinlicherweise von der Bühne in den Orchestergraben gefallen ist.

Die Diener servieren noch einmal Fasanen- und Entenbraten
[...]
BASSIST
    Das war das Ende seiner Karriere
    natürlich
    Eine Begabung erster Klasse
    die sich nicht durchsetzen konnte
KAPELLMEISTER
    Eine unerhörte Begabung
VERLEGER
    Ein wahrer Künstler
REGISSEUR
    Aber ein Unglücksrabe

BASSIST
  Ein Unglücksrabe
  wahrhaftig ein Unglücksrabe
KAPELLMEISTER
  Und ein ehrenwerter Mann
  ehrenwert
REGISSEUR
  Ehrenwert
BASSIST
  Durchaus ehrenwert
TENOR
  Lebenslänglicher Diabetiker
BASSIST
  Das kommt noch dazu
  daß er lebenslänglich Diabetiker gewesen ist
  Eine Unglücksnatur
  ausgesprochen eine Unglücksnatur
  schaut auf die Uhr
  Die liebe Gundi
  hebt sein Glas und läßt sich vom ersten Diener einschenken
  und ich
  haben unter ihm
  Maskenball einstudiert
  Maskenball stellen Sie sich vor
  unter ihm
  in Antwerpen
  Das letztemal habe ich unter ihm
  in Glyndebourne gesungen
  eine verunglückte Vorstellung
  nimmt sich ein großes Fasanenstück
  Der alte Klemperer
  hat von ihm gesagt
  er sei so musikalisch wie eine Milchkuh
  trinkt
  eine Milchkuh
  Das war das letztemal
  daß ich Schuricht gesungen habe
  Ebert das letztemal
  Auch eine Unglücksnatur wie unser lieber Freund
  Siebenunddreißig
  der Höhepunkt
KAPELLMEISTER
  Der absolute Höhepunkt
REGISSEUR
  Ebert Schuricht Busch Kleiber Klemperer
  Das ist durchaus unwiederholbar
  zur Pianistin
  Haben Sie damals nicht auch

einen Mozartabend gegeben
Das war der Abend vor der Unwetterkatastrophe
Bassist hält sein Glas hin und der erste Diener schenkt ihm ein
Die Cosi ist buchstäblich ins Wasser gefallen

KAPELLMEISTER
Da hat es die Helletsgruber erwischt
Lungenentzündung aus

BASSIST
Vor Hitler
alles vor Hitler

(Erstes Vorspiel)

Der »Unglücksrabe« erfährt kein Mitleid; Klatsch, Fachsimpelei und Storys über das bessere Gestern wechseln sich ab.

Alle Partygäste sind mittleren Alters oder schon darüber, alle haben einen gewissen Namen und sind halbwegs saturiert. So ist es kein Wunder, daß sie über den Nachwuchs herziehen: Ihrer Ansicht nach wollen die jungen Künstler bloß rasch Karriere machen, sie fordern unverschämt hohe Gagen – und erhalten sie auch.

Die Sänger singen sich ihre Noten auf ihr Bankkonto
und die Instrumentalisten genauso
[...]
Die Kunst insgesamt ist heute nichts anderes
als eine gigantische Gesellschaftsausbeutung
und sie hat mit Kunst so wenig zu tun
wie Musiknoten mit den Banknoten
[...]

(Erstes Vorspiel)

bemerkt geistreich-scheinheilig der Baron und kommt dann zu einem »raumgreifenden« Pauschalurteil: »Zwischen Salzburg und Bayreuth wird alles langsam aber sicher kaputtgemacht.« Die Gäste stimmen dem Gastgeber wörtlich oder in banalen Varianten zu.

Die Sprache der Berühmten ist seicht und umgangssprachlich getönt, man gefällt sich in saloppem Jargon. Sich selbst sehen die Berühmten vieles nach; ihre eigenen Passionen, Schwächen, Marotten und Ticks lassen sich damit entschuldigen, daß »das Genie eben ein durch und durch krankhafter und verkrüppelter Mensch ist.«

Irgendwann ist der Moment gekommen, in dem der »zweihundertste Ochs« buchstäblich die Puppen tanzen läßt. Er führt die Puppe Elly Ney zum Flügel, von wo alsbald eine Schumann-Phantasie erklingt. Gerade, als die Gäste ihren großen Vorbildern danken und huldigen wollen, platzt mitten in die feierliche Stimmung die noch vermißte Sopranistin Gundi. Diese scheint nichts von Ahnenkult zu halten, sie attackiert ihr Vorbild Lotte Lehmann. Rasch werden alle anderen von ihrer Barbarei angesteckt. Die folgende Szene erklärt die Überschrift des Zweiten Vorspiels: »Die Künstler entledigen sich ihrer Vorbilder.«

SOPRANISTIN *mit halbvoller Champagnerflasche laut, drohend in der Tür*
Wo ist sie
wo
wo denn
entdeckt die Lotte Lehmann am Tisch
Da sitzt sie ja
die Lotte Lehmann
Mein großes Vorbild Lotte Lehmann
lallend
Mein Vorbild
Lotte Lehmann
Die Marschallin
ruft aus
Die Marschallin
Da sitzt sie ja
geht auf die Lotte Lehmann zu und schlägt der Lotte Lehmann die Champagnerflasche auf den Kopf, der knallend auf die Tischplatte fällt, und schlägt mehrere Male mit der Champagnerflasche auf den auf der Tischplatte liegenden Kopf der Lotte Lehmann
Da hast du die Marschallin
da hast du die Marschallin
Alle zutiefst erschrocken, während die Elly Ney gleichmäßig und ruhig weiterspielt
Sopranistin alle musternd
Was wartet ihr
was wartet ihr
schreit
Auf was wartet ihr
Die Berühmten
Ihr Scheusale
holt zu einem neuen Schlag gegen den Kopf der Lotte Lehmann aus und ruft ermunternd
Schlagt doch zu
zuschlagen
schlagt zu
Erschlagt sie
eure Vorbilder
schlagt sie zusammen
zusammen
schlägt auf den Kopf der Lehmann und schreit
so
so
Schauspielerin nimmt einen großen Kerzenleuchter vom Tisch und erschlägt damit wortlos die Helene Thimig
Alle getrauen sich plötzlich, ihr Vorbild zu erschlagen

Zuschlagen
zuschlagen
schlagt zu
Los schlagt zu
schlägt auf den Kopf der Lotte Lehmann
Regisseur zieht blitzartig ein Messer und stößt Max Reinhardt in den Rücken
Tenor würgt und erwürgt den Richard Tauber
gleichzeitig erschlägt der Kapellmeister mit einem einzigen Faustschlag
Toscanini
Verleger zieht eine Pistole und schießt Samuel Fischer in das Genick
Pianistin springt auf und bekommt einen Schreikrampf und stürzt sich auf
die immer noch gleichmäßig spielende Elly Ney und packt ihren Kopf von
hinten und schlägt ihn mit beiden Händen mehrere Male auf den Bösen-
dorferflügel, während der
BASSIST *schlägt auf Richard Mayr und sagt dann*
Du Hund
Die Diener an der Wand, die Szene anstarrend
Bassist zum ersten Diener, ihn mit beiden Händen am Hals packend
Kapellmeister zum zweiten Diener, ihn am Hals packend
Weg mit den Zeugen
die Zeugen weg
Weg mit ihnen
Bassist und Kapellmeister würgen die Diener so lange, bis sie zusammen-
brechen
Verleger ist aufgesprungen und zur verschlossenen Tür, dreht sich um und
starrt auf die Szene, macht dann ein paar Schritte zu Samuel Fischer zu-
rück, dessen Kopf auf der Tischplatte liegt und gibt ihm noch einen
Genickschuß

Vorhang

(Zweites Vorspiel)

Natürlich ist das Massaker der Vorbilder zugleich ein Gag, durch
den die Handlung, die sich bisher in Essen, Trinken und Reden
erschöpfte, belebt wird. Wie man einst Ketzer und Verhaßte ver-
brannte, greifen nun die scheinbaren Verehrer ihre Vorbilder, die un-
bezweifelbar ganz Großen, an; aus Perfidie wird Aggression.

   Auch die auf die beiden Vorspiele folgende Erste Szene ist »Die
Perfidie der Künstler« überschrieben. Der Sturz der Väter und Vorbilder war so ernst nicht gemeint; sie hängen nun als Porträts an der
Wand und werden nicht mehr beachtet. Sonst erscheint manches ins
Gegenteil verkehrt. Was die Berühmten am Anfang für verwerflich
hielten, wird jetzt gebilligt, ja es wird für vorbildlich erklärt. So
schwadroniert der Regisseur:

   Der bescheidene Künstler
   ist ein Volksmärchen
   Der große Künstler fordert

und er kann nicht genug fordern
denn seine Kunst ist absolut unbezahlbar
Es ist keine Summe zu hoch
um einen bedeutenden Künstler zu honorieren
[...]

(Erste Szene)

Später teilt auch der Bassist mit, was er für das heute Angemessene
hält; beide finden sich zu einem Duett der Raffgier zusammen:

REGISSEUR
    Der Künstler ist der ideale Künstler
    wenn er auch ein guter Geschäftsmann ist
    denn sonst geht er ja alle Augenblicke
    unweigerlich in die Falle
    Die Opernhäuser sind Fallen
BASSIST
    In die die Künstler hineingehen
    überhaupt alle großen Theater
    Wer das weiß sichert sich ab
    durch horrende Forderungen
    Emmanuel List hat einmal zu mir gesagt
    fordern Sie immer dreimal die Höchstsumme
    das heißt mindestens immer dreimal soviel
    wie Ihr Vorgänger bekommen hat
    Also habe ich wie ich an der Met den Ochs gesungen habe
    dreimal soviel verlangt wie List
    dreimal soviel wie List
    und List hat die Höchstsumme bekommen
    die höchste Summe die jemals an der Met bezahlt worden ist
    Der teuerste Ochs
    der je an der Met gesungen hat
REGISSEUR
    Die Direktionen versuchen mit allen Mitteln
    die Künstler zu drücken
    die Künstler wiederum sind von den Erpressungen
    der Direktoren
    eingeschüchtert
BASSIST
    Tatsächlich kann Singen in der Oper
    ein großes Geschäft sein
    Die Direktoren geben nach
    sie bezahlen die geforderte Summe
    Die Direktoren erpressen die Künstler
    warum erpressen nicht auch die Künstler die Direktoren
    Die Künstler müssen sich schadlos halten
    [...]

(Zweite Szene)

Bernhard stellt hier die Übertreibung in den Dienst der Ironie. Da Bernhard auch sich selbst als Mitfahrer auf dem Prominentenkarussell erkennt, zeichnet er in der Figur des Bassisten ein überzogenes Selbstporträt. Eine Parodie auf das Kunstwerk ist im Bild des fliegenden Adlers enthalten, auf den der Gastgeber seine Gäste aufmerksam macht.

KAPELLMEISTER
  Ist das der einzige Adler
  den es hier gibt
BASSIST
  Der einzige
  er zieht immer dieselben Kreise
REGISSEUR
  Immer dieselben Kreise
  wie der große Künstler
  immer dieselben Kreise zieht
VERLEGER
  Der wahre Künstler
  ist immerfort Schöpfer einundderselben Kunst
  Denken Sie nur an Mozart
KAPELLMEISTER
  Zwei Takte und es ist Mozart
  Oder Beethoven
  es ist immer dasselbe
  nur ganz leicht verändert
VERLEGER
  In sich verändert
  Diese Beobachtung machen Sie
  an allen bedeutenden Künstlern
  sie schaffen alle immer nur ein einziges Werk
  und verändern es immer in sich ununterbrochen unmerklich
REGISSEUR
  Genau das ist ihre Größe
VERLEGER
  Nur der Zweitrangige verändert sich ununterbrochen
  offensichtlich
  und hüpft einmal dahin und einmal dorthin
  Das Genie ist immer dasselbe unnachgiebig
  Unbeirrbar nach außen
  unnachgiebig nach innen und nach außen

                                                    (Erste Szene)

Es ist ein Markenzeichen Thomas Bernhards, daß er in seinem Text mit wenigen Figuren- und Formtypen auskommt, kurzum: »Es ist immer dasselbe/nur ganz leicht verändert«.
  Eine letzte Pointe hebt sich Bernhard für den Schluß des Stücks

auf: In der zweiten Szene »Die Offenbarung der Künstler« verfremden Tiermasken auf eine anzügliche Art die Berühmten, doch in
Sektlaune machen dann alle beim entlarvenden »Karneval der Tiere«
mit.

BASSIST
[…]
zum Kapellmeister
Unter uns
die ganze Zeit glaube ich
wir alle sind Tiere
Ich sitze einem Hahn gegenüber glaube ich
als ob Sie einen Hahnenkopf aufhätten
Und die Gundi hat einen Katzenkopf auf
einen richtigen Katzenkopf
lacht auf
Und unsere Pianistin einen Ziegenkopf
einen Ziegenkopf
lacht auf, dann zum Verleger
Schlauer Fuchs
zu den andern
Sie sind mir nicht böse
daß ich nicht sage
als was alles ich Sie jetzt sehe
[…]
zu den Dienern
Nun schenken Sie uns den Champagner ein
Diener holen Champagnerflaschen und öffnen sie
Hier wird Champagner getrunken
kein Sekt
Champagner
Champagner
Ich bin kein Sektierer
schaut sich um, niemand lacht
[…]
trinkt
Eine Delikatesse
Alle trinken
BASSIST *zur Sopranistin*
Miau
miau
bellt den Tenor an
grunzt gegen den Regisseur
meckert gegen die Pianistin
muht gegen die Schauspielerin
hebt sein Glas
Auf die Direktion
auf die Direktion

ALLE *heben ihr Glas*
   Auf den Präsidenten
   Auf den Festspielpräsidenten
   Er lebe
   hoch

                                                      (Zweite Szene)

In der dritten Szene des Stücks (»Die Stimmen der Künstler«) sind
die Stimmen der Berühmten nur noch als Tierstimmen zu erkennen
»und über allen diesen Tierstimmen das dreimalige schneidende Ki-
keriki des Hahns«. Bernhard stellt sie als Verleumder und Verräter
dar, denn am Schluß haben sie alles verraten: die Kollegen, ihre
Ideale, die Kunst und schließlich auch sich selbst.

Botho Strauß
Groß und klein

1978 wurde an der als progressiv geltenden »Schaubühne am Halle-
schen Ufer« in Berlin unter der Regie von Peter Stein das Stück
›Groß und klein‹ uraufgeführt. Verfasser war Steins früherer Re-
gieassistent Botho Strauß, der schon durch Prosaarbeiten bekannt
geworden war. Im Anschluß daran wurde ›Groß und klein‹ an zahlreichen großen und mittleren Bühnen in der Bundesrepublik gespielt.
»Ein besseres Stück ist nicht in Sicht«, hatte der prominente Kritiker
Georg Hensel befunden.
   In einem Interview zehn Jahre später bezeichnete sich Strauß, nun
schon eine bekannte und umstrittene Persönlichkeit der literarischen
Szene, als »Diarist«: Er habe »keine Ahnung über den Verlauf der
Zeit, aber ungefähr über den des Tages«. Das Stück »Groß und
klein« kann vielleicht Erklärungen dafür liefern, wie diese zunächst
etwas rätselhaft anmutende Äußerung zu verstehen ist.
   Strauß macht ein Theaterstück aus kurzen Zeiträumen: Er stellt
insgesamt zehn Ausschnitte aus einem Tag im Leben ganz verschiedener Menschen an verschiedenen Orten zusammen. Eine Beobachterfigur wird Zeugin dieser Szenen: Sie hört, sieht und spricht auch
mit Leuten, die ihr zumeist fremd sind, über sie und über sich selbst.
Die Beobachterfigur ist eine Frau namens Lotte, »nicht alt und nicht
jung«, die in das, was gerade geschieht, nicht eingreift, sondern meist
nur Zeugin bleibt. Eine innerlich höchst beteiligte Zeugin allerdings,
das zeigt sich bereits in der ersten, »Marokko« überschriebenen Szene. Die Touristin Lotte – allein auf der Bühne – sitzt abends im leeren Speisesaal eines Hotels. Sie ist von der Außenwelt getrennt durch
eine Art Barriere, die heruntergelassene Jalousie an einem Fenster.
Auf der Terrasse hört sie zwei Männer auf- und abgehen und mitein-

ander reden. Es mag um Belangloses oder um Wichtiges gehen, für die lauschende Frau ist jedes Wort von Bedeutung. Gierig plappert sie die aufgenommenen Brocken des Gesprächs nach, sie ist entzückt von den »schönen Stimmen«. Was sie hört, regt ihre Phantasie an und weckt Hoffnungen auf eine interessante Bekanntschaft, die sie im Kreis ihrer bereits zerstrittenen Reisegruppe nicht mehr zu finden hofft. Sie bekennt:

> Es fällt mir nicht leicht,
> ganz ohne –
> ganz ohne Wortwechsel,
> manchmal tagelang ohne ein Visavis
> meinen Urlaub zu verleben.
> Es rutscht mir am Abend
> leicht mal ein Wörtchen heraus, und ich merke es gar nicht.
> Ich rede wunders was und meine aber fest,
> ich denke nur. Was soll man machen?
>
> (Marokko)

Lotte beklagt ihre Einsamkeit, die sie weiter begleiten wird auf der Suche nach einem lohnenden Leben.

Sie läßt sich von anderen Menschen schnell faszinieren und möchte ihnen näherkommen, Schicksale und Lebenseinstellungen kennen und verstehen lernen. Ist Lotte allein, meditiert sie über sich selbst, aber auch über den Gang der Welt. In einem solchen Monolog interpretiert sie ein kosmologisches Naturgesetz in einer für sie bezeichnenden Weise um:

> Die Dinge, die zusammenpassen,
> haben sich satt und fliegen auseinander,
> so wie das All ganz allgemein.
> Es explodiert unendlich langsam vor sich hin.
> Wir fallen nicht, wie oft geträumt,
> wir fliegen aufwärts auseinander.
> So gesehen, bekommen die Dinge jetzt
> erst ihr eigentliches Gewicht.
> All und Überall, aufwärts
> auseinander!
>
> (Falsch verbunden)

Auseinander – das ist ein Schlüsselwort für das Verständnis des Stücks und auch für sein Bau- und Strukturprinzip.

»Die Dinge, die zusammenpassen, haben sich satt und fliegen auseinander«, heißt es in der Monolog-Szene. Bei den Menschen in der zweiten Hälfte des zwanzigsten Jahrhunderts scheint es nicht anders zu sein. Auseinander sind Lotte und ihr Ehemann Paul, ein Journalist, der sie verlassen und sich einer anderen Frau zugewandt hat. Lotte kann ihn dennoch nicht vergessen. Auseinander ist auch die Ehe zweier Menschen, die Lotte vor einem Fenster eines Hochpartterrehauses miteinander sprechen hört.

Weit voneinander entfernt sind auf andere Weise die Ausübenden verschiedener Berufe, wenn sie über ihren Job, ihre Hobbys und über sich reden.

So etwa geht es zu, wenn ein Assistentenpaar, bisher ganz in ihre gemeinsame Forschungsarbeit vertieft, und ein Kristallograph, der in seiner Freizeit Gitarre spielt, zusammenkommen.

ASSISTENTIN: So, Jürgen, das war es also. Das war also alles. Die Kindeskinder. Beiträge zur Sozialgeschichte der Enkelgeneration in oberdeutschen Kaufmannsgeschlechtern des 14. Jahrhunderts. Quellenlage. Forschungsstand. Dokumente. Herausgegeben von Jürgen Binder unter Mitarbeit von Gudrun Lebede … Das was also alles, drei Jahre lang! Was war es eigentlich, weißt du noch? Köln und Opladen 1976. Ca. 250 Seiten. 30 Faksimiles. Broschiert 44 Mark 80. Aber das war doch unser Ein und Alles in den letzten drei Jahren, oder?
Gott zum Teufel, was haben wir bloß gemacht?
ASSISTENT: So. Ja. Es läßt sich kein furchtbarer –
kein furchtbarerer Gedanke denken. Das war es.
Nach einer Weile.
GITARRENSPIELER: Die Nasa hat uns seinerzeit einen kleinen Packen Mondgestein geschickt, und wir haben uns darüber hergemacht wie die Piraten über den Schatz von Käpt'n Flint. Aber nichts da. Nichts Neues. Keine Spur. Die alte Optik, die alten Strukturen, alles bekannt im Mondgestein. Anfangs aber diese Gier, diese fliegenden Hände …! Ihr wart ja nicht dabei, ihr wißt nicht, wie es war.
ASSISTENTIN: Warum haben wir das Buch gemacht, warum?
ASSISTENT: Das Buch sollte gemacht werden.
Da haben wir das Buch gemacht.
ASSISTENTIN: Du, ich finde dich sowas von bekloppt!
Warum haben wir beide ein Buch zusammen gemacht: ich frage dich!
ASSISTENT: Gudrun, das ist doch keine vernünftige Frage.
ASSISTENTIN: Ja, merkst du denn überhaupt nicht, was zwischen uns los ist?
ASSISTENT: Und du meinst, das liegt am Buch?
ASSISTENTIN: Ach, Buch, Scheiß Buch.
Das Buch bedeutet überhaupt nichts.
Das ist es ja gerade, daß man das Gefühl hat, das Buch haben zwei Leute gemacht, Mann und Frau, zwei Leute, die auch zusammen passen!
ASSISTENT: Ich glaube, ich sehe das etwas anders.
ASSISTENTIN: Wie? – Wie? – Wie?!
ASSISTENT: Ich glaube, wir stehen erst ganz am Anfang einer langen, gemeinsamen Arbeit, eine lange wissenschaftliche Reise, die sich vielleicht über Jahrzehnte erstreckt.
Gegenwärtig, in einer etwas kritischeren Phase –
ASSISTENTIN: Und wie soll diese Liebe wohl aussehen, hm?!

ASSISTENT: Gudrun – *Er verstummt.*
ASSISTENTIN *nickt, als wisse sie Bescheid.* Hmhm … Hmhm.
  Schweigen.
GITARRENSPIELER: Braucht ihr mich noch?
ASSISTENTIN: Sören, bitte, bleib.
  Spiel was, Warum spielst du nicht längst etwas?
  Der Gitarrenspieler spielt. Alle drei singen augenblicklich gemeinsam ein, zwei Strophen Countrymusic. Mittendrin bricht das Mädchen aus und wendet sich wieder dem Streit zu.
ASSISTENTIN: Eins will ich dir sagen, Jürgen: du bist und bleibst das Muster-söhnchen der Familie. Ein Mensch aus Hannover-Vahrenheide. Eine menschliche Einöde. Ein Markenerzeugnis aus der mittleren Mitte der Mittelklasse …
ASSISTENT: Wie einfallsreich.
ASSISTENTIN: Einfallsreich? Na, du, ich mein, das muß man sich mal vorstel-len: du frisierst dich –! Du kämmst dir buchstäblich die Haare, bevor du mit deiner Mutter telefonierst am Samstagnachmittag. Das mußt du dir mal vorstellen! So weit geht der Schaden.
ASSISTENT: Idiotie.
ASSISTENTIN: Jawohl, tust du. Unbewußt. Unbewußt tust du das. Du traust dich nicht, ungekämmt, so wie du bist, mit deiner Mutter zu sprechen. Ich schwör's dir! Klar, du weißt davon nichts. Ganz klar. Da liegt ja gerade der Schaden. Unbewußt!
ASSISTENT: Jetzt hältst du aber mal die Klappe, ja?!
  Nach einer Weile.
GITARRENSPIELER: Okay? Fertig?
ASSISTENT: Warte noch einen Augenblick, Sören.
GITARRENSPIELER: Die wirklichen Asse in der Physik, die Kerle mit dem großen Durchblick, das sind ganz wenige Leute, verschwindend wenige, nach wie vor, vielleicht nur so ein kleiner Gefängnishof voll, wo sie ruhe-los herumlaufen und gegen die dunklen Mauern des Schweigens der Mas-sen stoßen. Du kannst natürlich auch Pech haben und kriegst einen Insti-tutsleiter vorgesetzt wie wir, einen Japaner, der seit fünfundzwanzig Jahren einsam in die falsche Richtung forscht. Und wir alle im Institut müssen mit ihm, unter seiner Fuchtel, mit in die falsche Richtung, wäh-rend neunzig Prozent seiner Kollegen die Theorie des Japaners ablehnen und ihm oft genug bewiesen haben, daß er in die falsche Richtung forscht und sich, seit Jahrzehnten, im Irrtum um und um wälzt …
  Das Yakische Überstrukturmodell … auch so ein verlassener Brennpunkt der Weltgeschichte.
ASSISTENTIN: Du, Sören, was du tust, das ist halt ein Job!
  Nur ein Job! Aber ich, ich bin eine ganze Existenz! … Ich bin der 24-Stunden-Kopf … ich bin das Buch … Ich bin unser Ein und Alles … Ich bin Jürgen und ich!
  Sie wird ruhiger.
  Ich möchte bloß wissen, warum ihr dauernd so schmunzeln müßt? Ich möchte wissen, aus welchem kühlen Grunde, ihr Arschlöcher …
  Sie steht an die Wand gelehnt, atmet erschöpft.
                                        (Zehn Zimmer, 12. Abschnitt)

Lottes leidenschaftliche Begierde, mehr über die Menschen zu erfahren, denen sie begegnet, und ihr für sie oft rätselhaftes Verhalten erklärt zu bekommen, wird als unangebrachte Aufdringlichkeit empfunden. Auch wenn das Auseinander zu einem Nebeneinander geworden ist, hat man sich darauf eingestellt, nicht zuviel voneinander wissen zu wollen.

GITARRENSPIELER: Du, ich wollte dir nur sagen,
  ich glaube, du machst hier manchmal noch so'n paar typische Fehler.
LOTTE: Ja?
GITARRENSPIELER: Offenbar meinst du, es muß immer jemand für dich da sein, wenn es dir gerade mal nicht besonders gut geht, wenn du nicht schlafen kannst oder so.
LOTTE *nickt den Kopf nach unten; unruhig verständig:* Hm, hm.
  [...]
GITARRENSPIELER: Im Prinzip kommt hier jedes Zimmer alleine zurecht. Das ist so'ne Art stillschweigende Hausordnung.
  (Zehn Zimmer, 13. Abschnitt)

Groß und klein; die Relationen sind verwirrend. »Groß« erscheinen die Gebäude, lang die Gänge und Terrassen, »klein« die Menschen darin. Darauf soll schon das Bühnenbild aufmerksam machen. In der Beschreibung des Bühnenbildes zur Szene »Zehn Zimmer« heißt es: »Das Zimmer. Leerer Raum. In der Rückwand rechts eine Tür, links ein Fenster. Helles Licht. Fenster, Tür, die Raumproportion insgesamt so vergrößert, daß erwachsene Menschen darin überraschend klein erscheinen.« Und so beschreibt Kritiker Hensel die Realisierung durch Peter Steins Bühnenbildner: »Karl-Ernst Herrmann hat in Halle IV [eines Filmstudios] ein riesiges Theater gebaut. Die Bühne ist so hoch, daß die Menschen von vornherein gegen diesen Raum und gegen die in ihm aufgebauten Wohnungen verloren haben, sie sind ihnen – buchstäblich – nicht gewachsen: zu klein, um mit ihrer Arbeits-, Ferien- und Wohnwelt fertig zu werden.«

Der Szenerieeinfall in der Szene »Groß und klein« hat nicht nur als Hintergrund und Kulisse Bedeutung. Lotte steht vor der Glastür eines Hochhauses und sucht auf der Klingeltabelle unter vielen Namen den ihrer Jugendfreundin Meggy. Es dauert einige Zeit, bis Meggys Stimme über die Sprechanlage zu hören ist. Erst taucht Lotte flüchtig in andere Lebenswelten ein; was von anderen Menschen im Haus an Auskünften kommt, ist verwirrend, störend; keiner kennt den anderen. Die »träge Stimme einer Frau« stellt sich schließlich als die der Freundin heraus.

ANLAGE *träge Stimme einer Frau:* Ja?
LOTTE *müde:* Guten Abend. Entschuldigen Sie die Störung.
  Ich suche Niedschläger, Frau, jetzt aber
  eventuell nicht mehr Niedschlä-ger ...

ANLAGE: Ja.

Und?

LOTTE: Und ... und ...

Wohnt in Numero 85, aber wo?

ANLAGE: Ja, ja.

Ich bin das.

LOTTE *freudig:* Meggy! Meggy!

Na, Meggy, also weißt du – da heißt du jetzt glücklich ... wie?

Sie sieht auf die Klingeltabelle.

Also was? ... Wittich. Wittich!

ANLAGE: Wer sind Sie?

LOTTE: Ich bin die Lotte-Kotte ...

Sie schweigt, horcht, keine Antwort. Sie spricht im rheinischen Dialekt.

Dä Griffelklau ... dat Düftgen ... die hätt dat Dingens folle laasse in uns 200-Meter-Staffel ... die Jute!

Die Gute, die Gute!

ANLAGE: Ah – ja.

LOTTE: Oh Meggy ...

ANLAGE: Die Lotte-Kotte.

LOTTE: Na klar! Wie geht's, wie geht's?

ANLAGE *eintönig träge:* Es geht so.

Bist du auf Besuch hier?

LOTTE: Ja. Nein. Ich kam gerade durch Essen und ich dachte, sieh mal nach, wie's der Meggy so geht.

ANLAGE: Hm.

LOTTE: Also, komm ich eben mal rauf, ja?

ANLAGE: Mir geht's nicht besonders.

LOTTE: Bist du krank?

ANLAGE: Weiß auch nicht.

LOTTE: Nur auf ein Wörtchen, auf ein Wörtchen nur.

ANLAGE: Ich weiß nicht ...

LOTTE: Was gibt es nicht alles zu erzählen!

Meggy! Überleg doch mal!

ANLAGE: Erzählen ... hm.

Viel?

LOTTE: Na klar, du. Was nicht alles.

Ein älteres Ehepaar kommt. Lotte grüßt freundlich. Der Mann schließt die Tür auf, beide verschwinden im Haus.

ANLAGE: Lotte-Kotte?

LOTTE: Ja.

ANLAGE: Was ist da unten los?

LOTTE: Nichts. Leute gingen ins Haus.

ANLAGE: Ausländer?

LOTTE: Nein, Deutsche, glaube ich.

ANLAGE: Sag mal genau.

LOTTE: Zwei ältere Leute, so mittelgroß, Mann und Frau im durchsichtigen Regencape.

ANLAGE: Regencape alle beide? Okay, okay.

LOTTE: Ich dachte, die kennst du doch und sag Guten Abend.
Die sahen mal wieder genauso aus wie Leute, die ich kenne. Ich bin so hundemüde, ich seh schon überall Bekannte.
ANLAGE: Wenn du müde bist,
mußt du dich erst einmal ausschlafen.
LOTTE: Na, weißt du! Ich dachte, du freust dich,
wir erzählen uns was, du freust dich.
ANLAGE: Erzählen, erzählen.
Und hinterher?
Hinterher schläfst du mir ein hier oben, was?
LOTTE: Meggy, hör zu!
ANLAGE: Ich krieg kein Auge zu,
wenn wer schläft in meinen Zimmern.
LOTTE: Meggy, hör mal: dann eben nicht!
ANLAGE: Wittich schläft auch nicht mehr hier.
LOTTE: Dann eben nicht.
Tschüss, tschüss.
ANLAGE: Nein. Warte.
Pause.
Komm rauf.

(Groß und klein)

Muntere Mitteilsamkeit draußen – träge Abwehr drinnen-droben. Der in der Schrift genau erfaßte »rheinische Dialekt« baut noch keine Brücke von Mensch zu Mensch; bei Meggy mischt sich Neugierde mit Besorgnis, denn sie hat als Alleinwohnende offenbar Angst – vor vielem. Eine Abwechslung wäre ihr wohl ganz willkommen, eine Störung des gewohnten Tageslaufs kommt ihr allerdings ungelegen.

Bevor Lotte schließlich ins Haus eingelassen wird, wird sie noch Zeugin eines Gesprächs: Ein junges Paar, das ganz andere Probleme als sie selbst beschäftigen. So wird wieder szenisch bewußt gemacht, daß die Menschen weit auseinander sind, auch wenn sie räumlich nahe beieinander stehen.

Die Beziehungen der Menschen in Strauß' Stück sind meist nur von kurzer Dauer. In der Szene »Falsch verbunden« hat Lotte vor sich »ein riesengroßes Buch«, das sich bald als Gästebuch erweist. Das Buch »verliert Schrift«, es verblassen die Namen von Menschen, denen Lotte begegnet ist oder die in ihrem Leben eine Rolle gespielt haben; bald blättert sie nur noch in weißen, leeren Seiten. Die einsam gewordene Frau sucht Rückhalt in einem einst vorhandenen religiösen Gefühl, das vielleicht in einem jetzt als kindlich angesehenen Glauben gründete. Sie spürt plötzlich die Nähe des »allmächtigen Vaters«, den sie ehrerbietig-altertümlich mit »Ihr« anredet, hat aber zugleich das Gefühl, »falsch verbunden« zu sein: »Euch kann ich nicht auch noch aushalten! Dazu bin ich nicht stark genug …«

»Die Hölle, das sind die anderen« – Die Richtigkeit dieses Sartre-

Worts bestätigt sich für Lotte, als sie die Familie ihres Bruders auf der Ferieninsel Sylt aufsucht. Man belauert und mißtraut einander, einer macht dem anderen Vorwürfe; jeder versucht sich auf Kosten eines nahen Verwandten in Szene zu setzen oder diesen als Konkurrenten auszustechen. Das unerfreuliche Ambiente deutet Strauß schon in der Szenenbeschreibung an:

Ein Grillplatz im Garten. Vorne ein niedriger Tisch mit fünf Gartenstühlen. Rechts der Grill, daneben ein Wagen mit Getränken. Eine Säule mit einer Madonnenfigur. Stühle, Tisch, Grill sind an den Fußenden in den Boden einbetoniert. Alles bewegliche Gut liegt an schmalen Ketten. [...] Die Personen wechseln häufig ihre Sitzhaltungen, da ihnen sonst jede Ablenkung voneinander, etwa durch Essen oder Trinken, fehlt.

(Familie im Garten)

Marionettenhaft und öde geht es auch zu, als Lotte wieder im Berufsleben Fuß fassen will und sich von einem pedantischen Verwaltungsangestellten einer kommunalen Baubehörde in die »Vorgänge« einweisen läßt.

Strauß kennt sich in den sprachlichen Nuancen genau aus. Er weiß, wie Jungakademiker, wie halbwüchsige Mädchen aus dem Rheinland reden, welche Sprüche auf einer Party zu hören sind und welche Ausdrücke im behördlichen Schriftverkehr bevorzugt werden.

›Groß und klein‹ ist ein sogenanntes Stationendrama und steht damit in der Tradition Strindbergs und Büchners. Die Stationen, die Lotte durchläuft, führen sie von einer Niederlage in die nächste.

Auf der letzten Station ihrer Reise findet sie sich noch einmal unter Menschen und zwar im Wartezimmer eines Internisten. Dort beginnt Lotte über Privates zu sprechen, das sie intensiv beschäftigt, das aber – nach den üblichen gesellschaftlichen Konventionen – nur sie etwas angeht. Die Patienten und dann auch Lotte selbst reagieren so, wie man in Wartezimmern in solchen Fällen reagieren würde: »Alle Patienten sehen Lotte verwundert an. Sie verstummt und starrt auf den Boden.« Auf konventionell Gesagtes wird dagegen konventionell, fast wie im Chor, geantwortet. Schließlich will der Arzt selbst nach seinem letzten Patienten sehen. Die etwas heruntergekommen aussehende Lotte antwortet auf die Frage, ob sie angemeldet sei, verlegen: »Nein, ich bin hier nur so. Mir fehlt ja nichts.« Der Arzt, ausgerechnet ein »Internist«, schickt sie nach Hause. Falls sie noch dazu fähig ist, wird sich Lotte um ihr Inneres weiterhin selbst bemühen müssen.

›Groß und klein‹ ist in erster Linie ein Stück über die Einsamkeit und Entfremdung des Menschen in der heutigen Zeit. Füreinander hat man keine Zeit, kein Interesse und keine Kraft mehr.

Heiner Müller
Die Hamletmaschine

Heiner Müller, der 1995 in Berlin starb, hat man sehr treffend einen »Meisterschreiber« (›Theater heute‹) genannt. Über seine Position in der deutschen Theater- und Literaturgeschichte urteilte er selbst: »Ich begann da, wo Brecht endete.«

Dieser Beginn läßt sich erstmals in den siebziger Jahren beobachten, nachdem sich Müller von der dramatischen Gestaltung der »Arbeits- und Aufbaumühen der sozialistischen Gesellschaft« (vgl. Bd. XI S. 454–459) abgewandt hatte. Von da an schwebte ihm ein anderes Theater vor als das Brechtsche; eines, dem er einen neuen Stil, den seinigen, aufprägen wollte. Über die intensive Beschäftigung mit den antiken Mythen und den großen Werken fremder Literaturen entdeckte Müller diese als Inspirationsquelle. Schon früh hatte er Shakespeares Theaterstücke gründlich studiert.

1975 weilte Heiner Müller zum erstenmal in den USA. An der Universität Austin, wohin er als Gastdozent verpflichtet war, wurde sein Stück ›Mauser‹ uraufgeführt. ›Mauser‹ war eigentlich noch ein Partei- und Revolutionsdrama des Müllerschen Typus. Die Hauptfigur Mauser, bisher als geübter Hinrichter ein williges Werkzeug der Partei, weigert sich plötzlich, weiterhin mechanisch auf Befehl Todesurteile zu vollstrecken. Mauser wird so selbst zum Feind der Revolution und soll dazu gebracht werden, das über ihn verhängte Todesurteil auch in seinem Inneren anzuerkennen und gutzuheißen.

In dieser Zeit erschienen auch dramaturgische Studien Müllers mit dem Titel ›Shakespeare Factory‹. 1979 legte Müller ein Stück vor, das sich auf den ersten Blick wie ein Fragment oder Torso ausnahm, das nur wenige Seiten umfassende Stück ›Die Hamletmaschine‹. Nicht sofort wurde erkannt, daß diese Abfolge von Fragmentarischem, die so gar kein Schauspiel im herkömmlichen Sinn war, vieles von dem enthielt und vorwegnahm, was in der Literatur und Ästhetik der achtziger Jahre bedeutsam werden sollte. ›Die Hamletmaschine‹ ist ein Stück in fünf Bildern oder Teilen.

Für das Verständnis und die Erschließung der ›Hamletmaschine‹ kann eine Bemerkung herangezogen werden, die sich im Nachruf des Regisseurs Neuenfels auf Heiner Müller findet. Er charakterisierte den verstorbenen Stückeschreiber so:

Müller schätzte die unterschiedlichsten, bis zur Wahllosigkeit gegensätzlichsten Situationen. Sie schienen für ihn gleichwertig, gleich-gültig in des Wortes zweifacher Bedeutung zu sein.

Solche gegensätzliche Situationen suchte er nun auch im klassischen Literaturkanon, und Shakespeares Hamlet erwies sich als Fundgrube.

Hamlet war ursprünglich eine mythische, lange aber schon eine literarische Figur. Von ihm wußte schon eine nordische Volkssage zu erzählen, die der dänische Geistliche Saxo Grammaticus um 1200 in seinem Geschichtswerk ›Gesta Danorum‹ verarbeitete. Amleth, der Statthalter Dänemarks auf der Insel Jütland und Schwiegersohn des Königs, wird von seinem Bruder, der ihm Amt und Gattin neidet, heimtückisch ermordet. Um günstige Rachemöglichkeiten auszukundschaften, täuscht der Sohn des alten Amleth, der den Namen des Vaters trägt, eine Geisteskrankheit vor. Der Onkel und Herrschernachfolger will den nach England reisenden Neffen beseitigen lassen, doch der geht nicht in die gestellte Falle. Als man sich bei Hofe Amleths Tod schon sicher zu sein glaubt, legt der zur Rache verpflichtete Sohn einen Brand, in dem die neue Königsfamilie und viele Höflinge umkommen. Der neue König heißt Amleth; er wird seinen Vater an Ruhm noch übertreffen.

Kurz vor 1600 taucht der Hamlet-Stoff in England auf. Englische Dramatiker der Renaissance bemühten sich, solche Stoffe den antiken Mythen anzunähern. So mußte in der Königin die antike Gestalt Klytämnestra, in Hamlet Orest zu erkennen sein – auch Orest mußte ja den Vater an der Mutter und ihrem Geliebten rächen. Bei Shakespeare wird Hamlet zum Melancholiker; diese Verkörperung eines Temperaments war eine Modefigur der damaligen Zeit. Der gelehrte und geistreiche junge Mann im schwarzen Gewand schiebt, eher reflektierend als handlungstüchtig, die ihm auferlegte Rachetat immer wieder auf. Der Hof wird von Hamlet als Ort der Unlauterkeit entlarvt: Gewissenlos wird getäuscht, gelogen und betrogen, wenn es den eigenen Interessen nützt. Im Gemach seiner Mutter tötet Hamlet den Lauscher Polonius. Dessen Tochter Ophelia, die der Prinz liebt, versagt sich dem Mörder ihres Vaters und geht freiwillig in den Tod, während der Sohn von Polonius Hamlet zum Duell fordert. Dieser ist jedoch nicht in der Lage, die aus den Fugen geratene Welt wieder einzurichten.

Seit Shakespeare sah man in Hamlet den modernen Menschen, den Leben und Wirklichkeit immer wieder enttäuschen; er kann seinen Platz in der Welt nicht finden und einnehmen.

Für Heiner Müller spricht Hamlet »im Horizont der Gegenwart«. Ihn reizte es, aus einer Hamlet-Studie ein Theaterstück zu machen, dem freilich vieles fehlt, was man bisher in einem solchen Schau-Spiel für unerläßlich gehalten hatte. So fehlt das Gegeneinander von Handlungsverläufen, und die Deklamation tritt an die Stelle des Dialogs; eine neue Form des epischen Theaters kündigt sich an. Müller mußte den bekannten Hamletstoff verfremden, wenn die Gestalt des Hamlet als Zeitzeuge in die zweite Hälfte des 20. Jahrhunderts versetzt werden sollte. Und gerade darauf kam es Heiner Müller an.

Ich war Hamlet. Ich stand an der Küste und redete mit der Brandung *blabla*, im Rücken die Ruinen von Europa. Die Glocken läuteten das Staatsbegräbnis ein, Mörder und Witwe ein Paar, im Stechschritt hinter dem Sarg des Hohen Kadavers die Räte, heulend in schlecht bezahlter Trauer *Wer ist die Leich im Leichenwagen/um wen hört man viel Schrein und Klagen/die Leich ist eines Großen/Gebers von Almosen* das Spalier der Bevölkerung, Werk seiner Staatskunst *Er war ein Mann nahm alles nur von allen.* Ich stoppte den Leichenzug, stemmte den Sarg mit dem Schwert auf, dabei brach die Klinge, mit dem stumpfen Rest gelang es, und verteilte den toten Erzeuger *Fleisch und Fleisch gesellt sich gern* an die umstehenden Elendsgestalten. Die Trauer ging in Jubel über, der Jubel in Schmatzen, auf dem leeren Sarg besprang der Mörder die Witwe *Soll ich dir hinaufhelfen Onkel mach die Beine auf Mama.* Ich legte mich auf den Boden und hörte die Welt ihre Runden drehn im Gleichschritt der Verwesung.

i'm good Hamlet gi'me a cause for grief
ah the whole globe for a real sorrow
Richard the third i the princekilling king
oh my people what have i done unto thee
wie einen Buckel schlepp ich mein schweres Gehirn
zweiter Clown im kommunistischen Frühling
something is rotten in this age of hope
lets delve in earth and blow her at the moon

Hier kommt das Gespenst das mich gemacht hat, das Beil noch im Schädel. Du kannst deinen Hut aufbehalten, ich weiß, daß du ein Loch zu viel hast. Ich wollte, meine Mutter hätte eines zu wenig gehabt, als du im Fleisch warst: ich wäre mir erspart geblieben. Man sollte die Weiber zunähn, eine Welt ohne Mütter. Wir könnten einander in Ruhe abschlachten, und mit einiger Zuversicht, wenn uns das Leben zu lang wird oder der Hals zu eng für unsre Schreie. Was willst du von mir. Hast du an einem Staatsbegräbnis nicht genug. Alter Schnorrer. Hast du kein Blut an den Schuhn. Was geht mich deine Leiche an. Sei froh, daß der Henkel heraussteht, vielleicht kommst du doch in den Himmel. Worauf wartest du. Die Hähne sind geschlachtet. Der Morgen findet nicht mehr statt.

Soll ich
weils Brauch ist ein Stück Eisen stecken in
das nächste Fleisch oder ins übernächste
mich dran zu halten weil die Welt sich dreht
Herr brich mir das Genick im Sturz von einer
Bierbank

Auftritt Horatio. Mitwisser meiner Gedanken, die voll Blut sind, seit der Morgen verhängt ist mit dem leeren Himmel. *Du kommst zu spät mein Freund für deine Gage/kein Platz für dich in meinem Trauerspiel. [...]* Meine Mutter die Braut. Ihre Brüste ein Rosenbeet, der Schoß die Schlangengrube. Hast du deinen Text verlernt, Mama. Ich souffliere *Wasch dir den Mord aus dem Gesicht mein Prinz/und mach dem neuen Dänmark schöne Augen. [...]* Jetzt nehme ich dich, meine Mutter, in seiner, meines Vaters, unsichtbaren

Spur. Deinen Schrei ersticke ich mit meinen Lippen. Erkennst du die Frucht deines Leibes. Jetzt geh in deine Hochzeit, Hure, breit in der dänischen Sonne, die auf Lebendige und Tote scheint. [...]

»Ich war Hamlet« – hier spricht nicht in erster Linie der »Hamletdarsteller« des vierten Textblocks, sondern eher einer der vielen Menschen, die von der Hamletgestalt, dem Drama insgesamt und William Shakespeare fasziniert sind. Shakespeare wurde spätestens seit der Genieästhetik des 18. Jahrhunderts als »Originalgenie« gefeiert, und ›Hamlet‹ ist sicherlich eines seiner bekanntesten Stücke. Die Hamletgestalt, die Figur des handlungsunfähigen und reflektierenden Intellektuellen, läßt sich in den unterschiedlichsten historischen und gesellschaftlichen Konstellationen wiederfinden und hat daher bis heute nichts an Aktualität eingebüßt.

Heiner Müller brach mit den Traditionen des Hamlet-Stoffes. Schon die Anfänge des Stücks bei Shakespeare und Müller sind grundverschieden.

Bei Müller ist das Staatsbegräbnis des Vaters/Königs zu einer verlogenen Schau geworden. Der Vater selbst ist kein bewundertes Vorbild mehr, sondern ein Unterdrücker und Ausbeuter (»Was geht mich deine Leiche an?« – »Nahm alles nur von allen«).

Bei Heiner Müller werden die Zitate (die im übrigen nur zum Teil dem Original wörtlich entsprechen) durcheinandergewirbelt und zum Teil verändert. Der Sohn verweigert sich in Müllers Stück von vornherein der ihm auferlegten Rachepflicht (»weils Brauch ist«) und reduziert verfremdend den Wert der so hoch eingeschätzten Tat (»ein Stück Eisen stecken in das nächste Fleisch oder ins übernächste«).

Außerdem wird das Hamlet-Schicksal in der ›Hamletmaschine‹ im Licht der Theorie Sigmund Freuds gezeigt: Der gehaßte Vater, »das Gespenst, das mich gemacht hat«, hat dem Sohn die geliebte und begehrte Mutter weggenommen; so ist es gekommen, daß der schwermütige Sohn sich »nicht erspart geblieben ist«.

Hamlet will nicht philosophieren, deshalb weist er den Freund Horatio aus »seinem« Stück. Hamlet begehrt seine Mutter, die seine Brunst jedoch von sich ablenken will (»Mach dem neuen Dänmark schöne Augen«) und phantasiert sogar von ihrer Vergewaltigung. Bei solchen Triebvorstellungen kann er sie zugleich als Hure verachten und demütigen, weil sie allzu schnell den Wünschen des neuen Herrschers nachgegeben hat. In Hamlet mischen sich Begier, Ekstase und Ekel, und die derbste, drastischste Sexual- und Fäkalsprache kommt Müller zur Darstellung dieses Zustands gerade recht.

Nach der wahrlich revolutionär zu nennenden Umdeutung des gewohnten »Familienalbums« folgt ein Auftritt »gegensätzlichster« Art. Der Raum weitet sich (»enormous room«), und mit Ophelia,

Hamlets Jugendliebe, die aus Enttäuschung über den ihr fremd gewordenen, zynischen Königssohn Selbstmord begeht, spricht nun eine neue Stimme. Was sie vorzubringen hat, ergibt sich beim Blick über Jahrhunderte und Jahrtausende. In ihren Sätzen summieren sich Erfahrungen und Schicksale zahlloser Frauen verschiedenster Herkunft.

2
Das Europa der Frau

Enormous room. Ophelia. Ihr Herz ist eine Uhr.
OPHELIA (CHOR/HAMLET)
Ich bin Ophelia. Die der Fluß nicht behalten hat. Die Frau am Strick Die Frau mit den aufgeschnittenen Pulsadern Die Frau mit der Überdosis *auf den Lippen Schnee* Die Frau mit dem Kopf im Gasherd. Gestern habe ich aufgehört mich zu töten. Ich bin allein mit meinen Brüsten meinen Schenkeln meinem Schoß. Ich zertrümmre die Werkzeuge meiner Gefangenschaft, den Stuhl den Tisch das Bett. Ich zerstöre das Schlachtfeld das mein Heim war. Ich reiße die Türen auf, damit der Wind herein kann und der Schrei der Welt. Ich zerschlage das Fenster. Mit meinen blutenden Händen zerreiße ich die Fotografien der Männer die ich geliebt habe und die mich gebraucht haben auf dem Bett auf dem Tisch auf dem Stuhl auf dem Boden. Ich lege Feuer an mein Gefängnis. Ich werfe meine Kleider in das Feuer. Ich grabe die Uhr aus meiner Brust die mein Herz war. Ich gehe auf die Straße, gekleidet in mein Blut.

Ophelia begehrt auf gegen das Leben der Frau unter der Herrschaft des Mannes, das kein Leben war. Es gab für sie immer wieder Gründe, den Tod zu suchen: Demütigung, Ehrverlust, Verlassenheit und Einsamkeit. Die Uhr ist ein Symbol für das Gleichmaß, mit dem sich so vieles wiederholt: das Aufstehen, die Mahlzeiten, die ehelichen Pflichten – und das alles oft zu genau festgesetzter Stunde.

In einem dritten, in Anlehnung an den Aufbau einer Sinfonie oder Sonate »Scherzo« genannten »Satz« zaubert die neu eingestellte »Hamletmaschine« eine Pantomime heran. Die toten Frauen, die im zweiten Teil erwähnt wurden, etwa die »mit den aufgeschnittenen Pulsadern«, sind nur noch als Bilder erhalten, und Hamlet betrachtet eher kühl – »mit der Haltung eines Museums(Theater)-Besuchers« – deren ästhetische Qualität. Doch die Toten geraten für die Dauer einer Geisterstunde in eine unheimliche Bewegung, und in Hamlet erwachen Gefühle. Bedeuten sein plötzlicher Wunsch, eine Frau zu sein und seine vor das Gesicht gehaltenen Hände, daß er ein schlechtes Gewissen gegenüber den Frauen hat? Bei Hamlet reicht die Frauenkleidung nur zur Kostümierung eines Transvestiten. Darin ist zugleich ein Urteil enthalten: Das biologische Geschlecht läßt sich nicht durch Anlegen von Masken und geschlechtsspezifischer Kleidung ändern, und auch die Schuld am anderen Geschlecht läßt sich nicht so abtragen, wie Hamlet es anfängt.

Nach Hamlets Deutung in Müllers Stück hat auch Maria, die Muttergottes, ein Frauenschicksal erlitten: Als Maria »im Rosenhag«, als heilige Mutter mit dem Jesusknaben auf dem Schoß und einem Heiligenschein, wurde sie in der Malerei häufig dargestellt, doch in Müllers Stück versetzt sie der Brustkrebs in die Reihe leidender, todgeweihter Frauen; der Erlöser-Sohn kommt nicht zu Hilfe.

Im vierten Teil dankt mit der Spielverweigerung des »Hamletdarstellers« das Literatur- und Bildungstheater endgültig ab. Die »Hamletmaschine« steht still, und es werden andere Medien installiert. Auf Fernsehschirmen können Bildsequenzen von den Aufständen des Jahrhunderts ablaufen. Mit der Überschrift »Pest in Buda Schlacht um Grönland« spielt Müller auf den blutig unterdrückten Aufstand von 1956 und implizit auf weitere Volkserhebungen wie die in Berlin von 1953 und in Prag 1968 an. Die Bilder im Fernsehen würden sich gleichen: Volksmassen in Bewegung, erregte Mienen und Gesten; dann Militär und Panzer, später Prozesse. Für Müller wird hier ein »Gegenwartskommentar« notwendig. Brecht hätte an einer solchen Stelle vielleicht – distanzierter – einen »Song vom kleinen Mann hinter und vor dem Panzerglas« vortragen lassen. Bei Müller ist derselbe Mensch plötzlich zweigeteilt, so wie die Aufstände die Menschen eines Landes entzweien und einen Menschen zerreißen konnten. Das Ich hinter dem Panzerglas verwandelt sich im gleichen Satz zum Ich davor:

Ich schüttle [...] meine Faust gegen mich, der hinter dem Panzerglas steht. Ich sehe, geschüttelt von Furcht und Verachtung, in der andrängenden Menge mich, Schaum vor meinem Mund, meine Faust gegen mich schütteln.

Ein solches Dilemma ist gewöhnlich dem Fernsehzuschauer – auch der »Hamletdarsteller« ist ein solcher geworden – nicht bewußt. Auch das Fernsehgeschäft ist ein Beispiel dafür, wie stark in der Konkurrenzwelt unseres Alltags »der Kampf um die Posten Stimmen Bankkonten« von den »Machern« Besitz ergriffen haben.

Und dies ist – wörtlich und ungekürzt – der fünfte und letzte Teil des Stücks:

5
Wildharrend/in der furchtbaren Rüstung/Jahrtausende

Tiefsee. Ophelia im Rollstuhl. Fische Trümmer Leichen und Leichenteile treiben vorbei.
OPHELIA
während zwei Männer in Arztkittel sie und den Rollstuhl von unten nach oben in Mullbinden schnüren:

Hier spricht Elektra. Im Herzen der Finsternis. Unter der Sonne der Folter. An die Metropolen der Welt. Im Namen der Opfer. Ich stoße allen Samen aus, den ich empfangen habe. Ich verwandle die Milch meiner Brüste in tödliches Gift. Ich nehme die Welt zurück, die ich geboren habe. Ich ersticke die Welt, die ich geboren habe, zwischen meinen Schenkeln. Ich begrabe sie in meiner Scham. Nieder mit dem Glück der Unterwerfung. Es lebe der Haß, die Verachtung, der Aufstand, der Tod. Wenn sie mit Fleischermessern durch eure Schlafzimmer geht, werdet ihr die Wahrheit wissen.
Männer ab. Ophelia bleibt auf der Bühne, reglos in der weißen Verpackung.

»Wildharrend/in der furchtbaren Rüstung/Jahrtausende« – diese Eröffnung, die wie für ›Die Hamletmaschine‹ gemacht erscheint und sich überhaupt nicht entlehnt oder fremd ausnimmt, entstammt dem Werk Friedrich Hölderlins, des deutschen Dichters im Zeitalter der Französischen Revolution.

Nach der Szene ist nicht zu erwarten, daß Gewalt und Kampf so rasch aus der Welt verschwinden werden. Ophelia verwandelt sich in eine Frau, Elektra, die sich an ihrer Mutter Klytämnesta für den Mord am Vater Agamemnon rächt. Die Frau auf der Bühne, die man wohl für eine Verrückte und potentielle Gewalttäterin hält, wird in der »geschlossenen Anstalt« zum Opfer der Unterdrückung, sie wird mit den dort üblichen Mitteln vom Pflegepersonal »ruhiggestellt«.

Müller war entsetzt über das Gewaltpotential der RAF in den siebziger Jahren, das sich in Mordserien entlud. Die Revolutionäre, meist noch junge Männer und Frauen, hatten der bürgerlichen Ordnung abgeschworen: Ihre verbalen Verwünschungen wurden zu Terroraktionen. In Müllers Theaterstück werden die Empörten gefesselt und an der Bewegung gehindert – das sollen die letzten Bilder von Müllers ›Hamletmaschine‹ zeigen.

In ›Die Hamletmaschine‹ spielt Heiner Müller verschiedentlich auf Werke anderer Autoren an und fordert den Zuschauer/Leser auf, sich Figuren und Textstellen aus diesen Werken zu vergegenwärtigen. Die eigene Aussage wird dann bestätigt oder in Frage gestellt. Die Ähnlichkeit bestimmter Taten und Verhaltensweisen in literarischen Werken aus ganz verschiedenen Zeiten soll z. B. auf die Wiederholbarkeit von Unrecht aufmerksam machen. Wenn ein Autor seinen Text zu schreiben beginnt, ist er in vieler Hinsicht von früher Geschriebenem und Inszeniertem abhängig. Müller stellt fest: »Jeder neue Text steht in Beziehung zu einer ganzen Menge älterer Texte, von anderen Autoren, und verändert den Blick auf sie.« Mit diesem Satz bricht Müller mit dem herkömmlichen Autorenkult. Eine in diesem Zusammenhang besonders interessante Szene des Stücks ist die, in der die Fotografie des Autors wie auf einem Steckbrief vorgezeigt und dann zerrissen wird. Mit dem Foto wird die Legende vom schöpferischen Autor zerstört und die Vorstellung vom Originalgenie zurückgenommen. Ein Autor – auch Shakespeare wäre als Beispiel anzuführen – schreibt nicht *sein* Werk, er kann sich nicht als alleiniger Schöpfer fühlen und nicht für sich in Anspruch nehmen, daß die Literatur ihm ganz persönlich etwas Eigenes und Einmaliges verdankt.

Heiner Müller wurde auf der internationalen Szene berühmt, und in der DDR, dem Land, in dem er seinen Wohnsitz hatte und beibehielt, gehörte er zu den Privilegierten. So konnte er ungehindert reisen und war in Paris ebenso zu Hause wie in New York. In der ›Hamletmaschine‹ bringt er es fast wie ein Schuldbekenntnis vor: »Ich bin/Ein Privilegierter Mein Ekel/Ist ein Privileg/Beschirmt mit Mauer/Stacheldraht Gefängnis«. Müller wurde mit Preisen ausgezeichnet – und er ließ sich auszeichnen, verschaffte ihm das doch weitere Privilegien.

Mit der ›Hamletmaschine‹ hat Heiner Müller die Theater- und Kulturlandschaft der DDR hinter sich gelassen. Er war besessen vom Theater und dachte bis zuletzt nur an dieses Medium. »Es ist wichtig, daß meine Sachen zur Wirkung kommen.« Um diese Wirkung bemühten sich auch Regisseure, Schauspieler und Editoren. ›Die Hamletmaschine‹ wurde in Paris uraufgeführt, es folgte eine Premiere in Essen. Gedruckt wurde der Text zuerst in der Bundesrepublik, in der Zeitschrift ›Theater heute‹ und in der Spectaculum-Reihe des Suhrkamp-Verlags.

Müller war »Insidern« besser bekannt als dem breiten Theaterpublikum, die normalen Theaterbesucher waren für seine Schockästhetik und »Surfdramaturgie« noch nicht gewonnen. »Surfdramaturgie« – dieser Ausdruck war vielleicht zuerst in einem Gespräch unter Fachleuten salopp hingeworfen worden. Der Begriff ist eigentlich eine Metapher: So wie ein Surfbrett auf einer Fläche bewegter Wellen aufsetzt und das Wasser so zerreißt, daß es stiebt und sich die trägeren Wasserformationen danach in neuer Ordnung wiederfinden, so sieht man einen plötzlichen Auf- und Einschlag in eine seit langem etablierte Literaturkonstellation, die durcheinandergerät und sich alsbald verformt, so daß die vorherige Zusammensetzung nur noch zu ahnen ist. Ein rascher, überraschender Positionswechsel ist wohl das eigentliche Merkmal der »Surfdramaturgie«. Es ist gut, wenn man mit dem Element, auf und in dem man sich bewegt, wohlvertraut ist. Das gilt auch für den Literatur-Surfer und seine sachkundigen Zuschauer.

Müller und seine Befürworter aus der Theaterszene, die sowohl Lob als auch Kritik ernteten, waren überzeugt: Nur mit den Mitteln einer Schockästhetik und einer mit Tempo und Überraschung arbeitenden Dramaturgie ließe sich eine komplexe und verworrene Welt ins Bild bannen. Marxistische und andere Widerspiegelungsverfahren hatten keine Chancen mehr.

4.1 Lyrik im Westen zwischen Engagement und Popularität

Nach 1968 bemühte sich eine Reihe junger westdeutscher Lyriker darum, ihre Gedichte in die bereits international gewordene Pop-Bewegung zu integrieren. Sie wollten im Gedicht ihrem wirklichen Leben ein Stück näherkommen, über Glücksmomente, aber auch über Ärger und Unbehagen im Alltag schreiben. Viele traditionelle lyrische Stilmittel ließen sie hinter sich und suchten nach einer neuen Formsprache für ihr Anliegen. Viele junge Leute waren von dieser Art Lyrik angetan, trafen sie doch in den Gedichten auf Situationen und Stimmungen, die ihnen vertraut waren. Manche Leser mochten freilich dergleichen nicht ohne weiteres als Dichtung anerkennen. Das bisherige Lyrik-Publikum wünschte sich von einem gelungenen Gedicht nach wie vor »Kürze, Kunst, Form und Vollendung« (Joachim Kaiser).

Sowohl Dichter wie Leser von Lyrik fühlten sich in den siebziger und achtziger Jahren immer wieder aufs neue verunsichert und herausgefordert. Wenn man die Augen nicht verschloß, war Bedrückendes oft in nächster Nähe zu sehen, etwa die Umweltverschmutzung, an der man vielleicht selbst nicht ganz unschuldig war. Das Unglück von Tschernobyl, die »Havarie« eines Reaktors in einem Kernkraftwerk in der Ukraine, und die dadurch ausgelösten Verseuchungen waren für viele ein Signal und ein Beweis dafür, daß die Katastrophe nicht mehr »aus der Welt« war.

Verblaßt waren die glückverheißenden Gegenwarts- oder Zukunftsbilder der großen Ideologien in West und Ost; geblieben waren die Großmächte mit ihren riesigen Waffenarsenalen, an deren Kontrollierbarkeit man zunehmend zweifelte.

Aus einer gewissen Resignation heraus zogen sich viele Schriftsteller, insbesondere die Lyriker, auf das Eigene, die ganz persönliche Erfahrung zurück. Von der Sache und von der Erfahrung des Schreibenden her sollten sich Wortwahl und Wortfügung, Strophenform, Länge der Zeilen und Rhythmus ergeben; für jedes Gedicht war also die Form erst zu finden. Günter Kunert, selbst ein reflektierender und maßgeblicher Lyriker (Näheres zu Kunerts Lyrik vgl. S. 353–359), sprach vom »Bewußtsein des Gedichts« und erläuterte, daß subjektives Erleben, Reflexion und Formprobleme sozusagen erst im Gedicht selbst aufeinanderstoßen. Man solle diese Elemente als Dichter eine Weile sich selbst überlassen; danach erst könne es zu einer gültigen Aussage kommen:

Ich meine mit Bewußtsein des Gedichts den relativ autonomen Prozeß intuitiver Erkenntnis auf Grundlage subjektiver Empirie, der in einer bestimmten Form, eben dem Gedicht reflektiert wird.

In ähnlicher Weise hat der Lyriker Durs Grünbein (vgl. S. 363–366) das Entstehungsverfahren, das man besser Entstehungsgeschehen nennen sollte, in einem seiner »MonoLogischen Gedichte« (in seinem Gedichtband ›Grauzone morgens‹ von 1988) beschrieben.

> MonoLogisches Gedicht No. 4
>
> Du verfolgst deine eigen-
> sinnigen Pläne du stellst
>
> die Bilder um ordnest die
> Augenblicke aber du hörst
>
> ihnen nicht zu wie sie
> ganz anders ordnend ihre
>
> eigensinnigen Pläne ver-
> folgen wie sie die Bilder
>
> umstellen zufällige Gesten
> zeigen in denselben Räumen
>
> sich anders bewegen bemüht
> dir nicht zuzuhören. Das
>
> ist der springende Punkt.

Nach 1968 wurde die Lyrik im Westen Deutschlands auf neue Art subjektiv – sie bewegte sich zwischen dem Engagement von etwa Erich Fried und der Popularität, die zum Beispiel Rolf Dieter Brinkmann und Wolf Wondratschek mit einem Teil ihrer Gedichte erreichten.

Erich Fried

Im Jahr 1968, als eine radikale Jugendbewegung die Welt zum Besseren verändern wollte, schienen die Chancen für die Erhaltung der Lyrik als legitimiertes Medium zur Äußerung von Gefühlen in Gestalt von Sprachkunst nicht gut zu stehen. Allein dem politischen Gedicht wollte man eine Existenzberechtigung nicht absprechen, ging es doch in ihm meist um »Inhalte«, an denen sich auch der politische Kampf entzündet hatte.

Die Verfasser politischer Lyrik wollten mit Protest-, Warn- und Mahngedichten für die jeweils bessere Sache eintreten und an das

Gewissen der Leser appellieren, so etwa Erich Fried, der in seinem Gedichtband ›und VIETNAM und‹ (1966) die Intervention der USA in Vietnam als unmenschlichen Gewaltakt kritisierte. Das folgende Beispiel zeigt Frieds Vorgehensweise:

17.–22. Mai 1966

Aus Da Nang
wurde fünf Tage hindurch
täglich berichtet:
Gelegentlich einzelne Schüsse

Am sechsten Tag wurde berichtet:
In den Kämpfen der letzten fünf Tage
in Da Nang
bisher etwa tausend Opfer

Mit »lakonischer Rhetorik« (Fritz I. Raddatz) werden hier Sachverhalte vorgetragen; Fried wendet Brechts Verfahren der »Lücke« an: Der Mitdenkende soll durch eine richtige Folgerung aus dem Mitgeteilten auf den Widerspruch schließen und Argwohn gegen eine Berichterstattung fassen, die solche Widersprüche »stehenläßt«. Da die Fakten des Gedichts der Berichterstattung in den Nachrichten entnommen scheinen, kann Fried so zugleich der Leitvorstellung dokumentarischer Literatur genügen.

In den siebziger Jahren verblaßte der Ruhm des Erich Fried ein wenig. In den Vietnam-Texten sah man nun ein Zeugnis »rhetorischer Ohnmacht«, Fried habe vornehmlich mit Material aus zweiter Hand »gebastelt«.

Auch Fried selbst waren Zweifel gekommen. Taugte das Wort in Gedichten als politische Waffe? Immer noch hoffte er, daß es ihm gehen möge wie Brecht, der geschrieben hatte, »die Herrschenden« säßen »ohne [ihn] sicherer«. Fried versteckte seine Zweifel gern hinter Selbstironie, die er in seine späteren Gedichte einfließen ließ. Dafür mag stellvertretend ein Gedicht aus einem Band von 1972 stehen, der einen für Fried höchst bezeichnenden Titel erhielt: ›Die Freiheit den Mund aufzumachen‹.

Engagiertes Gedicht

Ich erinnere mich
an meinen Zorn
und an meine Suche
nach den richtigen Worten
für meinen Zorn
an die letzte Verbesserung
vor der Reinschrift
an mein Lautlesen für mich allein

und zuletzt an meine
Zufriedenheit
die meinen Zorn aufhob

Und ich darf vergessen
wie ich vergebens tappte
nach den weißen Blättern
und Angst hatte
weil meine Finger
unbeholfener werden
und weil mir das Kohlepapier
zu Boden fiel
vor der Reinschrift
und mir schwindelte
als ich es aufhob

Zweierlei gesteht sich der Autor selbstkritisch ein: Zum einen ist seine körperliche Verfassung nicht mehr die beste, die Gebrechen des Alters melden sich an. Zum anderen gesteht der »engagierte« Gedichteschreiber, der sich selbst recht gut kennt, daß seine Zufriedenheit nach dem Fertigstellen eines Gedichts den ursprünglichen Zorn über die Mißstände, die im Gedicht angeprangert werden, überwiegt. Die Frage ist daher: Kann und darf ein »engagierter Dichter« mit sich zufrieden sein, wenn der Zorn so rasch verraucht, wenn die Zufriedenheit über das ästhetische Gelingen den Zorn aufhebt? Die spezifischen Stileigenschaften Frieds sind auch in diesem Gedicht zu finden. Werden seine Gedichte laut gesprochen, so ist ihnen der alltägliche, unpathetische Sprachton anzuhören, aus dem sich auch Pausen und Akzentuierungen ergeben. Fried pflegt den Zeilenstil, das heißt er verwendet unterschiedlich lange Zeilen, um Satzteile und einzelne Wörter hervorzuheben. Die wichtigen, akzenttragenden Wörter und Wortgruppen stehen am Ende der Zeile, so etwa in der ersten Strophe »Zorn« und »Zorn aufhob« und in der zweiten »tappte«, »zu Boden fiel« und »schwindelte«. Das Wort »Zufriedenheit« erhält eine eigene Zeile, und somit eine Bedeutung, die ihm eigentlich gar nicht zukommen dürfte. Dies ist ein Beispiel für die Ironie Erich Frieds. Durch sein Bekenntnis in diesem Gedicht stellt er seine eigene Haltung zugleich in Frage.

Rolf Dieter Brinkmann

Erich Frieds engagierte Gedichte der späten sechziger Jahre waren trotz oder gerade wegen der politischen Ereignisse dieser Zeit nicht nach jedermanns Geschmack. Vielleicht begrüßte deshalb eine ganze Reihe jüngerer Menschen das Wagnis des achtundzwanzigjährigen

Rolf Dieter Brinkmann, im Jahr 1968 einen Band mit Gedichten herauszugeben, die wenigstens auf den ersten Blick unpolitisch zu sein schienen. »Man muß vergessen, daß es so etwas wie Kunst gibt! Und einfach anfangen«, schrieb der Verfasser provokant in einer vorwortartigen Notiz. Brinkmann gab dem Band, dessen bunten Einband eine Montage aus Comics- und Filmausschnitten zierte, den symbolträchtigen Titel ›Die Piloten‹. Als Leitgedicht kann der folgende Text gelten.

Wie ein Pilot
populäres Gedicht Nr. 13

Durch eine völlig
glatte Fläche
ganz aus mono-
chromem Blau segelt

da oben der Pilot.
Man sieht und denkt
das gleichzeitig in
einem Bild zusammen

das mit einem Ruck
verschwindet. Später
sagt man sich, daß
man es selbst gewesen

ist, der dort als
winzig kleiner Punkt
verschwunden ist
wie ein Pilot.

Das Gedicht »populär« zu nennen, mochte als Anmaßung erscheinen; beim Stichwort »Pop«, das als Abkürzung für das englische Wort »popular« weithin in Gebrauch war, assoziierte man in erster Linie die amerikanische Popkultur, also Musik, Comics und »Pop-Art-Malerei«, jedoch nicht Gedichte.

Von der amerikanischen »Pop-Art-Malerei« übernahm Brinkmann seine Technik, den Himmel zu malen. Wie Roy Lichtenstein trägt er »mit breitem Pinsel« eine monochrome Fläche auf, die nicht mehr an den blauen Himmel der traditionellen Lyrik erinnert.

Der Betrachter sieht auf der einfarbigen, glatten Fläche nur das Flugzeug, nicht aber den Piloten, obgleich es im Gedicht heißt: »da oben der Pilot«. Die Akte des Sehens und Denkens müssen von dem betrachtenden Ich »mit aviatischer Schnelligkeit« kombiniert werden, denn Beobachtung und Vorstellung (sehen und denken) finden ein abruptes Ende, da der Pilot und mit ihm das gedachte Bild »mit einem Ruck« verschwinden. Erst in der Rückerinnerung erfolgt eine

Identifikation des Betrachters mit dem Piloten. Zugleich wird das Bild vom Piloten zu einer Metapher der Sehnsucht: Der Betrachter kann sich in seiner Phantasie in den Piloten hineinversetzen und von der unbegrenzten Freiheit über den Wolken träumen – eine Vorstellung, die angesichts des aktuellen politischen Tagesgeschehens geradezu eskapistisch anmuten konnte. Brinkmanns Gedicht wendet sich jedoch an ein besonderes Publikum, nämlich die sachkundigen Konsumenten der neuen Medien. Brinkmann sieht sie und sich selbst als Subkultur, eine Kultur der Massen. Deshalb sagt er sich auch von der lyrischen Tradition Europas los, um »drüben«, in den USA, in die Lehre zu gehen:

Ich gebe gerne zu, daß ich mich von der deutschsprachigen Lyrik nicht habe anregen lassen. Sie hat meinen Blick getrübt. Dankbar bin ich dagegen den Gedichten Frank O'Haras, die mir gezeigt haben, daß schlechthin alles, was man sieht und womit man sich beschäftigt, wenn man es nur genau genug sieht und direkt genug wiedergibt, ein Gedicht werden kann [...].

In diesen Zeilen aus seiner »Notiz« in ›Die Piloten‹ ist mit der Forderung von Genauigkeit und Unmittelbarkeit ein Programm enthalten, das Brinkmann in der Art einer persönlichen Poetik gefaßt hat. Zugleich will er einer zeitgemäßen Lyrik den Weg weisen: »Ich denke, daß das Gedicht die geeignetste Form ist, spontan erfaßte Vorgänge und Bewegungen, eine nur in einem Augenblick sich deutlich zeigende Empfindlichkeit konkret als snap-shot festzuhalten.«
    Als Beispiel für die Verwirklichung des Brinkmannschen Programms soll ein Gedicht aus dem 1975 veröffentlichten Band ›Westwärts‹ dienen.

Die Orangensaftmaschine

dreht sich & Es ist gut, daß der Barmann
zuerst auf die nackten Stellen eines
Mädchens schaut, das ein Glas kalten

Tees trinkt. »Ist hier sehr heiß,
nicht?« sagt er, eine Frage, die
den Raum etwas dekoriert,

was sonst? Sie hat einen kräftigen
Körper, und als sie den Arm
ausstreckt, das Glas auf

die Glasplatte zurückstellt,
einen schwitzenden, haarigen
Fleck unterm Arm, was den Raum

einen Moment lang verändert, die
Gedanken nicht. Und jeder sieht, daß
ihr's Spaß macht, sich zu bewegen

auf diese Art, was den Barmann
auf Trab bringt nach einer langen
Pause, in der nur der Ventilator

zu hören gewesen ist wie
immer, oder meistens, um
diese Tageszeit.

Es sind »spontan erfaßte Vorgänge«, die in einem »Augenblick der
Empfindlichkeit« festgehalten wurden. Das Titelrequisit bewegt sich
im Hintergrund im immer gleichen Rhythmus, dem auch der Barmann zu verfallen droht. Deshalb ist es »gut«, daß er das Rotieren
des Geräts für einen Augenblick vergißt und auf das Mädchen blickt,
dem es »Spaß macht, sich zu bewegen«. Es wäre an diesem heiß-
schwülen Tag wohl kaum möglich, die »nackten Stellen« zu verhül-
len; während die junge Frau sich bewegt, läßt sie aber mehr sehen,
als sich schickt und als ihr vielleicht lieb ist: »einen schwitzenden,
haarigen Flick unterm Arm«. Gerade das reizt den Barmann, er wird
»auf Trab gebracht«.
    Seine anfängliche Frage hat den Raum nur »dekoriert«, danach ist
der Raum »einen Moment lang verändert«; es »knistert« sozusagen,
etliches ist in Bewegung geraten: der Körper des Mädchens, Reflexe,
Gefühle, Gedanken. Dann ist es schon wieder vorüber: Mit dem Sur-
ren des Ventilators wird die gleichmäßige Drehbewegung der Orangensaftmaschine wiederaufgenommen und fortgesetzt, der Raum ist
wieder öde, heiß und trist wie vorher. Routinehaftes Geschehen,
routinehaftes Leben waren für ganz kurze Zeit unterbrochen; gerade
diese Augenblicke sind es laut Brinkmann wert, im Gedicht festgehalten zu werden.

Wolf Wondratschek

Die Gedichte des etwa gleichaltrigen Wolf Wondratschek haben eine
gewisse Ähnlichkeit mit denen von Rolf Dieter Brinkmann. Won-
dratscheks Anhängerkreis war sehr groß – von einem Taschenbuch
seiner Bände mit Gedichten und Liedern wurden über hunderttausend Exemplare verkauft.
    Wondratscheks Gedicht ›Okay Leute, das war's‹ findet sich in der
Sammlung ›Das leise Lachen am Ohr eines andern‹ von 1976.

Okay Leute, das war's

Schau sie dir an,
die Superstars des Rock'n Roll,
mit welcher Routine sie aus ihrer Limousine steigen,
auf die Bühne springen,
ihre Lieder runtersingen,
ihre Tricks zeigen
wie man Mikrophone küßt, Feuer frißt und dabei
eines nie vergißt, wie total verrückt das alles ist;
mittags eingeflogen,
abends wird die Show abgezogen, der größte Saal ...
oh Mann, glaubs oder glaubs nicht,
drei Hundertschaften Polizei für einen Gitarristen,
die Zeiten sind vorbei,
das war einmal.

Schau sie dir an,
die Superstars des Rock'n Roll,
mehr als ne halbe Stunde ist da nicht mehr drin
und das ist auch Routine,
runter von der Bühne,
rein in die Limousine
und abgehts ins nächste Holiday Inn.
»Okay Leute, das wars für heute!
Gute Nacht! Bis zum nächsten mal!«
Und du stehst da und siehst die leeren Stühle
und spürst nichts mehr, nicht mal so etwas
wie Gefühle;
oh Mann, glaubs oder glaubs nicht,
spuck den Kaugummi raus,
die Show ist aus.

Das Gedicht ist eine Art Nachruf auf die ganz große Zeit des
Rock 'n' Roll. Bezeichnend ist die Szenerie: ein leerer Saal nach dem
Auftritt einer renommierten Band oder Gruppe, die ihr Programm
heruntergespielt, Beifall eingeheimst und ihr Geld kassiert hat. Es
geht Wondratschek nicht um die Musiker und Sänger, die längst, wie
ihre Manager, gewiefte Geschäftsleute geworden sind; es geht um die
»Leute«, die Zuschauer, die vielleicht gerade noch in Ekstase gewesen sind: »Und du stehst da und siehst die leeren Stühle und spürst
nichts mehr, nicht mal so etwas wie Gefühle.«
    Wondratschek bereitet es Unbehagen, daß die »Fans« einfach
schlucken, was sich Stars und Manager herausnehmen. Die Musikrichtung des Rock 'n' Roll, die die Jungen begeisterte, war inzwischen zur kommerzialisierten Unterhaltung geworden. »Okay Leute, das war's« kann auf das konkrete Konzert wie auch auf den Rock
'n' Roll überhaupt bezogen werden.

In seinem Gedicht fängt Wondratschek überzeugend den Jargon der jungen Leute ein und schafft damit die Möglichkeit, sich unmittelbar in die geschilderte Situation hineinzuversetzen. Formal ist das Gedicht zwar nicht an eine feste Strophenform gebunden, doch treten unregelmäßig und teilweise »unreine« Reime (»Bühne – Routine«) bzw. Assonanzen auf, die deutlich machen, daß Wondratschek keineswegs radikal mit allen Traditionen bricht.

Da er sich durchaus auch als »Achtundsechziger« bezeichnete und stilisierte, mag es überraschen, daß ein Gedicht aus dem gleichen Band ›Lied‹ überschrieben ist. Der Titel nimmt sich gegenüber ›Okay Leute, das war's‹ fast altmodisch aus, und altmodisch schien auch zu sein, was der Autor an der Frau, von der das Gedicht handelt, bemerkenswert fand.

Lied

Sie lebte hier
und sie lachte
und jeder Kerl dachte
DAS SCHÖNSTE GESICHT IN DER GANZEN STADT
und ein anderer dachte
SO EIN GESICHT GIBT DOCH WAS HER

aber das war's nicht, was sie wollte;
sie wollte es schaffen, aber sie wußte nicht wie,
das Spiel hier unter Männern haßte sie;
sie hätte reich werden können, aber sie haßte Fotografen,
sie hätte berühmt werden können, überall auf der Welt,
aber das war's nicht, was sie wollte;

sie blieb sich fremd,
wenn sie in den Spiegel schaute, blieb der Spiegel leer,
sie sah es, aber sie reagierte nicht mehr.
nicht mehr.

Sie lebte hier
und versuchte manchmal zu lachen
und jeder Kerl haute sie an
Fotos machen und solche Sachen.
DAS SCHÖNSTE GESICHT IN DER GANZEN STADT
SO EIN GESICHT GIBT DOCH WAS HER
aber sie hatte es satt,
schwieg, vergaß es und verließ
die Stadt.

Zweimal ist in Blockbuchstaben herausgestellt, was alle sehen und was allen auffällt, besonders den Männern. Beim Anblick der Frau denken sie sogleich an Sex und ans Vermarkten ihres makellosen Aussehens. Sie könnte sich als Fotomodell verdingen (»gibt etwas her«) oder sich an einen Kerl hängen, der mit ihr angeben, den Neid der anderen erregen möchte.

Doch »das war's nicht, was sie wollte«. Deswegen haßt sie auch Spiegel, in denen sie das »SCHÖNSTE GESICHT« sieht.

Rätselhaft und vieldeutig bleibt, was sie unter »es schaffen« versteht. Das Wort steht gewöhnlich für »Aufstieg«, »Karriere«, eine Leistung, die Anstrengung verlangt – aber das ist wohl nicht gemeint.

Sie möchte nicht Gefallen und Begehren hervorrufen und wüßte wohl selbst nicht recht, könnte kaum benennen oder definieren, was sie eigentlich will. Sie weiß nur, daß in ihrem Leben etwas fehlt, das dieses Leben erst eigentlich lebenswert machen könnte.

Wondratschek suchte Mitte der siebziger Jahren nach den »Genossen« von 1968. Er fand viele von ihnen wieder in den Labors, in Seminaren und Bibliotheken, sie waren wieder eifrige junge Akademiker geworden. Andere hatten sich zu den Denk- und Glaubensritualen fremder Kulte und Religionen geflüchtet. Und einige von ihnen waren politisch radikal geworden und sahen den Weg in die Zukunft nur in einer gewaltsamen Revolution. Die Generationen waren zerstritten und mißtrauten einander; jegliche Gemeinsamkeit des Denkens und Fühlens schien verloren. Wondratschek machte aus seiner tiefgehenden Enttäuschung kein Hehl. War auch längere Zeit wenig von ihm zu hören, so behielt er doch den Ruf bei, der »zornige junge Mann« Deutschlands zu sein.

4.2 Neue Naturdichtung

Die Naturdichtung hat eine lange Tradition, nicht zuletzt seit dem 18. Jahrhundert. Doch sah die Natur der siebziger und achtziger Jahre in Deutschland ganz anders aus als in früheren Jahrhunderten, und auch die Gedichte – wollten sie einen Teil der Realität einfangen – mußten zu neuen Formen und Bildern greifen.

Erich Fried

Erich Frieds Gedicht ›Neue Naturdichtung‹, das diesem Kapitel den Titel gegeben hat, spielt auf ein Gedicht von Bertolt Brecht aus den fünfziger Jahren an.

Im Umfeld der ›Buckower Elegien‹ entstand Anfang der fünfziger Jahre Brechts Gedicht über Tannen im Morgenlicht.

Tannen

In der Frühe
Sind die Tannen kupfern
So sah ich sie
Vor einem halben Jahrhundert
Vor zwei Weltkriegen
Mit jungen Augen

Aus Brechts Gedicht prägt sich besonders das großartige Naturbild von den kupfernen Tannen, den Bäumen in ihrer ganz besonderen Beleuchtung und Färbung, ein.

In Frieds Gedicht nun geht es um die Situation des Dichters in der Gegenwart der siebziger Jahre – er stellt sich vor, wie ein Naturgedicht eines zeitgenössischen Dichters aussehen könnte.

Neue Naturdichtung

Er weiß daß es eintönig wäre
nur immer Gedichte zu machen
über die Widersprüche dieser Gesellschaft
und daß er lieber über die Tannen am Morgen
schreiben sollte
Daher fällt ihm bald ein Gedicht ein
über den nötigen Themenwechsel und über
seinen Vorsatz
von den Tannen am Morgen zu schreiben

Aber sogar wenn er wirklich früh genug aufsteht
und sich hinausfahren läßt zu den Tannen am Morgen
fällt ihm dann etwas ein zu ihrem Anblick und Duft?
Oder ertappt er sich auf der Fahrt bei dem Einfall:
Wenn wir hinauskommen
sind sie vielleicht schon gefällt
und liegen astlos auf dem zerklüfteten Sandgrund
zwischen Sägemehl Spänen und abgefallenen Nadeln
weil irgendein Spekulant den Boden gekauft hat

Das wäre zwar traurig
doch der Harzgeruch wäre dann stärker
und das Morgenlicht auf den gelben gesägten Stümpfen
wäre dann heller weil keine Baumkrone mehr
der Sonne im Weg stünde. Das
wäre ein neuer Eindruck
selbsterlebt und sicher mehr als genug
für ein Gedicht
das diese Gesellschaft anklagt

Frieds ›Neue Naturdichtung‹ richtet sich satirisch gegen opportunistische Kollegen. Wieder aber schließt sich der »engagierte« Dichter

Erich Fried von den Versuchungen und Anfechtungen nicht ganz aus. Der Lyriker der siebziger Jahre denkt zuerst – an das Publikum. Man hat die Leser lange genug mit politischen Gedichten traktiert; ein Themawechsel erscheint angezeigt. Wie wäre es daher mit Naturdichtung?

Der Dichter, von dem Fried schrieb, stellt sich vor, er würde sich mit dem Auto zu den Tannen fahren lassen, um sich an Ort und Stelle inspirieren zu lassen. Doch er ahnt, daß ihn bereits während der Fahrt die Schreckensvision überfallen könnte, daß »irgendein Spekulant den Boden gekauft hat«, daß die Tannen vielleicht schon gefällt und zum Abtransport zugerichtet sind. Ironischerweise läßt Fried den Dichter zunächst nur die ästhetische Wirkung der gefällten Bäume erwägen. Zwar wäre die Tatsache, daß die Bäume einem Spekulanten zum Opfer gefallen sind, »traurig«, doch für den Dichter gäbe dies einen »neuen Eindruck«. Letztlich ist aber in der gegenwärtigen Industriegesellschaft keine Naturdichtung möglich, die nicht »diese Gesellschaft anklagt«. Damit hätte sich der Dichter, der einer neuen ästhetischen Kultur den Weg bereiten wollte, nur im Kreis bewegt.

Jürgen Becker

Mit Melancholie verfolgt Jürgen Becker (geb. 1932) die zahlreichen Veränderungen in Umwelt und Landschaft in seiner nächsten Umgebung in der Nähe der Millionenstadt Köln. So lautet sein Natur-Gedicht, das sich in seinem Gedichtband ›Das Ende der Landschaftsmalerei‹ von 1974 findet:

> Natur-Gedicht
>
> in der Nähe des Hauses
> der Kahlschlag, Kieshügel, Krater
> erinnern mich daran –
> nichts Neues; kaputte Natur,
> aber ich vergesse das gern,
> solange ein Strauch steht

Schon das Schriftbild der Überschrift »Natur-Gedicht« zeigt, daß alte Vorstellungen vom Naturgedicht nicht mehr gültig sind. Becker notiert epigrammartig, was längst »nichts Neues« mehr ist. Der Natur wird ein vielgebrauchtes Attribut aus der Umgangssprache beigegeben, das das als unbrauchbar Abgeschriebene bezeichnet: kaputt.

Die Dreiergruppe »Kahlschlag« – »Kieshügel« – »Krater«, die wie eine Klimax (Steigerung) angeordnet ist, löst beim lyrischen Ich den

Mechanismus der Erinnerung aus. Das Ich des Gedichts gibt zu, sich selbst zu täuschen: Es »vergißt« gerne, daß die Natur kaputt ist, obwohl die Umweltzerstörung bis an das eigene Haus vorgedrungen ist. Becker geht Umwege, wenn er Erinnern zum Inhalt eines Selbstgesprächs macht, in dem er das Vergessene und scheinbar Verlorene mit dem Wort zurückholt. So kommt es zu der selbstbewußten und zugleich etwas verächtlichen Feststellung in einem anderen Gedicht des gleichen Bandes: »Im Selbstgespräch kämpft das Gedicht gegen die Stummheit des einzelnen und das Vergessen der Mehrheit.« Ein Blick auf den Text ›Wörter im Sommer‹ kann das Gemeinte verdeutlichen.

Wörter im Sommer

Super-Sommer; hoffnungslos
ist das Wetter jedenfalls nicht mehr, und
immer frischer Glanz,
                        jedenfalls (und Pappeln
rascheln im See-Wind, denn dieser Wind jetzt
ist immer,
          nein, nicht immer, jetzt aber,
See-Wind) auf den Pappeln, den Reihen
am Horizont in der Kölner Bucht.
                                Früher
sagten wir: Sommerfrische –
                            und die Endlosigkeit
war ein Zustand im August: Große
Ferien; im Meer der Weizenfelder. Nun
muß ich sagen, was Garben sind; die ganz Neue
Generation kennt nicht mehr (es gibt
nicht mehr) Garben; minutenlang dauert
der Dreizehnte August.
                        Berittene plötzlich
(Kornspringer, Reitervereine e.V.) im Staub
und Galopp über ein gelbes und leeres,
rechtsrheinisches Feld, und diese Wahrnehmung,
sonntags,
          verändert den Sonntag. Schatten
der wirklichen Wolken wandern über das Feld,
nein, über die Einflugschneise, und
                                    Ibiza
ist in der Nähe, ist in der Nähe
von Wahn. Ein Zeppelin, Zeppelin war
ein Wort
          aus den Dreißiger Jahren, und
Feldflughafen war das Feld.
                            Nun wieder,
(weiter im Sommer)

Berlin, die Bundesliga,
der Giftmüll, die Giftmüll-Lawine,
das Mofa für die Untersekunda
– bald,
nein, bald ist nichts. Endlosigkeit
und Minuten
(bald ist verschwunden)
die Ortschaft Knapsack),
ältere Wörter
für etwas im Sommer; gestern war Sommer.

Ein vergleichender Blick auf Brechts Tannengedicht kann sich auch hier als nützlich erweisen. Im Gegensatz zu Brecht ist es kein Naturbild, das ein schönes und kostbares Bild aus der Vergangenheit heraufbeschwört. Hier sind es Wörter, die Assoziationen auslösen, Assoziationen, die mit einer Art Bildfluidum verbunden sind. »Sommerfrische«, »Garben«, »Zeppelin« und »Knapsack« sind solche »älteren« Wörter. Solche Wörter sind nur noch »Eingeweihten« vertraut, bei denen sie allerdings ganze Bildfolgen aus der Erinnerung wachrufen können. Die »Nachgeborenen« tun sich damit schwer. Sie reden vom »hoffnungslosen Sommer«; vielleicht währt für sie der »Dreizehnte August«, ein junger Gedenktag, länger als für das von Erinnerungen überschwemmte Bewußtsein des Autors. Am leichtesten fällt ihnen wohl noch die Assoziation zu »Ibiza« – die weite Entfernung zwischen dem Flughafen Köln-Wahn und der Insel und die dennoch so kurze Flugzeit.

»Supersommer« ist eher eine Vokabel der Jungen, ein Wort aus der Sprache der Medien, für den Autor jedoch nicht aussagekräftig, assoziationskräftig genug. Wenn Becker schreibt »gestern war Sommer«, so umfaßt das Gestern für ihn alle Wörter, die zu seiner Jugendzeit zum Sommer gehörten, die Wörter und ihr Fluidum. Sie waren prall mit Vorstellungen und Bildern gefüllt – und noch mehr Menschen geläufig. Jede Äußerung des Gedichts ließe sich zwar in gewisser Weise als Kommunikationsversuch verstehen, doch als Dialog ist es nicht angelegt. Es stellt eine Art inneren Monolog des lyrischen Ich dar, eine Kette von assoziativ verknüpften Wörtern und Gedanken.

Reiner Kunze

In Reiner Kunzes (geb. 1933) Gedichtband ›eines jeden einziges leben‹ (1986) finden sich Beispiele für das Ringen um angemessene Gestaltungsformen. Ein Gedicht, zu dessen richtigem Verständnis Kunze selbst im Nachwort zu seinem Band Wege gewiesen hat, soll genauer betrachtet werden.

Kleines Ruhmesblatt für Alexander Graf von Faber-Castell

> Die seele hat ihren sitz
> in der nähe des herzens
> (these)

> Mit jedem baum, dessen wipfel
> ausdünnt, treibt in der seele er
> angstnadeln

> In der nähe des herzens verschanzt er
> die tümpel seiner uferau, echos
> gewesener landschaft,

> und steckt an den wald sich
> letztes reihersilber

Auf den ersten Blick scheint es sich um ein Widmungsgedicht zu handeln, vielleicht sogar an einen adeligen Gönner gerichtet. Bei mehrmaligem Lesen gewinnt man jedoch den Eindruck, daß es um etwas anderes geht; Name und Titel erweisen sich als eher sekundär.

Das Hauptanliegen Kunzes scheint das Thema des Waldsterbens zu sein. Er sucht sich einen Gewährsmann, der ihm unter anderem den forstwirtschaftlichen Fachbegriff der Angstnadeln erklärt. Fachleute wußten, daß geschädigte Fichten nochmals Äste mit reichlichem Nadelwuchs austreiben.

Im Gedicht wird »Angstnadeln« zu einer zentralen Metapher für einen Zustand der Beunruhigung und Sorge. Das Wort rückt in die Nähe der in den ersten beiden Zeilen (»these«) genannten Gefühlsmetaphern »Herz« und »Seele«, die in der Sprache der Lyrik einander längst benachbart sind. Vieles von dem, was draußen in der Natur zu beobachten ist, wird im Gedicht mit einem bestimmten inneren Zustand verknüpft. Was mochte draußen geschehen sein? Vielleicht wurden die Uferpartien eines Flusses durch Regulierung verändert. Das wirkte sich auf die nahegelegenen Teiche aus und auf die selten gewordenen Reihervögel, denen die Landschaft Nistplätze und Nahrung gewährt hatte. In der »gewesenen Landschaft« ist für sie kein Raum mehr.

Der frühere Zustand ist nur noch Erinnerung, aber im Wort des Gedichts ist er »aufgehoben«, bewahrt und poetisch gemacht.

Sarah Kirsch

Eine hervorragende Vertreterin deutscher Lyrik nach 1968 ist Sarah Kirsch. Daß sie für ihre Erfahrung von Zeitumständen und eigenem Lebensalltag originell-individuelle Gestaltungseinfälle gefunden hat, macht die Qualität ihrer Dichtung aus.

Seit den sechziger Jahren hatte die in der DDR aufgewachsene und ansässige Sarah Kirsch, die nicht nur studierte Biologin ist, sondern auch das Institut für Literatur in Leipzig besucht hat, zahlreiche Leser und Anhänger in Ost und West. Da sie neue Gedichte in Verlagen der Bundesrepublik zu veröffentlichen pflegte, wurde im Westen jeder neue Band erwartungsvoll und neugierig aufgenommen. Manche wurden zum literarischen Ereignis. Im Sommer 1977 wandte sich die Dichterin an Erich Honecker in seiner Eigenschaft als Sekretär des Zentralkomitees der SED und ersuchte um die Genehmigung einer Ausreise nach Westberlin. Selbstbewußt verwies sie darauf, daß es ihr trotz Bemühens um Wohnungswechsel im Osten an gedeihlicher Arbeitsatmosphäre fehle. Obwohl Sarah Kirsch als eine der ersten die Petition der Schriftsteller für die Rückkehr Wolf Biermanns unterschrieben hatte und danach Repressalien seitens der Partei zu befürchten waren, ließen die Machthaber der DDR Sarah Kirsch gehen.

1982 – sie hatte sich inzwischen in das ländliche Schleswig-Holstein zurückgezogen – erschien in Stuttgart ihr Gedichtband ›Erdreich‹, dem das folgende Gedicht entnommen ist.

Erdrauch

Und zu verschiedenen Zeiten geschieht es
Daß wir sehr glücklich über
Irgend ein Ding eine Nachricht
Den neuen Geliebten das Kind
Umhergehen können da freut uns
Die eintönigste Arbeit da kochen wir
Wunderbare Gerichte putzen die Fenster
Und singen dabei küssen
Die eben aufgesprungene Blüte
Am Strauch vor der Tür reden
Zu Unbekannten über die Straße
Und beachten die Sonne nicht
Den leichten tanzenden Schnee
Es ist alles bekannt und vertraut
So wird es immer sein glauben wir
Und noch die furchtbaren Bilder
In den Fernsehgeräten bestärken uns
Wenigstens hier wird es so bleiben wir stapeln

Die Zeitungen die uns ruhig schlafen lassen
Sorgfältig auf bis sie abgeholt werden
Wir sind ganz lebendig hüpfen und springen
In den möblierten Wohnungen des Todes.

Vom Titel des Gedichts her und auch von dem der gesamten Gedichtsammlung erwartet der Leser vielleicht ein Naturgedicht. Erdrauch ist der Name einer in Mengen auftretenden Unkrautpflanze von ansprechendem Äußeren, die sich rasch ausbreiten kann, sich aber ohne große Mühe aus dem Boden entfernen läßt. Sarah Kirschs Gedicht jedoch handelt von Menschen.

Die »Wir«-Menschen, denen sich ohne Zweifel auch die Dichterin zurechnet, sind Zeitgenossen, die sich ihr Leben in Ost und West unter unterschiedlichen Verhältnissen erträglich eingerichtet haben und sich hin und wieder auch eines kleinen Glücks erfreuen. Ihnen scheint es auch nicht schwerzufallen, andere Menschen und die Welt überhaupt in einem freundlichen Licht zu sehen. Doch das Glück wird mit der Weigerung erkauft, die »furchtbaren Bilder/In den Fernsehgeräten« wirklich ernst zu nehmen. Sie verschließen ihre Augen vor der Realität. So kommt es denn auch zu dem grotesken Bild der Schlußzeilen: »Wir sind ganz lebendig hüpfen und springen/In den möblierten Wohnungen des Todes.« Hier macht Sarah Kirsch eine Anleihe. Von den »Wohnungen des Todes« sprachen die 1947 erschienenen Gedichte der Dichterin Nelly Sachs, in denen sie an die Baracken in den Todeslagern des Hitler-Regimes erinnerte, die häufig die letzten Lebensstationen jener jüdischen Landsleute waren, deren Schicksal sie selbst durch eine glückliche Fügung entging.

Die Zeitgenossen der achtziger Jahre sind ebenfalls vom Tode bedroht. Ihr »So wird es immer sein« ist ein Trugschluß, dem sich nur jene hingeben können, die eventuelle Gedanken an eine Katastrophe »optimistisch« verdrängen (»wir stapeln/Die Zeitungen die uns ruhig schlafen lassen/Sorgfältig auf bis sie abgeholt werden«). Über den Bezug dieses Inhalts zum Titel des Gedichts läßt sich spekulieren. Die Menschen gleichen in gewisser Weise der Pflanze Erdrauch, denn sie weisen ebenso eine Ambivalenz von Sein und Schein auf (angenehmes Äußeres der Pflanze bzw. scheinbar ungetrübtes Glück der Menschen einerseits – die Möglichkeit der mühelosen Entfernung des Unkrauts bzw. die Bedrohung der Menschen durch Katastrophe und Tod andererseits).

Das Titelgedicht des Bandes ›Erdreich‹ handelt noch stärker als ›Erdrauch‹ von der Beziehung des Menschen zur Natur – hier bleibt die Pflanzenwelt nicht bloß eine Metapher für die Welt der Menschen.

Erdreich

Nachrichten aus dem Leben der Raupen
Der Kuckuck stottert und die gebackenen Beete
Zerreißen sich wenn ich Gießkannen schleppe
Die mir überantworteten Gewächse verlausten Gemüse
Hilflos betrachte, als ich vor Jahren
In meines Vaters Garten ging
Gab es die siebfachen Plagen
Höllisches Ungeziefer nicht und der Boden
Tat noch das Seine, der hier
Ist ein Aussteiger niederträchtig und faul
Ihn muß man bitten den Dung
Vorn und Hinten einblasen sonst bringt er
Nicht maln Pfifferling vor was müssen die Menschen
Das Erdreich beleidigt haben, mir erscheint
Siebenundzwanzig Rosenstöcke zu retten
Ein versprengter Engel den gelben Kanister
Über die stockfleckigen Flügel geschnallt
Der himmlische Daumen im Gummihandschuh
Senkt das Ventil und es riecht
Für Stunden nach bitteren Mandeln.

Sarah Kirschs Gedicht ›Erdreich‹ erinnert kaum an Naturlyrik aus
früherer Zeit. In älteren Gedichten war melodischer Vogelsang ein
selbstverständlicher Bestandteil – daß der Kuckuck in diesem Gedicht »stottert«, bedeutet einen bewußten Bruch mit der Tradition.

Das widerspenstige, störrische Erdreich scheint sich weder dem
Spaten noch der Sprache fügen zu wollen. Schon in ihren frühen
Gedichten macht Sarah Kirsch gern Gebrauch vom Enjambement;
beinahe ohne Satzzeichen schreibt sie über das Zeilenende hinaus. In
dem mehrfach unterbrochenen Rhythmus wird so etwas wie ein
halblautes Schimpfen vernehmbar (»Ist ein Aussteiger, niederträchtig
und faul«). Zugleich sollte man freilich nicht übersehen, daß die eifrige Gärtnerin auch Fehler bei der Behandlung der Pflanzen einge-
steht. Ähnlich hat man auch im großen gesündigt, so wird auch der
Ausruf »was müssen die Menschen das Erdreich beleidigt haben«
verständlich.

Der Schlußteil ist ganz offensichtlich auf Ironie angelegt: Den
Mann mit Kanister und Schutzanzug, der die Pflanzen mit Unkraut-
vernichtungsmittel besprühen wird, als himmlischen Boten und
Helfer zu bezeichnen, erscheint beinahe absurd. Hier wird der Teufel
mit Beelzebub ausgetrieben – nicht nur das Ungeziefer verdient die
Bezeichnung »höllisch«.

Die Gegenwart wird in Kirschs Gedicht mit der Vergangenheit
und dem väterlichen Garten konfrontiert, in dem es die »sieben-

fachen Plagen« nicht gab, da ein Gleichgewicht zwischen der Natur und der Tätigkeit des Menschen herrschte. Im Hinblick auf die biblischen Plagen, die Gott den Menschen als Strafe schickte, gewinnt das Bild vom Engel an zusätzlicher Schärfe.

Einige Jahre später, in dem Band ›Schneewärme‹ von 1989, thematisiert Sarah Kirsch im Gedicht ›Die Ebene‹ nicht nur den Tod des einzelnen Lebewesens, sondern zugleich ein Stück Weltuntergang.

Die Ebene

      Meine geliebten
      Tale lächeln mich an.

Die großen Bilder alltäglich
Deutliche Klarheit der Luft scharfe
Linien um Gräser und Wolken nachts
Der Teller des Monds auf dem Wasser
Die fliegenden Tiere der Erde
Schwere steigende Leiber die sanften
Hälse vertraulich dem Wind
Dargeboten wie soll ich
Müde werden es zu benennen
Bitternis sinkt allenthalben die Trauer
In unser Frohsein weggefegt
Wie die Blätter vom Baum die
Spielenden herbstlichen Mücken
Nach starkem Frost sind wir gleich
Eh noch der Atem uns ausgeht vernichtet
Wie gelassen wäre der Abschied
Könnten wir in leichter Gewißheit
Daß diese Erde lange noch
Dauert gerne doch gehn

Die Unheilsprophezeiung ist Teil eines Preisgedichts auf das Wunderbare der Natur. »… wie soll ich müde werden, es zu benennen‹, schreibt die Dichterin. Benannt werden Himmels- und Erdregion mit Gestirnen, Wolken, Tageszeiten, Flora und Fauna. Die Kreatur kann den Elementen und sich selbst vertrauen, wenn etwa »die fliegenden Tiere der Erde« sich in die Lüfte aufschwingen. Mit solchen Bildern stellt sich Sarah Kirsch in die Tradition älterer Dichtung, der des 18. Jahrhunderts oder auch der Bertolt Brechts, der ein Gedicht wie ›Die Liebenden‹ nicht hätte schreiben können, ohne Vögel beim Flug beobachtet zu haben.

Dem Kreislauf natürlichen Werdens und Vergehens entstammen die Bilder, mit denen Kirschs Gedicht die Menschen warnen will. Der »Abschied« von der Erde bleibt keinem Wesen erspart, doch ein

»gelassener Abschied« wäre den Menschen nur möglich, wenn sie gewiß sein könnten, daß die Erde noch lange nach ihrem individuellen Tod weiterbesteht. Doch in der gegenwärtigen Welt kann sich der Mensch nicht mehr auf eine Zukunft verlassen. Wahrscheinlicher als ein harmonischer Kreislauf erscheint eine Katastrophe, für die der Mensch selbst verantwortlich ist. Mit dem natürlichen Gang der Dinge könnte Sarah Kirsch »gelassen« einverstanden sein; daß die Vernichtung allen Lebens Menschenwerk sein könnte, stimmt sie traurig.

Kirsch holt das Bild des raschen Todes aus der Natur: das Sterben der Mücken im ersten strengen Frost. Der Vergleich schmeichelt den Menschen nicht, werden sie doch auf das Kleine und Hilflose reduziert, wie die Mücken haben sie dann der stärkeren Kraft nichts entgegenzusetzen.

Peter Huchel

Huchel war in der Mark Brandenburg aufgewachsen und in Potsdam zur Schule gegangen, das ländliche Leben in seiner Heimat war ihm vertraut. Vor dem Zweiten Weltkrieg verbrachte er mehrere Jahre in Ländern des Mittelmeerraums, deren Natur, Landschaft und Menschen ihm Impulse für Leben und Dichtung gaben. Das folgende Gedicht aus der Sammlung ›Gezählte Tage‹ von 1972 ist vielleicht von Huchels Zeit als Ehrengast der Villa Massimo in Rom inspiriert.

Ölbaum und Weide

Im schroffen Anstieg brüchiger Terrassen
dort oben der Ölbaum,
am Mauerrand
der Geist der Steine,
noch immer
die leichte Brandung
von grauem Silber in der Luft,
wenn Wind die blasse Unterseite
des Laubs nach oben kehrt.

Der Abend wirft sein Fangnetz ins Gezweig.
Die Urne aus Licht
versinkt im Meer.
Es ankern Schatten in der Bucht.

Sie kommen wieder, verschwimmend im Nebel,
durchtränkt
vom Schilfdunst märkischer Wiesen,

die wendischen Weidenmütter,
die warzigen Alten
mit klaffender Brust,
am Rand der Teiche,
der dunkeläugig verschlossenen Wasser,
die Füße in die Erde grabend,
die mein Gedächtnis ist.

Der Ölbaum ist Teil eines Stückes südlicher Welt, das Naturlandschaft, sichtbar aber auch Kulturlandschaft ist. Menschen haben aus Steinen Mauern und Terrassen errichtet und auch den Ölbaum einst an herausgehobener Stelle gepflanzt. Der Baum steht hier als Symbol des Lebendigen über dem grauen Gestein. Er ist dem Wind, der brüderlichen Naturkraft, ausgesetzt und teilt der Luft die Farbe seiner Blätter mit. Mit dem Wechsel der Tageszeiten wechselt die Beleuchtung, Licht und Farbe scheinen – eine Episode im kosmischen Spiel – im Meer zu versinken, der von ihnen gebildete Fleck verschwindet als Urne, die zugleich auch bewahrt, unter dem Wasser.

Wenn der südlichen Landschaft als alles durchdringendes Naturelement die Luft zugehört, so wird die märkische vom Wasser durchzogen, geformt und genährt. Das Dämmerlicht stellt die Verbindung zur märkischen Landschaft her, die nur in der Erinnerung des lyrischen Ich entsteht. Die märkische wirkt schwerer und erdnaher als die südliche Natur. Die Weiden sind von häufigen Beschneiden gezeichnet, das Zeugnis für die bäuerliche Kultur ist, in der aus den Weidenzweigen Flechtwerk hergestellt wurde. Zugleich wird durch das Beschneiden der Stämme erreicht, daß die Bäume wieder austreiben. Fest stehen sie in der Erde nahe dem Wasser. Das lyrische Ich sieht sich über diese Landschaft der Heimat verbunden, auch seine Füße sind so in deren Erde vergraben; nur Blick und Gedanke können weitere Horizonte suchen. Gut ist die Zuflucht, die das märkische Bauern- und Teichland gewährt: In diesen Breiten können Landschaft und Menschen lang am Leben bleiben und wechselnde Zeiten überdauern. Sicher ist es kein Zufall, daß dem männlich konnotierten Ölbaum die »wendischen Weidenmütter, die warzigen Alten« der märkischen Landschaft gegenübergestellt werden – das Weibliche steht hier für Bodenständigkeit und Geborgenheit (symbolisiert durch die in die Erde gegrabenen Füße), während der Ölbaum als Kulturpflanze hoch oben auf den Steinen steht, die allerdings schon brüchig sind.

In der »entstehenden sozialistischen Gesellschaft« der DDR sollte die Literatur ganz bestimmte Aufgaben erfüllen. Ihr wurde ein Platz gleich neben dem Propagandaapparat zugewiesen. Über beide Institutionen sollten Staat und Partei nach Belieben verfügen können. Auch die Literatur hatte Weisungen entgegenzunehmen und mußte sich Kontrollen gefallen lassen. Die Doktrin des »sozialistischen Realismus« galt nach mehr als zehn Jahren unverändert; ein Ableger war 1959 das Programm des »Bitterfelder Weges« (vgl. Band XI) mit seinen mehr befohlenen als empfohlenen Aktionen und Aktivitäten.

Auch wenn sich viele Schriftsteller zum Sozialismus bekannten und das Experiment DDR guthießen, verfolgten sie die Entwicklung mit kritischer Aufmerksamkeit, was ihnen immer wieder die Ungnade des Regimes eintrug. Die ästhetische Seite ihrer Arbeit wurde gegenüber der politischen als eher zweitrangig angesehen.

Nicht wenige gaben sich damit zufrieden, es der Partei recht zu machen. Sie lieferten die erwünschte reduzierte und retuschierte »Wirklichkeit«. Zu verschweigen war etwa, was willkürlich Verhaftete und für schuldig Befundene in neu eingerichteten Lagern zu erdulden hatten. Zu verschweigen waren auch alle Übergriffe, die sich Angehörige der »Bruder- und Schutzmacht« Sowjetunion hatten zuschulden kommen lassen. Aufs höchste zu preisen waren nach wie vor die Verdienste der Partei und ihrer Funktionäre.

Am 3. Juli 1971 wurde Walter Ulbricht als Generalsekretär der SED von seinem Amt entbunden und durch den jüngeren, flexibleren Erich Honecker ersetzt. Der unbeliebte Ulbricht, altgedienter und starrer Parteiideologe, war auch in Moskau nicht mehr genehm; das beschleunigte den plötzlichen Wechsel. Etwa seit 1965 hatte Ulbricht einen harten Kurs gegen »schädliche Tendenzen« in Film, Musik und Literatur befohlen. Die Künstler konnten vom neuen Generalsekretär wohl keine großen Veränderungen erwarten, sie hofften aber auf eine Minderung der Spannungen und auf einen größeren Freiheits- und Aktionsspielraum. Und Honecker schien diesen Wünschen zu entsprechen, als er in seinem Schlußwort zu einer Tagung des Zentralkomitees am 16./17. Dezember 1971 Großzügigkeit verhieß.

Wenn man von der festen Position des Sozialismus ausgeht, kann es meines Erachtens auf dem Gebiet von Kunst und Literatur keine Tabus geben. Das betrifft sowohl Fragen der inhaltlichen Gestaltung als auch des Stils – kurz gesagt dessen, was man die künstlerische Meisterschaft nennt.

Walter Jens bemerkte dazu später wohl zu Recht: »Es gibt kein Diktum in der Geschichte der DDR, das von Schriftstellern, Malern, Bildhauern, Architekten und Musikern so penibel interpretiert, so besessen, Wort für Wort, abgeklopft und mit soviel Scharfsinn, unter Beihilfe hohen semantischen Raffinements, untersucht worden ist [...]« Wer entschied, ob einer »von der festen Position des Sozialismus« ausgegangen war? Auch nachgeordnete Behörden schienen zunächst gewillt und bemüht zu sein zu beschwichtigen, schlimme Beispiele von Zwang und Willkür vergessen zu machen. Aus dem Kultusministerium war zu vernehmen: »[...] parteimäßige und staatliche Leitung und Planung sozialistischer Kunstentwicklung bedeutet alles andere als Reglementieren oder willkürliches Eingreifen in das komplizierte Geflecht des künstlerisch-ideologischen Schaffensprozesses.« Von der »vielgliedrigen Einheit« dieses Prozesses war die Rede, wichtig darin seien »die persönliche Entwicklung des Künstlers, seine Lebenserfahrungen, seine Lebenskenntnis und weltanschauliche Reife«.

Peter Huchel, von 1949 bis 1962 Herausgeber der offiziellen Literaturzeitschrift ›Sinn und Form‹, hielt wenig von einer angepaßten sozialistischen Literatur. Für ihn stand die ästhetische Formung und Durchgestaltung im Vordergrund, die höchsten Ansprüchen genügen mußte. Auch bei Beiträgen für die Zeitschrift, die er aus der Weltliteratur jenseits der DDR-Grenzen bezog, war für ihn das ästhetische Niveau entscheidend. Daß das »auserlesene« Internationale für ihn wichtiger war als das in der DDR Entstandene, trug ihm acht Jahre kleinlicher Bespitzelung ein, die sein Leben ruinierten. Man nahm ihm die Redaktion von ›Sinn und Form‹, ließ ihn aber erst 1971 ausreisen.

Schwieriger ist es, über Wolf Biermann unter dem Aspekt des ästhetischen Werts zu urteilen. In seiner besten Zeit, als er sich des Beifalls eines Massenpublikums sicher war, hätte vielleicht aus ihm *der* deutsche Liedermacher und Dichter werden können. Biermann wollte in jenem sozialistischen östlichen Deutschland leben, in das er sich freiwillig begeben hatte; allerdings hätte er sich einen Sozialismus mit viel mehr Freiheit in nahezu allen Lebensbereichen gewünscht. Biermanns Hoffnungen erfüllten sich nicht. In der Bundesrepublik, wo er nach seiner Ausweisung lebte, wurde er nicht heimisch. Nach der Wende äußerte er sich vielfach kritisch und bissig über »seine Ossis«. An Biermann hatten sich stets die Geister geschieden, daran sollte sich nichts ändern.

Peter Huchel

Als Honecker die neue Linie der Partei verkündete, lag es erst acht Jahre zurück, daß Huchel als Chefredakteur der Literaturzeitschrift ›Sinn und Form‹ abgesetzt worden war. Diese acht Jahre war er in seinem Häuschen in Potsdam zum Schweigen verurteilt gewesen, durfte keine Besuche empfangen und keine Einladungen ins Ausland annehmen.

Peter Huchel war ein Mann der ersten Stunde gewesen, er wurde 1949 zum Chefredakteur der neugegründeten Zeitschrift berufen. Mit ihm holte sich der damalige Kultusminister Johannes R. Becher einen Lyriker von internationalem Ruf, der zugleich ein Kenner der literarischen Materie war, an die Spitze eines ehrgeizigen Unternehmens. In ›Sinn und Form‹ sollten Autoren von nachweislich »linker« Gesinnung aus ganz Europa und auch aus Westdeutschland zu Wort kommen, ohne Rücksicht auf den Kalten Krieg sollten Brücken geschlagen werden. Maßstab für die Aufnahme von Gedichten, Essays und analytischen Aufsätzen war für Huchel ausschließlich die Qualität der Beiträge, über die er unerbittlich selbst wachte und entschied. Er nahm wenig Notiz davon, daß nach dem Wunsch und Willen der Partei- und Kulturfunktionäre der DDR in den fünfziger Jahren der sozialistische Realismus die verbindliche Doktrin für alle Künste darstellte. Obwohl sich Huchel den Verpflichtungen eines politisch-sozialistischen Engagements nicht entzog und mit seinem Werk auch der Deutschen Demokratischen Republik dienen wollte, war die Zeitschrift ›Sinn und Form‹ nicht eigentlich politisch geprägt. Das nahm das Regime ihm übel; Kurt Hager, der im Zentralkomitee für Kultur und somit auch für Literatur zuständig war, verhehlte sein Mißfallen nicht:

In dem Bestreben, eine gesamtdeutsche Zeitschrift zu sein, eine Zeitschrift, die auch in Westdeutschland gefällt, [...] wich die Zeitschrift, der man ein hohes literarisches Niveau zugestehen muß, jahrelang sorgfältig einer entschiedenen Parteinahme für die sozialistische Entwicklung in der DDR aus.

Den Kulturfunktionären der DDR waren Huchels Aktivitäten nicht geheuer. Internationaler Ruf und Beifall aus vielen Lagern hielten Peter Huchel lange auf seinem Posten, doch 1962 – ein Jahr nach Errichtung der Berliner Mauer – stürzte er, und ihm wurde die Leitung der Zeitschrift entzogen. Diesmal sprach Kurt Hager im Namen von Partei und Regierung ein Urteil:

Diese Zeitschrift bezog keine eindeutige Stellung zur DDR. Sie bezog keine Stellung für den sozialistisch-realistischen Weg unserer Literatur und Kunst,

den Weg von Bitterfeld. Sie bezog keine Stellung für unsere junge, nachrük-
kende Schriftstellergeneration.

Es gab zwei deutsche Staaten; von einer »gesamtdeutschen Aufgabe«
wollte man nichts wissen. Huchel verabschiedete sich mit einer letzten Nummer seiner Zeitschrift, die es in sich hatte und nochmals
kundtat, wie er den Auftrag für ›Sinn und Form‹ verstand. Als Eröffnung des Hefts ließ er Brechts Rede »Über die Widerstandskraft
der Vernunft« abdrucken, ans Ende stellte er sechs eigene Gedichte,
unter anderen ›Der Garten des Theophrast‹ und ›Winterpsalm‹. Das
Heft enthielt außerdem Beiträge von Paul Celan und Günter Eich,
Jewtuschenko und Isaak Babel, von Sartre und Aragon. Die beiden
genannten und inzwischen berühmt gewordenen Gedichte Huchels
brachten zum Ausdruck, wie schwer ihn seine Absetzung getroffen
hatten.

Der Garten des Theophrast

Meinem Sohn

Wenn mittags das weiße Feuer
Der Verse über den Urnen tanzt,
Gedenke, mein Sohn. Gedenke derer,
Die einst Gespräche wie Bäume
    gepflanzt.
Tot ist der Garten, mein Atem wird
    schwerer,
Bewahre die Stunde, hier ging
    Theophrast,
Mit Eichenlohe zu düngen den Boden,
Die wunde Rinde zu binden mit Bast.
Ein Ölbaum spaltet das mürbe
    Gemäuer
Und ist noch Stimme im heißen
    Staub.
Sie gaben Befehl, die Wurzel zu
    roden.
Es sinkt dein Licht, schutzloses Laub.

In ›Der Garten des Theophrast‹ werden wieder Bilder südlicher
Landschaft, Natur und Kultur beschworen: Garten, Urnenfeld und
Ölbaum. Doch über der Landschaft liegt Unheil; der Ölbaum
kann nicht mehr Früchte tragen, nicht mehr das Licht filtern, nicht
mehr Schatten spenden, wenn die Wurzel gerodet ist. Die besseren Jahre, in denen die Tätigkeiten des Pflanzens und des Mit-
einander-Redens als menschliche Tätigkeiten vergleichbar waren
(»einst«, »ging«), sind vorüber – man kann ihrer nur »gedenke[n]«,

wozu die Mitlebenden und großenteils Mitwissenden im Gedicht aufgefordert werden.

Die Lage zwingt Huchel zu einer starken Metaphorisierung: Das lyrische Ich nimmt die Rolle des antiken Biologen und Philosophen Theophrast an. Gespräche über Literatur, die Dichtung selbst und Zeitschrift erscheinen im Bild der Pflanzen und des Ölbaums. So wie die beschädigte und gefährdete Natur des Gedichts der Pflege bedarf, so hätte sie auch die Kultur der DDR bitter nötig. Doch auf Befehl wird der Ölbaum beseitigt, was die Verödung des Gartens zur Folge hat. Die Aussage muß verhüllt, verdeckt werden, die mitwissenden Zeitgenossen können sie aber erschließen.

Im Rahmen der Vorarbeiten zu ihrem Buch ›Doppelinterpreta-tionen‹ (1966) gelang es der Lyrikerin Hilde Domin, zu Huchels Gedicht ›Winterpsalm‹ eine Interpretation des Autors sowie eine »erinnernde Deutung« seines Freundes, des Leipziger Literaturwis-senschaftlers Hans Mayer, einzuholen, dem das Gedicht auch ge-widmet ist.

Winterpsalm

für Hans Mayer

Da ging ich bei träger Kälte des Himmels
Und ging hinab die Straße zum Fluß,
Sah ich die Mulde im Schnee,
Wo nachts der Wind
Mit flacher Schulter gelegen.
Seine gebrechliche Stimme,
In den erstarrten Ästen oben,
stieß sich am Trugbild weißer Luft:
»Alles Verscharrte blickt mich an.
Soll ich es heben aus dem Staub
Und zeigen dem Richter? Ich schweige.
Ich will nicht Zeuge sein.«
Sein Flüstern erlosch,
Von keiner Flamme genährt.

Wohin du stürzt, o Seele,
Nicht weiß es die Nacht. Denn da ist nichts
Als vieler Wesen stumme Angst.
Der Zeuge tritt hervor. Es ist das Licht.

Ich stand auf der Brücke,
Allein vor der trägen Kälte des Himmels.
Atmet noch schwach,
Durch die Kehle des Schilfrohrs,
Der vereiste Fluß?

Huchel will in seiner knapp gehaltenen Antwort an Domin »Spekulationen« und »Biographismen« keine Nahrung geben. Das Gedicht soll für sich sprechen, Huchel verwahrt sich ausdrücklich gegen eine verrätselnde »Verschlüsselung«.

Der Text ist ein Monolog, der in die Stimme des Windes eingeht:

    Alles Verscharrte blickt mich an
    Soll ich es heben aus dem Staub
    Und zeigen dem Richter? Ich schweige.
    Ich will nicht Zeuge sein.

Die Stimme des Windes evoziert die Gegenstrophe, vier Zeilen eines Psalms. Anruf in einer erstarrten, beklemmenden Landschaft:

    Wohin du stürzt, o Seele,
    Nicht weiß es die Nacht. Denn da ist nichts
    Als vieler Wesen stumme Angst.
    Der Zeuge tritt hervor. Es ist das Licht.

Der Leser wird seine eigenen Erfahrungen in den Text legen und alles messen an der eigenen Haltung.

Huchel war mutig, er wollte es seinen Gegnern aber nicht leichtmachen und sich selbst keine Blöße geben. Dennoch war das Gedicht ein moralischer Appell, gerichtet nicht nur an Leser in der DDR.

Hans Mayer nannte ›Winterpsalm‹ in seiner Interpretation »ein Gedicht der Verwundung und ein verwundetes Gedicht«. Der Autor und sein Interpret Mayer lassen ihre Gedanken mit dem Schlußbild des Gedichts enden, das wenig Hoffnung aufkommen läßt. Mayer schreibt: »Noch ein bißchen Bewegung im Wasser, während ringsum sonst alles vom Eis bedeckt wurde. Er atmet noch, der Fluß. Atmet er noch?«

Kurt Hager hatte in seiner Abkanzelung der Zeitschrift ›Sinn und Form‹ die »nachrückende Schriftstellergeneration« erwähnt, junge Lyriker, die in den dreißiger Jahren geboren und bereits in der DDR aufgewachsen waren. Im Dezember 1962 hatte der Vizepräsident des Deutschen Schriftstellerverbandes und Sekretär der Sektion Sprachkunst der Akademie der Künste, Stephan Hermlin, in Ostberlin und auch in der Provinz Lesungen veranstaltet. Er ließ junge Autoren ihre Gedichte vortragen und beteiligte sich auch selbst am Lesen.

Die Gedichte, die für das Publikum nicht immer leicht zu verstehen waren, ließen zum Teil die Dankbarkeit für das neue Leben im Sozialismus vermissen. Daher war das Echo der Kritik frostig, Vorbehalte wurden geäußert, es gab Rügen. Hermlin mußte für sein Unternehmen in der offiziellen Parteizeitung Abbitte leisten und Selbstkritik üben.

Dennoch war es schwer, die Schriftsteller auf die Parteilinie einzuschwören und aus ihnen einen Chor von Lobrednern zu machen. Sie, die sich doch gar nicht ungern zum Sozialismus und zur DDR als ihrem Land bekannten, waren verärgert und verdrossen, weil sie sich ständig bevormundet und gegängelt fühlten. Zuviel hatten Parteiobere und anweisungshörige Verlagslektoren auszusetzen, zu kleinlich verfuhr eine Kritik, die oft einer Zensur gleichzusetzen war.

Hermlin, der sich in erster Linie immer noch als Sprecher seiner Schriftstellerkollegen fühlte, hielt nicht hinter dem Berg: »[...] es wurde kaum noch ein Buch in der DDR geschrieben, das vor den Behörden Gnade fand; auch das Erscheinen der harmlosesten Dinge wurde durch Änderungswünsche der Zensur hinausgezögert.«

Wolf Biermann

Wie sich das Verhältnis zwischen Staat und Kunst, Staat und Literatur entwickelte, dafür soll zunächst der Fall Biermann die Probe aufs Exempel darstellen. Der »Fall« war 1976 schon elf Jahre lang akut und ungelöst. Biermann, Sohn eines Hamburger Kommunisten, den die Nazis in Auschwitz liquidiert hatten, war 1953 in die DDR gekommen, wo er bald als Liedermacher bekannt wurde. Seine Lehrmeister waren Brecht und François Villon, der französische Poeten-Vagabund aus dem 15. Jahrhundert, dessen lockerer Lebenswandel Biermann imponierte und der ihn zur ›Ballade auf den Dichter François Villon‹ inspirierte, in der er sich ihn als Zeitgenossen im Ostberlin der fünfziger Jahre vorstellt.

> [...]
> Doch scheißfrech war François Villon
> Mein großer Zimmergast
> Hat er nur freie Luft und roten
> Wein geschluckt, gepraßt
>
> Dann sang er unverschämt und schön
> Wie Vögel frei im Wald
> [...]

Biermann ließ man nicht singen »wie Vögel frei im Wald«. Als er 1965 im Westberliner Verlag Wagenbach das Quartheft ›Die Drahtharfe. Balladen. Gedichte. Lieder‹ herausgab, das sofort großen Erfolg hatte und zum meistgekauften Lyrikband der Nachkriegszeit wurde, reagierte Ostberlin hart. Im Dezember des gleichen Jahres erhielt Biermann Auftrittsverbot und durfte nichts mehr veröffentlichen, vorliegende Schallplattenbestände sollten vernichtet werden.

Es war fatal: Biermann, der Sozialist sein wollte, der in der, wie es offiziell hieß, »entwickelten sozialistischen Gesellschaft« der DDR seine Heimat sah, wurde in die Rolle des Staatsfeindes gedrängt. Die Machthaber in der DDR wären ihn nur zu gern losgeworden, aber er wollte nicht gehen, wollte um gar keinen Preis in die Bundesrepublik zurückkehren.

In den Jahren, in denen ihm alles verboten war, machte Biermann in seiner Ostberliner Wohnung Plattenaufnahmen von einigen Liebesliedern, die er im heimatlichen Exil verfaßt hatte. Wenn Biermann über die Liebe schrieb, war Sex fast immer mitgemeint, für ihn die natürlichste Sache der Welt. Die SED nahm gerade daran Anstoß; der Funktionär Alexander Abusch entrüstete sich:

Hätte er nur die »Leistung« vollbracht, naturalistisch-buchstäbliche Worte aus dem Bereich der Kloake in die Lyrik einzuführen und sie durch sexuelle Primitivitäten und Obszönitäten »anzureichern«, so hätte gewiß sein in Westberlin finanziertes Bändchen nicht den schlagartig organisierten Beifall von einem dreivierteldutzend Konzernblättern gefunden.

Daß Wolf Biermanns Texte im Westen gelesen, seine Lieder auf Platten gehört und er selbst, fast gegen seinen Willen, gefeiert wurde, war ein gewaltiges Ärgernis. Abusch zeterte weiter:

Welch eine Attraktion: ein junger Dichter, der seine Kloakenbegriffe benutzt zur Besudelung der Partei der Arbeiterklasse, für deren hohe Ziele sein eigener Vater von den Faschisten ermordet wurde.

Zu einer solchen Diffamierung gab es weder Grund noch Anlaß. Werfen wir einen Blick auf ein Biermannsches Liebesgedicht.

Die Elbe bei Dresden

In Dresden, da steht ja die Elbe so still
Und die Stadt fließt so träge vorbei
Ich steh' da und seh' da die Raddampfer ziehn
Wie voriges Jahr, den Mai
Wie vorigen Mai, da wohnten wir
Diese Sommernacht unten am Fluß
In den Elbwiesen blieb uns die Puste weg
Beim Kuss zwischen Kuss und Kuss

Das sang uns der Fluß, das war unser Lied:
Es fließt alles – alles fließt
Mein Lieb, mein Lieb, jetzt bin ich allein
Jetzt redet der dumme Fluß mir ein:
Es bleibt alles, wie es ist

In jenem Mai, da schwammen wir schön
Mit der Strömung zur anderen Seit
Dann laufen ein Stück – und schwimmen zurück

Uns war ja der Fluß nicht zu breit
Das Wasser war nicht viel zu tief für uns
Ach und uns war der Dreck scheißegal
Wir ließen uns treiben und trieben das Spiel
Nocheinmal und noch einmal

    Das sang uns der Fluß, das war unser Lied: ...

Jetzt lieg ich am Ufer und wundere mich
Warum das mit mir grad so ist
Ach damals verriet uns der gute Fluß
Die Wahrheit, daß alles fließt
Da drehte die Erde sich unter uns
Als wir noch verharrten im Kuss
Und weißt du, warum ich dich suchen will?
Weil ich mich ja finden muß

    Das sang uns der Fluß, das war unser Lied: ...

›Die Elbe bei Dresden‹ läßt sich nicht nur als Liebesgedicht, sondern auch als künstlerisches Zeugnis der Unrast und des Mißfallens über den erreichten gesellschaftlichen Zustand lesen. Den erzählenden Balladenstrophen mit vier- und dreihebigen jambischen Versen, die durch Kreuzreime verbunden sind und in einem rauhen, nicht ganz gleichmäßigen Rhythmus vorgetragen werden, folgt jedesmal der Refrain mit der emphatisch invertierten Parole: »Es fließt alles – alles fließt.« In einer Erinnerungsvision treten Gegenwart und Vergangenheit auseinander; was sonst in Bewegung war, was sich, einer immer deutlicher werdenden Dialektik folgend, ständig verändert hat, stagniert nun.

Die Gegenwart ist unglücklich in doppelter Hinsicht: Einmal für das Ich, das allein ist und sich selbst verloren hat; es ist so verwirrt, daß ihm die Stadt »träge« am Fluß vorbeizufließen scheint. Doch zugleich ist die Gegenwart unglücklich für das Land, dessen neue sozialistische Ordnung Mängel hat und die Jungen nicht zufriedenstellt. Die Misere hat das Ausmaß einer Naturkatastrophe erreicht, auch die Erde scheint stillzustehen.

Ein Jahr zuvor, »vorigen Mai«, war alles noch anders: Das Ich war mit einem geliebten Du zum Wir vereinigt; schwimmend, laufend, »das Spiel treibend« waren die zwei in Bewegung. Im Land war das Alte überwunden, die Menschen hatten Hoffnung geschöpft. Anders als in der alten Ballade von den zwei Königskindern hat das Wasser die Liebenden nicht mehr getrennt, sie haben mehrmals schwimmend die Elbe überquert – miteinander, nebeneinander. Aus der trüben Vergangenheit soll bald wieder hellere Zukunft werden: Dann wird auch der Fluß wieder vom hoffnungsvollen Fließen singen und nicht dem lyrischen Ich den Stillstand suggerieren. Bewegt sich der

Fluß, so muß sich auch die Erde drehen – und es kann weitergehen mit den nötigen Veränderungen.

Viele von Biermanns Liedern leben sehr stark von dem Vortrag des Sängers, doch einige seiner Lieder haben – nicht zuletzt in kirchlichen Kreisen – weite Verbreitung gefunden und sich auch für ein breiteres Publikum als singbar erwiesen. Das folgende Lied stammt aus dem Band ›Mit Marx- und Engelszungen‹, der 1968 in der Bundesrepublik erschien. Es ist dem Freund Peter Huchel gewidmet, läßt sich jedoch auch über die konkrete Situation in der DDR hinaus als Ermutigungslied verstehen, das zu einer Skepsis gegenüber den Herrschenden aufruft.

Ermutigung
Peter Huchel gewidmet

Du, laß dich nicht
verhärten
In dieser harten Zeit
Die all zu hart sind,
brechen
Die all zu spitz sind,
stechen
und brechen ab
sogleich

Du, laß dich nicht
verbittern
In dieser bittren Zeit
Die Herrschenden
erzittern
– sitzt du erst hinter
Gittern –
Doch nicht vor deinem
Leid

Du, laß dich nicht
erschrecken
In dieser Schreckenszeit
Das wolln sie doch
bezwecken
Daß wir die Waffen
strecken
Schon vor dem großen
Streit

Du, laß dich nicht
verbrauchen
Gebrauche deine Zeit

Du kannst nicht
untertauchen
Du brauchst uns, und
wir brauchen
Grad deine Heiterkeit

Wir wolln es nicht
verschweigen
In dieser Schweigezeit
Das Grün bricht aus den
Zweigen
Wir wolln das allen
zeigen
Dann wissen sie
Bescheid

Peter Huchel wird in vier Strophen mit »du« angeredet: Es ist das selbstverständliche Du unter Brüdern und Freunden; das vertraute Du unter Genossen; und das Du unter Kollegen, die einander anerkennen und schätzen.

Huchel wird gewarnt, denn er ist äußeren Versuchungen ausgesetzt, denen er im jetzigen Stadium leicht erliegen kann. Von außen wirken immer wieder »die Herrschenden« auf ihn ein, die die Macht innehaben, sich fast alles erlauben können und denen jedes Mittel recht ist, den Widerstand zu brechen. Biermann warnt aber auch vor Versuchungen, die aus dem Inneren kommen: Verhärtung, Verbitterung und Erschrecken; sie alle haben Zermürbung zur Folge. Die Herrschenden rechnen damit und haben ihre Maßnahmen entsprechend angelegt.

Von wem ist nun »Ermutigung« zu erhoffen? Biermann versichert seinem Freund der Solidarität: »Du brauchst uns, und/wir brauchen/Grad deine Heiterkeit«. Die Zeitläufe sind schlimm – es ist von harten, bittren Zeiten, von einer Schreckens- und Schweigezeit die Rede – doch es gibt eine vage Hoffnung auf Besserung, symbolisiert durch das Grün, das aus den Zweigen bricht. Das »Wir« in Biermanns Gedicht umfaßt die Solidargemeinschaft derjenigen, die gegenüber dem DDR-Staat Widerstand leisteten. Die Hoffnung liegt vielleicht genau in dieser Solidarität, die ja letztendlich 1989 zur politischen Wende in der DDR führte.

Im November 1976 kam überraschenderweise Bewegung in Biermanns Fall. Der Dichter und Sänger wurde von der westdeutschen IG Metall zu einem zwanzigtägigen Aufenthalt in die Bundesrepublik eingeladen; der erste Auftritt war für den 13. November in Köln vorgesehen. Die westdeutsche Presse berichtete ausführlich über das Konzert. Die besondere Atmosphäre, die Biermann zu schaffen verstand, der Rhythmus seiner Lieder und die besondere Art seines

Vortrags faszinierten nicht nur das jugendliche Publikum in der Kölner Sporthalle, sondern auch Zehntausende von Rundfunkhörern. Der Berichterstatter in der ›Zeit‹ hat genauer hingesehen und macht auch kritische Anmerkungen:

Am letzten Sonnabend sang Biermann in der Kölner Sporthalle. Abgesehen von einem kurzen Auftritt in einer Prenzlauer Kirche vor ein paar Wochen, war es sein erster öffentlicher Auftritt seit zwölf Jahren. Sechs- bis siebentausend meist junge Leute, die seine Lieder (manchmal wurde mitgesungen) auswendig zu kennen schienen, waren gekommen; sie feierten ihn (wie heißt das Adjektiv zu Applaus?) frenetisch. [...] Zu seinem programmatischen Lied »So oder so, die Erde wird rot, entweder lebendrot oder todrot«, mit dem er den Anfang machte, hatte er ein paar zusätzliche Strophen geschrieben. Neutral: »Die BRD braucht eine KP.« Pause. Gitarrenakkorde. Grimassen. Gelöst und glücklich: »Unter Italiens Sonnenschein! So soll es sein, so wird es sein!« Und gleich, fein austariert: »Die DDR braucht endlich und wie! Rosas [= Rosa Luxemburg] rote Demokratie. Stimmt ihr mir zu? Dann stimmt mit ein: So soll es sein, so wird es sein.«

Eine der Zugaben Biermanns in Köln war die ›Ballade vom preußischen Ikarus‹. Im nachhinein mag es scheinen, als ob er in dieser Ballade sein Schicksal vorausgeahnt und vorausgestaltet hätte.

Ballade vom preußischen Ikarus

1.
Da, wo die Friedrichstraße sacht
Den Schritt über das Wasser macht
   da hängt über der Spree
Die Weidendammerbrücke. Schön
Kannst du da Preußens Adler sehn
   wenn ich am Geländer steh.

   dann steht da der preußische Ikarus
   mit grauen Flügeln aus Eisenguß
      dem tun seine Arme so weh
   er fliegt nicht weg – er stürzt nicht ab
   macht keinen Wind – und macht nicht schlapp
      am Geländer über der Spree

2.
Der Stacheldraht wächst langsam ein
Tief in die Haut, in Brust und Bein
   ins Hirn, in graue Zelln
Umgürtet mit dem Drahtverband
Ist unser Land ein Inselland
   umbrandet von bleiernen Welln

da steht der preußische Ikarus
mit grauen Flügeln aus Eisenguß
        dem tun seine Arme so weh

er fliegt nicht hoch – und er stürzt nicht ab
macht keinen Wind – und macht nicht schlapp
        am Geländer über der Spree

3.
Und wenn du wegwillst, mußt du gehn
Ich hab schon viele abhaun sehn
        aus unserm halben Land
Ich halt mich fest hier, bis mich kalt
Dieser verhaßte Vogel krallt
        und zerrt mich übern Rand
dann bin ich der preußische Ikarus
mit grauen Flügeln aus Eisenguß
        dann tun mir die Arme so weh
dann flieg ich hoch – dann stürz ich ab
mach bißchen Wind – dann mach ich schlapp
        am Geländer über der Spree

Die Ballade beginnt mit einer Ortsbeschreibung. Beschrieben wird eine gefährliche Grenzzone im geteilten Berlin, die von Stacheldrahtzäunen und großenteils unterbrochenen Verkehrsverbindungen durchzogen ist. In »Preußens Adler« sind für Biermann drei Epochen deutscher Geschichte präsent, die alle drei vom Willen zur Macht durchdrungen waren bzw. sind: das Zeitalter der preußischen Monarchie, das Dritte Reich Hitlers und der Staat, der sich Deutsche Demokratische Republik nennt. Der äußere Anlaß für die Ballade war ein Foto, das ein amerikanischer Freund an der Weidendammer Brücke aufgenommen hatte; Biermann nimmt darauf eine Haltung ein, als wüchsen ihm Flügel aus den Schultern.

Der preußische Ikarus Wolf Biermann ist im »Inselland« DDR nicht nur in körperlicher Hinsicht gefangen, er fühlt sich auch durch einen anderen, nach innen gewachsenen Stacheldraht festgehalten: Er ist im Denken und in der Einstellung an dieses Land gefesselt. Deshalb heißt es in der Ballade von Ikarus, daß er nicht wegfliege wie andere Unzufriedene; man müßte ihn schon gewaltsam verstoßen. Er hat Angst vor der Macht des preußischen Adlers in Gestalt der DDR-Regierung, die ihn ausweisen könnte. Das lyrische Ich ahnt, daß es vielleicht noch kurz auffliegen wird, doch dann abstürzen muß.

Biermann ließ keinen Zweifel, daß für ihn die DDR das »bessere« Deutschland war. Doch er hatte viel auszusetzen. DDR-Spitzel, die beim Konzert in Köln im Publikum saßen, notierten genau, was Biermann im Laufe des Konzerts bemängelt hatte, und berichteten ihren Auftraggebern davon. Biermann kritisierte die fehlende Freiheit, die Vorenthaltung von Menschenrechten, den stalinistischen Machtapparat mit seiner Diktatur gegen das Volk und die Barbarei der Bürokratie. Er sprach von zigtausend Ausreisewilligen, die als Staatsfeinde angesehen und schikaniert wurden.

Biermanns Konzert in Köln war ein Medienereignis, Menschen in Ost und West hörten die Übertragung im Radio mit. Bei vielen DDR-Bürgern mischte sich Bewunderung mit Skepsis. Der bedächtige Günter de Bruyn, der Biermann wohlwollend gegenüberstand, schrieb in seinem Erinnerungsbuch ›Vierzig Jahre‹:

Ich war ein Bewunderer seiner Kunst, aber einer mit Wenn und Aber. [...] Sein idealkommunistisches Credo machte mich seiner Naivität wegen verlegen. [...] Auch ahnte ich, daß sein Ehrgeiz weniger nach Freunden als nach Anhängern und Anbetern verlangte.

Die DDR-Führung schlug hart zurück. Am 16. November beschloß das SED-Politbüro die Ausbürgerung Biermanns. Als Begründung wurde angegeben: »Mit seinem feindseligen Auftreten gegenüber der Deutschen Demokratischen Republik hat er sich selbst den Boden für die weitere Gewährung der Staatsbürgerschaft der DDR entzogen.«

Schriftsteller und Künstler bewiesen wenige Tage nach der Ausweisung ihre Solidarität mit Wolf Biermann in einer Protesterklärung. Unter den Appell, dem Liedermacher die Rückkehr zu erlauben, setzten dreizehn Prominente ihren Namen:

Wolf Biermann war und ist ein unbequemer Dichter – das hat er mit vielen Dichtern der Vergangenheit gemein. Unser sozialistischer Staat, eingedenk des Wortes aus Marxens ›18. Brumaire‹, demzufolge die proletarische Revolution sich unablässig selbst kritisiert, müßte im Gegensatz zu anachronistischen Gesellschaftsformen eine solche Unbequemlichkeit gelassen nachdenkend ertragen können.
Wir identifizieren uns nicht mit jedem Wort und jeder Handlung Wolf Biermanns und distanzieren uns von den Versuchen, die Vorgänge um Biermann gegen die DDR zu mißbrauchen. Biermann selbst hat nie, auch nicht in Köln, Zweifel darüber gelassen, für welchen der beiden deutschen Staaten er bei aller Kritik eintritt.
Wir protestieren gegen seine Ausbürgerung und bitten darum, die beschlossenen Maßnahmen zu überdenken.
Sarah Kirsch, Christa Wolf, Volker Braun, Franz Fühmann, Stephan Hermlin, Stefan Heym, Günter Kunert, Heiner Müller, Rolf Schneider, Gerhard Wolf, Jurek Becker, Erich Arendt, [Fritz Cremer]

Die Staatsmacht der DDR wollte Entschuldigungen und Hinweise auf Vorgänger mit ähnlichem Verhalten nicht gelten lassen. Die Unterschrift unter den Protest hatte für alle Unterzeichner Folgen. Sie verloren Ämter im Schriftstellerverband; Christa Wolf durfte nur deshalb Parteimitglied bleiben, weil sie in einer Selbstkritik ihre Beteiligung an der Aktion als Irrtum und Fehler anerkannte. Die Lage blieb gespannt. 1979 ließ Stefan Heym seinen brisanten Roman ›Collin‹ ohne Genehmigung der zuständigen DDR-Prüfungsstelle in Westdeutschland erscheinen. Um schärfere Maßnahmen gegen solche Eigenmächtigkeiten einzuleiten, ließ Erich Honecker durch einen zuverlässigen Gefolgsmann einen offenen Brief schreiben. In der Parteizeitung ›Neues Deutschland‹ war am 22. Mai 1979 zu lesen:

[...] die überall in den Betrieben arbeitenden Menschen unseres Landes werden kein Verständnis dafür aufbringen, wie da ein kleiner Klüngel von sogenannten Literaten verzweifelt von sich reden machen will, indem er sich vor den Karren des Westfernsehens spannen läßt oder die Partei mit unverschämten offenen Briefen traktiert.

Die Situation ähnelte der in den späten sechziger Jahren unter Ulbricht. Die Politik kommandierte die Literatur und die Kunst überhaupt und ließ durch ihren Apparat jene verfolgen, die nicht willfährig waren.

Biermann wäre gern in die DDR zurückgekehrt, viele andere Schriftsteller wollten nun nicht mehr dort bleiben. Verließen alle, die aus der DDR weggingen, damit auch den Boden des Sozialismus? Die meisten bestritten dies. Wenn sie in der DDR aufgewachsen waren oder lange dort gelebt hatten, nahmen sie etwas mit, das wie ein Wasserzeichen auch in Werken erkennbar war, die in der neuen, fremden Umgebung entstanden.

Günter Kunert

Günter Kunert (geb. 1929) führte die Auseinandersetzung mit seinen Erfahrungen in den Jahrzehnten seit 1945 in seinen Gedichten weiter und wurde dabei zum profilierten und bekannten Lyriker, der vor allem das reflektierende Gedicht zu seiner Domäne machte.

Kunert lebte lange in Ostberlin. Er hatte seit 1948 Kurzprosa und Gedichte veröffentlicht, war Mitglied der SED und bezeichnete neben Johannes R. Becher Bert Brecht als sein großes Vorbild. Sein Schreiben trug ihm bald die Kritik der Kulturfunktionäre ein; Mißtrauen erregte auch die Tatsache, daß er viele Texte in der Bundesrepublik veröffentlichte.

Als Mitunterzeichner des Protests gegen die Ausbürgerung Biermanns wurde Kunert aus der SED ausgeschlossen, ehe ihm 1979 ein mehrjähriges Visum für die Bundesrepublik gewährt wurde, wo er seitdem lebt und arbeitet.

Daß ihm der Ortswechsel in den Westen nicht den Einzug ins Gelobte Land beschert hat, ja daß ein solches nirgends auszumachen ist, dokumentieren nicht nur seine Vorlesungen zur Poetik, zu denen er 1985 nach Frankfurt am Main eingeladen wurde, sondern auch die Gedichtbände, die nach seiner Übersiedlung entstanden: ›Abtötungsverfahren‹ (1980), ›Stilleben‹ (1983) und ›Berlin beizeiten‹ (1987).

Die Abwendung Kunerts von Bertolt Brecht wurde in dem Gedicht ›Deutscher Dichter Güteklasse A‹ aus der Gedichtsammlung ›Stilleben‹ zur vernichtenden Abrechnung mit einer Vaterfigur, die den Ruf des sozialistischen Schriftstellers schlechthin genoß.

Deutscher Dichter, Güteklasse A

Befaßt mit sich selber
wie mit der Revolution:
Glanzvolle Verse über die Notwendigkeit
des Schreckens
Heldenverehrung hymnisch
Reimloser Ruhm den Kämpfern
aller letzten Gefechte
Fragen nach den Erbauern
des siebentorigen Theben
nach seinen Zerstörern keine
Urteile am laufenden Wortband
Ein Spiel mit der Sprache
auf willigen Tasten
hinter dem Rücken der Welt
aber die Hand
zurückgezogen
ist blutig

Die ersten zwei Zeilen nennen die beiden beherrschenden Themen der Lyrik dieses Dichters der Güteklasse A: die eigene Person und die Revolution – eine doch etwas befremdliche Kombination: Wie kann jemand, der sich als Kämpfer für die große sozialistische Revolution zur Schaffung einer klassenlosen Gesellschaft profiliert hat, der eigenen Person eine so große Bedeutung zumessen? Man würde doch erwarten, daß er seine persönlichen Belange denen des Kollektivs hintanstellt. Die Frage nach der Wertigkeit der beiden Bereiche bleibt zunächst offen, da sich das Augenmerk des Betrachters ganz auf die Revolution konzentriert und dieser Widersprüche in der dichterischen Bewältigung dieses Themas ausmacht, wenn er zum Beispiel »Glanzvolle Verse über die Notwendigkeit des Schreckens« registriert. Wie verträgt sich dichterischer Glanz mit dem realen

Schrecken, mit dem die Zerstörung des etablierten gesellschaftlichen und politischen Systems einhergeht? In wirkungsvoll gesetzten Alliterationen (Heldenverehrung hymnisch, reimloser Ruhm) läßt der Sprecher seinen Spott darüber anklingen, daß die poetische Begleitmusik revolutionärer Aktivitäten sich in nichts von der des bekämpften Gesellschaftsmodells unterscheidet. Ganz konkret wird auf das Brechtgedicht ›Fragen eines lesenden Arbeiters‹ eingegangen, das mit der programmatischen Zeile beginnt: »Wer baute das siebentorige Theben?« und in dem das Versagen der Geschichtsschreibung angeprangert wird: »In den Büchern stehen die Namen von Königen«, die natürlich nicht selbst Hand angelegt haben und sich dennoch im Ruhm der Bauten sonnen. Kunert kontert hier lapidar, daß die Frage nach den Erbauern Thebens nicht ergänzt wird um die Frage nach seinen Zerstörern. Aber der in einer Antwort unumgängliche Hinweis auf die proletarischen Helfershelfer, ohne die den Mächtigen das Werk der Zerstörung nicht hätte gelingen können, hätte dem Dichter Brecht eben nicht ins revolutionäre Konzept gepaßt.

Wie ein Verdikt liest sich die zusammenfassende Einschätzung von Brechts Dichtung über die Revolution:

Urteile am laufenden Wortband
Ein Spiel mit der Sprache
auf willigen Tasten
hinter dem Rücken der Welt
[...]

Wirklichkeit und Dichtung stehen in keiner konkreten Korrelation, der Dichter agiert hinter dem Rücken der Wirklichkeit, nicht Auge in Auge mit ihr. Er produziert dort Urteile wie am Fließband, das Wortmaterial scheint sich gewissermaßen von selbst zu Urteilen zu fügen. Freilich wird nicht verschwiegen, daß der Dichter der Revolution – Güteklasse A steht hier für Qualitätsgarantie – das Spiel auf der Klaviatur der Sprache perfekt beherrscht, die Tasten sind ihm fast aus eigenem Antrieb zu Willen. Doch – und jetzt scheint das zweite der beiden obengenannten Themen des Dichters auf – die Hand, die diese Tasten anschlägt, ist blutig, wenn der Spieler sie von seinem Instrument zurückzieht: Was zunächst wie Spiel schien, endet mit Blut. Ohne eine persönliche schuldhafte Verstrickung, zum Beispiel in Form eines Arrangements mit den Führern der Revolution, ist eine Dichtung zu diesem Thema nicht denkbar.

Über Günter Kunerts Sicht auf die Welt, in der er lebt, kann auch das Gedicht ›Symbolisches Seestück‹ (ebenfalls aus dem Band ›Stilleben‹) Auskunft geben:

Symbolisches Seestück

Dort hinten und drüben und
über alle Befürchtungen hinaus
ein treibendes Schiff
unter verlotterter Fahne
dauerhaftes Wrack
von den geprügelten Heroen
des Selbstvergessens bewegt:
Wer da mitfährt
ist in Gewahrsam. Die Aufstände
sind vergessen und nur ihr Verrat
lebt fort. Ach der Verdammten Gesichter
die ihrer Verdammnis
noch spotten:
Einmal ergreift jeden
die schwarze Woge
und schleppt ihn mit
und wirft ihn nieder
am Kap
der guten Hoffnungslosigkeit.

Dieser Text stellt eine Art Tableau dar, ein großflächiges Gemälde, in dessen Mittelpunkt ein Wrack treibt, das unter dem Aufruhr der Elemente stark gelitten hat, dem definitiven Untergang jedoch noch Widerstand zu leisten vermag. Keines der mitgeteilten konkret wahrnehmbaren Details des Gemäldes dient jedoch der Steigerung der Plastizität des Vorgangs und damit der emotionalen Betroffenheit des Betrachters: der Ort, das Gefährt, die Besatzung und das Schicksal, das sie erwarten, gewinnen durch die Art der Darstellung symbolische Bedeutung.

Der Ort des Geschehens ist auffällig vage bestimmt. »Dort hinten und drüben« stellt einen Bezug zum Standort des imaginären Betrachters der Szenerie her, eine gewisse räumliche Distanz, die allerdings durch das dritte Glied der Aufzählung eine überraschende Wertung erfährt: Das Schiff treibt »über alle Befürchtungen hinaus«, seine Fahrt muß also von Anfang an von Befürchtungen begleitet gewesen sein, die sich nicht nur bewahrheitet haben, sondern in unvorstellbarem Maße übertroffen worden sind.

Das Gefährt selbst wird als »dauerhaftes Wrack« unter verlotterter Fahne« beschrieben. Aus dem Schiff, traditionell häufig ein Bild für den Staat oder auch ein Symbol für den Fortschritt, den Aufbruch zu neuen, bislang unbekannten Ufern, den Sieg des menschlichen Geistes über die rohe Gewalt der ungebärdigen Elemente, ist hier ein Wrack geworden, dem jedoch das befremdliche Attribut »dauerhaft« beigegeben ist. Man kann dieses Oxymoron als einen Hinweis auf den lang anhaltenden Leidensweg dieses Schiffes verstehen. Vom Optimismus des einstigen Aufbruchs zeugt nur noch die Fahne mit ihren programmatischen Symbolen oder Parolen, auch wenn sie verlottert ist.

Das größte Interesse beansprucht in diesem Gedicht freilich die Besatzung, die das Schiff vorwärts bewegt, das auf den ersten Blick doch zu treiben schien. Um die Fortbewegung des Wracks bemühen sich die »geprügelten Heroen/des Selbstvergessens«, Übermenschen also, die ihre individuellen Bedürfnisse einer Idee untergeordnet und für ihre Selbstlosigkeit Prügel bezogen haben – oder auch beziehen sollten. Wer auf dem Schiff mitfährt, »ist in Gewahrsam«, steht unter Kontrolle, ist Gefangener ohne die Möglichkeit einer Flucht. Jeglicher Widerstand hat sich als zwecklos erwiesen, nur der Verrat am Widerstand hat in der Erinnerung überdauert. Mit einer Mischung aus Mitleid und ungläubigem Staunen mustert der Betrachter die Gesichter »der Verdammten«, die nicht wahrhaben wollen, daß sie verdammt sind und daß die schwarze Woge jeden ergreifen wird, um ihn »am Kap/der guten Hoffnungslosigkeit« niederzuwerfen. Mit diesem Oxymoron wird der in den Eingangszeilen vage vorweggenommene Ort des Geschehens begrifflich noch einmal konkretisiert: mit dem Kap der guten Hoffnung, nach dessen geglückter Umschiffung die Seefahrer einst auf einen freien Weg nach Indien und in den Fernen Osten hoffen konnten. Zu solcher Hoffnung, die sich vielleicht aus den Gesichtern der Verdammten erahnen läßt, da sie ihrer Verdammnis spotten, besteht nach Ansicht des Betrachters der Szenerie kein Anlaß. Man hat sich in fatalistischer Ergebenheit mit der Hoffnungslosigkeit eingerichtet und lebt mit der Katastrophe auf du und du.

Daß dieses Gedicht nicht als eine Klage über das Zerstörungspotential sinnloser Naturgewalten zu verstehen ist, verbietet das Adjektiv symbolisch im Titel. In der ersten seiner Frankfurter Vorlesungen, deren Motto »Vor der Sintflut« sich ebenfalls der Wassermetaphorik bedient, konkretisiert Kunert, worin für ihn die Katastrophe besteht, auf die wir unweigerlich zusteuern: Quell allen Übels ist unsere Abhängigkeit von den von uns selbst geschaffenen politischen, gesellschaftlichen und ökologischen Systemen, von denen wir uns nicht lösen können.

Obwohl wir wissen, was sie uns zufügen, wie sie uns zurichten und abtöten, sind wir ihnen dennoch verfallen. Wir versinken auf Nimmerwiedersehen in der Abhängigkeit von Regelmechanismen, die wir selber geschaffen haben. Uns ergeht es wie dem Zauberlehrling, zu dessen Entsetzen sich seine vorgeblichen Helfer vervielfachen [...] Der Glaube an das Rettende in letzter Minute ist von der Erfahrungswirklichkeit zu oft widerlegt worden.

Kunert veranschaulicht diese Systeme mit Hilfe eines Gedichts des Schweden Lars Gustafsson über einen Kupferstich mit dem Titel ›Die Bergwerke im Harz anno 1723‹, einem Bild, auf dem zahllose Menschen, klein wie Fliegen, in Körben auf und ab schweben, während die neben einem Wasserfall sichtbare »Grande Machine« alle Riemen antreibt. Kunert bezieht dieses Bild auf unsere Erfahrungswirklichkeit: »Eine Maschine, deren Bedeutung wir nicht begreifen, bestimmt unsere Bewegungen [...]« Diese Maschine, die wir in kurzen Augenblicken der Erleuchtung als »Doomsday-Machine«, als Weltuntergangsmaschine erkennen, umfaßt alle Systeme, in die wir eingespannt sind, ohne die wir aber nicht leben können.

Aus Kunerts spätem Werk wurde auch das poetologische Gedicht mit dem Titel ›Die Gedichte‹ (abgedruckt im Band ›Abtötungsverfahren‹ von 1980) berühmt, weil es sich als Kommentar zur bald geläufigen Formel vom »Gedicht als Arche Noah« lesen ließ.

Die Gedichte

Ziemlich schwebende Gebilde

aber gleichen sie nicht Hohn
über soviel Elend und Tötungen
über dem stillen Sterben
das alle Welt ergreift
Urwälder Einwohner Elefanten
Schwärme im Meer
und in der Luft und sogar
die Luft selber
Kennzeichnendes Spiel
steigender und fallender Worte
Kadenzen
von denen kein Armer reich
kein Reicher klüger
kein Kluger
zum rechten Handeln befähigt wird

Schwebende Gebilde wie Rauch
ein Spiel wie von Feuer
während darunter
das Holz sich sinnlos verzehrt.

Schon die Ausgangsthese, als isolierte Zeile an den Beginn gestellt und im letzten Abschnitt resümierend wieder aufgegriffen, bekundet eine gewisse Unsicherheit in der Klassifizierung: Die Einschränkung »ziemlich« läßt noch Hoffnung, daß diese Gebilde nicht zu weit über dem Boden der Realität schweben. Doch mit dem »aber« des zweiten

Abschnitts, in der Konfrontation mit eben dieser Realität, beginnt sich diese Hoffnung zu verflüchtigen. Als zarte und realitätsferne Gebilde erscheinen sie wie eine Verhöhnung dieser Wirklichkeit, als Verspottung des stillen Sterbens der Urwälder und ihrer Bewohner. Sie sind lediglich »kennzeichnendes Spiel steigender und fallender Worte« – sie benennen zwar, was geschieht, gefallen sich jedoch in ihrer artifiziellen, poetischen Gestalt. Es geht diesen Gedichten nicht primär um Inhalte, sondern um Form, um Versmaß (steigende und fallende Metren) und um Versschlüsse (Kadenzen). Auswirkungen auf die Realität haben diese Kunststücke nicht, sie bekämpfen nicht die Armut, verschaffen kaum Einsichten und vermitteln keine Vorbilder für rechtes Handeln. Es wäre nach Kunert allerdings ein Trugschluß, diesen »schwebenden Gebilden« jeden Sinn abzusprechen. An der Realität ist nach seiner Meinung ohnehin nichts zu ändern, der Untergang ist unausweichlich, das Chaos nimmt überhand. Statt in völliger Passivität zu resignieren, bleibt dem Dichter nur die Chance, »sich, seine Psyche, sein Bewußtsein, auch sein Unbewußtes, seine Persönlichkeit zu verwandeln: in einen knappen Text von wenigen Zeilen. Aus diesem Text kann er weder vertrieben noch ausgebürgert werden, er ist seine eigentliche Heimat: diese fragwürdige Sicherheit hat der Autor allen voraus.«

4.4 Rückblick und Bilanz am Ende des Jahrhunderts

In den achtziger Jahren waren Pessimismus und Endzeitstimmung weit verbreitet. In mancher Hinsicht schien man einem Wendepunkt nahe zu sein. Die Lyriker reagierten vielleicht empfindlicher als die meisten – sichtbar an vielen ihrer Gedichte.

In jenen Ausgangsjahren des Jahrzehnts ließen sich auch Vertreter der älteren Generation von Lyrikern nochmals vernehmen, zum Teil in Widerspruch gegen die »Betroffenheitslyrik« der Jüngeren.

Doch auch Jüngere meldeten sich zu Wort wie der Lyriker Durs Grünbein, 1962 in Dresden geboren und später in Berlin ansässig, der erst nach 1989/90 in weiten Kreisen des Lyrikpublikums bekannt wurde.

Die prominenten Lyriker von einst schrieben ohne Scheu über Privat-Intimes, bekannten sich zu ihrem Alter und den Beschwernissen, die es mit sich brachte, ließen aber auch durchblicken, daß sie sich fähig fühlten, mit dem Schreiben fortzufahren und noch ein wenig mitzumachen.

Peter Rühmkorf

1989 erschien von dem fast sechzigjährigen Peter Rühmkorf das Gedicht ›Der Fliederbusch, der Krüppel‹ (enthalten im Band ›Einmalig
wie wir alle‹).

Der Fliederbusch, der Krüppel

Der Fliederbusch, der Krüppel,
letzten Winter vom Sturm gebrochen und nachfolgend fast
aus der Erinnerung entschwunden,
kriechend erreicht er sein Ziel:
DIE BLÜTE
(na, feiern werden sie ihn nicht gerade dafür,
aber auch wohl nicht vorzeitig untergraben)

Der alte Kerl in meinem Spiegel gegenüber
(Grau wär ja noch gut – aber so? halbkahl –
mit Flecken im Gesicht,
die auch nicht mehr richtig nach Zukunft aussehn)
was will der Dichter seine Leser damit lehren?
Daß das Leben zu kurz ist,
sagt dir schließlich jeder kleine Friedhofsangestellte.

Bißchen rumkramen noch oder bißchen was?
Lieber donner denen einfach noch mal so ein absolut
aus der Richtung weichendes Ding hin wie Bud Powell,
als er Mitte der Fünfziger
voll entflammt aus der Klapse kam:
Tempus fugit
(Die Zeit eilt meiner Wenigkeit voraus)
Beziehungsweise Schubert auch mit diesem sternenmäßigen
Quintett in C-Dur!
Doch bestimmt nicht bloß Syph-Musik.

Aufgeräumt eine bereits im Abbruch befindliche Bühne betreten
und aus Angsttrieben Luftschlangen ziehen,
in großen Zügen das ist es.
Wenn die Leute schon anklopfen, als ob sie ne Landplage wären,
was soll denn dann der ganze Kunstaufwand?
Der Fliederbusch, der Krüppel,

letzten Winter im Sturm gebrochen, aber nachdrängend jetzt
die eigene Walstatt lila überlagernd,
was kann er seinen Dichter damit lehren?
Unter uns: daß in deinem Abwinken
immer noch mehr Kraft war als in anderer Leute Sonnenaufgängen.
. . . .

Und am Ende siegt – na wer? – Der den Sand der Arena frißt.

360

Dem alternden Dichter, dem Parodisten und Protestierenden, leistet ein Naturding überraschende Lebenshilfe. Der nochmals blühende Fliederbusch, der »Krüppel«, wie Rümkorf hinzufügt, ist ein verwachsenes, mißgestaltetes, jahrelang unbeachtetes Geschöpf, und es ist zu bedenken, daß das Wort »Krüppel« auch als Schimpfwort gebraucht wird. Aber der Fliederbusch bringt es noch einmal zum Blühen, er erreicht, wenn auch »kriechend«, das von der Natur vorgegebene »Ziel«.

Das Spiegelbild des Dichters bleibt häßlich und unattraktiv, es ist durch verschiedene Alterszeichen gebrandmarkt. »Tempus fugit«, heißt es an hervorgehobener Stelle.

Der Dichter kann immer nur in seinem Metier bleiben, über Kunst sprechen, sich an Kunst erinnern, an Kunst, die nicht an Regeln und Konventionalität gebunden ist. Diese Kunst betrieb der Dichter meisterhaft, wenn sie auch eine Sache für Kenner und Liebhaber blieb, populär wurde sie nicht. Der Dichter wagt nochmals einen Auftritt, obwohl die Bühne schon »im Abbruch befindlich« ist. Was kann der Fliederbusch, jetzt Symbol, »den Dichter lehren?« Der Dichter »winkt ab«, ein Zeichen, daß er prätendierte Wichtigkeit oder pflichtgemäßen Beifall seines Publikums von sich weist. Eine Leerzeile regt zum Nachdenken an; es kann noch manches geschehen. Der routinierte Künstler erringt vielleicht nochmals einen Sieg, den ihm niemand streitig machen will – er hat schließlich Verdienste –, er würde am liebsten »in der Arena«, in den Sielen, sein Leben beenden.

Hans Magnus Enzensberger

Hans Magnus Enzensberger, wie Rühmkorf 1929 geboren, schrieb 1983 sein Gedicht ›Restlicht‹ (publiziert in ›Der fliegende Robert‹ 1989).

Restlicht

Doch doch, ich gehöre auch zu denen,
die es hier aushalten. Leicht sogar,
im Vergleich zu Kattowitz oder Montevideo.
Hie und da Reste von Landschaft,
rostende Eisenbahnschienen, Hummeln.
Ein kleiner Fluß, Erlen und Haselnüsse,
weil das Geld nicht gereicht hat
zur Begradigung. Über dem trüben Wasser
das Summen der Hochspannungsmasten
stört mich nicht. Es redet mir ein,
daß ich noch eine Weile lang
lesen könnte, bevor es dunkel wird.

Und wenn ich mich langweilen will,
ist das Fernsehen da, der farbige Wattebausch
auf den Augen, während draußen
die kindlichen Selbstmörder auf ihren Hondas
um den nassen Platz heulen. Auch der Krach,
auch die Rachsucht ist noch ein Lebenszeichen.
Im halben Licht vor dem Einschlafen
keine Kolik, kein wahrer Schmerz.
Wie einen leichten Muskelkater
spüren wir gähnend, sie und ich,
die von Minute zu Minute
kleiner werdende Zeit.

Der einst so ungeduldige und kritische Enzensberger wirkt hier beinahe etwas resigniert, wenn er fast dankbar vermerkt, daß bei den
landschaftsverändernden Baumaßnahmen noch ein paar Stücke ur-
sprünglicher Natur verschont geblieben sind. Der »farbige Wattebausch« des Fernsehens bietet eine Alternative zum Lesen. Negative
Signale wie Krach und Rachsucht werden vom lyrischen Ich zu
»Lebenszeichen« positiv umgewertet. Die Langeweile zwischen dem
Ich und der Lebenspartnerin äußert sich im Gähnen vor dem Einschlafen. Der schwindenden Zeit wird keine Widerstand entgegengesetzt – die Langeweile wird akzeptiert, sie löst keinen Schmerz mehr
aus. Die Resignation hat überhand genommen. Nicht das Schicksal
der Welt raubt dem Ich den Schlaf, eine Katastrophe ist es auch
schon zu nennen, wenn ein einzelner unter Schlaflosigkeit leidet und
wenn ihn dieses Übel nur ganz persönlich betrifft. Der Dichter
scheint genügsam geworden zu sein.

Ernst Jandl

Im Spätwinter 1989 überschreibt Ernst Jandl eines seiner Gedichte
einfach mit dem Tagesdatum. Es entstammt dem Band ›Idyllen. Gedichte‹ von 1989.

25. februar 1989

das ist vielleicht
das ende der gedichte
muß aber nicht
des schreibens ende sein

ich denke manchmal
etwas an geschichte
die durch mein leben zieht
könnte zu schreiben sein

doch starb vor kurzem erst
genosse erich fried
nach ihm dann thomas bernhard
auf größere distanz

wer garantiert mir zeit
– ich wünsche keinen glanz –
verstöße gutzumachen
stückwerk ganz

Ein bevorstehender Einschnitt, »das ende der gedichte«, scheint
Jandl fast mehr zu beschäftigen als die Todesdaten zweier promi-
nenter Kollegen aus Österreich, die gerade in jene Zeit fielen und
in ihm das schmerzliche Gefühl einer gewissen Einsamkeit auslö-
sten.

Der Ausdruck »verstöße gutzumachen« ist mehrdeutig. Es kann
sich auf die poetische Qualität seiner Texte beziehen, aber auch auf
versäumte und wahrgenommene Anlässe, Gedichte zu verfassen.

Jandl gibt zu, daß er in der ihm bisher gewährten Schaffenszeit nur
»stückwerk« hervorgebracht hat. Wird damit ein Versagen eingestanden, haben sich die Dichter »das ende der gedichte« selbst zuzuschreiben? Ist man der »geschichte« gerecht geworden? Bezeichnenderweise greift Jandl in diesem Text auf traditionelle Formen zurück,
stellt sich also eher in eine Tradition, als daß er Brüche markiert. Dazu paßt der Wunsch des Dichters, genug Zeit zu haben, um sein
Stückwerk »ganz« zu machen. Ob man den Titel der Gedichtsammlung – ›Idyllen‹ – nun ironisch versteht oder nicht, so läßt sich zumindest ein Bezug auf ältere Traditionen feststellen, seien sie auch
gebrochen und verfremdet.

Durs Grünbein

Ein Rückblick- und Bilanzgedicht besonderer und neuer Art, das
zum Ende der achtziger Jahre die zurückliegenden drei Jahrzehnte
resümiert, hat Durs Grünbein verfaßt. Es gehört weder zu den Gedichten, deren Verfasser die Welt am Rand einer Katastrophe wäh-
nen, noch zu jenen, die sich mit den kleinen persönlichen
»Katastrophen« im Alter abgeben.

AN DIESEM MORGEN GINGEN die 8oer Jahre
    zuende mit diesen Resten der
        7oer, die wie die
            6oer schienen: nüchtern und wild.

›3 Jahrzehnte mit einer Hoffnung im Off …‹

Nimm dir ein Negativ (und vergiß): diese
Warteschlangen sich kreuzend an
Haltestellen, die Staus im
Berufsverkehr, total

eingefrorene Gesten am Zeitungskiosk, die
Mißverständnisse (›Sind Sie
verletzt?‹) –
(›Kennen Sie DANTE‹?). Du sahst wie sie
warteten, manche vom Glanz ihrer Exile
vereinsamt. Die Luft (sonst
unverwundbar)
war voller Szenen aus
Chaplinfilmen, ein
Wirbel grauer Pigmente davor, Tag und
Nacht grauer Regen vom
Kohlekraftwerk über der

toten Ähnlichkeit aller toten arm- und
beinlosen Engel auf den
Ruinen ringsum. Also schön,
dachtest du: dieser Ort
so gut wie ein anderer
hier in Mitteleuropa
nach Sonnenaufgang mit

galoppierenden Wolkenherden und frühem
Stimmengewirr wie vom Sog
eines Hafens

erfaßt … Ist es das? während du weiter-
machst, dich erwärmst, ein paar
Fremde grüßt gähnend
(›Ein Gähnender!‹) über-
drüssig der Tautologien, des Hungers, der

langsamen Einführung in diesen Tag.

Das Gedicht entstammt der Sammlung ›Grauzone morgens‹ von
1988. Eines Morgens am Ende der achtziger Jahre gelangt das lyrische Ich zu einer Erkenntnis; alles, was es sieht und hört, Wirklich-
keitsabbilder und Gedanken fügen sich zu einer Art allegorischer
Landschaft.

Die als Zitat markierte fünfte Zeile umfaßt die drei Jahrzehnte, die
im ersten Abschnitt genannt wurden. Das »Off« ist ein Begriff aus
der Sprache des Hörspiels oder Films – die Hoffnung auf etwas Besseres, die hier vermutlich gemeint ist, befindet sich nur noch im
»Off«, im Hintergrund des Geschehens. Das lyrische Ich spricht den
Leser direkt an (»Nimm dir ein Negativ«) und fordert zur gemeinsamen Rückschau auf. Im nachhinein schrumpft die Zeit auf einige

banale Ereignisse zusammen, während eine nicht näher bestimmte Gruppe von Menschen voller Hoffnung auf etwas gewartet hat, vielleicht auf eine »wilde« Aktion? Doch haben sie »im Glanz ihrer Exile« überhaupt bemerkt, wie Zusammenhalt und Kraft nachgelassen haben, so daß die siebziger Jahre nur noch »schienen« wie die sechziger?

Wenn viele Hoffnungen unerfüllt geblieben sind, so hat das auch damit zu tun, daß die Entwicklung, nicht nur in der DDR, unter dem Zeichen der Angleichung, Nivellierung und Wiederholung stand, im Gedicht ausgedrückt in der Chiffre »Tautologie«.

Das Negativ, das in der sechsten Zeile genannt wird, ist ein Hilfsmittel beim Übergang von der tatsächlichen Wirklichkeit in eine »Wirklichkeit aus zweiter Hand«, ein Begriff aus einem anderen »Grauzone«-Gedicht Grünbeins. Das Negativ steht zugleich für die Möglichkeit einer unbegrenzten Menge von Reproduktionen. Die beiden Wirklichkeiten gehen im Rückblick ineinander über; das lyrische Ich fühlt sich an Szenen in Chaplin-Filmen erinnert, in denen sich auf der grau flimmernden – »regnenden« – Leinwand Menschen eckig-ruckartig als groteske Schemen gespenstisch zu bewegen scheinen. Als Stadtlandschaften sind sich die Städte Mitteleuropas in der »Grauzone morgens« immer ähnlicher und damit austauschbar geworden. Unbeachtet liegen Steinfiguren ehemaliger »Kunststädte« – wie beispielsweise Grünbeins Geburtsstadt Dresden – »auf den Ruinen«: Die »arm- und beinlosen Engel« sind noch immer Trümmer – durch die Zerstörung im Krieg oder erst durch die Umweltzerstörung der Kohlekraftwerke zu Trümmern geworden.

Auch die am Himmel galoppierenden Wolken und das morgendliche Stimmengewirr schaffen keine Individualität des Ortes (»dieser Ort so gut wie ein anderer«). Und doch bleiben Unruhe und Unbehagen zurück.

»Ist es das?« fragt das lyrische Subjekt am Ende des Gedichts, da die von den und für die Medien produzierte Welt und das von ihnen Übermittelte rasch vergessen wird und vergessen werden kann (»und vergiß«).

Den Negativen, von denen sich die zweite Wirklichkeit »abziehen« läßt, entsprechen »eingefrorene« Gesten und Sätze, die bei Bedarf »aufgetaut« werden. »Sind Sie verletzt?« mag ein Notarzt oder Rettungssanitäter bei einem Unfall fragen; die Frage wird aus einem Vorrat an klischeehaften Äußerungen abgerufen. »Kennen Sie Dante?« – diese Frage könnte einen ersten Annäherungsversuch auf einer Party einleiten; sie suggeriert, daß der Sprecher gebildet ist, ist aber in Wahrheit ebenfalls austauschbar und klischeehaft. Zugleich aber kann Dante auf eine uns fremd gewordene Dichtung und »Theologie« verweisen – die von Dante Alighieris ›Divina commedia‹, in der die diesseitige und jenseitige Welt als gleichermaßen existent und als Einheit erfahren wurden. In Dantes Werk ist ein individueller geistiger Aufstieg des einzelnen Individuums möglich, der letztendlich bis an das Paradies des Jenseits führt. Hier gibt es noch die totale Austauschbarkeit, noch keine »Medienwirklichkeit«, die die reale überlagert.

In der heutigen Welt, in der »Grauzone« mit ihren banalen Verhaltensäußerungen, die keine literarische Aufwertung verdienen, kommt man über die Tautologie nicht hinaus. Als Beispiel steht hier der Mensch, der morgens die anderen angähnt, aus dem »der Gähnende« gemacht wird.

»Also schön« – ist diese eigentlich ironische Floskel, mit der der Sprecher resigniert und sich mit dem Banalen abfindet, sein letztes Wort? Die Frage des lyrischen Subjekts »Ist es das?« läßt sich entschlüsseln als die vielleicht enttäuschte Aussage: Das kann doch nicht alles (gewesen) sein. Das im Gedicht sich äußernde Subjekt ist nicht nur des Vergangenen überdrüssig, sondern auch des vergeblichen Hoffens auf eine verbesserte Lage, des »Hungers, der langsamen Einführung in diesen Tag«. Der im Gedicht umrissene Morgen steht zugleich für den Anbruch eines neuen Tags und für den Beginn einer neuen Zeit, der Zukunft, von der man einiges erwartet, aber nicht weiß, was sie bringt.

Es ist sicher kein Zufall, daß dieses Gedicht in den letzten Jahren der DDR geschrieben wurde. Durs Grünbein zeigt eine Gesellschaft in einem fast gelähmten Zustand, die von ständiger Wiederholung geprägt ist und in der keine Aussicht auf Veränderung besteht. Doch zugleich beschreibt Grünbeins Gedicht auch sehr allgemeine Züge von allen heutigen mitteleuropäischen Staaten und ihren Gesellschaften. Dadurch weist es weit über seine Entstehungssituation hinaus und stellt vielleicht so etwas wie eine Zustandsbestimmung der europäischen Industriegesellschaft im ausgehenden zwanzigsten Jahrhundert dar; es könnte auch als eine Art elegischer Abgesang auf die Zukunfts- und Fortschrittsgläubigkeit, die weite Teile dieses Jahrhunderts geprägt hat, gelesen werden.

ANHANG

Allegorie: Etwas Abstraktes bzw. ein Begriff wird durch eine Personifikation oder durch eine Kombination von Bildern wiedergegeben.

Alliteration: Mehrere aufeinanderfolgende Wörter beginnen mit dem gleichen Laut, meist mit einem Konsonanten.

Auktorialer Erzähler: »Allwissender« Erzähler, der im voraus Verlauf und Ausgang des Handlungsgeschehens kennt; er kann deshalb erläutern und kommentieren. In Heinrich Bölls Roman ›Gruppenbild mit Dame‹ findet sich eine Variante, wenn der Autor einen Erzähler (»Verf.«) einsetzt, der selbst zu einer Figur im fiktiven Geschehen wird.

Autoreferentialität: Selbstbezüglichkeit eines Textes.

Bewußtseinsstrom (engl. »stream of consciousness«): Darstellung von Bewußtseinsvorgängen ohne Einschaltung des Erzählers. Gedankenfragmente, Wahrnehmungen, aber auch Unbewußtes werden assoziativ verknüpft und aneinandergereiht.

Chiffre: Bildsymbol, das verkürzt für eine schwierige oder komplexe Aussage steht und oft nur aus dem Zusammenhang des Kunstwerks erschlossen werden kann.

Dokumentarische Literatur: Authentisches Sprachmaterial wird aus den Quellen unmittelbar und unverändert übernommen. Der Autor trifft die Entscheidung über Auswahl und Darbietung.

Doppelkodierung: Künstlerische Verwertung von Ähnlichkeiten in verschiedenen Systemen oder Epochen.

Doppelung: Entwicklung und wiederholte Verschränkung von zwei Handlungssträngen im Roman.

Ellipse: Bewußte Auslassung von Lauten, Buchstaben oder Wörtern als künstlerisches Darstellungsmittel.

Enjambement (Zeilensprung): Ein Stilmittel der Lyrik, bei dem ein Satz nicht mit der Verszeile endet, sondern in der nächsten Zeile – oder Strophe – fortgeführt wird.

Epos: Großform der erzählenden Dichtung mit zumeist additiver Darstellung der Ereignisse, meist in Versen; die Sprache ist gewählt und getragen, stellenweise auch feierlich.

Erlebte Rede (frz. »style indirect libre«): Form der indirekten Wiedergabe von Gedanken einer Figur in der dritten Person des Präteritums. Der Berichtcharakter des Erzählten bleibt erhalten, der Leser rückt aber näher an die Figur heran.

Exposition: Eröffnung im Drama; dient oft der Einführung in das vorausgehende Geschehen und der Präsentation von Figuren.

Fiktion (Adj. fiktional): »Erfindung«, »Erdichtung«; Begriff für mögliche Wirklichkeit in der Literatur etwa im Unterschied zu Bildern und Berichten von real Geschehenem in den Medien.

Genieästhetik: Strömung des 18. Jh., die die genialen Züge des schöpferischen Subjekts als Grundlage für wertvolle Literatur herausstellte.

Innovationsästhetik: Anders als die sog. Traditionsästhetik fordert die Innovationsästhetik als qualitatives Merkmal »moderner« Kunst eine Erneuerung der bisherigen Formen und einen Bruch mit bisherigen Normen.

Intertextualität: In vielen Texten lassen sich Spuren anderer Texte nachweisen. Der Autor nimmt hier absichtlich und bewußt oder unabsichtlich Bezug auf Stellen aus anderen Werken.

Katharsis: Zentraler dramentheoretischer Begriff; nach Aristoteles die Reinigung der starken, unter Umständen gemütsschädigenden oder -zerstörenden Gefühle durch die Darstellung und den Nachvollzug ebensolcher Gefühle im Theater.

Klimax: Rhetorisches Mittel; steigernde Reihung von Wörtern, Satzgliedern und/oder Sätzen.

Komödie: Weitgehend gleichbedeutend mit »Lustspiel«; Darstellung eines heiteren Geschehens in einer dramatischen Dichtung; die erheiternde Wirkung entsteht durch die komische Situation, die übertrieben typisierten Charaktere und durch den Sprachwitz, häufig auch durch ein Spiel mit der Theaterillusion.

Lyrisches Ich: Das Ich im Innenraum des Gedichts; es teilt Geschehnisse und Gefühle mit. Das lyrische Ich darf nicht ohne weiteres dem Ich des Autors gleichgesetzt werden, entspricht also dem Begriff des Erzählers in erzählenden Texten.

Mimesis: Der aristotelische Begriff ist häufig (und zu eng) mit »Nachahmung« übersetzt worden; gemeint ist eher die »darstellende Hervorbringung« menschlicher Handlungen als Geschehenszusammenhänge in der Literatur.

Moderne: Die Grenze zwischen einer allgemeinen kulturgeschichtlichen Verwendung des Begriffs und einer ästhetischen Verwendung ist unscharf. Im Zentrum der künstlerischen Moderne steht die Innovationsforderung (→ Innovationsästhetik). Die Moderne dient auch als Sammelbegriff für verschiedene avantgardistische Bewegungen.

Off: Raum im Theater, Hörspiel oder Film, aus dem Stimmen sprechen, die außerhalb der gespielten Handlungsereignisse stehen.

Oxymoron: Zwei sich ausschließende Begriffe werden zu einer neuen Sprachfigur zusammengesetzt; z. B. »kalte Glut«.

Palimpsest: Pergament, das mehrfach beschrieben wurde, wobei unter der obersten Schicht weitere zu erkennen sind.

Pastiche: Nachahmung eines literarischen Stils, jedoch ohne satirische Absicht.

Plagiator: Wer widerrechtlich vom geistigen Eigentum anderer Gebrauch macht.

Postmoderne: Zentraler Begriff der Kulturtheorie, seit den sechziger Jahren gebräuchlich in Architektur, Kunst, Musik und Literatur: Techniken wie spielerischer Rückgriff auf andere Stile und Formen, bewußtes Verwischen der Grenzen zwischen »hoher« Kultur und Unterhaltungskultur.

Prosodie (Adj. prosodisch): Textimmanente Regelung und Steuerung von Akzentsetzung, Zeitablauf und Sprachmelodie; alle Züge und Besonderheiten, die beim Sprechen hörbar werden.

Semantik (Adj. semantisch): Die Lehre von der Bedeutung sprachlicher Zeichen und Zeichenfolgen innerhalb des Sprachsystems, also von Wörtern und Sätzen.

Tautologie: Formulierung, in der ein Sachverhalt doppelt wiedergeben wird, z. B. »voll und ganz«.

Utopie: Ein noch nicht verwirklichter, meist besserer Zustand, der für eine nicht näher bestimmte Zukunft erhofft oder erwartet wird.

Bei den Zitaten wurde, wenn möglich, auf Seitenzitierung verzichtet, zugunsten von Kapitel- und Szenenangaben, die ein Auffinden der Textstellen in unterschiedlichen Textausgaben ermöglichen sollen. Im folgenden werden die Texte aufgeführt, aus denen mit Angabe von Seitenzahlen zitiert wurde.

Ingeborg Bachmann: Malina. Frankfurt am Main: Suhrkamp 1971
Thomas Bernhard: Die Jagdgesellschaft. Frankfurt am Main: Suhrkamp 1974
Thomas Bernhard: Die Ursache. München: Deutscher Taschenbuch Verlag 1977
Thomas Bernhard: Verstörung. Frankfurt am Main: Suhrkamp 1982
Peter Handke: Die Wiederholung. Frankfurt am Main: Suhrkamp 1986
Peter Handke: Versuch über die Jukebox. Frankfurt am Main: Suhrkamp 1990
Peter Handke: Wunschloses Unglück. Frankfurt am Main: Suhrkamp 1984
Peter Härtling: Nachgetragene Liebe. München: Deutscher Taschenbuch Verlag 1993
Wolfgang Hildesheimer: Masante. Frankfurt am Main: Suhrkamp 1975
Ulrich Plenzdorf: Die neuen Leiden des jungen W. Frankfurt am Main: Suhrkamp 1974
Christa Wolf: Kassandra. Darmstadt / Neuwied: Luchterhand 1986

Günter Grass im dtv

»Günter Grass ist der originellste und
vielseitigste lebende Autor.«
John Irving

Die Blechtrommel
Roman · dtv 11821

Katz und Maus
Eine Novelle · dtv 11822

Hundejahre
Roman · dtv 11823

Der Butt
Roman · dtv 11824

**Ein Schnäppchen
namens DDR**
Letzte Reden vorm
Glockengeläut
dtv 11825

Unkenrufe
Eine Erzählung
dtv 11846

**Angestiftet, Partei zu
ergreifen**
dtv 11938

Das Treffen in Telgte
dtv 11988

**Die Deutschen und
ihre Dichter**
dtv 12027

örtlich betäubt
Roman · dtv 12069

**Ach Butt, dein Märchen
geht böse aus**
Gedichte und
Radierungen
dtv 12148

**Der Schriftsteller als
Zeitgenosse**
dtv 12296

**Der Autor als
fragwürdiger Zeuge**
dtv 12446

Ein weites Feld
Roman
dtv 12447

Die Rättin
dtv 12528

**Mit Sophie in die Pilze
gegangen**
Gedichte und
Lithographien
dtv 19035

Volker Neuhaus
**Schreiben gegen die
verstreichende Zeit
Zu Leben und Werk von
Günter Grass**
dtv 12445

Klassiker der deutschsprachigen Literatur im <u>dtv</u>

Georg Büchner
Werke und Briefe
Neuausgabe · dtv 12374

H. J. Chr. von Grimmelshausen
Der Abenteuerliche
Simplicissimus Teutsch
dtv 12379

E. T. A. Hoffmann
Die Elixiere des Teufels
Roman · dtv 12377

Gottfried Keller
Der grüne Heinrich
Herausgegeben und mit
einem Nachwort von
Clemens Heselhaus
dtv 12373

Heinrich von Kleist
Sämtliche Werke und
Briefe in zwei Bänden
Hrsg. von H. Sembdner
dtv 5925

Sämtliche Erzählungen
und Anekdoten
Hrsg. von H. Sembdner
dtv 12493

Philipp Melanchthon
Der Lehrer Deutschlands
Herausgegeben von
Hans-Rüdiger Schwab
dtv 2415

August von Platen
»Wer die Schönheit
angeschaut mit Augen…«
Ein Lesebuch
Herausgegeben von
Rüdiger Görner
dtv 2395

Johann Gottfried Seume
Spaziergang nach Syrakus
dtv 12378

Adalbert Stifter
Der Nachsommer
Roman
dtv 2018

Witiko
Roman
dtv 12375

Georg Trakl
Das dichterische Werk
dtv 12496

<u>dtv</u>

<u>dtv</u> portrait

Herausgegeben von Martin Sulzer-Reichel
Originalausgaben

**Biographien bedeutender Frauen und Männer aus
Geschichte, Literatur, Philosophie, Kunst und Musik**

Hildegard von Bingen
Von Michaela Diers
dtv 31008

Otto von Bismarck
Von Theo Schwarzmüller
dtv 31000

Die Geschwister Brontë
Von Sally Schreiber
dtv 31012

Georg Büchner
Von Jürgen Seidel
dtv 31001

**Annette von
Droste-Hülshoff**
Von Winfried Freund
dtv 31002

Elisabeth von Österreich
Von Martha Schad
dtv 31006

Theodor Fontane
Von Cord Beintmann
dtv 31003

**Johann Wolfgang von
Goethe**
Von Anja Höfer
dtv 31015

Immanuel Kant
Von Wolfgang Schlüter
dtv 31014 (i.Vb.)

Erich Kästner
Von Isa Schikorsky
dtv 31011

Heinrich von Kleist
Von Peter Staengle
dtv 31009

**Gotthold Ephraim
Lessing**
Von Gisbert Ter-Nedden
dtv 31004

Stéphane Mallarmé
Von Hans Therre
dtv 31007

Rainer Maria Rilke
Von Stefan Schank
dtv 31005

John Steinbeck
Von Annette Pehnt
dtv 31010

Johan August Strindberg
Von Rüdiger Bernhardt
dtv 31013

Literatenleben

dtv

Literaturwissenschaft im <u>dtv</u>

Heinz Ludwig Arnold
Heinrich Detering (Hg.)
**Grundzüge der
Literaturwissenschaft**
dtv 4704

Bernd Balzer
**Das literarische Werk
Heinrich Bölls**
Einführung und
Kommentare
dtv 30650

Reinhard Baumgart
**Deutsche Literatur der
Gegenwart**
Kritiken, Essays,
Kommentare
dtv 4674

Umberto Eco
Lector in fabula
Die Mitarbeit der Inter-
pretation in erzählenden
Texten · dtv 30141
**Die Grenzen der
Interpretation**
dtv 4644
Zwischen Autor und Text
Interpretation und Über-
interpretation · dtv 4682
**Die Suche nach der
vollkommenen Sprache**
dtv 30629

Anthony Grafton
**Die tragischen Ursprünge
der deutschen Fußnote**
dtv 30668

Georg Lukács
Die Theorie des Romans
dtv 4624

Peter von Matt
Liebesverrat
Über die Treulosen in
der Literatur
dtv 30143
**Verkommene Söhne,
mißratene Töchter**
Familiendesaster in der
Literatur
dtv 30647

Karlheinz Stierle
Der Mythos von Paris
Zeichen und Bewußtsein
der Stadt
dtv 30669

Klaus Völker
Brecht-Chronik
Daten zu Leben
und Werk
dtv 30651

Gero von Wilpert
**Lexikon der
Welt-Literatur**
Vier Bände
dtv 59050

Daniel W. Wilson
Das Goethe-Tabu
Protest und Menschen-
rechte im klassischen
Weimar
dtv 30710